Microsoft Word 2000

MANUALES AVANZADOS

Director de colección: Julián Casas Luengo
Joaquín Suárez Sánchez de León

Diseño de cubierta: Narcís Fernández

Coordinador editorial: José María Delgado Cabrera

Autoedición: ROS Multimedia Publishing & Translation S.L.
(Grupo ROS)

Realización de cubierta: Gracia Fernández-Pacheco

MANUAL AVANZADO DE

Microsoft Word 2000

JULIÁN CASAS LUENGO
JOSÉ MARÍA DELGADO CABRERA

ANAYA MULTIMEDIA

Juan Ignacio Luca de Tena, 15. 28027 Madrid
Depósito Legal: M. 33.909-1999
ISBN: 84-415-0936-0
Printed in Spain
Imprime: Artes Gráficas Guemo, S.L.
Febrero, 32. 28022 Madrid

A mi padre.

José María

Agradecimientos

A todas las personas que han ayudado a la realización de este libro.

Índice

Introducción

Es indiscutible que los procesadores de textos son una de las herramientas más utilizadas actualmente. Prácticamente cualquier empresa sea cual sea su tamaño dispone de un ordenador y, sin duda, tendrá instalado como mínimo un procesador de textos. En nuestros días resulta casi anecdótico encontrar documentos escritos a máquina, incluso en las propias escuelas los chicos deben entregar sus trabajos pasados a ordenador. Todo esto entra dentro de la lógica más abrumadora, si tenemos en cuenta las múltiples ventajas que ofrece un procesador de textos frente a cualquiera de los métodos tradicionales.

Con esta pequeña reflexión queremos llegar a la siguiente conclusión: si todo el mundo conoce y utiliza los procesadores de texto por qué la inmensa mayoría de estas personas apenas conocen las posibilidades de este tipo de herramienta. Sí, todos saben como escribir una carta, colocar una negrita, meter un poco de espacio por aquí otro poco por allá y listo, a imprimir. Esto es realmente lamentable si tenemos en cuenta la potencia de una herramienta como Word 2000.

Este libro pretende servir de guía para todas aquellas personas que realmente quieran sacar todo el partido a un procesador de textos con las posibilidades y el inmenso abanico de herramientas disponibles en Word 2000. Deja a un lado la pereza y el miedo a lo desconocido lanzándote en vuelo libre a un mundo lleno de posibilidades.

Convenios utilizados en este libro

Este libro se precia de ser fácil de entender y de usar. Lee la introducción que encontrarás en la página de presentación de cada capítulo para hacerte una idea de lo que aprenderás en él y de su relación con el contenido del resto del libro.

Hemos diseñado varias características especiales en este manual para acelerar el proceso de aprendizaje. Las más importantes son estas que aparecen a continuación:

- Las figuras, a lo largo del libro, te muestran la apariencia de la pantalla del ordenador según se van desarrollando las diferentes tareas con el programa.
- Hay algunos comandos que se activan mediante combinaciones de teclas. En este libro, las combinaciones de teclas se separan por el signo más (+). Así, Alt+F4 significa que debes mantener pulsada la tecla Alt, y, sin soltarla, pulsar la tecla F4 (suelta las dos más o menos al mismo tiempo).
- Los menús, cuadros de diálogo, ventanas y sus opciones correspondientes se representan con un tipo de letra distinto. De esta forma, hablaremos de la opción Abrir del menú Archivo.
- A veces, si hay que seleccionar un conjunto de menús y comandos de menús unos tras otros, aparecen seguidos en el orden de selección. Por ejemplo, para seleccionar el comando Archivo Abrir abre el menú Archivo y selecciona el comando Abrir.

Además de todos estos puntos, el libro también incorpora un conjunto de iconos para resaltar cierta información y avisarte de posibles problemas. Estos iconos son los que te presentamos a continuación.

Aviso

Posibles problemas y fallos de los programas. También se usa cuando puede que lo dicho en el libro no coincida con lo que aparece en tu ordenador.

Consejo

Ideas o recetas que, procedentes la mayoría de ellas de la experiencia, pueden resultarte útiles en el trabajo con el ordenador personal.

Truco

Este otro icono también está asociado a los consejos, pero a aquellos que sirven para ahorrar tiempo en las distintas actividades con el programa.

Nota

Información adicional a la incluida en el texto que puede resultar interesante o necesaria.

1

Visión general del libro

Es posible que el título de la colección, Manuales Avanzados, te asuste un poco o cree en ti unas expectativas que en ningún caso nos gustaría defraudar.

Por eso, vamos a dedicar este corto capítulo a explicar detenidamente el concepto de "avanzado", de manera que sepas qué te vas a encontrar en los capítulos y cuáles son los conocimientos que has de tener para sacar el máximo partido al libro.

¿Qué puede hacer Word por ti?

Antes de seguir hablando del libro, vamos a tratar brevemente las posibilidades de Microsoft Word. De este modo, te podrás asegurar de si es el programa que necesitas para el trabajo que estás realizando.

Pros

Muchas son las ventajas de emplear Word. Es imposible citarlas todas, pero sí creemos interesante destacar las siguientes:

- La principal ventaja de Word es que tiene bastante potencia como para crear cualquier documento interno que necesita un particular y una empresa. Ten en cuenta que admite incluir en los documentos casi cualquier elemento gráfico y de texto que se necesite, aunque haya sido creado con otra aplicación.
- Es el procesador de textos más empleado del mundo. Por tanto, la mayoría de la información creada con un ordenador se encuentra en el formato de Word.
- Se encuentra en la suite Microsoft Office, por lo que se comunica perfectamente con el resto de aplicaciones de dicha suite: Access, Excel, PowerPoint, Access, etc. Además, como está creado por Microsoft (empresa diseñadora de Windows 98), saca partido a casi toda la potencia de este sistema operativo.
- Incluye una gran cantidad de herramientas que facilitan la corrección del texto: idioma, corrector ortográfico y gramatical, guiones automáticos, etcétera.
- Dispone de herramientas que facilitan el acceso a Internet y a toda la información existente en La Red.

Contras

A pesar de ser el procesador de textos más potente del mercado, también es cierto que cuenta con algunas desventajas:

- Su instalación consume gran cantidad de espacio en el disco duro del ordenador. Esto se debe a su potencia.

- La velocidad no es tan alta como sería aconsejable y ha descendido con respecto a versiones anteriores. Mucha culpa la tienen los correctores gramatical y ortográfico; veremos cómo desactivarlos en el capítulo 2.
- Al ser el procesador más utilizado, los documentos creados con Word son una buena fuente de virus. Por tanto, ten cuidado cuando utilices documentos de otros usuarios, principalmente si los has conseguido a través de Internet.
- Word es un procesador de textos y no un programa de autoedición o preimpresión. Por tanto, si lo que deseas es crear y dar formato a un documento de gran tamaño para imprimirlo de manera profesional o a cualquier documento en el que se necesite una gestión profesional del color, no te recomendamos que emplees Word. En estos casos, lo mejor es escribir el texto con Word y, después, manipularlo con un programa de autoedición como PageMaker, Ventura, Quark o Framemaker.

¿Qué debes saber para leer el libro?

En el Manual Avanzado de Word no pretendemos llenar páginas y páginas con información que ya conoces. Sin embargo, tampoco pretendemos que no comprendas alguna de las explicaciones dadas aquí por falta de conocimientos anteriores. Encontrar un equilibrio entre estos dos deseos no es fácil, pero creemos modestamente que lo hemos conseguido.

Al comenzar a leer este libro, debes tener los suficientes conocimientos de Word y del sistema operativo Windows para entender los siguientes puntos:

- Cómo utilizar el ratón, el teclado, además de comprender su terminología: hacer clic, hacer doble clic, arrastrar, combinaciones de teclas, atajos de teclados, teclas de función, teclas del cursor o de flecha, etcétera.
- Los elementos de una ventana de Windows y cómo emplearlos para minimizarla, maximizarla, modificar su tamaño, cerrarla, etcétera.
- Por supuesto, supondremos que sabes cómo incluir texto en un documento: tecleando. Además, no vamos a tratar las

herramientas básicas de Word, como la creación de tablas, el corrector ortográfico y gramatical o el empleo de guiones.

- Tampoco vamos a hablar de cómo dar formato al texto o a los párrafos: negrita, cursiva, alienación, espacio entre párrafos, etcétera.

Consejo

Si hay algún término o concepto aquí expuesto que no conoces, no te preocupes, ya que en la mayoría de los capítulos se incluyen un par de páginas de introducción al tema. Si no conoces casi ninguno de estos términos, te recomendamos que leas antes algún libro básico, como el "Manual Imprescindible de Word 2000" editado también por Anaya Multimedia.

¿Qué puedes encontrar en este libro?

Si bien el índice de contenidos de comienzo del libro es lo suficientemente extenso como para que te hagas una idea del contenido del libro, creemos conveniente explicarte capítulo a capítulo la idea que nos impulsó a incluir dicho capítulo en el libro.

De este modo, esperamos que sepas en cada momento a qué capítulo acudir cuando necesitas información sobre algún tema concreto. Eso sí, ten en cuenta que el orden de los capítulos no es tan importante como en otros libros o manuales, ya que cuando en un capítulo se necesita información existente en otro, se indica explícitamente.

- El capítulo 2 está dedicado a personalizar el entorno de Word. Esta personalización se refiere a cuatro factores:
  - Los elementos que aparecen en la pantalla de Word y los que se pueden ocultar.
  - Las distintas formas en las que podemos ver un documento de Word en la pantalla: con gráficos, sólo el texto, en forma de esquema, la vista preliminar previa a la impresión, etcétera.
  - Las posibilidades que brinda el cuadro de diálogo Opciones para influir en el modo en el que trabaja Word: desactivar el

corrector ortográfico, anular el formato automático de Word, incluir información de remite para cartas, etcétera.

- Finalmente, la manera de modificar (incluso añadir y eliminar) algunos de los elementos que aparecen en la pantalla: barras de herramientas y opciones de menús, principalmente.

- El capítulo 3 se dedica al trabajo en equipo con Word. Este trabajo en equipo se refiere a la necesidad que se presenta en muchas ocasiones de que varias personas trabajen en el mismo documento. Veremos las distintas posibilidades para conseguir que en todo momento, cada miembro del equipo sepa quién ha escrito cada cosa y cuáles son los cambios existentes entre dos documentos.
- El objetivo del capítulo 4 es mostrarte las posibilidades incluidas en Word 2000 para mejorar el rendimiento en tu trabajo diario. Tres son las herramientas que ocuparan el espacio de este capítulo: Autotexto (ideal para incluir cualquier texto a partir de un acrónimo creado por nosotros mismos), Autocorrección (permite solucionar los típicos errores de tecleo) y Autoformato (con él Word aplica formato automáticamente al documento mientras lo escribimos o una vez finalizado).
- El capítulo 5 está enfocado al tratamiento de documentos extensos en Word. En él veremos cómo crear secciones que nos permitirán definir zonas independientes dentro del mismo documento. También hablaremos de los documentos maestros y las herramientas para trabajar con ellos; finalmente se abordará la creación de índices, tanto de contenido como alfabéticos, pasando por las tablas de ilustraciones de autoridades.
- El capítulo 6 presenta un concepto empleado a lo largo de todo el libro: los campos. Además, veremos los formularios, que son documentos especialmente diseñados para obtener información de muchas fuentes distintas (como una encuesta). Este capítulo es bastante largo, pero es natural, ya que es necesario comprender los campos para entender las tablas de contenido, las cartas personalizadas y los formularios, por poner tres ejemplos de temas tratados en este libro.
- El capítulo 7 es el primero dedicado a las macros y más concretamente a Visual Basic para Aplicaciones. Los temas tratados

engloban los aspectos fundamentales sobre las macros con la idea de preparar el terreno para los capítulos siguientes.

- En el capítulo 8 veremos cómo sacar partido al entorno de programación incluido en Word, nos referimos al Editor del Visual Basic para aplicaciones. El manejo de este entorno se convierte en una tarea imprescindible para aprovechar las posibilidades de VBA.
- En el capítulo 9 seguiremos profundizando en el conocimiento de Visual Basic para aplicaciones y en algunos conceptos sobre programación orientada a objetos, necesarios para trabajar con este lenguaje. Varios ejemplos nos permitirán comprender mejor la temática del capítulo.
- El capítulo 10 es el último dedicado a la programación con VBA, en él hablaremos de las posibilidades de las macros automáticas como método para personalizar Word. También trataremos un aspecto muy importante para completar el diseño de nuestras macros, los cuadros de diálogo. Estos nos van a permitir establecer un cierto nivel de comunicación con el usuario, mejorando así la respuesta a cualquiera de nuestros trabajos.
- En el capítulo 11 se emplea la información de los capítulos 6 y 7 para conseguir crear plantillas realmente prácticas para otros usuarios de nuestro entorno, como compañeros de trabajo o clientes. En concreto, veremos cómo crear una plantilla que incluya macros y campos. Para conseguirlo, dedicaremos la primera parte del capítulo a recordar los conceptos de estilos y plantillas, y la manera de crearlos.
- El capítulo 12 está dedicado a las cartas personalizadas, también llamadas circulares, mailings o cartas modelo. Además de ver la forma de crearlas, analizaremos todas sus posibilidades y la manera de aprovechar los datos ya existentes en otros documentos, con el fin de no tener que volver a teclearlos.
- El capítulo 13 se introduce en el problema de la compartición de información entre aplicaciones de Windows. Mediante ejemplos, veremos cómo incluir en documentos de Word datos existentes en archivos de hojas de cálculo, de bases de datos o archivos gráficos. Este capítulo se completará con el apartado dedicado a ActiveX existente en el capítulo 11.

- Con el capítulo 14 pretendemos proporcionarte los conocimientos necesarios para que conviertas tus documentos en pequeñas obras de arte, incluyendo gráficos, imágenes prediseñadas, autoformas... Con esta información no tendrás problemas para adaptar tus trabajos a los tiempos que vivimos, en los que la imagen y el diseño se convierten en protagonistas.
- Con capítulo 15 no pretendemos convertirte en un Webmaster, ni mucho menos, pero sí mostrarte las posibilidades que con relación a Internet, y en concreto al diseño de páginas Web, pone Word a tu disposición. Word 2000 incorpora como formato nativo para sus documentos el HTML, y además permite trabajar con marcos para mejorar la distribución de la información en sitio Web; esto y mucho más lo veremos en este capítulo.
- El capítulo 16 también tiene mucha relación con Internet, ya que trata la forma de enviar nuestra información creada con Word mediante correo electrónico y mediante fax. Para el correo electrónico, veremos el uso de Microsoft Outlook, una aplicación que también se encuentra en Microsoft Office.

Esperamos que toda esta información te sea útil. Si deseas hacernos llegar algún comentario sobre el libro, puedes hacerlo en las siguientes direcciones de correo electrónico: jose-maria@grupo-ros.es o julian@grupo-ros.es.

2

Personalizar el entorno

Una de las características esenciales de Word es la posibilidad de adaptarlo a las necesidades de cada uno de sus usuarios.

En realidad, las operaciones de este capítulo no son muy avanzadas, pero sí nos van a permitir introducirnos en las posibilidades de control de Word.

Este capítulo está pensado para que puedas configurar el entorno de Word como a ti te guste. Para hacerlo, veremos cómo modificar la posición de las barras de herramientas, cómo cambiar los menús, además de definir los elementos que deseas que aparezcan o no en la pantalla de tu ordenador.

También dedicaremos un gran apartado del capítulo al comando Opciones, el cual controla la manera en la que Word trabaja.

Introducción

Este capítulo contiene la información que necesitas para poder configurar el entorno de trabajo con Word de la forma que más te guste e interese. Cuatro son los apartados que componen el capítulo:

- En primer lugar vamos a tratar los elementos de la pantalla (menús, barras de herramientas, etc.) y la forma de manipular los documentos (modificar el tamaño de sus ventanas, abrir varios a la vez, dividirlos, etcétera).
- Después, analizaremos las formas que tiene previstas Word para que puedas ver los documentos: los modos de visión o vistas de Word.
- Posteriormente vamos a hablar de las opciones que puedes configurar para poder trabajar como mejor te parezca (visualización, edición, impresión, etc.), algunas de las cuales también te permitirán que aparezcan o no elementos en la pantalla.
- Por último, veremos cómo personalizar ciertos elementos (barras de herramientas, menús y combinaciones de teclas), de modo que tengan el aspecto más adecuado a tus necesidades.

Elementos de la pantalla

Aunque ya conozcas el entorno de Word y de otros programas para Windows, es posible que no domines el uso de todos los elementos de la pantalla. A continuación vamos a indicar brevemente cada uno de ellos y haremos un especial hincapié en los más "atípicos" (figura 2.1).

- La barra de título contiene los siguientes elementos:
  - El menú de control de la aplicación, representado por el icono que identifica los documentos de Word.
  - El nombre del documento que está abierto.
  - El nombre del programa o aplicación (Microsoft Word).
  - Los botones Minimizar, Maximizar o Restaurar y el botón Cerrar de la aplicación.

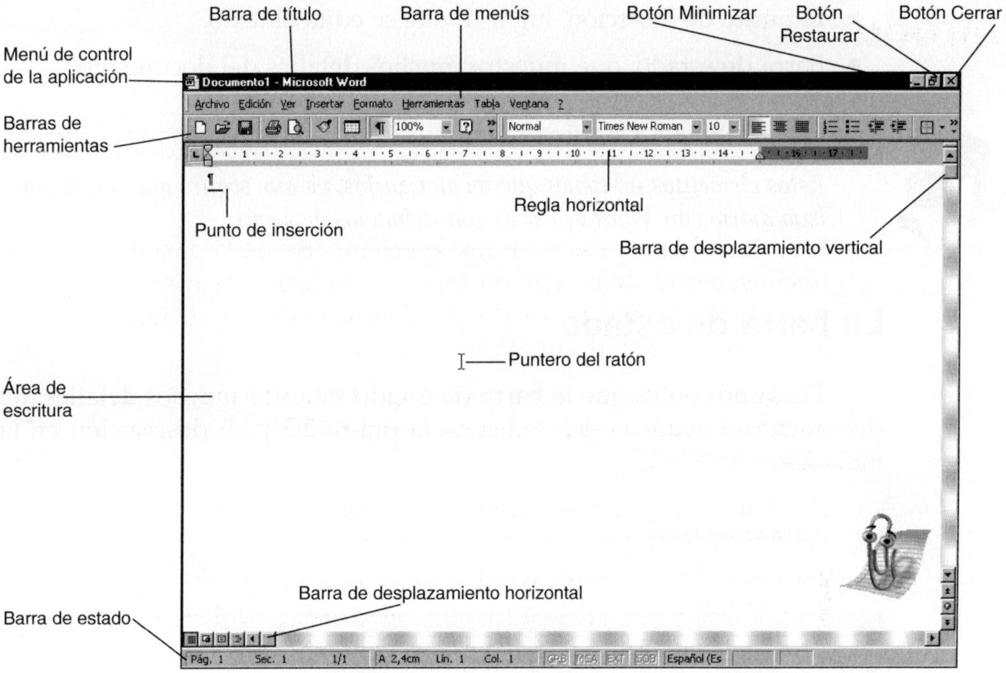

Figura 2.1. Elementos de la pantalla de Word

- La zona de barras muestra:
  - La barra de menús en primer lugar, con los nombres de los menús. Si sólo hay abierto un documento en Word, en la parte derecha aparece el botón Cerrar que afecta sólo a dicho documento.
  - Las barras de herramientas. Por omisión Word muestra las barras de herramientas Estándar y Formato en la misma línea.
- La regla, que indica en el cuadro de su izquierda el tipo de tabulador y seguidamente las marcas de sangrías y tabulaciones.
- El área de escritura, donde se escribe y manipula el contenido del documento.
- Las barras de desplazamiento vertical y horizontal para poder desplazarse por el documento.

- El punto de inserción, lugar donde se edita el texto.
- Barra de estado, que muestra muchos detalles del documento.

Nota

Estos elementos no tienes que memorizarlos, ya que seguro que con el trabajo diario con Word acabarás conociéndolos de sobra.

La barra de estado

Decíamos antes que la barra de estado muestra muchos detalles del documento. Puedes verlos todos en la figura 2.2 y su descripción en la tabla 2.1.

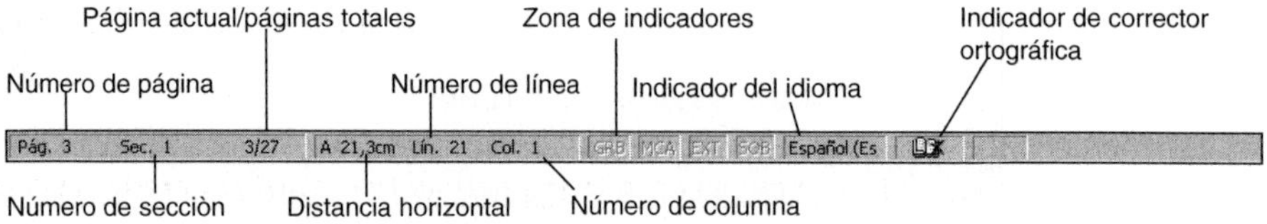

Figura 2.2. Barra de estado de Word

Tabla 2.1. Elementos de la barra de estado

Elemento	Descripción
Número de página	Muestra el número de la página en la que estás trabajando.
Sección	Si tienes varias secciones en el documento, indica el número de la sección en la que estás situado. Todo documento tiene al menos una sección.
Número/número	Muestra el número de la página en la que está situado el punto de inserción y el número total de las páginas que tiene el documento.

(continúa)

Tabla 2.1. Elementos de la barra de estado (continuación)

Elemento	Descripción
A	Muestra la distancia que hay entre el extremo superior de la página y el punto de inserción.
Lín	Muestra la línea de texto en la que se encuentra el punto de inserción dentro de la página actual.
Col	Muestra los caracteres que hay desde el margen izquierdo hasta el lugar donde está el punto de inserción. Si estás dentro de una celda o cuadro de texto, indica los caracteres desde el principio de la celda o cuadro de texto.
GRB	Haciendo doble clic sobre este botón puedes activar o desactivar directamente la grabación de macros. Cuando está grabando, el texto GRB aparece remarcado.
MCA	Haciendo doble clic sobre este botón puedes activar o desactivar directamente el modo de control de cambios. Cuando está controlando los cambios, la marca MCA aparece remarcada. El control de cambios lo veremos en el capítulo 3.
EXT	Haciendo doble clic sobre este botón puedes activar o desactivar directamente el modo extendido de selección. Cuando aparece el texto EXT remarcado, tienes activo este modo. Pulsa una letra para seleccionar desde la posición del punto de inserción hasta la siguiente aparición de dicha letra. Si continuas pulsando la tecla, la selección del texto se ampliará hasta que Word encuentre el siguiente carácter tecleado.
SOB	Haciendo doble clic sobre este botón puedes activar o desactivar directamente el modo de sobrescritura, que se activa pulsando la tecla Ins. Cuando aparece el texto SOB remarcado, tendrás el modo activo y el texto que teclees irá sustituyendo al texto que tengas escrito.

(continúa)

Tabla 2.1. Elementos de la barra de estado (continuación)

Elemento	Descripción
Español	Indica el idioma definido para el texto en el que se encuentra el punto de inserción. Haciendo doble clic sobre él abrirás el cuadro de diálogo Idioma para modificarlo.
Indicador de corrección ortográfica	Cuando tienes activa la corrección ortográfica y gramatical, aparece el icono del libro y el lápiz escribiendo conforme creas tus documentos. Cuando termina, muestra un signo de conformidad o de error según haya encontrado o no errores ortográficos o gramaticales.
Disquete que cambia de tamaño	Cuando Word está grabando un documento mientras estás trabajando (lo que se denomina en segundo plano), aparece el icono de un disquete cambiando de tamaño.
Impresora	Cuando imprimes un documento, la impresión se realiza en un segundo plano para que puedas seguir trabajando. En estos casos, aparece el icono de la impresora indicando cada página que está imprimiendo. Haciendo doble clic sobre este icono, puedes cancelar la impresión que queda pendiente.

Según utilices ciertas herramientas de Word, el contenido de la barra de estado puede incorporar otros elementos, lo cual no ha de extrañarte. Por ejemplo, cuando en el siguiente capítulo veamos las versiones y tengas en pantalla un documento del cual has guardado varias versiones, podrás observar que en el último cuadro de la barra de estado aparece un nuevo icono que representa un conjunto de páginas seguidas, el cual te da acceso al cuadro de diálogo Versiones del que ya hablaremos después.

Modos de visión

En este capítulo estamos viendo las posibilidades que nos ofrece Word de personalizar todo su entorno para que podamos trabajar lo más cómodamente posible. En este apartado vamos a tratar las distintas formas de ver un documento en la pantalla.

Si has trabajado anteriormente con procesadores de texto, te habrás habituado a la forma que dicho programa tenía de mostrarte el documento en la pantalla. Pero además, a la hora de imprimir los documentos, seguro que también has podido ver el aspecto que tendría el documento impreso antes de enviarlo a la impresora.

Estas dos formas de ver un documento son las que muchos usuarios utilizan habitualmente, pero en Word disponemos de otras cuantas que te interesarán en más de una ocasión. Vamos a ver todas, incluidas las dos citadas.

Nota

La forma de ver un documento no cambia para nada el documento, sólo modifica su aspecto en la pantalla. Prueba sin miedo los comandos que vamos a analizar, los cuales puedes encontrar en el menú Ver.

Normal

Este es el modo en que ves un documento en Word por omisión. Es el mejor modo de ver un documento mientras lo estás editando, ya que te ofrece el texto con todas las características y no te "distrae" con otros elementos.

Al no incorporar apenas elementos adicionales, te permite ver en la pantalla una gran cantidad de texto, así como agilizar el desplazamiento por el documento, y todo ello respetando la paginación, los formatos de caracteres y párrafos y la inclusión de otros elementos como gráficos, dibujos, etcétera.

Aviso

Mediante este modo no podrás ver los encabezados y pies de página, para lo cual tienes que seleccionar el comando Encabezado y pie de página *en el menú* Ver.

Lo único destacable de este modo de visión tiene relación con los saltos de página (elementos que aparecen cuando se produce un cambio de una página a otra) y con los saltos de sección y columnas. Puedes observar en la figura 2.3 que los distintos tipos de saltos en el documento se muestran con una línea horizontal que atraviesa el área del documento:

- Las líneas de salto de página automático se representan por una línea de puntos discontinua.
- Las líneas de los saltos de página manuales son continuas y en el centro de las mismas aparece el texto "Salto de página"
- Las líneas de los saltos de secciones son dobles y en el centro muestran el texto *"Final de sección"* y el tipo de salto de sección.

Por último, ten en cuenta que en el caso de tener más de una columna, no podrás verlas, el documento se mostrará como si sólo fuera una. Esta es realmente la limitación que implica esta forma de ver un documento.

Diseño de impresión

Esta forma de ver el documento es la que lo muestra tal y como quedaría impreso. Obviamente, en la pantalla del ordenador no cabe una

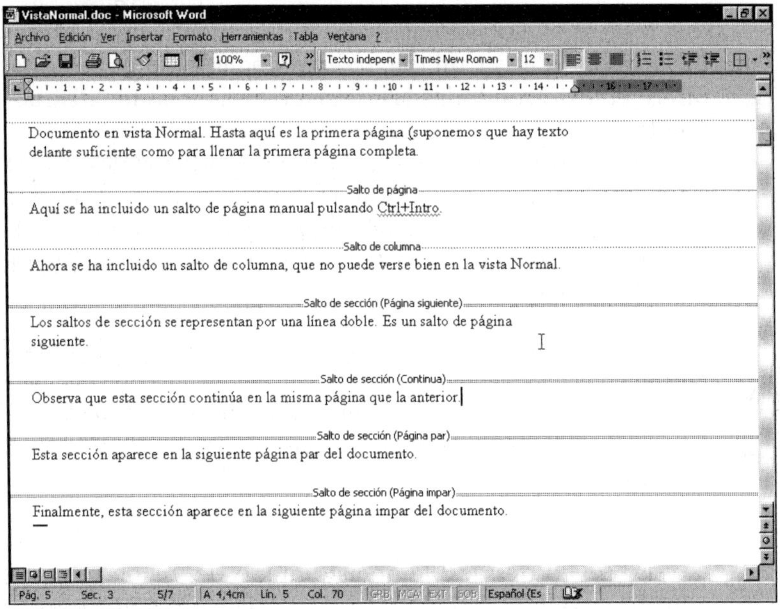

Figura 2.3. Representación de los tipos de saltos en un documento en vista normal

página impresa, por lo que sólo verás parte de dichas páginas cuando te muevas por él.

La diferencia con el modo Normal es que en el modo Diseño de impresión puedes observar los márgenes, los encabezados y pies de página, los dibujos y los bordes que formarán las páginas reales del documento impreso.

Puedes editar desde aquí directamente los encabezados y pie de página haciendo doble clic sobre ellos, arrastrar en las reglas los márgenes verticales y horizontales de las páginas y secciones y ver las columnas tal y como quedarán impresas.

Observa en la figura 2.4 el aspecto de la pantalla cuando muestras un documento con el modo Diseño de impresión.

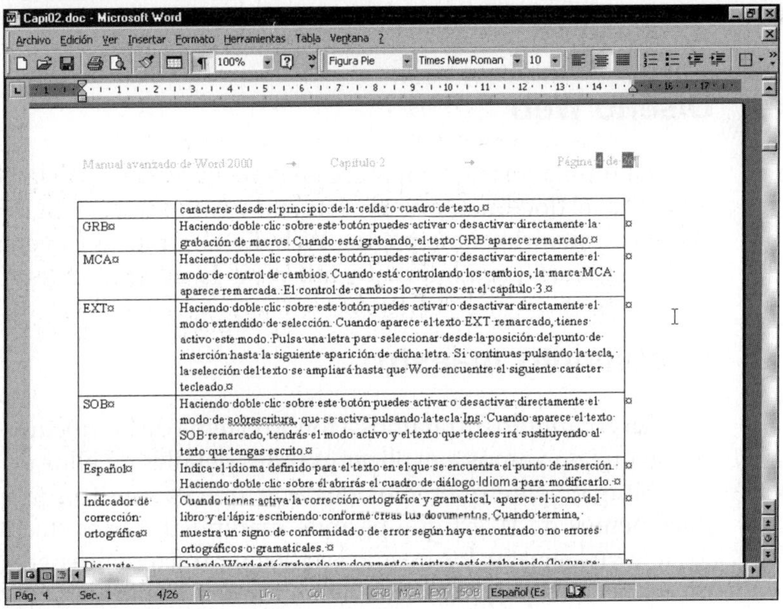

Figura 2.4. Documento mostrado con el modo de visión Diseño de impresión

Esquema

Esta forma de ver un documento te permite hacerte una idea de la estructura de su contenido. Para lograrlo, Word utiliza los estilos Título 1, Título 2, etcétera de las plantillas. Cuando ves un documento en la vista Esquema, aparece en la pantalla la barra de herramientas Esquema, la cual te permite manipular la estructura del texto de una forma muy sencilla: Esta barra de herramientas la vamos a tratar con profundidad en el capítulo 5, al hablar de los documentos maestros, pero para que te hagas un poco la idea de su potencia, supón la siguiente situación: en un documento has creado un título que realmente debería ser un subtítulo. Podrías resolver este problema de dos modos:

- Seleccionar el párrafo y cambiar el estilo de ese título.
- Seleccionar el párrafo y hacer clic en el botón Disminuir nivel de la barra de herramientas Esquema.

También puedes ver los distintos títulos de los apartados, ampliarlos o contraerlos haciendo clic en los símbolos más (+) y menos (-) que aparecen en la barra de herramientas. Además, puedes cambiarlos de lugar arrastrando el título del apartado.

Diseño Web

La última vista que aparece en el menú Ver es la vista Diseño Web. En esta vista, el documento se muestra tal y como se verá en un navegador en el caso de situarlo como página Web. En el capítulo 16 veremos cómo trabajar con Word para Internet y allí verás la utilidad de este modo.

Documento maestro

En el capítulo 5, tratamos a fondo el tema de los documentos maestros, por lo que no vamos a explicar grandes detalles de ellos en este apartado.

Simplemente queremos destacar que es una forma más de ver los documentos de Word que permite manipular varios documentos distintos a la vez, ajustar los mismos estilos y características generales, generar un número de página correlativo entre todos ellos, crear índices y tablas de contenido de todos juntos, etcétera. En resumen, poder crear un "libro" con varios documentos independientes.

Vista preliminar

Cuando seleccionas el botón Vista preliminar en la barra de herramientas Estándar o el comando con dicho nombre en el menú Archivo, el aspecto de la ventana cambia totalmente y te muestra en pantalla el documento en forma reducida y una pequeña barra en la parte superior, como se muestra en la figura 2.5. Si lo comparas con el modo Diseño de impresión, la forma en que se muestra el documento es parecida en lo que al aspecto de la página se refiere (márgenes, encabezados y pie de página), aunque en este caso siempre ves página a página y no puedes observar el final de una página y el comienzo de la siguiente.

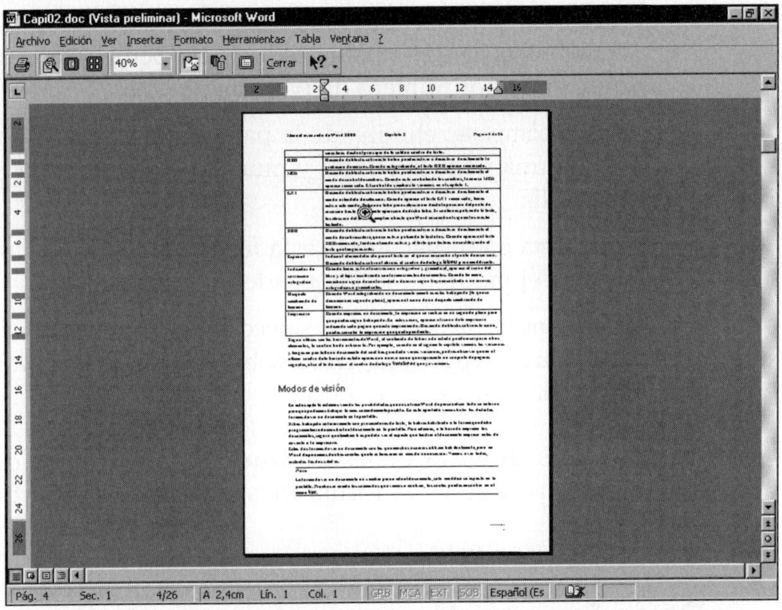

Figura 2.5. Documento mostrado con el modo de visión Vista preliminar

Si lo deseas, puedes hacer clic en cualquier lugar del documento para ver con detalle el contenido del mismo, utilizar las teclas AvPág y RePág para ver la página siguiente o la anterior a la que se está mostrando en ese momento, seleccionar el botón Varias páginas para ver la estructura reducida de varias páginas a la vez, etcétera.

Los botones de la barra superior tienen las siguientes funciones:

- Imprimir: imprime el documento directamente en la impresora que tengas configurada por omisión
- Aumentar: Aumenta o reduce la página para que puedas observar más detalles o el aspecto general de la misma.

- Una página: hace que en pantalla se muestre una sola página.
- Varias páginas: permite que en la pantalla se muestren varias páginas, en un tamaño muy reducido.
- Zoom: te permite seleccionar en la lista que despliega el tamaño en que deseas ver la página.
- Ver regla: muestra u oculta la regla del documento, con la cual puedes cambiar incluso los márgenes, sangrías, etc.
- Reducir hasta ajustar: intenta reducir el documento de modo que ocupe el menor número de páginas posibles.
- Pantalla completa: elimina de la pantalla todos los elementos excepto una pequeña barra y muestra el documento en toda la pantalla.
- Cerrar vista preliminar: anula esta forma de ver un documento y muestra el modo de visión usado anteriormente.
- Ayuda sensible al contexto: al seleccionarlo puedes consultar la ayuda que proporciona Word sobre los elementos en los que hagas clic.

Este tipo de vista debes utilizarlo siempre antes de imprimir un documento, ya que es la forma más rápida de ver si tiene el aspecto adecuado.

Otras formas de ver un documento

Por si te parece poco, hay más formas de ver un documento.

- En la barra de herramientas Estándar existe el botón desplegable Zoom (muestra el texto "100%") y un comando con el mismo nombre en el menú Ver. Mediante este comando puedes ver el documento a cualquier tamaño.
- En el menú Ver tienes también el comando Pantalla completa, el cual hace que en la pantalla solamente aparezca el documento y una pequeña barra en la que has de hacer clic para volver a mostrar el documento con el aspecto que tenía antes.
- El comando Mapa del documento del menú Ver te permite ver el mapa del documento manteniendo cualquiera de los modos de

visión que hemos tratado anteriormente, con las ventajas que ello conlleva, como cambiar de posición títulos completos dentro del documento.

Ante todo, prueba estas formas de ver el documento ya que no vas a producir ningún cambio en el documento por hacerlo.

Nota

Cuando no estés trabajando cómodamente con Word, consulta este apartado y repasa las formas de ver un documento que hemos descrito; seguro que alguna de ellas te facilitará el trabajo.

Abrir varios documentos

En las versiones anteriores de Word, cuando tenías varios documentos abiertos a la vez, aparecían todos en la misma ventana de Word y para pasar de uno a otro había que utilizar el menú Ventana o la combinación de teclas Ctrl+F6.

En Word 2000, cada vez que abres un documento, se ejecuta Word, de forma que tienes abiertas tantas sesiones de trabajo con Word como documentos. Esto se ve fácilmente en la barra de tareas de Windows, ya que aparece un botón por cada documento abierto (figura 2.6).

Para pasar de un documento a otro, utiliza la barra de tareas de Windows, aunque puedes seguir utilizando los sistemas antiguos: menú Ventana y Ctrl+F6.

Truco

El comando Organizar todo *del menú* Ventana *muestra una porción de todos los documentos abiertos. Word dividirá el espacio disponible a partes iguales para los documentos abiertos, de modo que tengas todos a la vista.*

Dividir un documento

Otra forma de visualizar un documento consiste en mostrar simultáneamente dos partes del mismo a la vez, como se muestra en la figura 2.7. Esto es muy útil cuando deseas consultar una parte escrita de un documento mientras estás editando otra parte distante de la anterior.

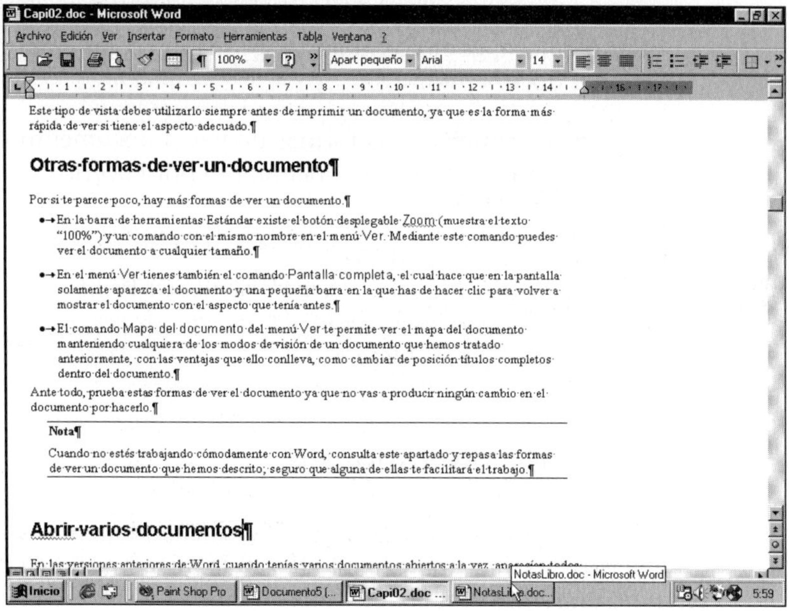

Figura 2.6. Varios documentos abiertos a la vez

Para hacerlo solamente has de seleccionar el comando Dividir en el menú Ventana, tras lo cual aparecerá en mitad de la pantalla una barra con un icono que representa una línea horizontal con dos flechas verticales opuestas. Arrastra el ratón hasta dar a cada parte el tamaño que quieras y haz clic.

Nota

Para dividir el documento, también puedes arrastrar la pequeña barra que hay sobre la flecha superior de la barra de desplazamiento vertical.

En este momento tendrás dos partes del documento en la pantalla, pudiendo moverte por cada una de ellas con total libertad mediante las barras de desplazamiento, las teclas del cursor, etcétera.

Para volver a ver el documento como estaba antes, solamente has de situar el puntero del ratón sobre la barra de división (como se muestra en la imagen de la figura 2.7) y arrastrarla hasta la parte superior o inferior de la pantalla.

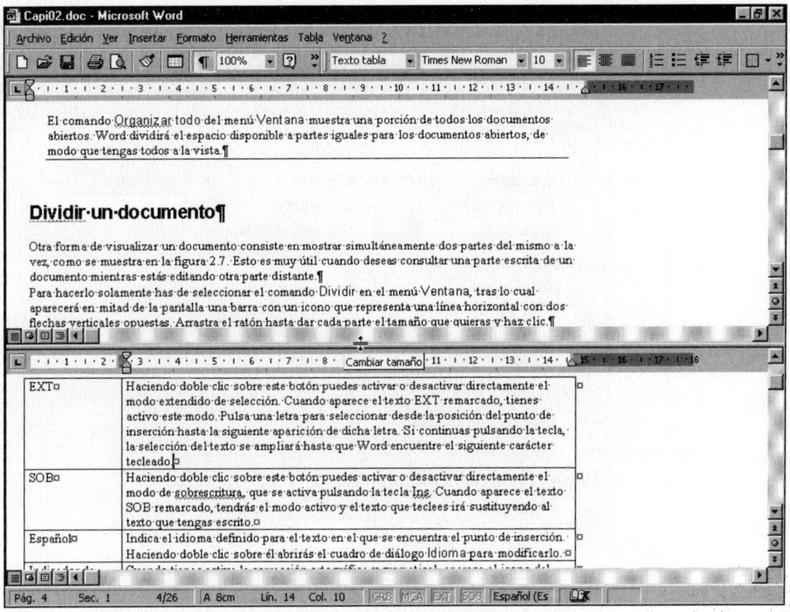

Figura 2.7. Ejemplo de documento dividido en la pantalla

El comando Opciones

Además de los distintos modos de visión, Word dispone de otras posibilidades de personalización del trabajo. Algunas afectan a la apariencia de Word y otras al modo que tiene de responder ante ciertas circunstancias.

Para definir estas opciones se utiliza el cuadro de diálogo Opciones (figura 2.8), al que se accede a través del comando Opciones, Herramientas.

A simple vista, en la figura 2.8 se observa que el cuadro de diálogo Opciones está compuesto de un gran número de fichas o pestañas, las cuales te proporcionan un control sobre la forma en que Word ha de comportarse.

Para no hacer el capítulo más extenso, vamos a referirnos a cada opción de las distintas fichas, indicando para qué sirve cada una de ellas.

Consejo

Es conveniente que leas los siguientes apartados, aunque sean bastante pesados. El motivo es que conozcas las posibilidades de Word, algunas de las cuales puedes necesitar en un futuro no muy lejano.

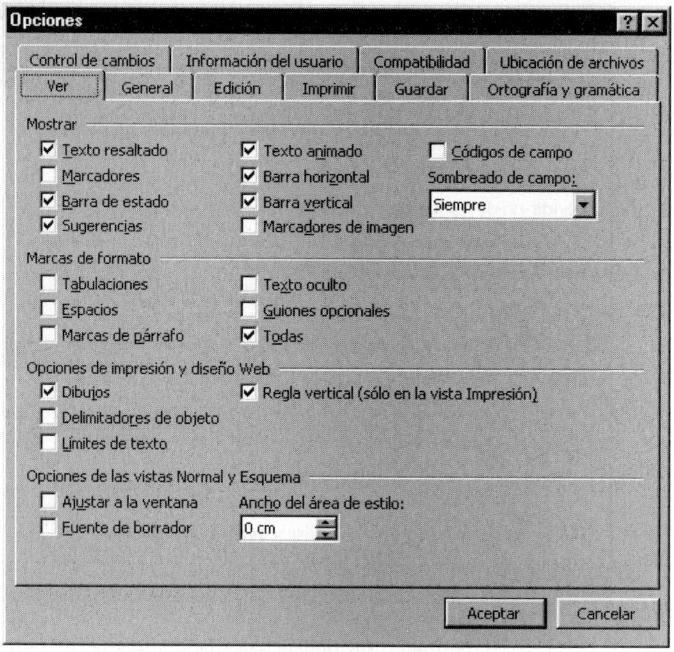

Figura 2.8. Cuadro de diálogo **Opciones** *con la ficha* **Ver** *en primer plano*

Nota

Si en un momento dado dudas sobre la función de alguna opción de las fichas que muestra el cuadro de diálogo **Opciones**, *utiliza el botón de ayuda que hay en la barra de título del cuadro de diálogo y haz clic sobre dicha opción.*

Ficha Ver

Esta ficha indica ciertos aspectos que utiliza Word para mostrarnos la pantalla y los documentos. El grupo Mostrar hace referencia a los elementos que puedes hacer que se muestren siempre o no.

- Texto resaltado. Desactiva esta opción si no quieres que el texto resaltado aparezca destacado en pantalla.
- Marcadores. Muestra los marcadores que haya en el texto. Los marcadores no se imprimen en ningún caso.

Nota

Los marcadores son marcas que puedes hacer en el texto para que mediante el comando Ir a *del menú* Edición *puedas acceder a una posición del texto determinada.*

- Barra de estado. Como ya sabemos, es la barra situada en la parte inferior de la ventana, e indica información del documento. Activa o desactiva aquí su aparición.
- Sugerencias. Permite ver las posibles sugerencias de los usuarios que hayan revisado el documento. (Veremos este tema en el capítulo próximo.)
- Texto animado. Esta opción indica si Word mostrará o no la nueva característica de animación de los caracteres.
- Barra horizontal. Muestra u oculta la barra de desplazamiento horizontal, con los botones que tiene a su lado izquierdo.
- Barra vertical. Muestra u oculta la barra de desplazamiento vertical, con los botones que tiene abajo. Para moverte por el documento de forma rápida y fácil, conviene que la tengas visible.
- Marcadores de imágenes. Muestra un recuadro en lugar de las imágenes, consiguiendo que el ordenador ahorre tiempo a la hora de presentar el documento en pantalla. Como antes, a la hora de imprimirlo saldrían las imágenes.
- Código de campo. Cuando tienes campos (nombre de autor, fecha actual, etc.), muestra el nombre de estos campos en lugar de sus valores. Trataremos los campos en el capítulo 6.
- Sombreado de campo. Este cuadro de lista permite indicar cuándo deseas que Word muestre sombreados los campos existentes en un documento. Puedes seleccionar que los campos se muestren como sombreados Siempre, Nunca o Si está seleccionado.

La sección Marcas de formato de la ficha Ver hace referencia a un tipo especial de marcas de formato también llamadas *caracteres no imprimibles* (figura 2.9). En todo documento hay ciertos caracteres que se denominan ocultos ya que no se muestran habitualmente. Generalmente suelen verlos personas que necesitan o quieren que los documentos tengan un aspecto perfecto: que no haya dos espacios entre palabras, etc. Si lo deseas, puedes verlos en pantalla aunque no se imprimirán nunca.

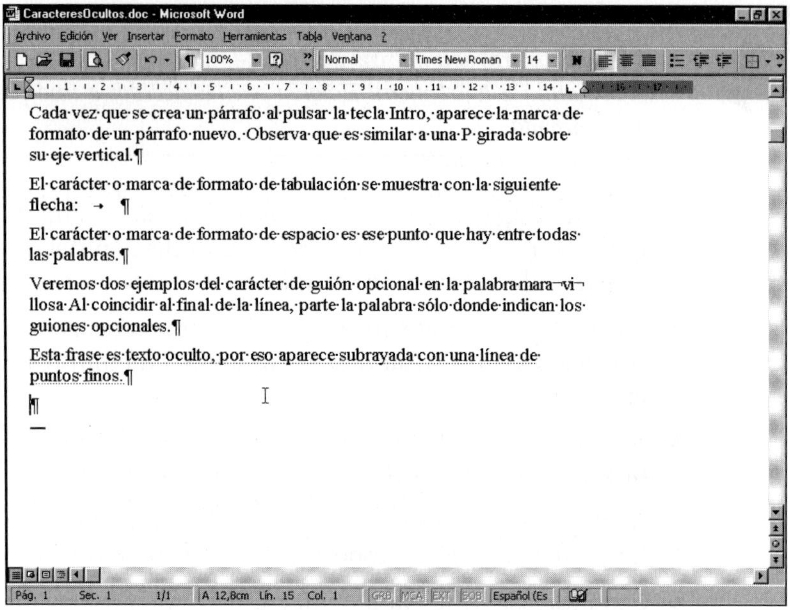

Figura 2.9. Los caracteres ocultos de un documento de Word

A continuación tienes una pequeña descripción de estos caracteres.

- Tabulaciones. Aparece un símbolo de flecha en las posiciones en las que se ha introducido una tabulación.
- Espacios. Muestra un pequeño punto en las posiciones en las que existe un espacio (has pulsado la tecla Barra espaciadora).
- Marcas de párrafo. Muestra el símbolo ¶ en la posición en la que se ha pulsado la tecla Intro y, por tanto, creado un párrafo.
- Texto oculto. Si activas esta opción, aparecerá en pantalla el texto que tiene el atributo de oculto. Este texto se muestra en pantalla con un subrayado con puntos finos.
- Guiones opcionales. Los guiones opcionales son los que se introducen en ciertas palabras y sirven para indicar a Word la sílaba por la que ha de dividir la palabra si ésta se encuentra al final de una línea de texto y es necesario dividirla con un guión. Si no hay que dividir la palabra, el guión no aparece. Para insertar un guión opcional, pulsa la combinación de teclas Ctrl+guión.
- Todas. Muestra todas las marcas de formato anteriores.

Nota

Estas marcas de formato puedes verlas u ocultarlas mediante el icono Mostrar u ocultar de la barra de herramientas Estándar

En la sección Opciones de impresión y diseño Web puedes indicar ciertos elementos de la ventana que quieres que aparezcan en las vistas Diseño de impresión y Diseño Web.

- Dibujos: muestra u oculta los objetos creados por las herramientas de dibujo que proporciona Word.
- Delimitadores de objetos: muestra u oculta en pantalla los puntos que indican el lugar donde esta asociado un objeto.
- Limites del texto: muestra u oculta una línea de puntos que representan los márgenes de la página, las columnas de texto que existan y los objetos que contenga el documento.
- Regla vertical: muestra u oculta una regla vertical en el margen izquierdo de la pantalla.

Finalmente, en la sección Opciones de las vistas Normal y Esquema indica qué elementos de la ventana quieres que aparezcan en las dos vistas.

- Ajustar a la ventana. Ajusta el texto a la ventana para poder aprovechar mejor el espacio. La desventaja es que ahora no verás el texto tal y como se imprimirá, por lo que si quieres ver el documento como quedará impreso, desactiva esta opción.
- Fuente de borrador. Muestra el texto en un tipo de letra que no es de las más atractivas, pero sí es de las más rápidas. A la hora de imprimir, se usa el tipo de letra que realmente tienes asignada.
- Ancho del área de estilo. El área de estilo es una pequeña columna a la izquierda del texto y que por omisión no aparece. Si en esta opción indicas 1 cm o más, podrás ver a la izquierda del texto el estilo que tiene aplicado cada párrafo en dicha área.

Truco

Aunque ya sabes cómo ver el documento de varias formas, conviene que sepas a su vez que otra forma de acceder a estos modos de visión la proporcionan los botones de la barra de desplazamiento horizontal: Vista normal, Vista Diseño Web, Vista Diseño de impresión y Vista Esquema.

General

La ficha **General** del cuadro de diálogo **Opciones** (figura 2.10) te pide que confirmes ciertos aspectos generales del programa.

- **Paginación automática**. Activando esta opción, Word aprovecha el tiempo que no se está utilizando el procesador para definir el contenido del documento que irá en cada una de sus páginas.
- **Fondo azul, texto en blanco**. Activa esta opción para ver el texto en color blanco sobre un fondo azul.
- **Informar mediante sonidos**. Si activas esta opción, cada vez que se produce un evento en Word (finaliza un proceso, una señal de aviso, etc.), el ordenador emite un sonido. Para que esta opción sea efectiva, hay que configurar los sonidos de Windows y disponer de una tarjeta de sonido.
- **Confirmar conversiones al abrir**. Cuando abres un documento que no está creado con Word 2000, por omisión, Word lo convierte

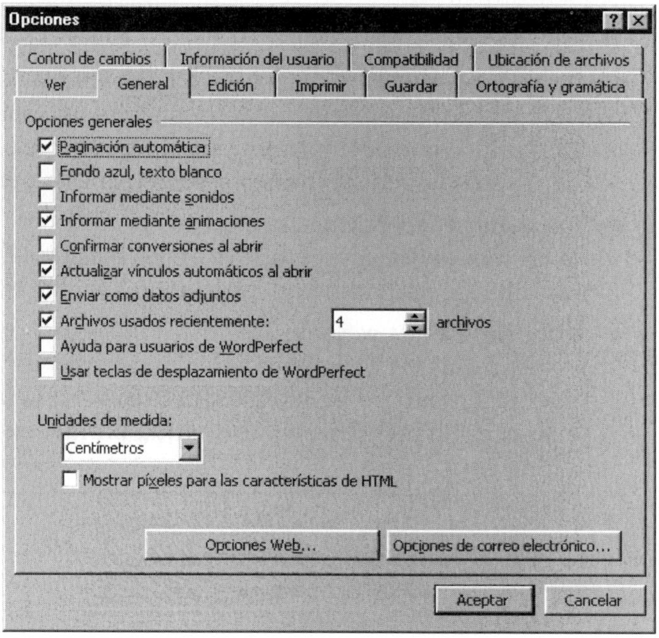

Figura 2.10. Cuadro de diálogo **Opciones** *con la ficha* **General** *en primer plano*

como mejor cree según su contenido. Activando esta casilla, aparecerá un cuadro de diálogo para que seas tú el que indiques el tipo de documento del que se trata.

- Actualizar vínculos automáticos al abrir. Activa esta opción si para que se actualicen los vínculos de un documento cada vez que se abra. Los vínculos consisten básicamente en incluir en un documento información que no está en el propio documento.
- Enviar datos como adjuntos. Activa esta opción si quieres poder adjuntar el documento a un mensaje de correo electrónico. Si la desactivas, el documento se incluye en el propio mensaje como un texto más. Hablaremos del correo en el capítulo 16.
- Archivos usados recientemente. Activa esta opción si quieres que Word muestre al final del menú Archivo una lista de los últimos archivos que hayas abierto. Puedes indicar la cantidad de archivos que Word muestra en el cuadro Archivos.
- Ayuda para usuarios de WordPerfect. Si se activa, cuando se pulse una combinación de teclas de WordPerfect para MS-DOS, aparecerá una ayuda indicando el equivalente en Word para realizar esa acción.
- Usar teclas de desplazamiento de WordPerfect. Modifica la función de las teclas RePág, AvPág, Inicio, Fin y Esc de forma que actúen como lo hacen en WordPerfect.
- Unidades de medida. Según la configuración de Windows, Word utiliza por omisión una unidad de medida estándar (centímetros en España). Si lo deseas, puedes cambiarla mediante el cuadro desplegable adjunto, pero no es lo habitual.

Nota

Los botones Opciones Web *y* Opciones de correo electrónico *abren sendos cuadros de diálogo para controlar las páginas Web y el correo electrónico desde Word. Estos temas los veremos en el capítulo 16.*

Edición

La ficha Edición del cuadro de diálogo Opciones (figura 2.11) permite controlar ciertas operaciones de edición de Word. Ten en cuenta que algunas de estas opciones vienen dadas para facilitarte el trabajo con Word si en el pasado has empleado otros procesadores de textos.

- Reemplazar la selección al escribir. Sirve para que al tener seleccionado un texto, al teclear otro distinto, el nuevo lo sustituya.
- Edición de texto con Arrastrar y colocar. La operación de Arrastrar y colocar consiste en usar el ratón para mover o copiar un texto seleccionado. De este modo, si sitúas el puntero del ratón sobre un texto seleccionado y lo arrastras a otra posición, Word mueve el mismo a la nueva posición indicada. Si mientras arrastras el texto seleccionado mantienes pulsada la tecla Ctrl, Word realiza una copia en la posición indicada. Actívala si quieres disponer de esta característica. Si la desactivas, el ratón sólo seleccionará texto, pero no lo moverá ni lo copiará.
- Usar la tecla INSERT para pegar. Si activas esta opción, pulsando la tecla Insert o Ins pegas el contenido del portapapeles, igual que si seleccionas el comando Pegar o pulsas Ctrl+V.

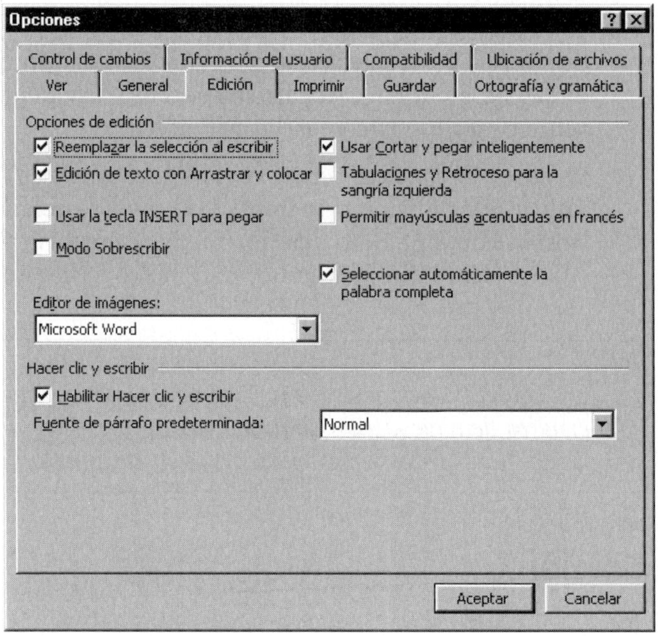

Figura 2.11. Cuadro de diálogo Opciones *con la ficha* Edición *en primer plano*

- Modo Sobrescribir. Si activas esta opción, por omisión tendrás activo el modo Sobrescribir (cada vez que escribes un texto, el texto nuevo reemplaza al que había en la posición del punto de inserción). Nuestro consejo es que la desactives y actives el modo Sobrescribir pulsando la tecla Insert cuando te haga falta.
- Usar Copiar y pegar inteligentemente. Cuando copias o pegas un texto, Word controla que se eliminen y se añadan los espacios justos para que no queden juntas las palabras adyacentes.
- Tabulaciones y Retroceso para la sangría izquierda. Para que Word aumente o reduzca la sangría izquierda según pulses las teclas Tab o Retroceso al principio de un párrafo.
- Permitir mayúsculas acentuadas en francés. Si tienes activo el idioma francés, permite la acentuación de mayúsculas.
- Seleccionar automáticamente la palabra completa. Si activas esta opción, cuando selecciones parte de varias palabras, seleccionarás automáticamente las palabras completas y su espacio posterior. Si desactivas esta opción, tendrás que tener un especial cuidado a la hora de seleccionar palabras completas.
- Editor de imágenes. Cuando editas imágenes con Word, puedes indicar desde este cuadro desplegable el programa que deseas utilizar de los que tienes instalados. En el capítulo 14 trataremos el tema de las imágenes y objetos en Word.

La sección Hacer clic y escribir de esta ficha hace referencia a una de las nuevas características de Word 2000. En las vistas Diseño de impresión y Diseño Web, puedes usar el puntero del ratón para crear nuevos párrafos con alineaciones distintas de la alineación izquierda y situarlos en una posición determinada del documento. Para conseguirlo, haz doble clic cuando el puntero adopte la forma de alineación deseada (figura 2.12).

Desactiva la opción Habilitar Hacer clic y escribir si no quieres usar esta característica. Si está activa, puedes definir el estilo del nuevo párrafo en el cuadro Fuente de párrafo predeterminada.

Imprimir

Cuando imprimes un documento hay muchos aspectos del mismo que puede que te interese imprimir o no. La ficha Imprimir del cuadro de diálogo Opciones (figura 2.13) permite que definas esos elementos que quieres imprimir y otros factores muy interesantes sobre la impresión.

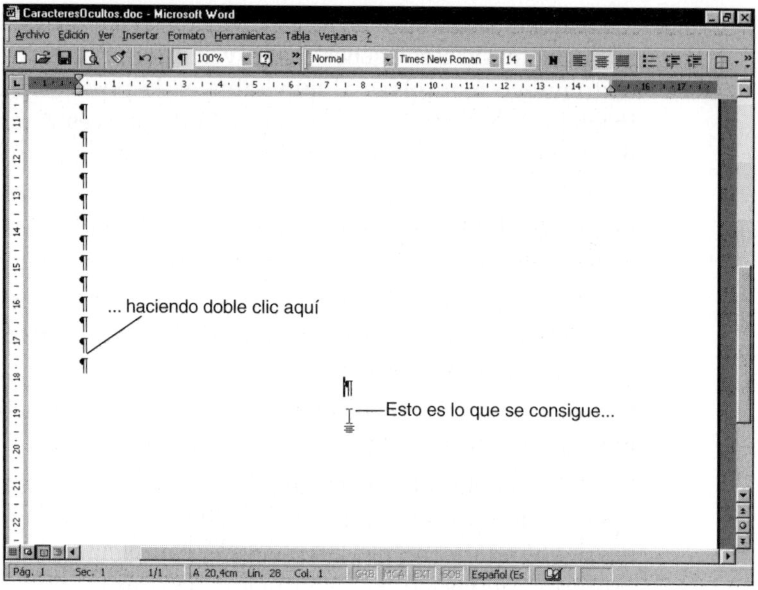

Figura 2.12. Uso de la característica Hacer clic y escribir

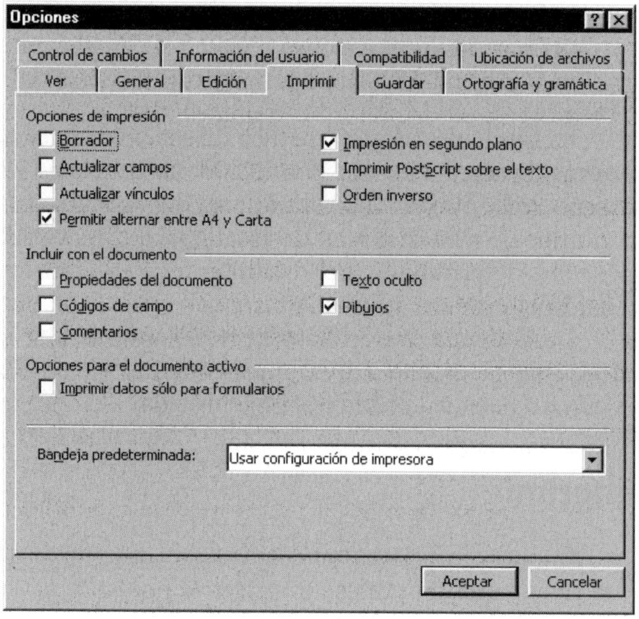

Figura 2.13. Cuadro de diálogo Opciones *con la ficha* Imprimir *en primer plano*

La primera sección de esta ficha, llamada Opciones de impresión, está dedicada a los aspectos que afectan únicamente a la impresión en general:

- Borrador. Imprime los documentos como un borrador, de modo que la impresión sea más rápida a pesar de no ser un reflejo fiel del documento definitivo.
- Actualizar campos. Si tienes campos en el documento, activando esta casilla se actualizarán antes de imprimirse. Los campos los trataremos en el capítulo 6.
- Actualizar vínculos. Si tienes en el documento algún vínculo con otros documentos, activando esta opción se actualizarán todos antes de imprimirse el documento.
- Permitir alternar entre A4 y Carta. Ya que los formatos A4 y Carta son los estándar en muchos países, activando esta casilla es Word el que se encarga de ajustar la impresión a esta circunstancia. En cualquiera de los dos casos, el formato del documento es el mismo, lo único que hace es adecuarlo para que tenga la apariencia correcta en ambos formatos de papel.
- Impresión en segundo plano. Cuando imprimes un documento, Word te permite seguir trabajando, ya que aprovecha los momentos en que no se utiliza el procesador para imprimirlo.
- Imprimir PostScript sobre el texto. Activando esta opción, cuando imprimas en Macintosh código PostScript, la impresión se realizará en la parte superior en lugar de la parte inferior del texto.
- Orden inverso. Si la activas, Word imprime las páginas desde la última a la primera. Si tienes una impresora que deja en la bandeja de salida el papel boca arriba, activa esta opción para que te salgan las hojas impresas en el orden correcto y no al revés.

La segunda sección de la ficha Imprimir permite indicar otros elementos distintos del texto que se quieran imprimir con el documento:

- Propiedades del documento. Activando esta opción, harás que en una hoja adjunta se impriman los datos del documento que puedes observar en la ficha Resumen que aparece al seleccionar el comando Propiedades del menú Archivo.
- Códigos de campo. Imprime los códigos de los campos que tengas en el texto en lugar del valor de dichos campos. Veremos los campos y, por tanto, sus códigos, en el capítulo 6.

- Comentarios. Activando esta opción, se imprimirán también los comentarios que haya en el texto (en una página independiente al final del documento).
- Texto oculto. Puedes activar esta opción para que se imprima el texto que tiene el atributo oculto. Aunque en pantalla el texto oculto se muestra subrayado por punto finos, en la impresión se imprime como cualquier otro texto.
- Dibujos. Si tienes dibujos creados con la barra de herramientas Dibujo de Word y deseas imprimirlos, mantén activa esta casilla. Si la desactivas, en lugar de dibujos se imprimirán cuadros vacíos, de modo que la impresión será más rápida.

La tercera sección de la ficha Imprimir sólo presenta una opción dedicada a los formularios. Los formularios los analizaremos también en el capítulo 6, ya que están muy relacionados con los campos.

- Imprimir datos sólo para formularios. Si la activas, al imprimir un documento de formulario sólo imprimirás los datos del mismo. Se utiliza normalmente para imprimir en papel preimpreso.

Finalmente, en el último cuadro de lista desplegable de la ficha puedes seleccionar la bandeja de impresión:

- Bandeja predeterminada. Indica si deseas utilizar una bandeja determinada en una impresora que tenga varias.

Guardar

La ficha Guardar del cuadro de diálogo Opciones (figura 2.14) permite controlar ciertos detalles de la operación de almacenamiento de archivos:

- Crear siempre copia de seguridad. Si activas esta opción, cada vez que guardes un documento en el disco, Word hará una copia de seguridad de la última versión del mismo que estuviera almacenada. De este modo, de cada documento tendrás dos copias, cada una con las últimas versiones del mismo. La copia antigua tendrá la extensión .BAK.
- Permitir guardar rápidamente. Sirve para que Word guarde el documento grabando sólo los cambios realizados. Es mucho más rápido, ya que la información que guarda es menor.

Consejo

Cuando acabes de trabajar con un documento, desactiva esta opción y guárdalo, ya que casi con seguridad el documento ocupará menos al grabarse tal y como es.

- Preguntar por las propiedades del documento. Si la activas, la primera vez que guardes un documento nuevo aparecerá en pantalla el cuadro de diálogo Propiedades que aparece al seleccionar el comando del mismo nombre en el menú Archivo.
- Preguntar si se guarda la plantilla Normal. Si tienes esta opción activa y has modificado valores de la plantilla Normal como márgenes, estilos predeterminados, etc., aparece un cuadro de diálogo preguntándote si deseas guardar dichos cambios. Manteniendo la opción desactivada, los cambios se guardan automáticamente.
- Incrustar fuentes TrueType. Si utilizas fuentes TrueType y seleccionas esta opción, cuando guardes el documento también guardarás las fuentes de este tipo que utiliza, de modo que otro usuario pueda ver el documento como es, aunque no tenga dichas fuentes instaladas en su ordenador. Evidentemente, el tamaño del documento aumenta mucho con esta opción.
- Incrustar sólo caracteres en uso. Cuando tienes la opción anterior activada, activando esta otra le indicas a Word que solamente quieres que se adjunten al documento los caracteres que se han utilizado en el documento (y no todas las letras del alfabeto, los números y otros símbolos del conjunto de caracteres). De esta forma, el documento será más pequeño.
- Guardar datos sólo para formularios. Si tienes esta opción activada, cuando guardes un formulario, sólo guardarás los datos del mismo, separándose cada uno de ellos por una coma (y no por un tabulador, como indica la ayuda contextual). De esta forma, el documento de texto que se genera se puede utilizar como base de datos. Veremos un ejemplo en el capítulo 6.
- Permitir guardar en un segundo plano. Cuando guardas un documento, la grabación se realiza en un segundo plano para que puedas seguir trabajando.
- Guardar info. de Autorrecuperación cada. Esta opción obliga a Word a guardar el documento que estás editando cada ciertos

minutos. De esta forma, si se produce algún problema podrás recuperar dicho documento grabado cuando vuelvas a ejecutar Word. Puedes ajustar el tiempo en el cuadro Minutos.

Nota

La Autorrecuperación *consiste en que cuando se produce un problema en Word y no se sale del programa del modo habitual, al volver a ejecutar Word el propio procesador te mostrará esa copia controlada que él tiene del documento que estabas editando, para que no pierdas el trabajo. De todas formas, acostúmbrate a guardar constantemente un documento para evitar situaciones desagradables como ésta.*

- Guardar archivos de Word como. Puedes indicarle a Word el formato con el que deseas guardar los documentos. Por omisión siempre se guardarán en el formato de Word 2000.

Truco

Si compartes tus documentos con usuarios de otras versiones anteriores de Word, selecciona en este cuadro la opción Word 6.0 ó 95 y guarda tus documentos en este formato. Si la versión utilizada por los otros usuarios es Word 97, activa la casilla Deshabilitar características no admitidas por Word 97*. Ten en cuenta que no podrás aprovechar todas las posibilidades de Word 2000, pero ahorrarás tiempo y problemas con la conversión.*

Cuando compartas documentos con otros usuarios, puedes ponerle contraseñas a todos tus documentos. Para hacerlo, dispones de la parte inferior de la ficha Guardar.

- Contraseña. Indica aquí la contraseña que debe conocer cualquier usuario que desee ver el contenido de tus documentos.
- Contraseña de escritura. Si un usuario puede acceder a tu documento y activas esta contraseña de escritura, solamente lo podrá modificar si la conoce.
- Recomendado solo lectura. Si activas esta casilla, no podrá nadie modificar el documento. Para hacerlo tendrá que guardar el documento con otro nombre. Cuando se abra el documento, aparecerá un mensaje indicando este hecho.

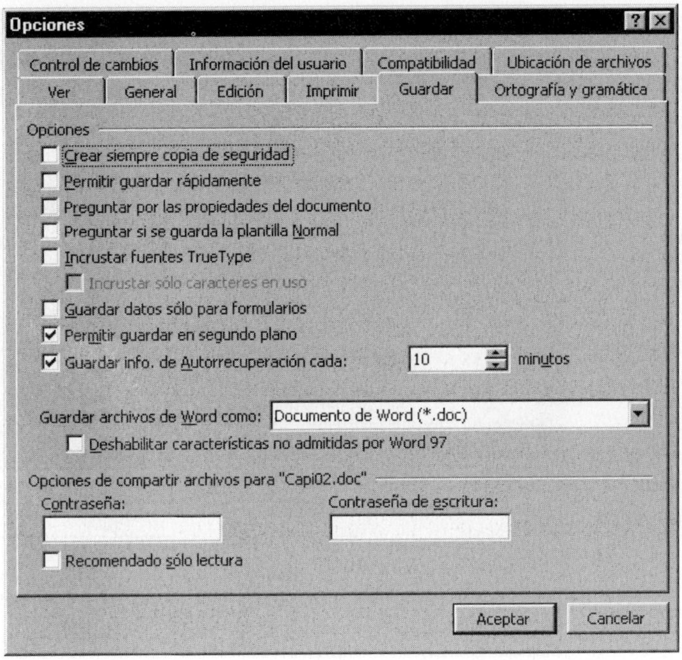

Figura 2.14. Cuadro de diálogo Opciones *con la ficha* Guardar *en primer plano*

Ortografía y gramática

Mediante las opciones de la ficha Ortografía y gramática (figura 2.15) puedes controlar todos los aspectos que afectan a la corrección ortográfica y gramatical de los documentos que realiza Word. La sección superior está dedicada a la ortografía, y contiene las siguientes opciones:

- Revisar ortografía mientras escribe. Esta opción obliga a Word a revisar todas la palabras que escribes para que compruebe si están o no en los diccionarios activos. Desactivándola conseguirás que el programa sea más rápido y no podrás activar la opción siguiente.
- Ocultar errores de ortografía en este documento. Teniendo esta opción desactivada, en pantalla aparecerán subrayadas en rojo las palabras que Word no encuentra en los diccionarios activos. Si la activas, Word seguirá detectando los errores ortográficos, pero no los mostrará subrayados en rojo.

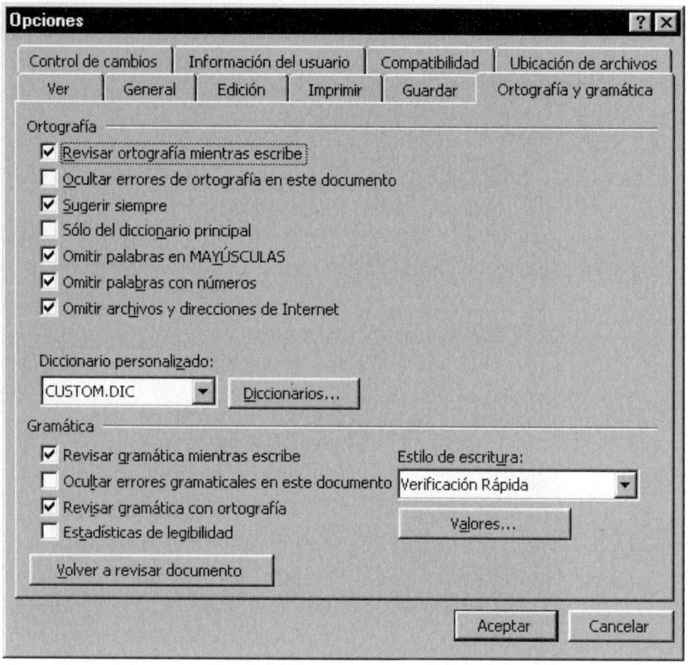

Figura 2.15. Cuadro de diálogo Opciones *con la ficha* Ortografía y gramática *en primer plano*

- Sugerir siempre. Esta opción hace que al revisar ortográficamente un documento o al pulsar con el botón derecho en una palabra errónea, aparezca una lista con posibles palabras correctas.
- Sólo del diccionario principal. Obliga a que la corrección ortográfica se realice teniendo en cuenta solamente el diccionario principal que incluye Word, ignorando los diccionarios personales que hayas podido crear o adquirir.
- Omitir palabras en MAYÚSCULA. A la hora de comprobar la ortografía, ignora las palabras que están en mayúsculas. De esta forma, los nombres propios no aparecerán como erróneos: Grupo ROS, ANAYA, etcétera.
- Omitir palabras con números. No corrige palabras que contengan números: Grupo33, 7catorce, etcétera.
- Omitir archivos y direcciones de Internet. No muestra como erróneos los archivos y direcciones de Internet: www.grupo-ros.es, www.anaya.es, www.papiros.es, etcétera.

- Diccionario personalizado. Permite indicar los diccionarios personalizados que usará durante la revisión. En el diccionario que aparece en este cuadro es donde agregará Word las palabras que añadas durante la revisión al seleccionar el botón Agregar.
- Diccionarios. Este botón permite añadir diccionarios personalizados, crearlos, modificarlos o quitarlos.

Indica, en la segunda sección de este cuadro, las opciones que deseas activar o desactivar mientras se realiza la corrección gramatical de los documentos. Algunas de ellas son similares a las vistas para la ortografía:

- Revisar gramática mientras escribe. Esta opción obliga a Word a realizar la revisión gramatical del documento mientras lo estás editando. Desactivándola, conseguirás que el programa sea más rápido y no podrás activar la opción siguiente.
- Ocultar errores gramaticales en este documento. Teniendo desactivada esta opción, en pantalla aparecerán subrayadas en verde la palabra o palabras que Word interpreta que tienen errores de tipo gramatical. Si la activas, Word seguirá detectando los errores gramaticales pero no los mostrará subrayados en verde.
- Revisar gramática con ortografía. Activa esta opción si deseas que Word realice la revisión gramatical cuando ejecutes el comando Herramientas, Ortografía. Esta opción no afecta a la revisión gramatical en segundo plano.
- Estadística de legibilidad. Si activas esta casilla y realizas la corrección gramatical, Word mostrará al final un cuadro estadístico con la estadística de esta corrección.
- Estilo de escritura. Indica en este cuadro el tipo de documento que estás editando, para facilitar a Word la interpretación gramatical del documento: técnico, comercial, periodístico, etc.
- Valores. Este botón da acceso a un cuadro de diálogo para que puedas indicar los estilos de escritura y las reglas gramaticales que debe comprobar Word en la corrección gramatical.

Consejo

Si usas el botón Valores para personalizar las opciones de gramática, cuando no tengas claro a qué se refiere una opción concreta, selecciónala y pulsa el botón Explicación. Word mostrará una ventana de ayuda sobre el tema.

- Revisar documento. Este botón realiza de nuevo la corrección ortográfica y gramatical del documento. Utilízalo cuando cambies los diccionarios activos, el idioma, etcétera.

En la figura 2.16 puedes observar un ejemplo del menú contextual de una palabra que contiene un error gramatical. Al tener activa la opción Sugerir siempre en la ficha Ortografía y gramática, podrás ver las palabras correctas que te sugiere Word para sustituir a la errónea.

Nota

En el capítulo 4 se tratan los aspectos generales del funcionamiento de la corrección ortográfica y gramatical.

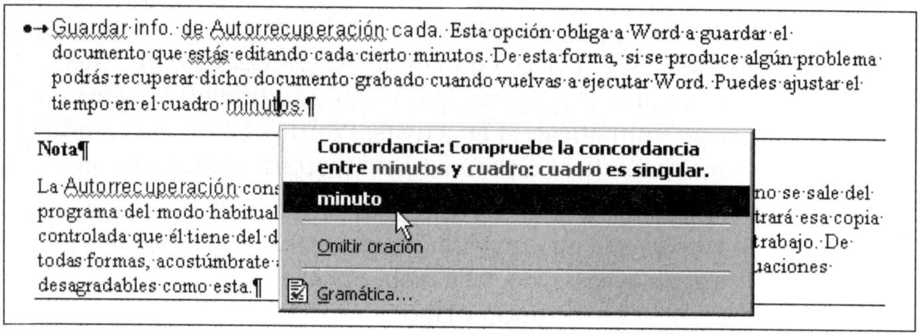

Figura 2.16. Ejemplo de palabras sugeridas ante una palabra posiblemente errónea

Control de cambios

El control de los cambios que se hacen en un documento se tratará en el siguiente capítulo y también de las opciones de esta ficha (figura 2.17). Cuando actives el control de cambios en un documento, los distintos tipos de modificaciones que se realicen (Texto Insertado, Texto eliminado, Formato cambiado y Líneas cambiadas) se marcarán según los valores de esta ficha:

- Marca. Indica el tipo de marca que señalará cada modificación.
  - Texto insertado. Ninguna, negrita, cursiva, subrayado y subrayado doble.
  - Texto eliminado. Tachado, oculto, ^, #.

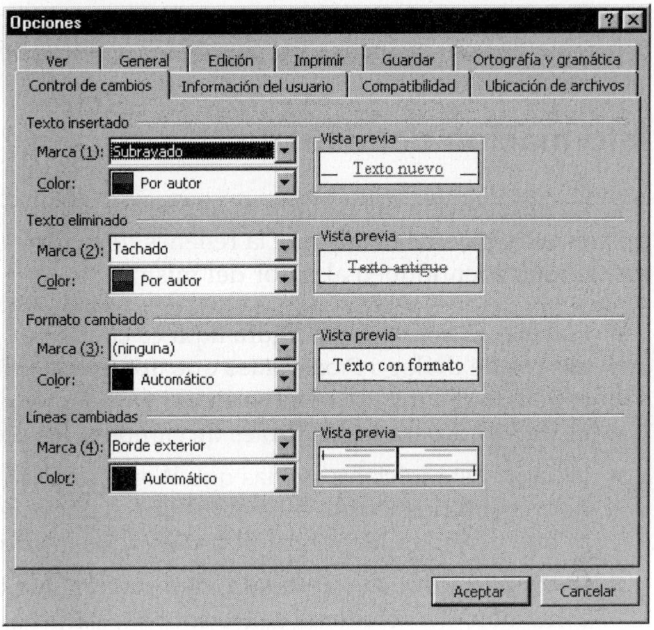

Figura 2.17. Cuadro de diálogo Opciones *con la ficha* Control de cambios *en primer plano*

- Formato cambiado. Ninguna, negrita, cursiva, subrayado y subrayado doble.
- Líneas cambiadas. Ninguna, borde izquierdo, borde derecho o borde exterior.

- Color. Indica el color que se utilizará en cada tipo de modificación:
  - Texto insertado. Por autor, automático y otros.
  - Texto eliminado. Por autor, automático y otros.
  - Formato cambiado. Por autor, automático y otros.
  - Líneas cambiadas. Automático y otros.

Nota

Con el valor Por autor, *Word utiliza un color para cada usuario que revisa el documento; con el modo de color automático, es Word el que determina el color en función de los colores que ya están activos.*

En los correspondientes cuadros Vista previa puedes ver el efecto que consigues con las distintas opciones de los cuadros de lista Marca y Color.

Información del usuario

La información del usuario es imprescindible para el trabajo en equipo y es muy recomendable que la rellenes de la forma adecuada para que tus trabajos identifiquen al autor del mismo:

- Nombre. El nombre que figura aquí es el que hay indicado en el cuadro de diálogo Propiedades que aparece al seleccionar el comando del mismo nombre en el menú Archivo. Este nombre lo usará Word para los controles de cambios, los comentarios, etc.
- Iniciales. Esta iniciales son las que Word utilizará en las marcas de comentarios y otros elementos de los documentos, de manera que permitan identificar al usuario que las realizó.
- Dirección. Indica en este cuadro la dirección que utilizará Word como dato del remitente en los sobres y cartas que puedas realizar. Veremos cómo crear sobres y cartas en el capítulo 12.

Compatibilidad

La ficha Compatibilidad (figura 2.18) permite configurar la forma de trabajar con documentos creados con otros procesadores de texto o versiones anteriores de Word. Estas configuraciones no afectarán al documento si deseas volver a guardarlo con su versión original, sino al aspecto que tendrá en pantalla mientras trabajas con él con esta versión de Word:

- Sustitución de fuentes. Permite sustituir las fuentes del documento original que no tenga tu ordenador por otras que sí estén instaladas.
- Opciones recomendadas para. En este cuadro de lista puedes localizar el procesador de texto y la versión del mismo con la que se ha grabado el documento.
- Opciones. Aparecerán activas las opciones que tiene prefijadas Word 2000 para el procesador seleccionado en la casilla Opciones recomendadas para. Si deseas cambiar alguna, activa o desactiva las casillas que desees.

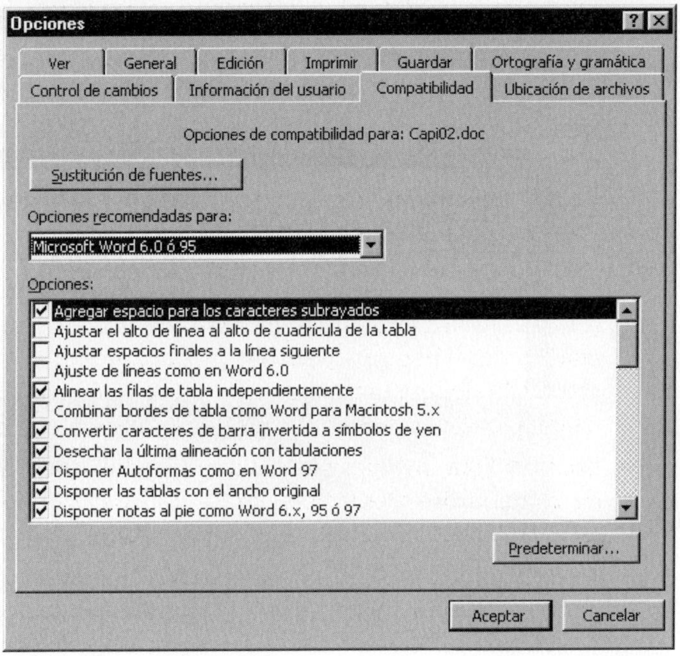

Figura 2.18. Cuadro de diálogo Opciones *con la ficha* Compatibilidad *en primer plano*

Ubicación de archivos

Por omisión, al instalar Word se crean carpetas especiales que Word utiliza para guardar y recuperar archivos. En la ficha Ubicación de archivos (figura 2.19) puedes ver las carpetas donde guarda y busca Word los distintos tipos de archivos con los que trabaja.

- Tipos de archivos. Indica los tipos de archivos con lo que trabaja Word.
- Posición. Indica el lugar donde guarda y recupera Word cada tipo de archivo.
- Modificar. Al hacer clic en este botón, se abre un cuadro de diálogo similar al cuadro de diálogo Abrir, con el fin de que indiques la carpeta donde deberá buscar y guardar Word el tipo de archivo que tienes seleccionado en la lista Tipos de archivos y Posición.

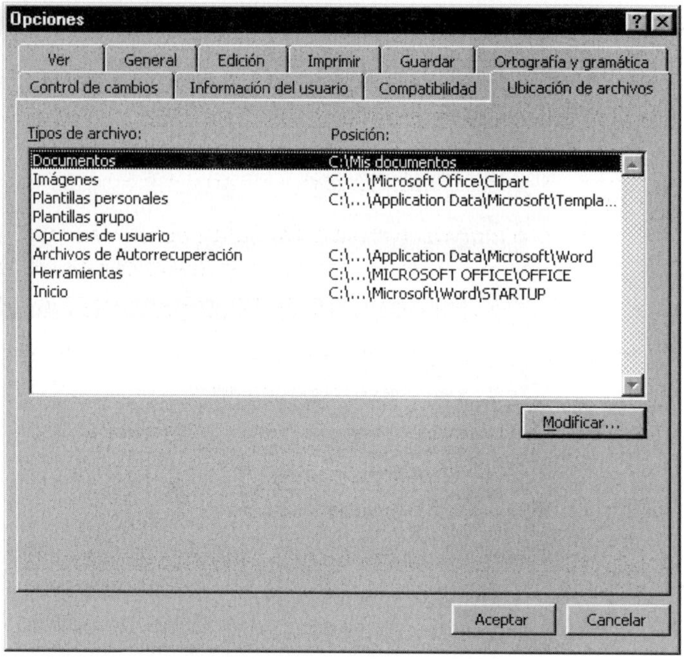

Figura 2.19. Cuadro de diálogo **Opciones** *con la ficha* **Ubicación de archivos** *en primer plano*

Personalizar el entorno

Cuando hablamos de personalizar el entorno nos estamos refiriendo a la posibilidad de adaptar el aspecto de la pantalla según tus gustos y necesidades. Vamos a ver cómo puedes hacerlo y, aunque en un primer momento no te parezca suficientemente practico, seguro que cuanto más medites sobre las opciones que vamos a ver más interesantes te resultarán.

Barras de herramientas

Por omisión, Word muestra en pantalla las barras de herramientas Estándar y Formato en la misma línea, pero realmente tiene muchas más, cada una de ellas pensada en su estructura para facilitar ciertos tipos de trabajo. De hecho, según lo que estés realizando, en la pantalla aparecerán unas y se ocultarán otras (este cambio de barras de herramientas lo hace Word de forma automática).

Si haces clic con el botón derecho del ratón en una barra de herramientas, se desplegará un menú contextual que muestra las barras que están en pantalla y las disponibles. Si lo deseas, selecciona o quita la selección en las casillas de cada barra que desees ver u ocultar.

Nota

De igual forma, con el comando Barras de herramientas del menú Ver, puedes indicar qué barras de herramientas deseas ver en pantalla y cuáles no.

Mediante el botón Personalizar que aparece al final del menú contextual se abre el cuadro de diálogo Personalizar con la ficha Barra de herramientas en primer plano (figura 2.20).

Nota

A este cuadro de diálogo también puedes acceder seleccionando en el menú Herramientas el comando Personalizar.

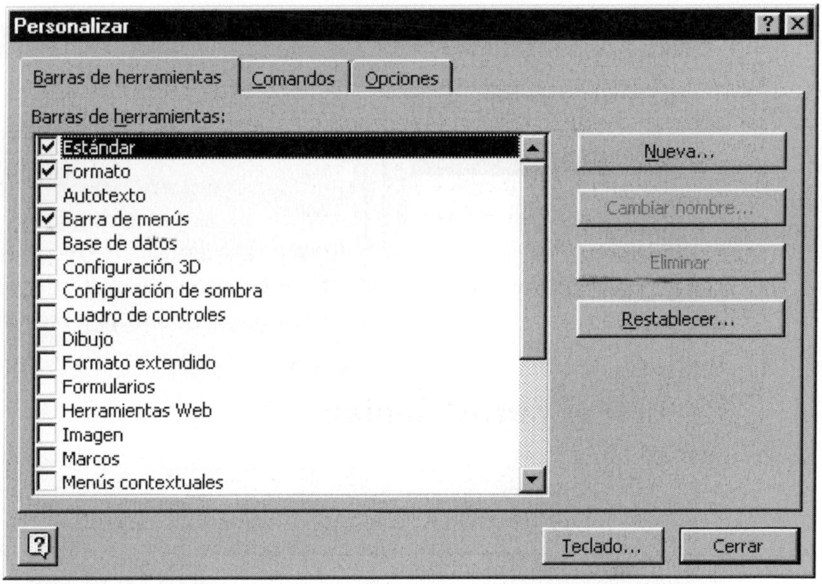

Figura 2.20. Cuadro de diálogo Personalizar con la ficha Barra de herramientas en primer plano

En este cuadro de diálogo aparecen más barras de herramientas que las que muestra el menú contextual, e incluso te permite crear otras con el contenido que desees. Para crear una barra de herramientas, utiliza los siguientes pasos.

1. Selecciona en el menú Herramientas el comando Personalizar y activa la ficha Barras de herramientas.
2. Haz clic en el botón Nueva y en el cuadro de diálogo que aparece indica el nombre que deseas asignarla.
3. En el cuadro Barra disponible en indica Normal.dot (de esta forma estará disponible para la mayor parte de tus documentos). Al hacer clic en Aceptar, aparece la nueva barra de herramientas en la pantalla sin ningún contenido.
4. Haz clic en la ficha Comandos (figura 2.21), localiza por las distintas categorías los comandos que desees incorporar a la nueva barra y arrástralos hasta ella. Los iconos irán apareciendo en la barra.
5. Cierra el cuadro de diálogo.

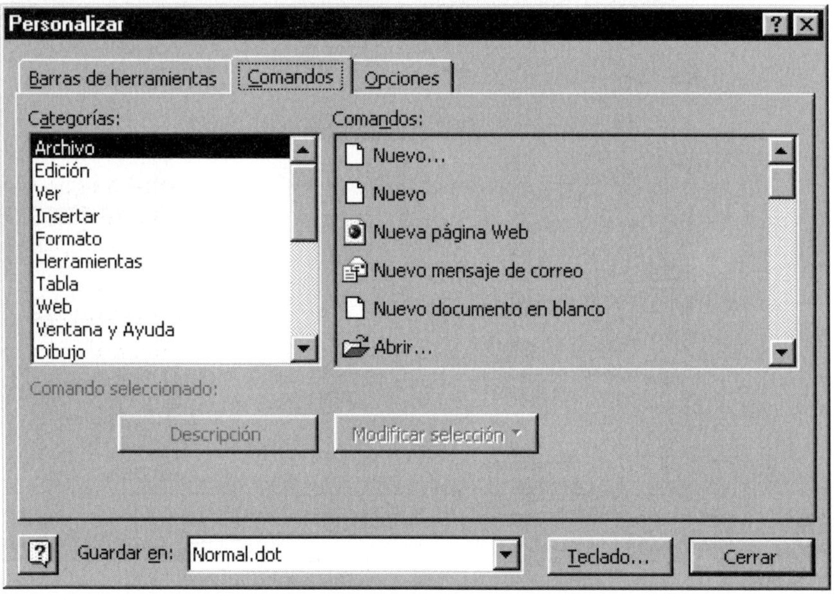

Figura 2.21. Cuadro de diálogo Personalizar *con la ficha* Comandos *en primer plano*

Más sencillo que crear una barra de herramientas, y de una forma parecida, puedes manipularlas. Para ello has de tener abierto el cuadro de diálogo Personalizar, y, en cada caso, hacer lo que indica la tabla 2.2.

Tabla 2.2. Acciones para manipular una barra de herramientas

Acción	**Tipo de barra**	**Descripción**
Borrar	Personalizadas	Selecciona su nombre (aparecerá su nombre en vídeo inverso) y haz clic en el botón Eliminar.
Modificar su contenido	Todas	Selecciónala, activa la ficha Comandos y arrastra hacia la barra los iconos que desees incorporar; si deseas eliminarlos, arrástralos desde la barra sobre cualquier sitio del cuadro de diálogo.
Cambiar los iconos de posición	Todas	Arrastra cada icono a su nueva posición en la barra.
Cambiar su nombre	Personalizadas	Selecciónala, haz clic en el botón Cambiar nombre e introduce el nuevo nombre en el cuadro de diálogo que aparece.
Cambiar la barra de posición	Todas	Arrastra la barra hasta el lugar que desees. Si la barra está entre los menús y la ventana del documento (como están por omisión las barras Estándar y Formato), arrastra la doble barra blanca que hay a su izquierda hasta el lugar que desees.

Nota

Las barras que proporciona Word no pueden borrarse ni es posible cambiarles el nombre.

Combinaciones de teclas

Ya sabes que los comandos que hay en las barras de herramientas no son otra cosa que comandos que tiene Word en los menús, los cuales puedes ejecutar haciendo clic sobre su icono. De igual forma, sabes que cuando ves los nombres de los comandos en los menús, a la derecha de ellos hay ciertas combinaciones de teclas que también los ejecutan. Pues bien, también puedes controlar y modificar estas combinación de teclas.

Si haces clic sobre el botón Teclado del cuadro de diálogo Personalizar, aparecerá en pantalla el cuadro de dialogo Personalizar teclado (figura 2.22)

Este cuadro de diálogo es parecido a la ficha Comandos que hemos visto anteriormente, pero algo más amplio. El cuadro de lista Comandos muestra los comandos de la categoría que hay seleccionada en el cuadro Categoría; en el cuadro Teclas activas puedes ver las combinaciones de teclas que ejecutan dicho comando. Por ejemplo, el comando Abrir de la categoría Archivo, se puede ejecutar con las combinaciones de teclas Ctrl+A, Ctrl+F12 y Alt+Ctrl+F2.

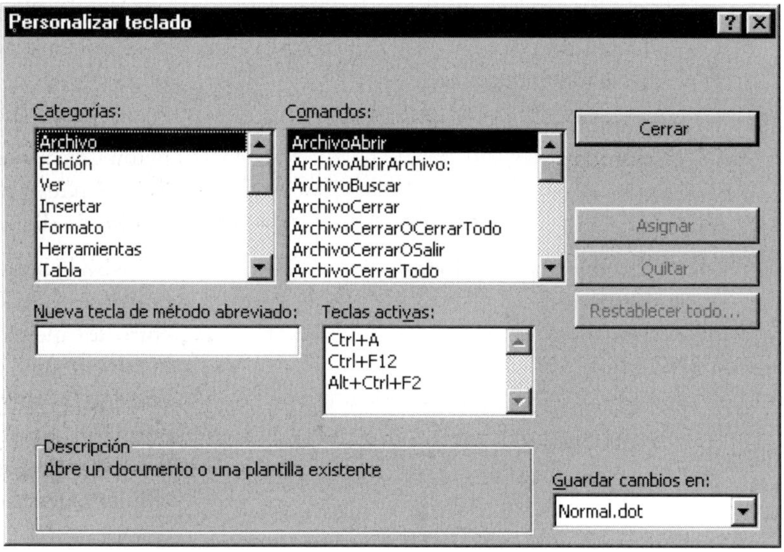

Figura 2.22. Cuadro de diálogo Personalizar teclado

Vamos a usar el comando Cerrar del menú Archivo, el cual no tiene combinación de teclas asociada que lo ejecute (puedes comprobarlo en el propio menú Archivo), para que aprendas la forma de asignar las combinaciones de teclas:

1. En el cuadro de diálogo Personalizar, haz clic en el botón Teclado para que aparezca el cuadro de diálogo Personalizar teclado.
2. Localiza y haz clic sobre el nombre del comando al que desees aplicar la combinación de teclas en el cuadro de lista Comandos. Si tiene alguna combinación de teclas ya asignada, ésta aparecerá en el cuadro Teclas activas.
3. Haz clic en el cuadro Nueva tecla de método abreviado y pulsa la combinación de teclas que desees utilizar para ejecutar el comando. Si ya está asignada, bajo este cuadro aparecerá el comando al que está asignada.
4. Pulsa la tecla Retroceso para borrar la combinación tecleada y pulsa otra hasta que no aparezca bajo este cuadro que ya está asignada.
5. Haz clic en el botón Asignar para fijar dicha combinación de teclas al comando seleccionado.
6. Repite este proceso con todos los comandos que desees y cuando acabes, haz clic en el botón Cerrar.

En nuestro caso nos hemos encontrado que la combinación prevista en un primer momento (Ctrl+C), ya está asignada al comando Copiar, por lo que decidimos aplicar la combinación Alt+C. De hecho, en nuestro menú Archivo, junto al comando Cerrar aparece esta combinación de teclas.

Consejo

No cambies combinaciones que tiene Word asignadas por omisión ya que cuando utilices otro ordenador en que no tengas asignadas estas combinaciones ejecutarás otros comandos distintos. Del mismo modo, si otra persona que está habituada a este comando en su configuración original utiliza tu ordenador, ejecutará por error el comando que le hayas asignado tú.

Hay otras entidades de Word a las que también se le pueden aplicar combinaciones de teclas: macros que hayas creado, determinadas fuentes, ciertos estilos, etcétera. Por ejemplo, imagina que hay un cierto tipo de fuente que utilizas mucho entremezclada con otro distinto. Obviamente, seleccionar el texto al que deseas cambiar la fuente, abrir el cuadro de lista desplegable Fuente de la barra de herramientas Formato, localizar la fuente y hacer clic sobre ella, puede ser algo muy tedioso y desagradable.

Para solucionar problemas de este tipo puedes crearte una macro (las veremos en próximos capítulos) o asignar a esa fuente una combinación de teclado. La forma es muy sencilla: localiza al final del cuadro de lista Categoría la categoría Fuentes, localiza en el cuadro de lista siguiente la fuente, haz clic sobre ella y continúa el proceso indicado anteriormente a partir del tercer punto.

Por lo demás, sólo indicarte que el botón Quitar te permite eliminar una combinación de teclas de un comando y que Restablecer todo hace que Word vuelva a tomar las combinaciones que tenía por omisión.

Menús

Posiblemente te habrás fijado en que los menús que aparecen en la barra de menús no son siempre los mismos, ya que según trabajas en ciertas situaciones puede que se oculte alguno e incluso que aparezcan otros. Obviamente, este control lo lleva Word.

Del mismo modo, al desplegar un menú, no aparecen todas las opciones del mismo, sino sólo aquéllas que se han utilizado recientemente o que Word considera más importantes. Para ver todas las opciones de un menú, sitúa el puntero del ratón sobre el símbolo de doble flecha del final del menú.

Vamos a ver cómo personalizar los menús. Veremos que el proceso es muy parecido al que utilizamos para personalizar las barras de herramientas, y que las posibilidades que tenemos son similares.

Si abres el cuadro de diálogo Personalizar con la ficha Barra de herramientas en primer plano, puedes observar al final del cuadro de lista Barras de herramientas que también está marcada una barra de herramientas llamada Barra de menús, la cual tiene una característica especial: no puedes desactivarla (¿Te imaginas trabajar con Word sin la barra de menús? ¿Cómo podrías volver a activarla si no puedes acceder a ningún menú?).

Consejo

No te recomendamos que elimines menús de la barra de menús, ya que no suelen estorbar demasiado y en más de una ocasión seguro que los echas en falta.

Para crear un menú nuevo sólo has de hacer dos cosas: selecciona en el cuadro Categorías de la ficha Comando la categoría Nuevo menú y cuando te aparezca en el cuadro Comando el texto Nuevo menú con una punta de flecha al final, arrástralo hasta la barra de menús. En ese momento, en la barra de menús tendrás el nuevo menú con el nombre Nuevo menú.

Respecto a este menú, conviene que sepas lo siguiente:

- Al igual que ocurría al crear una barra de herramientas, el menú está vacío, no contiene ningún comando.
- Para cambiar su nombre, abre el cuadro de diálogo Personalizar, haz clic con el botón derecho del ratón sobre el nombre del menú en la barra de menús y en el comando Nombre, sustituye el texto Nuevo menú por el que desees.
- Si deseas borrar el menú, abre el cuadro de diálogo Personalizar, haz clic con el botón derecho del ratón sobre el nombre del menú en la barra de menús y haz clic en el comando Eliminar.

Una vez creado el nuevo menú con el nombre deseado, lo que tienes que hacer es arrastrar los comandos de las distintas categorías que desees incluir en el nuevo menú hasta él.

Aviso

En esta acción debes tener un cierto cuidado, ya que es fácil que dejes los iconos de los comandos sobre la barra de menús directamente. Cuando tengas el icono sobre el nombre del menú, aparecerá una marca parecida al punto de inserción indicando el lugar donde se situará el icono si sueltas el botón en ese momento; en nuestro caso, deberás observar que bajo el nombre del menú aparecerá un pequeño cuadro gris, que es el lugar donde debes situar el icono.

Mientras tengas el cuadro de diálogo Personalizar abierto, podrás llevar a los menús los comandos que desees arrastrándolos desde la ficha Comandos. De hecho, cuando sitúes el icono del comando sobre el nombre de un menú, este menú se desplegará y te permitirá situar el nuevo comando en el lugar que estimes adecuado.

También puedes abrir un menú cualquiera y arrastrar los comandos que tiene para cambiarlos de lugar.

Por último, si deseas mover un menú de lugar realiza los siguientes pasos:

1. Haz clic sobre su nombre y no sueltes el botón del ratón. En este momento el menú se despliega.
2. Arrastra el nombre del menú hasta el lugar deseado. Observa que al arrastrarlo se cierra el menú y que el puntero del ratón parece que arrastra un cuadro pequeño.

3 Controlar y compartir los documentos

En el capítulo anterior hemos analizado la manera de controlar el aspecto externo de Word. En este capítulo veremos la manera de controlar los documentos.

El objetivo es permitir que otros usuarios revisen los documentos que creas, pero teniendo tú el control de las posibles revisiones que ellos realicen. Del mismo modo, también veremos cómo evitar que personas no autorizadas accedan a los documentos, tema de especial importancia sobre todo al tener un ordenador conectado a una red o a Internet.

En este capítulo trataremos estos temas y otros, todos ellos centrados en el control de los documentos y en la posibilidad de compartirlos de una forma totalmente controlada.

Introducción

Una de las grandes ventajas que ofrecen los ordenadores que están conectados en una red es la posibilidad de compartir información a través del cable físico que les une. En este capítulo vamos a tratar los aspectos que debes conocer para poder trabajar de una forma segura con documentos de Word manipulados por varios usuarios.

Lo más probable es que no dispongas de varios ordenadores en tu casa, y si lo haces, casi seguro que no los tienes conectados entre sí. En este caso, lo que te interesará de este capítulo es aprender a controlar tus documentos para que no los puedan manipular otras personas que no deban hacerlo, ya sean otros usuarios que tienes configurados en tu ordenador o alguien que no tenga permiso para hacerlo.

Nota

Parte del contenido de este capítulo se puede aplicar también al uso de un documento por varios usuarios que utilizan un mismo ordenador.

Estadísticas e información del documento

Antes de nada, vamos a ver qué tipo de información nos ofrece Word sobre los documentos con los que trabajas. Aunque para poder entender algunos detalles que veremos a continuación es necesario conocer otros aspectos que trataremos posteriormente en este mismo capítulo, intenta captar la idea general y cuando hayas leído el capítulo entero, vuelve a repasar este apartado para afianzar los conocimientos.

Cuando estás editando un documento, Word almacena internamente información sobre el mismo. Puedes acceder a ella mediante el comando Propiedades del menú Archivo, que abre el cuadro de diálogo Propiedades.

La ficha Resumen (figura 3.1) indica la información referente al documento y al usuario que lo ha creado, según el nombre que se le ha dado al documento y la identificación que tiene Windows del usuario. Del resto de los datos, conviene que sepas lo siguiente:

- Los que aparecen en la parte superior sirven para identificar el asunto que trata el documento y el responsable del mismo (útil cuando se comparte por varios usuarios).

- Los de la parte inferior te permiten clasificar el documento y poder localizarlo de forma fácil mediante las posibilidades de búsqueda de Word (sobre todo cuando tienes cientos de documentos).
- Si trabajas con hipervínculos en el documento, indica en el campo Base del hipervínculo su dirección principal. (Los hipervínculos los comentaremos en los capítulos dedicados a Internet.)
- Si deseas poder ver la primera página del documento en el cuadro de diálogo Abrir, activa la casilla Guardar vista previa y en el cuadro de diálogo Abrir activa el botón Vista previa. Si no activas esta casilla, podrás ver el contenido del documento en el cuadro de diálogo Abrir, pero sólo la mínima parte de la primera página que quepa en el cuadro.

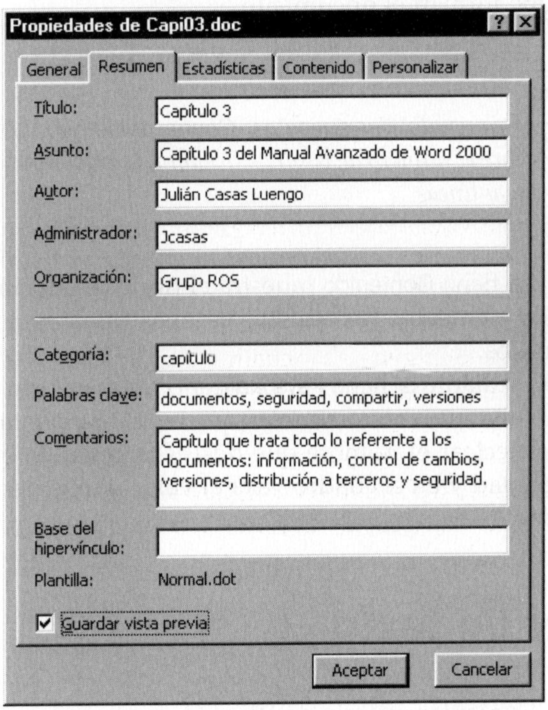

Figura 3.1. Cuadro de diálogo Propiedades *con la ficha* Resumen *en primer plano*

Nota

Recuerda que mediante la ficha Información del usuario *del cuadro de diálogo* Opciones *que vimos en el capítulo anterior, puedes cambiar el nombre del usuario del ordenador.*

La ficha General sólo indica el nombre del documento, información referente al tipo, a la ubicación y a su tamaño, las fechas en las cuales se creó y se modificó, el nombre con el que se graba en MS-DOS (en Windows los nombres pueden tener hasta 256 caracteres y en MS-DOS solamente ocho) y los atributos (de lectura, lectura-escritura, oculto y/o sistema) que tiene.

La ficha Estadísticas amplia la información de las fechas indicando cuándo fue la última vez que se imprimió, quién es el usuario que lo ha guardado, el número de revisiones que ha tenido y el tiempo que se ha estado editando desde que se creó. Por otro lado, en la parte inferior del cuadro aparece el número de páginas, párrafos, líneas, palabras y caracteres que forman el documento.

Truco

El comando Herramientas, Contar palabras *muestra también información sobre el número de páginas, palabras, caracteres (con y sin espacios), párrafos y líneas.*

La ficha Contenido muestra el título del documento e incluso el nombre de elementos de otros programas (macros de Excel, etc.) que tengas incluidos.

Mediante la ficha Personalizar puedes crearte tus propias propiedades de archivo para el documento que tengas en pantalla. En el cuadro Nombre debes teclear el nombre que desees asignar, en el cuadro Tipo el tipo de propiedad y en el cuadro Valor el valor que le deseas asignar a dicha propiedad.

Destacar un texto

Cualquier usuario de Word al que se le pregunte qué indica un texto que tiene un fondo de color amarillo o unas letras de otro color, lo habitual es que diga que dicho texto se ha seleccionado y que con el botón Resaltar o Color de fuente de la barra de herramientas Formato se le ha destacado del resto del documento con ese color de fondo o de carácter.

En efecto, cuando vemos un texto con un color de fondo distinto, las letras en un color distinto del negro, un texto en negrita o subrayado, etcétera, el objetivo que se ha buscado ha sido destacar dicho texto del resto del documento.

Pero al igual que estos comandos, hay otros que hacen que un texto se destaque del resto para llamar la atención, los cuales veremos en los siguientes apartados.

Comentarios

Otra forma que tiene Word de resaltar un texto son los comentarios. Un comentario puede equivaler a los famosos papeles de colores adhesivos que se utilizan en las oficinas. Su función no es modificar el texto, sino indicar algún matiz del mismo.

La forma de insertar un comentario es muy sencilla: selecciona el comando Insertar, Comentario y en el panel que aparece en la zona inferior de la pantalla (figura 3.2) indica lo que desees, pulsando después el botón Cerrar.

Una vez hayas incluido un comentario, solamente has de situar el puntero del ratón sobre el texto que tenga el comentario (el que tenga un color de fondo) sin pulsar ningún botón. Aparecerá de forma automática un "papel adhesivo" indicando quién ha creado dicho comentario y el contenido del mismo.

Como puedes observar en la figura 3.2, la parte inferior de la pantalla muestra todos los comentarios que hay incluidos en el documento. Si seleccionas el nombre de un usuario en el cuadro de lista Comentarios de, en la parte inferior aparecerán únicamente los comentarios de dicho usuario. Para verlos todos, selecciona la opción Todos los revisores.

Para que te sea más cómodo trabajar con los comentarios, la barra de herramientas Revisión permite crear los comentarios, modificarlos, pasar de uno a otro haciendo clic e incluso eliminarlos mediante sus botones:

- Insertar comentario: pulsa este botón para crear un comentario en el lugar donde tengas situado el punto de inserción.
- Modificar comentario: pulsa este botón cuando tengas el punto de inserción sobre un comentario para modificar su contenido.

- Comentario anterior: pulsa este botón para situar el punto de inserción en el comentario anterior.
- Comentario siguiente: usa este botón para situar el punto de inserción en el comentario siguiente.
- Eliminar comentario: este botón elimina el comentario en el que tienes situado el punto de inserción.

Además de todo esto, puede que te interese saber qué indican esas letras y el número que aparece en la figura 3.2 junto a cada comentario: las letras representan las iniciales del usuario que ha creado el comentario, mientras que el número es un número consecutivo que indica el orden de los comentarios de cada usuario.

Nota

Otra forma de manipular los comentarios consiste en seleccionar el comando Comentarios *en el menú* Ver.

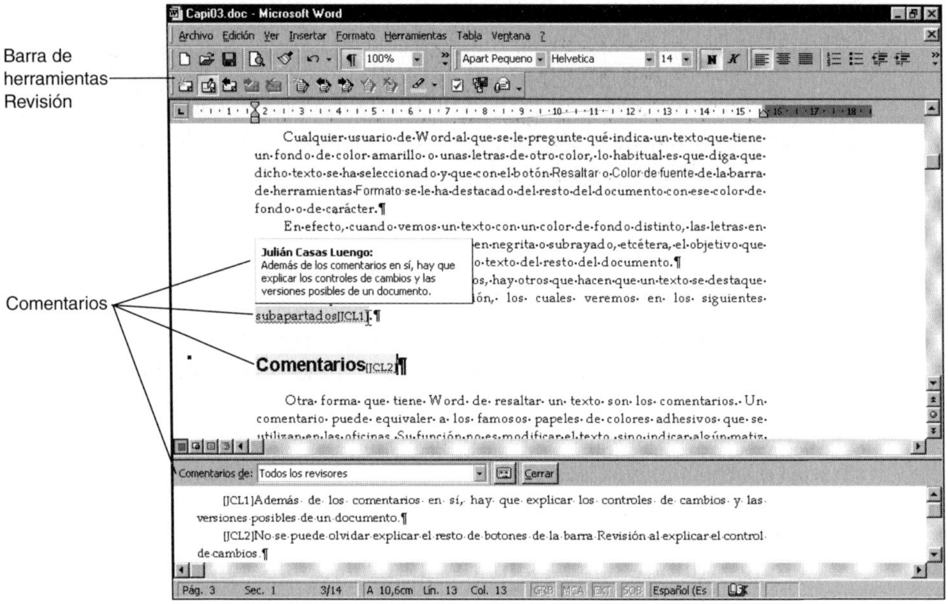

Figura 3.2. Comentarios de un documento

Control de cambios

Word puede ayudarte a controlar los cambios que se realizan en un documento, aunque por omisión no lo haga. El propósito de este apartado es analizar la forma en que Word puede realizar el control de cambios e, incluso, diferenciar las modificaciones realizadas por cada usuario.

Un solo usuario

Antes de afrontar el control de las modificaciones de un documento por varios usuarios, vamos a ver cómo puede un usuario controlar las modificaciones que realiza él mismo.

Cuando tienes un documento prácticamente terminado y te dedicas a modificar ciertos detalles, algunas veces te darás cuenta de que las modificaciones que realizas más que arreglarlo lo que hacen es estropearlo. Para evitar esto, Word te permite controlar a la vez lo que tenías escrito y lo que has modificado, de modo que a simple vista puedas elegir la opción que mejor te convenga.

Para hacerlo, selecciona en el menú Herramientas el comando Control de cambios, y en el submenú que aparece, haz clic en el comando Resaltar cambios para abrir el cuadro de diálogo del mismo nombre (figura 3.3).

En este cuadro de diálogo, activa la opción Controlar los cambios al modificar para activar esta característica. Las dos opciones inferiores permiten indicar si quieres que los cambios aparezcan resaltados en la pantalla del ordenador, al imprimir el documento o en ambos casos.

Truco

Es conveniente que sepas que el control de cambios lo puedes activar haciendo doble clic sobre el botón Control de cambios *de la barra de estado (el que muestra el texto MCA).*

Prueba ahora el funcionamiento del control de cambios: inserta un texto, borra otro, cambia algún formato, etcétera. Cuando lo hagas, en pantalla podrás ver que el texto insertado aparece subrayado y con un color distinto, y que el texto eliminado aparece en ese mismo color pero tachado. ¿Sabes el motivo?

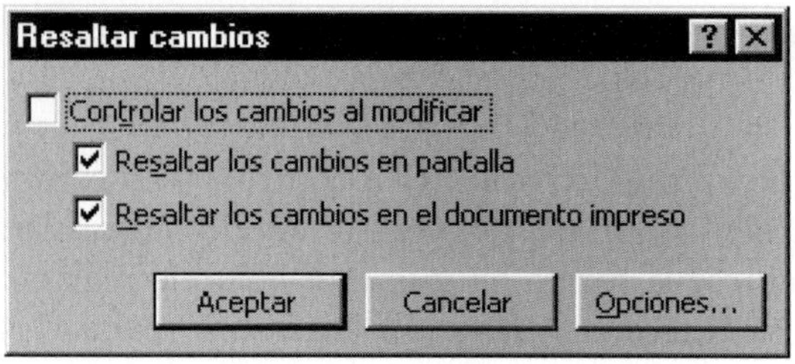

Figura 3.3. Cuadro de diálogo Resaltar cambios

En el capítulo anterior ya citamos la ficha Control de cambios del cuadro de diálogo Opciones (figura 3.4). Puedes acceder también a ella pulsando el botón Opciones del cuadro de diálogo Resaltar cambios, y mediante su contenido modificar la forma que utilizará Word para resaltar los cambios.

Las modificaciones que controla Word son el texto nuevo que se ha insertado, el texto que se ha eliminado, los cambios en el formato y las líneas en las que se ha producido alguna modificación. En cada uno de

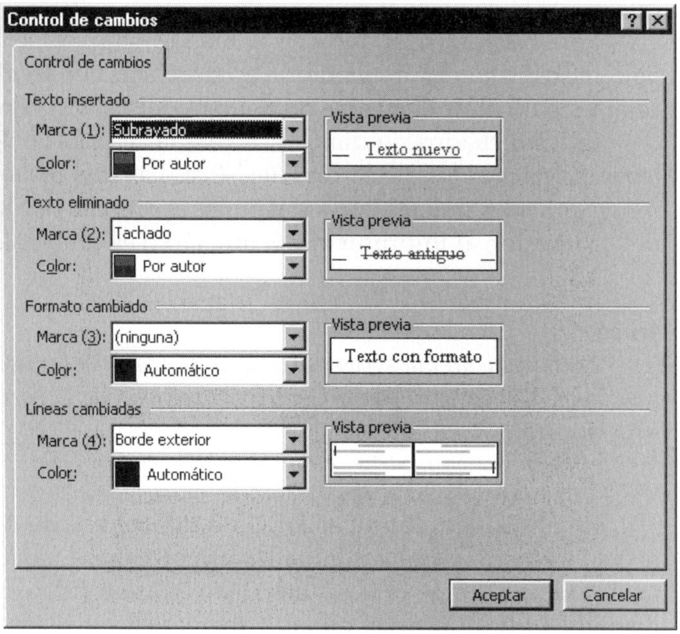

Figura 3.4. Ficha Control de cambios *del cuadro de diálogo* Opciones

ellos, la forma de mostrar las modificaciones la indican los cuadros Marca y Color, como puedes ver en la casilla Vista previa. Si deseas cambiar la forma en que están marcadas las modificaciones, abre los cuadros de lista Marca y Color y selecciona una de las otras opciones que muestran.

Nota

Como veremos más adelante, la opción Por autor que muestra la casilla Color, será la forma que tendrá Word de marcar las modificaciones que realizan los distintos usuarios de un documento.

En cualquier momento, puedes indicar a Word si deseas conservar el documento como lo tenías antes de los cambios o, por el contrario, las modificaciones que deseas mantener. Los siguientes pasos muestran cómo hacerlo:

1. Ejecuta el comando Herramientas, Control de cambios para desplegar su submenú.
2. Pulsa Aceptar o rechazar cambios, tras lo cual aparece un cuadro de diálogo que te permitirá controlar los cambios (figura 3.5).
3. Haz clic en el botón Buscar que desees para localizar los cambios en un sentido o en el otro. En el cuadro Cambios aparece el autor de la modificación y el tipo de cambio que ha realizado (insertar, eliminar, etcétera.).
4. Haz clic en el botón Aceptar para que el cambio se haga efectivo, en el botón Rechazar para que dicho cambio no se acepte o en los botones Aceptar todos o Rechazar todos para realizar las acciones descritas sobre todos los cambios de una sola vez.

Las tres opciones de la sección Ver sirven para ver los cambios marcados, la versión original del documento y el documento tal y como queda con todos los cambios actuales.

Nota

Para desactivar el control de cambios, vuelve a hacer doble clic sobre el botón Control de cambios de la barra de estado o desactiva la casilla Controlar los cambios al modificar del cuadro de diálogo Control de cambios. De esta manera, los cambios controlados seguirán marcados, pero no se marcarán las siguientes modificaciones que realices.

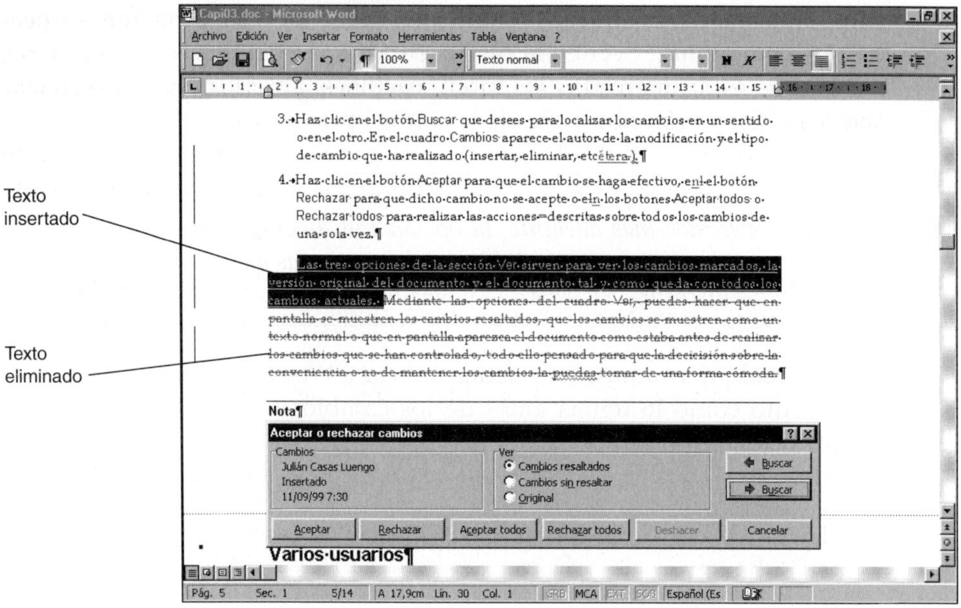

Figura 3.5. El control de cambios en acción

Varios usuarios

Como hemos visto antes, puedes hacer que Word controle e incluso marque las modificaciones que se realizan en un texto activando la opción Controlar los cambios al modificar en el cuadro de diálogo Resaltar cambios.

Por otro lado, también hemos visto que con la ficha Control de cambios puedes hacer que Word le asigne automáticamente un color a cada usuario que edite el documento.

Por todo ello, cuando un documento lo editan varios usuarios y tienes activo el control de cambios (observa la figura 3.3), podrás activar la opción Por autor para grabar los cambios (figura 3.4) de modo que Word le asigne un color distinto a cada uno de ellos; el control de los cambios del documento se hace igual que lo hemos explicado en el apartado anterior.

En este caso tendrás un documento con cierto texto que no reconocerás ya que no lo habrás manipulado tú, y los cambios realizados presentarán tantos colores como usuarios lo hayan editado.

Ya has visto una forma que tiene Word de aceptar o no los cambios controlados mediante el comando Aceptar o rechazar cambios. Otra forma consiste en utilizar la barra de herramientas Revisión: haz que se muestre en pantalla y observa que el segundo grupo de botones permiten, respectivamente, activar o desactivar la revisión, localizar los cambios anteriores o posteriores a la posición del punto de inserción y aceptar o rechazar cada uno de esos cambios.

A simple vista, el contenido de este grupo de iconos de la barra de herramientas Revisión es muy similar al primer grupo y la función de cada botón es bastante evidente:

- Control de cambios: activa o desactiva el control de cambios (en la barra de estado se mostrará el texto MCA resaltado o tenue según esté o no activado).
- Cambio anterior: localiza el primer cambio situado antes del punto de inserción.
- Cambio siguiente: localiza el siguiente cambio respecto al punto de inserción.
- Aceptar cambio: haz clic en este botón para aceptar el cambio que aparezca seleccionado.
- Rechazar cambio: haz clic en este botón para rechazar el cambio que aparece seleccionado.

Esta forma de controlar las revisiones no es ni mejor ni peor que la otra, pero sí parece más rápida si quieres decidir cada cambio. Si lo que deseas es aceptar todos los cambios, utiliza el comando Aceptar o rechazar cambios.

Comparar documentos

Veremos en el próximo apartado que puedes enviar con Word un mismo documento a varios usuarios, de modo que todos trabajen a la vez con una copia del mismo.

El problema se plantea cuando cada uno de ellos te vuelve a enviar el documento con sus modificaciones. Hasta hace poco, la única forma de controlar las modificaciones era comparar los documentos impresos, con el riesgo de saltarse alguna palabra o matiz de importancia.

Word proporciona una herramienta que es ideal para estos casos, ya que puede comparar el documento original que enviaste a un usuario con el documento que te ha remitido, indicando de forma automática los cambios que hay entre uno y otro.

Si ejecutas el comando Comparar documentos del submenú Control de cambios, en pantalla aparecerá el cuadro de diálogo Seleccione el archivo para comparar con el documento activo, que, como su nombre indica, comparará el archivo que selecciones con el que tienes en pantalla en ese momento.

Nota

El cuadro de diálogo Seleccione el archivo para comparar con el documento activo es básicamente igual al cuadro de diálogo Abrir.

Utiliza los siguientes pasos para comparar dos archivos:

1. Ejecuta Word y abre uno de los archivos que deseas comparar.
2. Selecciona el comando Herramientas, Control de cambios.
3. Haz clic en la opción Comparar documentos del submenú. En pantalla aparecerá el cuadro de diálogo Seleccione el archivo para comparar con el documento activo.
4. Localiza y selecciona el otro documento y haz clic en el botón Abrir. En la barra de estado podrás ver que comienza la comparación y al cabo de cierto tiempo observarás en el documento activo marcadas las zonas que son distintas en los documentos.

Como has podido comprobar, comparar documentos no es demasiado difícil. Aprovecha esta potente herramienta de Word para comparar archivos que le envías a otros compañeros para que los completen, o para comparar dos versiones que tengas guardadas de un mismo documento, etcétera.

Una vez tengas marcadas las diferencias encontradas con el que se ha comparado en el documento activo, ejecuta el comando Aceptar o Rechazar cambios que vimos en los apartados anteriores o utiliza los botones de la barra de herramienta Revisión para indicarle a Word los cambios que deseas mantener.

Truco

Si no has activado el control de revisiones y dudas de si el documento que tienes activo es "mejor" que la versión que tienes grabada del mismo en el disco, guarda el documento activo con otro nombre y compara ambos.

Versiones de un documento

En ciertos trabajos, es necesario guardar varias versiones de un documento para ver en un momento dado la evolución y los cambios que se han ido realizando. Esto se da mucho en el caso de documentos legales.

La forma tradicional de disponer de distintas versiones consiste en usar el comando Guardar como, asignando a la nueva versión que tienes en pantalla un nombre distinto: PROYECTOVER1, PROYECTOVER2, etcétera.

Si bien ésta es una forma perfectamente válida, Word te permite guardar versiones de otra forma, en la que desde luego se ocupa mucho menos espacio en el disco, ya que únicamente guarda las diferencias que hay entre el documento original y las modificaciones que le hayas realizado.

Por decirlo de otra forma, si Word puede comparar dos documentos como hemos visto en el apartado anterior, también podrá comparar un documento que se está editando con el documento original que hay grabado en el disco. Y si es capaz de esto, ¿para qué va a grabar todo el documento? Con grabar las diferencias es suficiente.

Ten en cuenta que esto lo puedes combinar con revisiones que haces tú mismo del documento, con la revisión que te han enviado otros compañeros, con la versión definitiva que has decidido quedarte al aceptar algunas y rechazar otras de las modificaciones que te hayan sugerido, etcétera.

Crear versiones

Para crear versiones de un documento selecciona el comando Archivo, Versiones para abrir el cuadro de diálogo Versiones (figura 3.6).

El cuadro de diálogo Versiones te permite un control completo sobre las versiones. Así, tienes la posibilidad de:

- Observar las versiones anteriores que has guardado del documento activo (fecha, usuario y un comentario) en el cuadro Versiones existentes.
- Guardar en este momento la nueva versión del documento con el botón Guardar ahora.
- Guardar automáticamente una versión del documento cada vez que lo cierres si activas la casilla Guardar automáticamente una versión al cerrar.

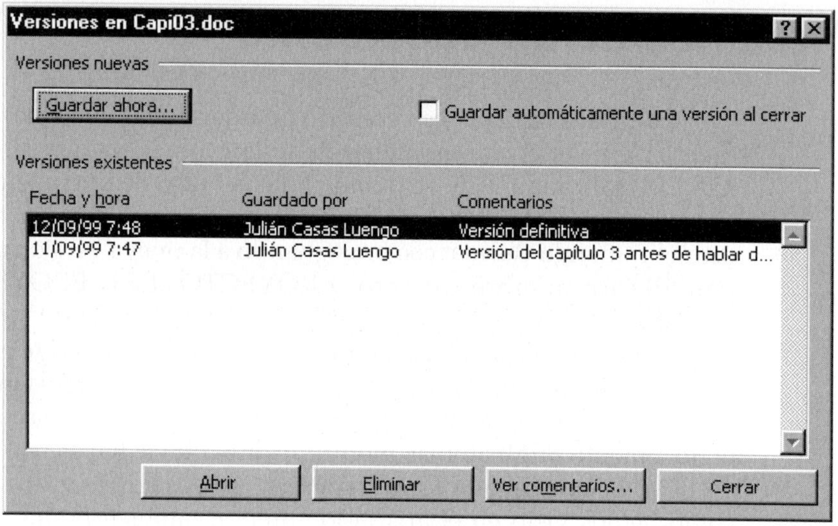

Figura 3.6. Cuadro de diálogo Versiones

Nota

Al seleccionar el botón Guardar ahora*, se mostrará un cuadro de diálogo para que puedas teclear un comentario que te permita identificar la versión que estás grabando. Este comentario se muestra en el cuadro* Versiones existentes*.*

Analizar las distintas versiones

Ya has visto en la figura 3.6 que el cuadro de diálogo Versiones te indica cuántas versiones se han grabado del documento, la fecha, el usuario y el comentario de cada una de ellas.

Si lo deseas, puedes acceder a cualquiera de estas versiones haciendo doble clic en ella. Una vez lo hagas se cerrará el cuadro de diálogo y en pantalla aparecerá tanto el documento que estás editando como la versión que hayas seleccionado (figura 3.7).

De esta forma puedes comparar dos versiones de un documento, pero la comparación deberás hacerla "a ojo". En caso de que desees que sea Word el que muestre las diferencias de las versiones, la única forma es que cada versión sea un documento físico (cada uno con un nombre propio) y realizar el proceso de comparación de documentos que hemos visto antes.

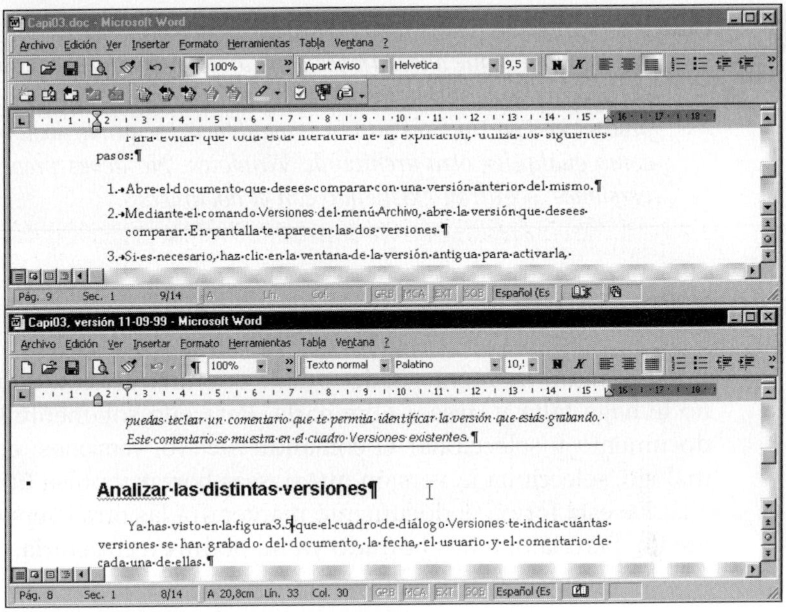

Figura 3.7. Ejemplo de un documento y una versión anterior del mismo

Aviso

Word no puede revisar las diferencias entre dos versiones de un documento, para hacerlo deben ser dos documentos distintos.

Para evitar que toda esta literatura haga más liosa la explicación, utiliza los siguientes pasos:

1. Abre el documento que desees comparar con una versión anterior del mismo.
2. Mediante el comando Versiones del menú Archivo, abre la versión que desees comparar. En pantalla te aparecen las dos versiones.
3. Si es necesario, haz clic en la ventana de la versión antigua para activarla, selecciona el comando Guardar como y asígnale otro nombre, procurando que sea algo similar al original para no liarte.
4. Cierra la versión antigua.
5. Realiza el proceso de comparación de documentos como hemos visto anteriormente.

Nota

Ten en cuenta que ahora tienes en el disco el documento actualizado y otro documento que es una versión anterior del mismo. Si tras realizar las comprobaciones pertinentes no deseas mantener el segundo documento, elimínalo como cualquier otro archivo de Windows. No debes preocuparte por las versiones, seguirán existiendo con el documento.

Eliminar versiones

En algún momento dado, puede que una versión de un documento no te haga falta y desees eliminarla. Para ello solamente has de abrir el documento y seleccionar el comando Archivo, Versiones; en el cuadro de diálogo, selecciona la versión que deseas borrar y pulsa Eliminar.

De esta forma el documento mantendrá las otras versiones del documento, pero la que has borrado ya no podrás recuperarla.

Enviar y distribuir documentos

Hasta ahora hemos visto algunas acciones que puedes realizar para controlar un documento y cómo pueden otros usuarios revisar un documento.

Una forma de hacerle llegar a los otros usuarios el documento es copiarlo en un disquete y enviárselo, pero si estáis en una red o tenéis Internet conviene que aproveches estas tecnologías para lo que se denomina enviar y distribuir un documento, que básicamente no es otra cosa que aprovechar el correo electrónico para enviar archivos.

En los capítulos 15 y 16 veremos todo lo relativo a Internet y al correo electrónico. Por el momento, y para que puedas entender lo que veremos a continuación, conviene que sepas lo siguiente:

- El correo electrónico es un programa que te permite enviar y recibir información de otros ordenadores a los que estás conectado mediante un cable o teléfono.
- Enviar información mediante el correo electrónico es parecido a enviar una carta normal por correo: escribes el texto e indicas la dirección de destino. Al enviarlo por medio del ordenador, se

aprovecha el cable de la red de ordenadores o un módem para que llegue a su destino.

- Un correo puede llevar incluido algún archivo que tengas grabado en el disco, ya sea un texto, un gráfico, etcétera.
- Las direcciones de correo tienen una estructura determinada, y suelen guardarse juntas en un archivo como si fuera un listín o libreta de direcciones.
- Mediante el correo electrónico queda constancia de lo que se ha enviado y de que el destinatario lo ha recibido, de modo que la carta no se pueda "perder" por el camino.

La forma de hacer llegar a otros usuarios un documento mediante correo electrónico es sencilla, como verás en los capítulos 15 y 16. En general, se suele tener una libreta de direcciones de correo, en la cual seleccionas los destinatarios a los que deseas enviarles el correo con el documento.

Listas de distribución

Por el momento, sólo es necesario que entiendas que para enviar un documento a otros usuarios lo puedes hacer poniendo un correo electrónico, pero si lo que deseas es que esos usuarios revisen dicho documento, debes crear una lista de distribución.

Una lista de distribución no es otra cosa que un resumen del listín de direcciones de correo, en la cual únicamente están incluidos los usuarios que deban ser destinatarios del documento que deseas revisar. La potencia de las listas de distribución radica en que es el propio Word el que controla que el documento se ha enviado a estos usuarios, la situación en que se encuentra y que todos ellos han contestado. Para enviar un documento que deseas hacer llegar a varios usuarios para que lo revisen, debes crear la lista de distribución del mismo como se indica a continuación:

1. Abre el documento que deseas distribuir.
2. Selecciona el comando Enviar a en el menú Archivo, seleccionando en el submenú el comando Destinatario de distribución. Aparece el cuadro de diálogo Elegir perfil o Inicio de sesión de identidad.
3. Selecciona una identidad o perfil y haz clic en el botón Aceptar. Aparece el cuadro de diálogo Distribuir documento.

4. Haz clic en el botón Dirección para incluir los destinatarios del documento. Aparece el cuadro de diálogo Libreta de direcciones.
5. Escribe en el cuadro Escriba el nombre o selecciónelo en la lista el nombre de un destinatario, o selecciónalo de la lista inferior. Repite este proceso hasta tener en la lista derecha los destinatarios (figura 3.8).

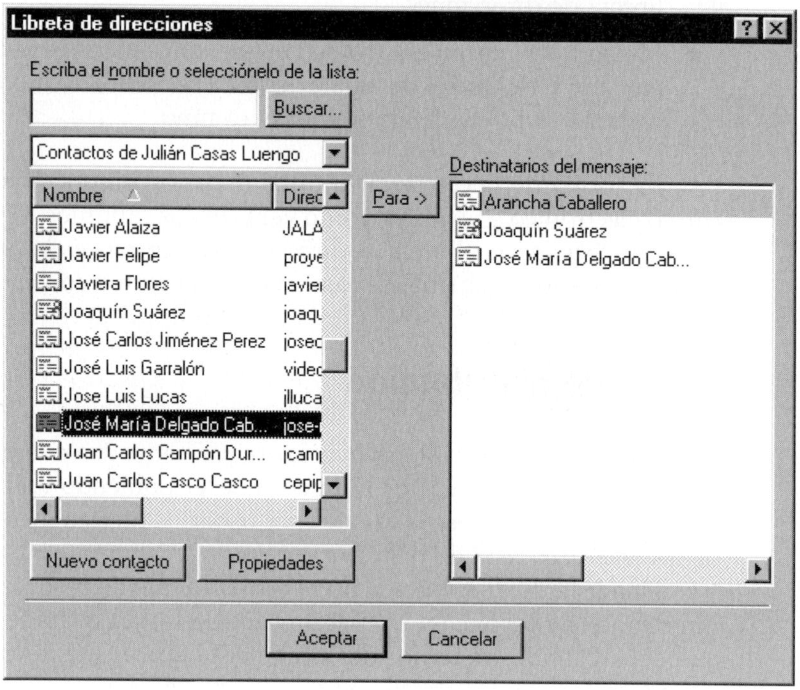

Figura 3.8. Cuadro de diálogo Libreta de direcciones

6. Haz clic en el botón Aceptar para cerrar el cuadro de diálogo y volver al cuadro de diálogo Distribuir documento (figura 3.9).
7. Rellena los cuadros Asunto y Mensaje, indica en el cuadro Modo de distribución la forma en que ha de realizarse, activa o desactiva las casillas Devolver al terminar y Controlar estado, y en el cuadro desplegable Proteger, indica el modo de protección del documento.
8. Si deseas distribuir el documento en este momento, haz clic en el botón Distribuir; en otro caso, haz clic en el botón Agregar lista.

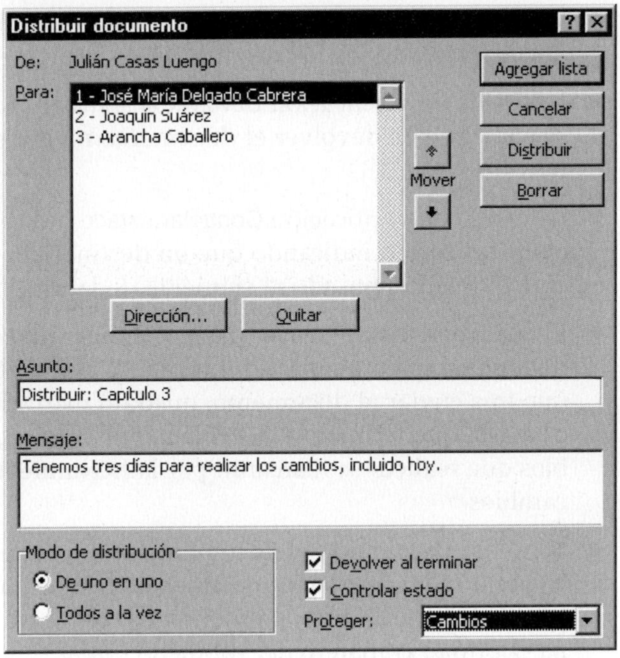

Figura 3.9. Cuadro de diálogo Distribuir documento

Aunque los pasos son los indicados anteriormente, conviene que tengas en cuenta lo siguiente:

- El modo de distribución De uno en uno, hace que se envíe el correo al primero de la lista y cuando éste acabe, que le mande el documento actualizado al segundo, y así sucesivamente.
- El modo de distribución De uno en uno obliga a que una vez hayan revisado el documento, cada destinatario ha de seleccionar en el submenú Enviar a del menú Archivo el comando Destinatario de distribución para que el documento revisado pase al siguiente de la lista.

Nota

Para modificar el orden en que se distribuye un documento, selecciona el nombre del destinatario que desees mover de posición y haz clic en las flechas Mover *hasta que ocupe el lugar que le corresponda.*

- El modo de distribución Todos a la vez envía una copia del documento a todos los destinatarios simultáneamente.
- La casilla de verificación Devolver al terminar hace que Word se encargue de devolver el documento revisado al punto de partida.
- La casilla de verificación Controlar estado indica a Word que te envíe un correo indicando que un destinatario ya ha remitido el documento revisado al siguiente de la lista.
- El cuadro de lista Proteger permite aplicar una protección al documento para evitar "confusiones". Has de tener en cuenta que tras enviar el documento, quedará marcado como bloqueado hasta que termine la distribución. Por tanto, todos los cambios que realices se marcarán por la herramienta de control de cambios.
- Si no has distribuido el documento aún, puedes seleccionar el comando Otro destinatario de distribución en el submenú Enviar a para modificar la lista; para enviarla definitivamente, selecciona el primer comando del submenú Enviar a.

Proteger documentos

El trabajo compartido con otros usuarios tiene sus ventajas y sus desventajas. Una de las máximas preocupaciones al trabajar con redes y con Internet es la protección de la información. La protección de un documento se puede plantear a varios niveles:

- Que no se pueda ver el documento.
- Que algunos usuarios puedan verlo pero no modificarlo.
- Que algunos usuarios lo puedan modificar.
- Que se puedan modificar algunas de sus secciones.
- Que sea de libre acceso a cualquier usuario.

A simple vista, puedes observar que las posibilidades de protección de un documento son muchas y variadas, cubriendo básicamente cualquier necesidad.

Evitar ver y modificar el documento

La primera y más drástica de las protecciones es que no se pueda ver el documento. De esta forma, el usuario que intente abrirlo no podrá verlo a menos que indique una contraseña prefijada anteriormente.

La segunda protección en importancia es la que permite ver el documento, pero sólo los que tengan una contraseña determinada podrán modificarlo.

La forma de indicar estas protecciones se puede realizar seleccionando el comando Herramientas, Opciones y haciendo clic en la ficha Guardar (figura 3.10). Indica en las casillas Contraseña y/o Contraseña de escritura, las palabras que deben escribirse para poder, respectivamente, verlo y modificarlo.

Escribe la contraseña en el cuadro Contraseña y haz clic en el botón Aceptar. Word mostrará el cuadro de diálogo Confirmar contraseña para que la vuelvas a escribir por si te equivocas; si no escribes igual la contraseña en ambas casillas, Word te lo indicará para que lo hagas bien.

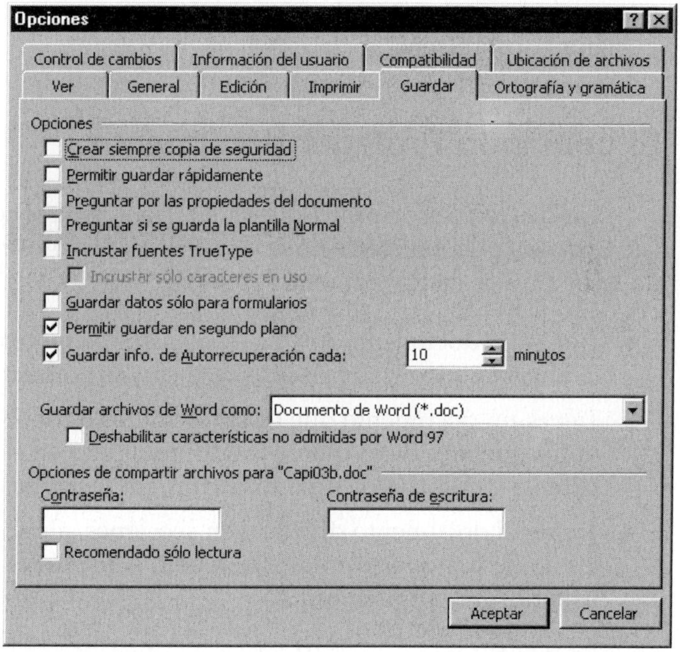

Figura 3.10. Ficha Guardar *del cuadro de diálogo* Opciones

Aviso

Ten en cuenta que si tecleas mal la contraseña y no te das cuenta, no podrás verlo tú tampoco. De ahí la insistencia de Word con la comprobación.

De igual forma, si escribes una contraseña en la casilla Contraseña de escritura, Word te pedirá dicha contraseña para que puedas abrir el documento y modificarlo. Si no sabes la contraseña, podrás abrir el documento como de sólo lectura. Esto implica que cualquier modificación que hagas en el documento no se guardará, a menos que grabes el documento con otro nombre.

Si lo deseas, puedes activar ambas contraseñas, de modo que únicamente la persona que sepa ambas pueda modificar el documento; quien conozca la primera sólo podrá verlo. Por supuesto, si no sabes la primera de las contraseñas, no podrás acceder al documento aunque conozcas la que permite modificarlo.

Para activar ambas contraseñas, introdúcelas en sus respectivas casillas y haz clic en el botón Aceptar. A continuación te aparecerá el cuadro de diálogo para que introduzcas nuevamente la primera de las contraseñas y una vez lo hayas hecho volverá a aparecer para que introduzcas otra vez la segunda contraseña.

El comando Proteger documento

Las dos formas de protección que proporciona el comando Herramientas, Opciones pueden catalogarse como demasiado estrictas. Por ejemplo, no te será útiles en los siguientes casos:

- Tienes un documento que no deseas que se modifique pero no te importa que otras personas te incluyan comentarios.
- Tienes un documento que es un formulario (tiene una estructura fija que no deseas que se modifique) pero en el que se deben rellenar ciertos datos (una dirección, un texto, etcétera).
- Tienes el documento dividido en secciones, algunas de las cuales no deseas que se modifiquen pero sí te interesa que otros usuarios modifiquen otras.

Para todos estos casos, Word proporciona el cuadro de diálogo Proteger documento (figura 3.11) que aparece al seleccionar el comando de dicho nombre en el menú Herramientas. Este cuadro de diálogo presenta tres opciones:

- Si deseas que otros usuarios puedan introducir comentarios, activa la casilla Comentarios. De este modo, sólo se pueden introducir comentarios y el documento no podrá modificarse.
- Si tienes un formulario que deseas proteger en su estructura pero en el que se puedan rellenar los datos, activa la casilla Formularios. Los formularios los veremos en el capítulo 6.

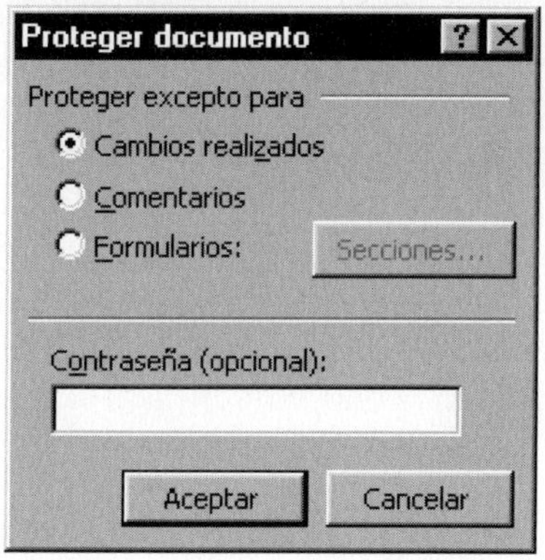

Figura 3.11. Cuadro de diálogo Proteger documento

- Pero si tienes un documento con varias secciones y deseas proteger algunas de ellas, selecciona primero la casilla Formularios, haz clic en el botón Secciones y a continuación activa las casillas de verificación de las secciones que desees proteger. De esta forma, al proteger el documento, realmente sólo proteges las secciones indicadas. Eso sí, si en alguna de ellas se incluye un formulario, podrás cumplimentar los campos de formulario que contiene en cualquier caso.

Nota

Si en el cuadro de diálogo Proteger documento *interpretas el texto "Proteger excepto para" como "No proteger el documento de", te resultará más claro el sentido que pretende indicar.*

Independientemente de la selección que indiques en el cuadro de diálogo, el cuadro Contraseña (opcional) permite introducir una contraseña que será necesario conocer para modificar el contenido de este cuadro de diálogo. De esta forma, si has indicado que sólo se pueden introducir comentarios y un usuario intenta acceder a este cuadro de diálogo para modificar su grado de protección, Word le pedirá que introduzca la contraseña, sin la cual en el documento sólo se podrán introducir los citados comentarios.

4 Métodos para acelerar el trabajo

No pienses que en este capítulo vamos a dar un curso rápido de mecanografía o la lista de los atajos de teclado de Word. Esto también nos permite trabajar más rápido pero no es el tema del capítulo.

En realidad se trata de mostrar el funcionamiento de todas aquellas herramientas incluidas en Word como: Autoformato, Autocorrección, Autotexto y algunas más, que nos proporcionan los recursos necesarios para optimizar la creación de nuestros documentos. Estamos seguros de que después de conocerlas no podrás vivir sin ellas.

Introducción

Word tiene ciertas herramientas que te facilitan la escritura del texto, ganando principalmente en agilidad y ahorro de tiempo en la redacción. De hecho, posiblemente hayas observado alguna vez cuando escribes, como Word realiza ciertas operaciones por su cuenta. Aquí tienes varios ejemplos:

- Si tienes activa la tecla BloqMayús por error, al escribir una palabra como "cAPÍTULO", Word automáticamente desactiva dicha tecla y convierte el texto en "Capítulo".
- Si comienzas un párrafo por un número (por ejemplo, "1. En primer lugar..."), al pulsar la tecla Intro, Word numera automáticamente el siguiente párrafo.
- Si olvidas comenzar una oración con mayúsculas, Word cambiará el primer carácter de la primera palabra de la frase.

Esto no tiene nada de magia, lo que ocurre realmente es que Word tiene capacidad para detectar estos errores y situaciones especiales (y otras muchas más) y según lo que hagas, los adapta automáticamente a lo que él "cree" que es mejor para el documento. Esto no significa que todos los cambios que realiza sean correctos, pero en los casos en los que no sea así puedes utilizar la combinación Ctrl+Z para dejar todo como estaba.

Vamos a ver en los siguientes apartados qué puede hacer Word de manera automática, cómo puedes activar y desactivar estas acciones y la forma de incluir algunas otras que te puedan interesar.

Autocorrección

La pestaña Autocorrección (figura 4.1) del cuadro de diálogo del mismo nombre muestra en su primera sección cinco casillas de verificación, de las cuales cuatro se encuentran activadas por defecto y cuyo significado es el siguiente:

- Activa la opción Corregir DOs MAyúsculas SEguidas para que Word corrija uno de los errores más normales que se dan a la hora de escribir un texto: no soltar la tecla Mayús antes de teclear la segunda letra de una palabra que comienza por mayúscula. De esta forma, no tendrás palabras como "CApítulo", "MAyúsculas", "VEhículo", etcétera.

- Al activar la segunda casilla, Poner en mayúscula la primera letra de una oración, Word coloca en mayúscula la primera letra de las palabras que escribas detrás de un punto, ya que sobreentiende que comienza una nueva oración.
- Si activas la casilla Poner en mayúsculas los nombres de días y escribes algún día de la semana, Word pondrá el primer carácter en mayúsculas, cambiando "lunes" por "Lunes".
- La casilla Corregir el uso accidental de bLOQ mAYÚS indica a Word que desactive la tecla BloqMayús cuando escribas una palabra en la que la primera letra está en minúscula y el resto en mayúscula, ya que sobreentiende que tenías activa la citada tecla sin darte cuenta. Por supuesto, cambia automáticamente también la primera letra por la equivalente en mayúscula y el resto de la palabra a minúscula.

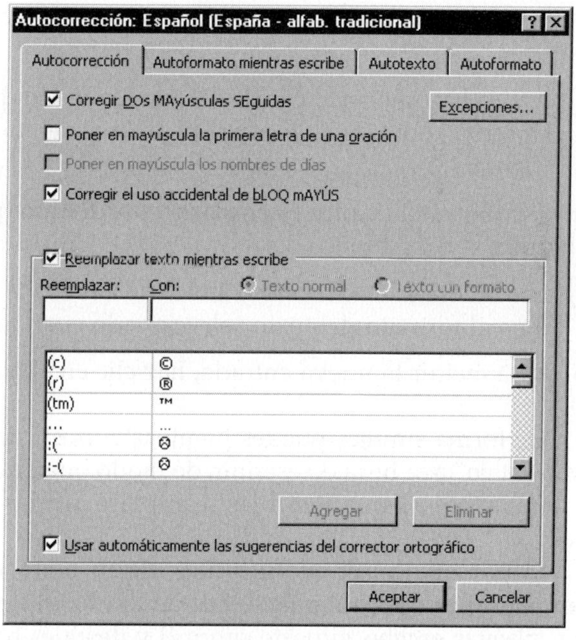

Figura 4.1. Cuadro de diálogo Autocorrección

- La cuarta y última casilla, Reemplazar texto mientras escribe, permite cambiar una palabra o conjunto de palabras por otras de forma automática. Si arrastras la barra de desplazamiento vertical de las casillas inferiores podrás ver todas las conversiones de texto que ya tiene programadas Word, las cuales realiza sin preguntar.

La forma de incluir algún error que tú cometas de forma habitual y la corrección del mismo es muy sencilla:

1. Haz clic en el cuadro de texto Reemplazar y escribe en él el texto erróneo.
2. A continuación, haz clic en el cuadro de texto Con y escribe la corrección.
3. Finalmente, haz clic en el botón Agregar.

Otra posibilidad para añadir un atajo en la lista Reemplazar texto mientras escribe sería seleccionarlo primero:

1. Selecciona el texto que quieres que aparezca cuando utilices el atajo.
2. Ahora haz clic en el comando Autocorrección del menú Herramientas. Observa como en el cuadro Con aparece el texto seleccionado (figura 4.2).
3. Escribe en el cuadro Reemplazar el texto que quieres utilizar como atajo.
4. Los botones Texto normal o Texto con formato te permiten aprovechar o no el formato del texto seleccionado cuando utilices el atajo.
5. Para incluir la nueva entrada, haz clic en el botón Agregar.

De forma similar, puedes plantearte usar esta herramienta de Word como "atajo" a la hora de escribir, de modo que indiques una combinación de letras ("pq") y que Word las reemplace por las que tú indiques ("porque").

Si por cualquier motivo hay algún texto que no desees que se reemplace por otro, solamente has de localizarlo en el cuadro Reemplazar texto mientras escribe, situarte sobre él y después hacer clic en el botón Eliminar.

Aviso

Cuando agregues un texto para que sea reemplazado automáticamente por otro, asegúrate antes de que siempre sea así. Por ejemplo la palabra "como" puede escribirse tanto con acento como sin él, por lo que no debes hacer que sea sustituida siempre con o sin acento.

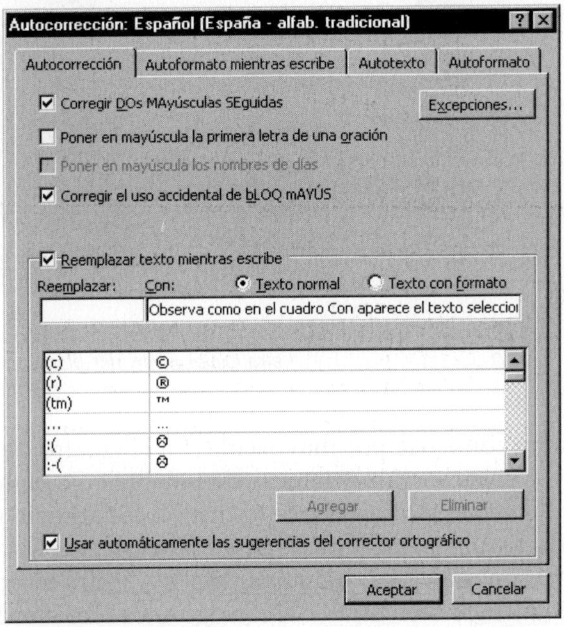

Figura 4.2. Texto seleccionado incluido en el campo Con

Excepciones

A medida que utilices la herramienta de corrección automática, te percatarás de que algunas veces Word se equivoca al realizar algunas de las operaciones indicadas en la pestaña Autocorrección. Por ejemplo, cuando escribes abreviaturas que finalizan en un punto, la siguiente palabra no tiene que estar en mayúscula. Para evitar estas situaciones y otras similares dispones del botón Excepciones de la pestaña Autocorreción, el cual muestra el cuadro de diálogo Excepciones de Autocorrección (figura 4.3).

Este cuadro de diálogo te permite indicar en la pestaña Letra inicial las palabras que, aunque finalicen en punto, no obliga a que la siguiente

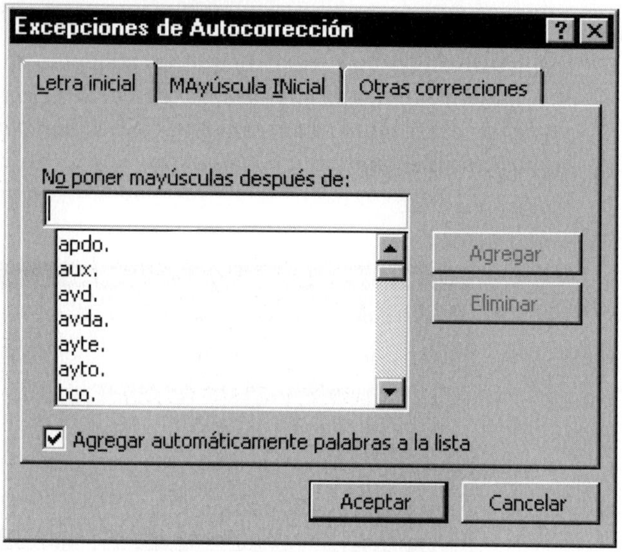

Figura 4.3. Cuadro de diálogo Excepciones de Autocorrección *con la pestaña* Letra inicial *en primer plano*

palabra comience por mayúscula. En el cuadro de lista puedes ver que la mayor parte son abreviaturas de palabras o conjunto de palabras.

Como es evidente, puedes incluir las abreviaturas que estés acostumbrado a utilizar, aunque no sean de uso generalizado. Por ejemplo, nosotros usamos a veces la abreviatura "pq." para indicar la palabra "porque". Al introducirla en esta lista consiguimos que Word no convierta la primera letra de la siguiente palabra en mayúscula.

En la pestaña MAyúscula INicial no hay ninguna palabra incluida ya que, en principio, no existen palabras con esa estructura. De todas formas, puede que algunos nombres de empresas o palabras inventadas tengan esta característica; por ejemplo, CDs para indicar CD-ROM. Como antes, lo único que has de hacer es incluirlas para que Word no las cambie de forma automática.

Autoformato

Cuando hablamos de autoformato nos estamos refiriendo a la capacidad que tiene Word de utilizar formatos predefinidos y asignarlos de la mejor forma a un texto. Pero este concepto es tan amplio que necesitamos dividirlo en dos:

- Aplicar un formato adecuado al contenido de un documento.
- Aplicar un formato determinado a ciertos elementos de texto según escribes.

Estamos hablando de dos cosas muy distintas, por lo que vamos a tratar cada una de ellas de forma independiente.

Autoformato a un documento

Una vez creado el documento, el proceso final de darle un aspecto atractivo puede ser muy tedioso y en ciertos casos hasta desesperante: aplicar estilos a cada párrafo, modificar alineaciones, incluir sombreados o bordes, etcétera.

Word puede hacer esto por ti mediante el comando Autoformato del menú Formato, el cual muestra el cuadro de diálogo del mismo nombre que aparece en la figura 4.4. Como indica el contenido del cuadro de diálogo, este comando lo que hace es aplicar un formato que Word interpreta que puede valer para el documento; la forma de hacerlo dependerá en gran medida de los atributos de texto que tienes aplicados al texto, como veremos más adelante.

Figura 4.4. Cuadro de diálogo Autoformato

En su primera sección, el cuadro de diálogo tiene dos opciones; la primera le aplica un formato de forma automática a todo el documento, y la segunda opción le obliga a Word a que te pregunte antes de realizar los cambios que él sugiere, siendo tú el que decidas si deseas que los haga o no.

Consejo

Aunque siempre puedes deshacer los cambios, no está de más que antes de modificar el formato de un documento lo grabes, ya que así estarás seguro de recuperar la copia original del documento. Además, de este modo, evitarás posibles situaciones desagradables si al final observas que los cambios realizados en el formato no son de tu agrado.

La lista desplegable inferior del cuadro de diálogo te permite indicar el tipo de documento que tienes creado, ya que los formatos que aplica Word a un documento de tipo normal, a un correo electrónico o a una carta no son iguales por razones obvias.

Por último, conviene que sepas que puedes controlar qué tipos de formato aplicará Word mediante el botón Opciones. Este botón abre el cuadro de diálogo Autocorrección, mostrando en primer plano la cuarta y última pestaña (figura 4.5).

Como puedes observar, por omisión, cuando ejecutas el comando Autoformato Word aplica títulos, listas, etc., reemplaza cierto texto por otro y respeta todos los estilos. Por decirlo de una forma coloquial, le da un repaso completo al documento. Con todo esto seguro que ya se te ocurre en más de un ocasión dónde lo puedes utilizar.

Pero como te decíamos, podemos controlar de forma explícita los cambios que realizará el comando Autoformato, tan sólo se trata de activar o desactivar las opciones oportunas. Observa a continuación lo que implica tener activas las opciones del primer grupo del cuadro de diálogo:

- Títulos: aplica a los textos que muestran una cierta entidad por el formato que tienen (negrita, tamaño de letra grande, etc.) las características de los estilos de título de Word. En otras palabras, una vez que Word analiza el texto y detecta los párrafos que parecen títulos, subtítulos, apartados grandes o pequeños, en función de esos estilos les aplicará los estilos Título 1, Título 2, Título 3, etc., que tiene predefinidos Word por omisión.

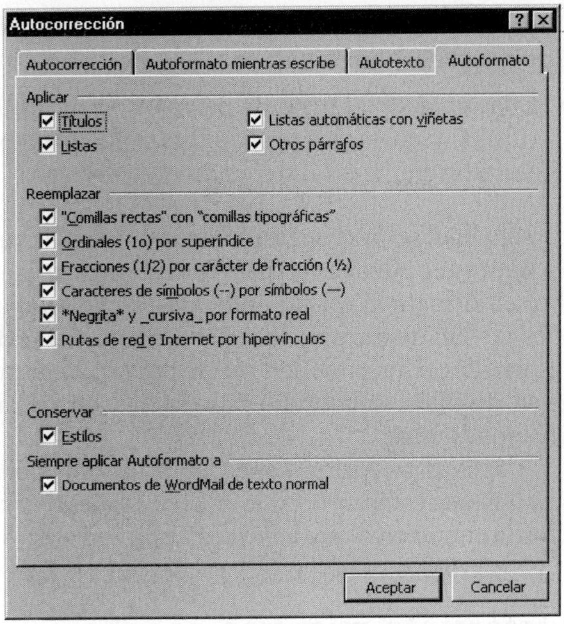

Figura 4.5. Cuadro de diálogo Autocorrección *con la pestaña* Autoformato *en primer plano*

Nota

Veremos el tema de los estilos mucho más ampliamente en el capítulo 11. Una vez tengas claro qué son y cómo trabajar con ellos, entenderás mejor este concepto.

- Listas: cuando Word detecta una lista numerada (varios párrafos con una numeración consecutiva) o una lista con viñetas (varios párrafos con un símbolo de viñeta al principio de todos ellos), ya tengan las listas un solo nivel o varios, le aplica el formato de estilos de lista o viñetas que tiene Word por omisión. Por supuesto que a la vez que aplica este formato, elimina los números o viñetas que se habían aplicado de forma manual.
- Listas automáticas con viñetas: de igual forma que la anterior opción, aplica el formato que tenga por omisión de viñeta a cualquier lista (párrafos contiguos) que comiencen por un asterisco (*), una letra o en minúscula, un signo mayor (>) o un

guión. Para que lo haga, tendrá que haber tras estos símbolos un espacio o un tabulador.

- Otros párrafos: al resto de párrafos no indicados anteriormente (títulos y cualquier tipo de listas), le aplica otros estilos distintos: normal, texto independiente, etcétera.

Siguiendo con el segundo grupo de opciones del cuadro de diálogo de la figura 4.5, puedes ver que Word reemplaza cierto texto por otro cuando aplica el formato al documento. Has de tener en cuenta que estas correcciones no son de errores, sino del formato del texto. Con carácter general, estas modificaciones suelen servir para todo el mundo, pero si no deseas alguna de ellas, solamente has de desactivar la casilla de verificación correspondiente.

Si activas la opción Estilos de la sección Conservar, Word conservará los estilos que estén aplicados en el documento y no los cambiará por otros estilos (aunque crea que son más apropiados).

Autoformato mientras escribe

De igual forma que aplicas formato a un documento ya creado, puedes hacer que Word aplique formato al documento mientras lo escribes. Básicamente la idea es igual, pero como es lógico, hay ciertos aspectos que diferencian ambos métodos. Compara los cuadros de diálogo de las figuras 4.5 y 4.6, observa como en la primera sección de opciones aparecen las casillas Bordes y Tablas, desapareciendo Listas:

- Bordes: teniendo activa esta casilla podrás asignar bordes a caracteres y párrafos. La forma de hacerlo es escribiendo tres guiones (-), tres guiones de subrayado (_) o tres signos de igual (=).
- Tablas: permite crear tablas al escribir series de signos más (+) y guiones (-), creando una columna por cada signo más que aparezca.

Las otras opciones distintas entre los cuadros de diálogo están al final:

- Dar al primer elemento de las listas el formato del anterior: cuando creas el primer párrafo de una lista, al pulsar la tecla Intro se aplicará a la primera palabra o frase del siguiente párrafo que forma la lista, el mismo estilo que tenía la primera palabra o

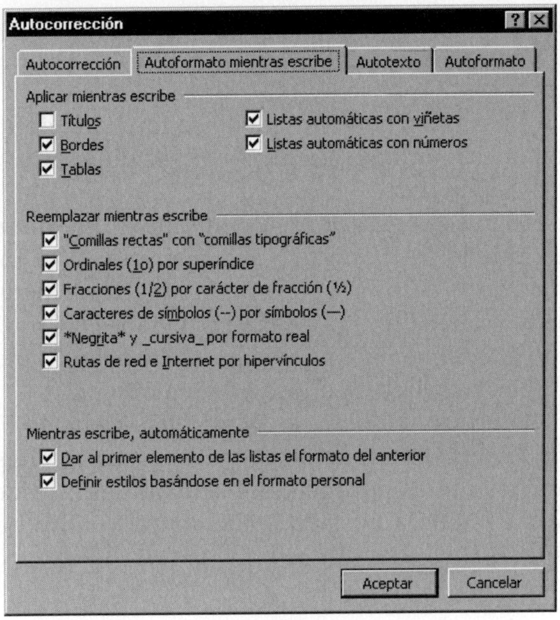

Figura 4.6. Cuadro de diálogo Autocorrección *con la pestaña* Autoformato mientras escribe *en primer plano*

frase del párrafo anterior. Por ejemplo, en este párrafo y en el siguiente, se ha aplicado un tipo de letra distinto a las palabras existentes hasta los dos puntos (que constituyen el nombre de la opción).

- Definir estilos basándose en el formato personal: utiliza los formatos de párrafo que ya tengas aplicados a los párrafos de tu documento para crear nuevos estilos basados en ellos. Así conseguirás un aspecto uniforme en todo el documento.

Consejo

Ante todo, evita que la información de este apartado te confunda. Capta la idea de que Word te permite aplicar automáticamente un formato a un texto que ya tienes escrito y que también puede ayudarte a dar formato a un documento según lo escribes. Prueba a activar y desactivar las opciones de las pestañas Autoformato *y* Autoformato mientras escribe *cuya función no tengas clara para ver realmente el comportamiento de Word.*

Autotexto

El término *Autotexto* puede sugerir una definición parecida a "texto automático", aunque sería más correcto definirlo como "escribir texto de forma automática".

No puedes pensar que Word sabe lo que vas a escribir, pero en ciertos casos puede "suponerlo". Por ejemplo, si al principio de un párrafo comienzas a escribir el texto "Atent", inmediatamente verás que junto al texto aparece una pequeña etiqueta de color amarillo, que muestra el texto "Atentamente"; pues si en ese momento pulsas la tecla Intro, en el documento aparecerá el texto "Atentamente,".

Como es evidente, si Word "ha supuesto" que querías escribir el texto "Atentamente,", no es porque sea inteligente ni porque piense, sencillamente es porque tiene activada esta característica y ésta se controla mediante la pestaña Autotexto del cuadro de diálogo Autocorrección (figura 4.7).

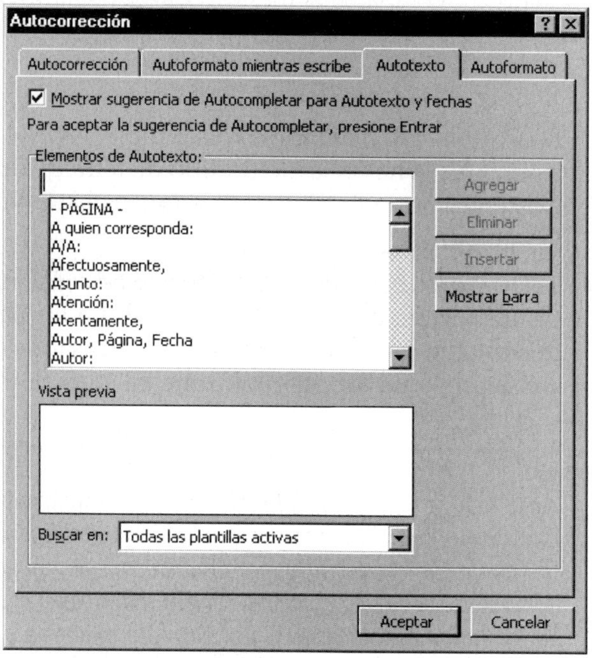

Figura 4.7. Cuadro de diálogo Autocorrección *con la pestaña* Autotexto *en primer plano*

El uso de este cuadro de diálogo es muy sencillo y es conveniente que conozcas los siguientes aspectos:

- La casilla Mostrar sugerencias de Autocompletar para Autotexto y fechas es en realidad la que activa o desactiva completamente las propiedades de autotexto de Word.
- En la zona central, aparece la lista de palabras, ordenada alfabéticamente, que serán sugeridas según escribes, las cuales puedes consultar mediante la barra de desplazamiento vertical.
- Puedes eliminar las palabras que desees haciendo clic en ellas y seleccionando a continuación el botón Eliminar.
- Si deseas incluir alguna, tecléala en el cuadro Elementos de Autotexto y haz clic en el botón Agregar.

Como puedes imaginar, Word te ofrece otras formas de acceder a las palabras de Autotexto que aparecen en el cuadro de diálogo de la figura 4.7. Concretamente dispones de una barra de herramientas llamada Autotexto y del comando Autotexto del menú Insertar. En la figura 4.8 puedes ver esta clasificación dentro de la barra de herramientas Autotexto.

En ambos casos, las palabras de autotexto se muestran previamente clasificadas según su utilidad, y en sus respectivos submenús puedes acceder a ellas.

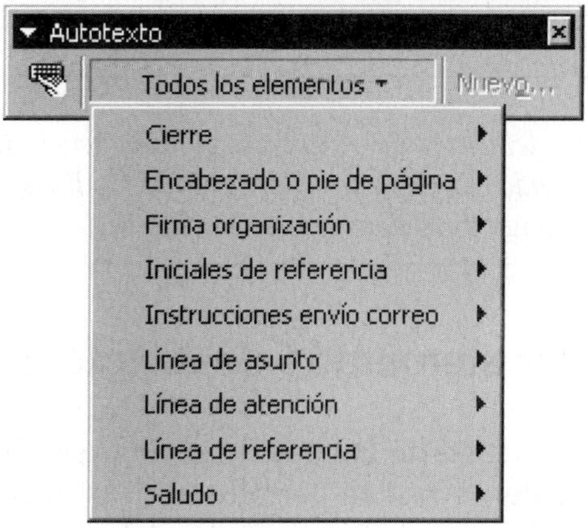

Figura 4.8. Clasificación de elementos en la barra de herramientas Autotexto

Aunque a simple vista pueda parecer que esta herramienta no tiene mucha utilidad, si tienes que escribir muchas cartas o documentos similares, seguramente lo agradecerás.

Aviso

Word sólo sugerirá estas opciones de Autotexto mientras escribes si está activada la opción Mostrar sugerencias de Autocompletar para Autotexto y fechas *en la parte superior de la pestaña* Autotexto. *Por tanto, si no quieres que Word sugiera ningún Autotexto, desactiva dicha opción.*

Personalizar el Autotexto

Ya sabes que Word te sugiere conforme escribes los elementos de Autotexto que haya en el cuadro central de la pestaña Autotexto. Por tanto, deberás añadir a dicho cuadro las palabras o conjuntos de palabras que desees que Word te sugiera. Por ejemplo, si escribes muchas veces el nombre de tu empresa (como "Grupo ROS"), inclúyelo en el cuadro de lista y cada vez que escribas el texto "grup", aparecerá el bocadillo (o etiqueta de color amarillo) con el nombre completo. Para aceptarlo, pulsa la tecla Intro, como te indicábamos anteriormente.

Te recordamos que para añadir un elemento de Autotexto a la lista debes teclearlo en el cuadro Elementos de Autotexto y hacer clic en el botón Agregar. Si, por el contrario, deseas eliminar algún elemento de Autotexto, selecciónalo y haz clic en el botón Eliminar.

Aviso

Los elementos de Autotexto pueden tener un máximo de 256 caracteres, incluidos los espacios. Por tanto, no te limites sólo a pequeñas presentaciones o nombres de empresa. Puedes incluir párrafos enteros (como este).

Insertar elementos de Autotexto en el documento

Para facilitarte la tarea de insertar en tus documentos los autotextos más usuales, Word te permite utilizar el comando Autotexto del menú Insertar o la barra de herramientas del mismo nombre. En el submenú que aparece puedes observar varios grupos de autotexto (cada uno de ellos para un fin determinado) en los cuales hay varias opciones que puedes seleccionar haciendo clic sobre ellas.

Ésta es otra forma de introducir un autotexto en el documento y quizás la que tenga más sentido en un principio, ya que evita cometer errores como despedirte de una persona a la que no conoces con textos como "Un abrazo" (demasiado informal para el caso), porque no se te ha ocurrido despedirte con un simple "Atentamente,", Afectuosamente," o "Un saludo," (más apropiados).

Nota

La utilidad de Autotexto es agradecida muchas veces cuando escribes fechas. Si hoy es, por ejemplo, 17 de mayo y deseas escribir la fecha actual, al escribir el 17 d, Word te mostrará el bocadillo con el texto "17 de mayo de 1999".

Ortografía y gramática

Ya sabes que Word muestra por omisión todas las palabras que él supone que son erróneas subrayadas en rojo, al no tenerlas en el o los diccionarios que tiene activos. Así mismo, mostrará subrayadas en verde aquellas palabras que le hacen suponer que tienen algún error gramatical en el contexto de la frase a la que pertenecen.

En ambos casos, si haces clic con el botón derecho del ratón sobre las palabras subrayadas en rojo o verde, en el menú contextual verás que aparece cierta información referente al error:

- Si el error es ortográfico, se indicarán posibles sugerencias de palabras correctas.
- Si el error es gramatical, explicará el posible error y, a continuación, mostrará la corrección sugerida.

Con la pestaña Ortografía y gramática del cuadro de diálogo Opciones puedes hacer que Word no muestre estas marcas para que no te molesten. En este caso, deberás pasar el corrector ortográfico y gramatical una vez hayas escrito el documento, ya que casi con toda seguridad se te escapará algún error aunque vuelvas a leer el documento.

Para pasar el corrector ortográfico y gramatical solamente has de seleccionar el comando Ortografía y gramática en el menú Herramientas y

Word comenzará a buscar los posibles errores. Una vez encuentre alguno indicará el error y las posibles modificaciones (con los menús contextuales), permitiéndote decidir la acción que debe tomar.

Idioma

En alguna ocasión, es posible que te aparezcan marcadas como erróneas la mayor parte de las palabras de un documento. En estos casos lo más habitual es que dicho documento tenga un error en el tipo de idioma en el que está escrito. Para indicar el idioma correcto de un documento:

1. Selecciona el texto del documento y ejecuta el comando Definir idioma en el submenú Idioma del menú Herramientas.
2. En el cuadro de diálogo que aparece (figura 4.9), haz clic en el idioma que desees: en nuestro caso se trata de Español (Alfabetización internacional).
3. Haz clic en el botón Predeterminar para la opción de idioma elegida. Se convierte en el idioma por defecto del documento.

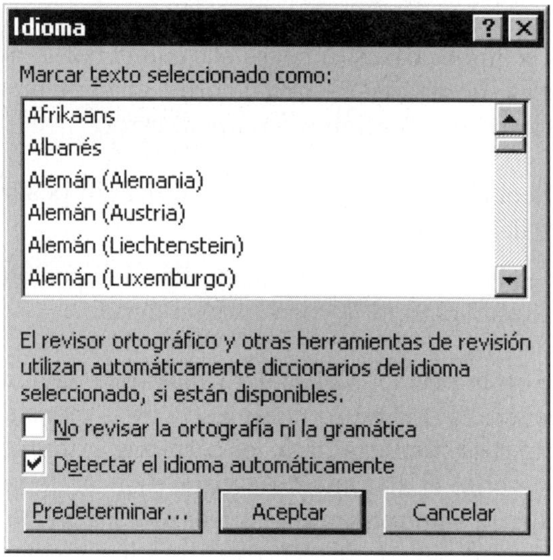

Figura 4.9. Cuadro de diálogo Idioma

Dentro de un mismo documento puede existir texto en diferentes idiomas. Para que Word lo trate de forma correcta sólo tienes que seleccionarlo y aplicarle el idioma adecuado. En estos casos, el cuadro de diálogo muestra en primer lugar los idiomas utilizados en el documento y separados por una pequeña línea el resto de opciones de idioma. La figura 4.10 muestra un ejemplo de todo lo explicado.

Aviso

Word sólo incluye el corrector ortográfico para una serie de idiomas, pero si lo deseas puedes ponerte en contacto con tu proveedor de software habitual para conseguir el Kit de herramientas de corrección para Microsoft Office 2000.

Figura 4.10. Aspecto del cuadro de diálogo Idioma *en un documento con texto en varias lenguas*

Además de la lista de idiomas, el cuadro de diálogo del mismo nombre contiene algunas opciones interesantes:

- No revisar la ortografía ni la gramática: desactiva la función de corrección ortográfica y gramatical de Word para el texto seleccionado. Esta opción es muy útil para aquellas porciones de texto donde apliquemos un idioma distinto del habitual y no dispongamos de los diccionarios para este idioma. Así evitaremos que Word nos invada el texto de marcas de corrección. En el resto del documento la revisión ortográfica y gramatical seguiría funcionando del mismo modo.

- Detectar el idioma automáticamente: como su propio nombre indica, al tener activada esta opción Word detecta el idioma del texto y lo configura según su criterio. Por ejemplo, si empiezas un frase con el texto "I'm crazy", en el momento de pasar al siguiente párrafo, Word aplicará el idioma inglés al resto del documento. Tú decides si esta opción te puede ser de utilidad o no.

Además de estas dos opciones dispones del botón Predeterminar que, como he comentado, convierte el idioma seleccionado en la lista como opción por defecto para el documento actual.

Consejo

Si en la mayoría de tus documentos sólo utilizas un idioma, te recomendamos que desactives la casilla de verificación Detectar el idioma automáticamente. *En caso contrario, después de escribir varias palabras como Office, Word o Excel te encontrarás con que el idioma por defecto ha pasado a ser el inglés.*

Diccionarios

Cuando hemos hablado anteriormente de diccionarios debes tener en cuenta dos cosas importantes:

- Word tiene un diccionario genérico para cada idioma que se activa automáticamente según el idioma asignado al documento. Pero, como es lógico, no dispones de todos los diccionarios para todos los idiomas representados en el cuadro de diálogo del mismo nombre.
- Word permite crear un diccionario complementario en el que puedes incluir todas aquellas palabras que son correctas y que no tiene en su propio diccionario.

Los diccionarios son complementarios, y cualquier palabra que esté en cualquiera de ellos la interpreta como válida.

Si haces clic en el botón Diccionarios de la pestaña Ortografía y gramática del cuadro de diálogo Opciones que vimos en el apartado anterior, aparecerá en pantalla el cuadro de diálogo Diccionarios personalizados (figura 4.11) para que puedas indicar los diccionarios que debe utilizar Word.

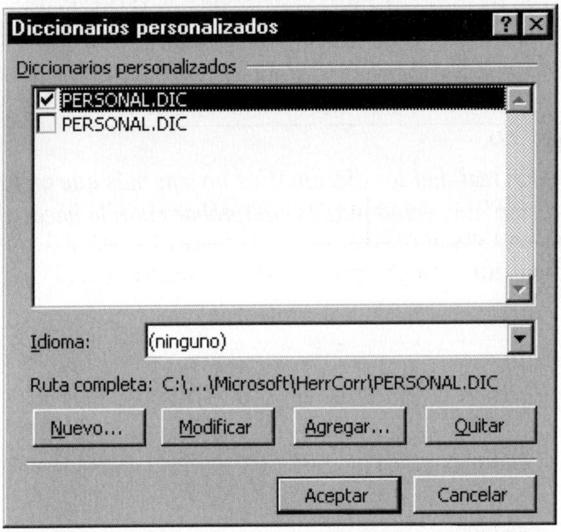

Figura 4.11. Cuadro de diálogo Diccionarios personalizados

En este cuadro de diálogo puedes observar los diccionarios personalizados que tiene Word y los que están activos (en este caso, solamente PERSONAL.DIC).

Si por algún motivo tienes otro diccionario ya sea propio o adquirido a terceros (sobre todo para temas que tienen una amplia terminología técnica), puedes incluirlo y activarlo mediante el botón Agregar y el cuadro de diálogo que aparece (similar al cuadro de diálogo Abrir).

Truco

Si lo deseas, puedes crear un nuevo diccionario personal con el botón Nuevo. *De esta forma, puedes dedicar cada uno de ellos a trabajos muy distintos e incluso disponer de diccionarios para distintos idiomas.*

Y ya que hablamos de idiomas, en la lista desplegable Idioma puedes indicar el idioma que tiene cada diccionario. Asimismo, si tienes un documento con idioma español y tienes un diccionario en inglés, Word detectará como errónea cualquier palabra en inglés que tengas en el diccionario de inglés, ya que no lo tendrá activo en este caso. Si, por el contrario, no le tienes asignado un idioma, los vocablos ingleses del texto no se interpretarán como erróneos, lo cual en ciertos casos puede estar bien y en otros puede dar lugar a errores que el corrector ortográfico no detectará (si tecleas "wine" cuando deseabas teclear "vine", del verbo venir).

Nota

En realidad los diccionarios no son más que archivos de texto con la extensión .dic, como puedes comprobar cuando haces clic sobre el botón Agregar.

5 Edición profesional

Quizás para escribir una simple carta o un informe sencillo no necesites conocer las herramientas avanzadas de edición incluidas en Word, pero para trabajos algo más complejos donde esindispensable cuidar su presentación, necesitarás los contenidos de este capítulo.

Veremos cómo incluir columnas, secciones y sobre todo la creación y el manejo de documentos maestros. Estos se convierten en una herramienta imprescindible cuando el tamaño del documento hace necesaria su división en varios archivos y por lo tanto, la gestión de todos desde un único documento.

Otro de los aspectos tratados en este capítulo es la creación de índices, tablas de contenido y tablas de ilustraciones. Además, veremos cómo incluir notas al pie y referencias cruzadas.

Las secciones

Una sección es una parte de un documento que tiene algunos formatos (generalmente de página) distintos al resto del documento.

Por ejemplo, mediante las secciones conseguiremos que en un mismo documento "coexistan" páginas con formatos verticales y horizontales. Si no tuviéramos las secciones, sería necesario crear un documento distinto para las páginas verticales y otro para las horizontales, con los consiguientes problemas de organización, paginación, estilos, etc., que podrían hacernos perder un tiempo precioso.

Pero las posibilidades de las secciones abarcan algo más que las orientaciones de las páginas. Por ejemplo, si en un documento deseas mantener una parte con una sola columna y otra con varias columnas a modo de periódico, será necesario que tengas una sección distinta cada vez que cambies el número de columnas.

Obviamente, el mantener distinto número de columnas no obliga a un cambio de página cada vez que cambies el número de columnas. Por el contrario, si deseas que una parte del texto te aparezca impreso en una hoja vertical y otro en horizontal, cada uno de ellos deberá comenzar en una nueva página.

Nota

Aunque no seas consciente, cada vez que trabajas con un nuevo documento de Word estás trabajando en una sección del mismo, ya que todo documento de Word tiene al menos una sección. Por tanto, cuando hablamos de ajustar el formato de página de un documento que tiene solamente una sección, realmente estamos hablando del formato de página de dicha sección.

El comando Configurar página del menú Archivo te permite ajustar márgenes, tamaño del papel, orientación, etcétera. En la lista desplegable Aplicar a (figura 5.1), puedes ver que te ofrece la posibilidad de aplicarlo a todo el documento o a partir de donde tengas el punto de inserción en ese momento. Veremos que cuando tienes en un documento varias secciones, el contenido de este cuadro de lista cambia y muestra también la posibilidad de limitar esa configuración de página que has realizado únicamente a la sección en la que tienes el punto de inserción, respetando de esta forma la configuración de página que tenían el resto de las secciones.

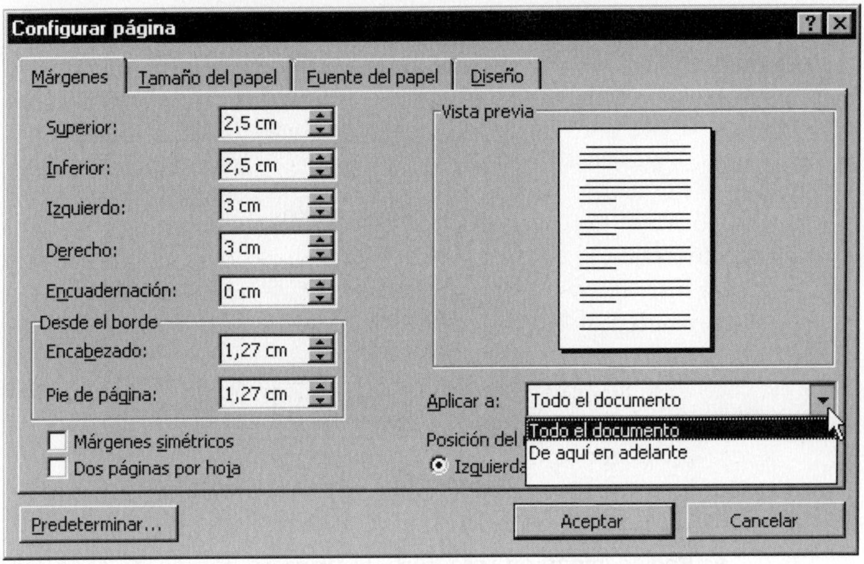

Figura 5.1. Lista Aplicar a *del cuadro de diálogo* Configurar página

Creación y tipos de secciones

Aunque a primera vista no lo parezca, crear una sección es sencillo:

1. Sitúa el punto de inserción en el lugar donde debe empezar la nueva sección.
2. Selecciona en el menú Insertar el comando Salto y en el cuadro de diálogo que aparece (figura 5.2), indica el tipo de sección que deseas crear.
3. Haz clic en Aceptar.

Los distintos tipos de secciones disponibles aparecen en el cuadro de diálogo Salto, y debes conocerlos antes de crear la propia sección. A continuación tienes los casos en los que debes utilizar cada tipo de salto:

- Página siguiente: cuando en un documento deseas incluir un gráfico que ocupa una página y tiene una orientación distinta.
- Continuo: si en un lugar del documento deseas incluir un texto con varias columnas en la misma página.

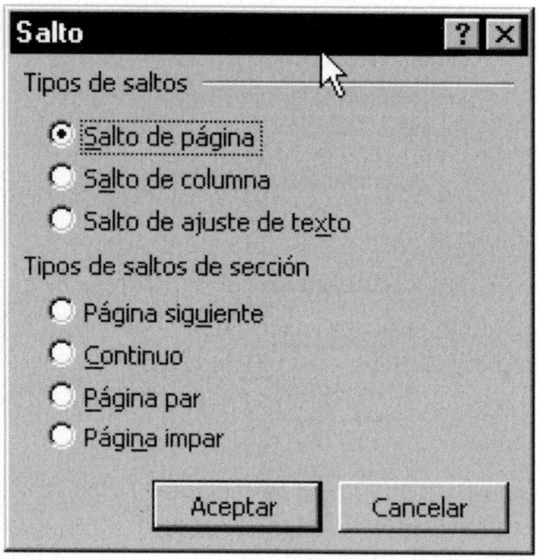

Figura 5.2. Cuadro de diálogo Salto

- Página impar: en este libro, la primera página de cada capítulo está situada en la siguiente página impar respecto de la última página del capítulo anterior, quedando incluso alguna página par en blanco.
- Página par: igual que en el caso anterior, pero en el supuesto de que desees comenzar la siguiente sección en la próxima página par.

Nota

Cuando establezcas una nueva sección, el formato de la página es por omisión igual al de la sección anterior.

Como te decíamos antes, ahora es el momento de aplicar los formatos de páginas que desees a cada sección: sitúa el punto de inserción en la sección que desees cambiar y ejecuta el comando Configurar página.

Truco

Si tienes un documento en el que deseas cambiar el formato de página a una zona intermedia del mismo, crea una sección anterior y otra posterior al mismo y modifica la configuración de la sección intermedia. De esta forma, las otras secciones mantendrán el mismo formato.

Columnas

Ya te hemos indicado que por omisión un documento tiene una sola columna, pero como era de esperar, Word te permite trabajar con múltiples columnas.

Si en un documento deseas combinar distintos números de columnas, lo mejor es que crees una sección cada vez que varíes el número, si bien puedes hacer que Word la cree de forma automática por ti.

Una vez tengas el punto de inserción en la sección donde deseas variar el número de columnas, ejecuta el comando Columnas del menú Formato y en el cuadro de diálogo que aparece (figura 5.3), indica el número de columnas que deseas, el ancho y el espacio de cada una de ellas.

Nota

Cuando tengas creadas algunas secciones, en el cuadro Aplicar a *de la mayor parte de los cuadros de diálogo no se mostrará la opción* Todo el documento*; se mostrará, en cambio, la opción* Esta sección.

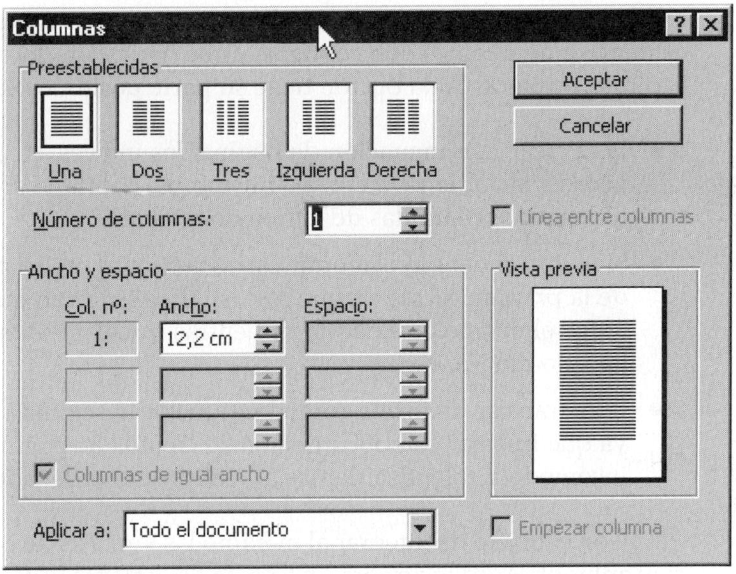

Figura 5.3. Cuadro de diálogo Columnas

De forma similar, si deseas modificar el número de columnas para el texto situado desde el punto de inserción hacia delante y no has creado una sección previamente, puedes seleccionar en el cuadro Aplicar a la opción De aquí en adelante, y Word creará la sección de forma automática.

También puedes crear columnas a partir de texto ya escrito, seleccionado dicho texto y a continuación el comando Columnas; en este caso, en el cuadro Aplicar a tendrás seleccionada por omisión la opción Texto seleccionado; aceptando esta configuración, Word creará una sección antes del texto seleccionando y otra posterior, mostrando el texto seleccionado con tantas columnas como hayas indicado.

Nota

Cuando desees modificar el número de columnas de una parte de un documento, recuerda que la sección que crees puede estar en la misma página.

Documentos maestros

Cuando deseas crear un documento muy extenso, como por ejemplo, el libro que estás leyendo, surgen dudas sobre la mejor forma de realizarlo. Hay usuarios que abrirían un documento nuevo y escribirían en él los centenares de páginas que contiene; otros harían un documento por cada capítulo, etcétera. Cada opción tiene su parte positiva y su parte negativa:

- Para crear la numeración de página, los índices, etc., a simple vista es mejor la primera; así mismo, no habría problemas con los estilos y plantillas de varios documentos.
- Si el documento lo elaboran varias personas, no se puede hacer de la primera forma ya que los usuarios tendrían que utilizar todos el mismo ordenador y mientras trabajara uno no podría hacerlo ningún otro.
- Para trabajar de forma cómoda es mejor la segunda opción, ya que trabajar con documentos de cientos de páginas es muy incómodo y ralentiza demasiado al propio ordenador.

Con el objeto de integrar al máximo las ventajas de cada posible decisión anterior, Word incorpora un tipo de documento especial pensado para trabajar con estos documentos tan extensos: *los documentos maestros*.

La filosofía de los documentos maestros radica en que se puedan crear documentos independientes que sean manejables, los cuales se puedan "gestionar" por medio de otro documento que permita controlar los aspectos comunes que deban tener todos. O sea, mediante los documentos independientes se creará el texto de, por ejemplo, cada capítulo de un libro, y por medio del documento maestro que "gestiona" esos capítulos, se facilitaría todo lo referente a los estilos del libro, numeración de páginas, índices, etcétera.

Creación de un documento maestro

Vamos a ver en un primer lugar la forma de crear un documento maestro partiendo de cero:

1. Abre un documento nuevo de Word y selecciona el comando Esquema del menú Ver. El aspecto de la ventana cambia y aparece la barra de herramientas Esquema (figura 5.4).

Figura 5.4. Barra de herramientas Esquema

2. Escribe el nombre del documento maestro y pulsa la tecla Intro.
3. Escribe en los siguientes párrafos los nombres de los subdocumentos que van a formar parte del documento maestro y pulsa la tecla Intro después de cada uno de ellos.
4. Selecciona los nombres de los subdocumentos y cambia el estilo "Título 1" que se muestra en el cuadro Estilo de la barra de herramientas Formato por el estilo "Título 2". Estos párrafos se "meterán" hacia dentro y a la izquierda del nombre del documento maestro, el símbolo menos (-) cambiará por el símbolo mas (+), como puedes ver en la figura 5.5.
5. Con los nombres de los subdocumentos seleccionados, haz clic en el botón Crear subdocumento de la barra de herramientas Esquema (figura 5.6) (recuerda que si sitúas el puntero sobre los distintos botones aparece un bocadillo que indica su nombre).
6. Guarda el documento.

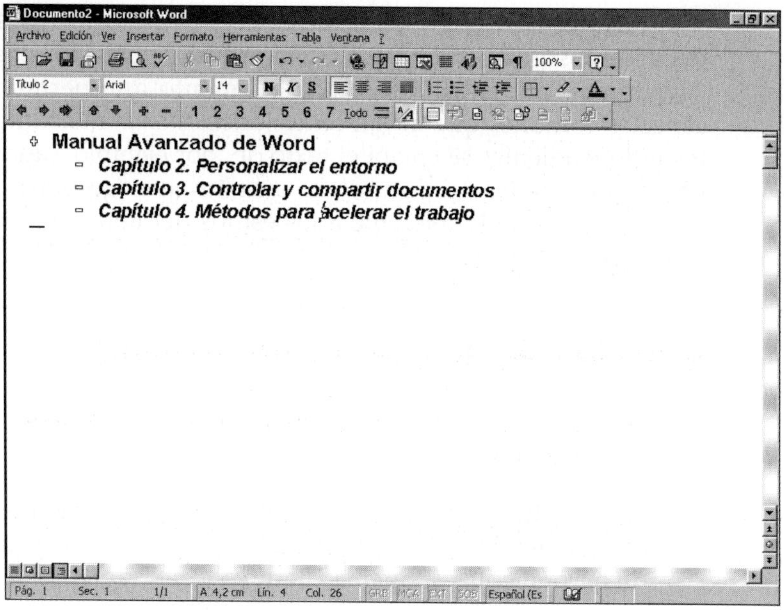

Figura 5.5. Resultado de cambiar el estilo a los subdocumentos

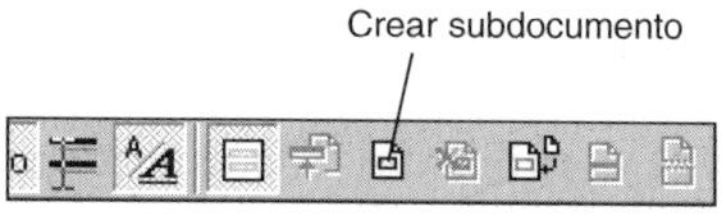

Figura 5.6. Botón Crear subdocumento *de la barra de herramientas Esquema*

Con estos pasos has creado realmente en el disco un conjunto de archivos, compuestos por el propio documento maestro y los subdocumentos que has indicado. En este momento, los subdocumentos no contendrán nada, pero ya existen.

Nota

En las versiones anteriores de Word, disponíamos de dos barras de herramientas para crear el documento maestro: la barra Esquema y la barra Documento maestro. En esta versión todo está unido bajo el mismo comando y resulta mucho más cómodo de utilizar.

Vamos a ver ahora cómo puedes crear un documento maestro si ya tienes creados los que van a ser los subdocumentos:

1. Abre un nuevo documento en Word y selecciona el comando Esquema en el menú Ver.
2. Teclea el nombre del documento maestro y pulsa la tecla Intro.
3. Selecciona en la barra de herramientas Esquema, el comando Insertar subdocumento (figura 5.7). Aparece el cuadro de diálogo con dicho nombre, similar al que aparece al ejecutar el comando Abrir.
4. Localiza el subdocumento que desees, selecciónalo y haz clic en el botón Aceptar. Desaparece el cuadro de diálogo y en pantalla aparece el nombre del subdocumento con un símbolo mas (+) a su lado izquierdo.
5. Repite los pasos 3 y 4 para insertar todos los subdocumentos, y guarda el documento maestro.

Figura 5.7. Botón Insertar subdocumento de la barra de herramientas Esquema

La pantalla

Antes de continuar viendo otros aspectos de los documentos maestros, vamos a analizar el aspecto de la pantalla y la función que cumplen los botones de la barra de herramientas Esquema (figura 5.8).

Respecto a la pantalla, conviene que te fijes en que todos los subdocumentos están rodeados por recuadros de color gris y que en su esquina superior izquierda hay un pequeño símbolo (el icono de subdocumento) mediante el cual podrás manipularlos dentro del documento maestro. Si tienes algún subdocumento protegido, debajo del icono de subdocumento aparecerá el icono de un cerrojo cerrado.

La barra de herramientas Esquema te permite manipular la estructura del documento en la pantalla, ya sea un documento maestro u otro normal y corriente. Según el nivel de cada apartado, podrás observar que unos están dentro de otros hasta que llegas a uno que es el texto normal, al cual se denomina *Texto independiente*. Veamos cómo influyen los botones de la barra de herramientas al esquema del documento:

- Los dos primeros botones permiten aumentar o disminuir los niveles de los párrafos. Por ejemplo, puedes hacer que un párrafo con el nivel Título 1 pase a tener el nivel Título 2 y viceversa. De esta forma, los niveles internos también se decrementarán o incrementarán en la misma proporción.
- El tercer botón permite pasar un texto que tiene un cierto nivel al denominado texto independiente.
- Los botones cuarto y quinto permiten cambiar el orden de los textos que tienen un mismo nivel incluso entre distintos subdocumentos.
- Los botones Expandir (+) y Contraer (-) hacen que en pantalla se muestren u oculten los niveles y el texto independiente del nivel en que tengas situado el punto de inserción.

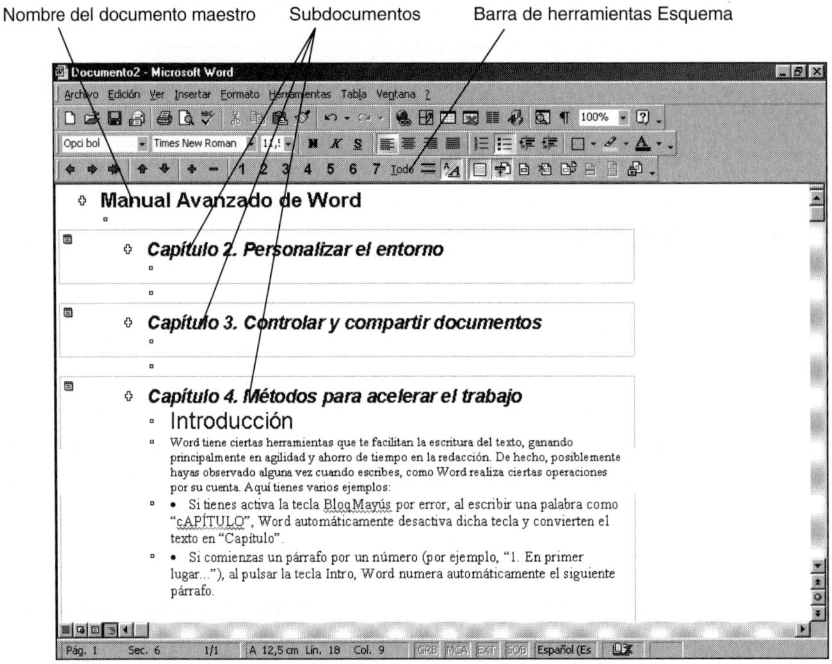

Figura 5.8. Aspecto de la ventana de un documento maestro

- Los botones con los números del 1 al 7 hacen que se muestren en pantalla los niveles del botón que actives y todos los superiores.
- El botón Todos hace que se muestren todos los niveles, incluso el texto independiente.
- El botón Mostrar sólo primera línea hace que en pantalla sólo se muestre la primera línea de cada nivel; si lo vuelves a activar, se mostrará todo el documento.
- El botón Mostrar formato hace que, según lo actives o desactives, se muestre el formato que tiene aplicado el texto del documento.
- El botón Vista documento maestro hace que se active o desactive el modo Documento maestro.
- El botón Contraer subdocumentos hace que los documentos se contraigan hasta indicar solamente la dirección y el nombre de los mismos o que, por el contrario, se muestren sus contenidos.
- El botón Crear subdocumento permite crear un nuevo subdocumento en el documento maestro.
- El botón Quitar subdocumento permite eliminar un subdocumento de un documento maestro.
- El botón Insertar subdocumento permite insertar un nuevo subdocumento en un documento maestro.
- El botón Combinar subdocumentos permite unir varios subdocumentos en uno solo.
- El botón Dividir subdocumento permite dividir un subdocumento en dos.
- Por último, el botón Bloquear subdocumento evita que un subdocumento pueda manipularse. Cuando se activa, aparece bajo el icono de subdocumento el icono de un cerrojo cerrado; en la figura 5.9 puedes ver un ejemplo.

Como puedes observar, con estos botones puedes modificar el orden de los párrafos de un documento y limitar la información del documento que deseas ver en la pantalla.

Una vez que conoces la barra de herramientas Esquema, vamos a continuar viendo cómo manipular e imprimir los documentos maestros.

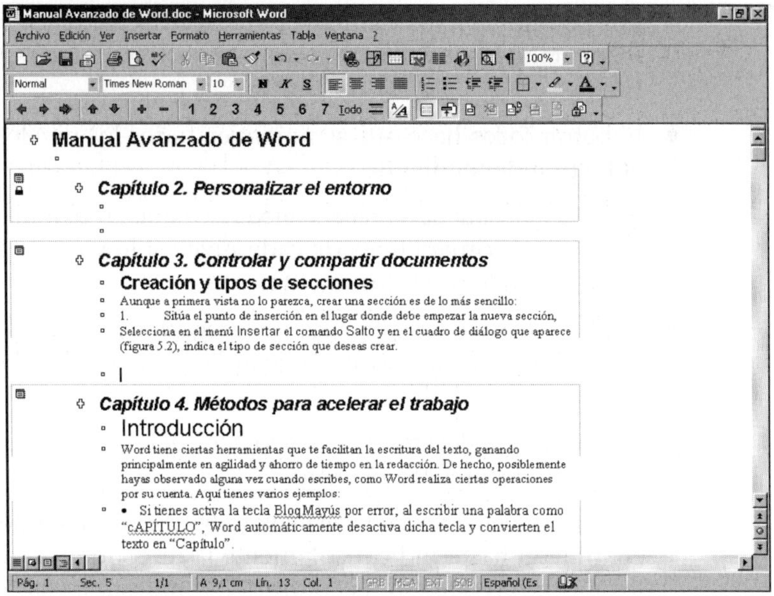

Figura 5.9. Subdocumento bloqueado

Modificar un documento maestro

Una vez que has creado un documento maestro, mediante el uso de los botones de la barra de herramientas Esquema, conseguir manipularlo hasta que tenga la estructura que deseas es casi un juego de niños. Veamos a continuación un conjunto de acciones que puedes realizar y ciertos aspectos que debes tener en cuenta:

- Un subdocumento de un documento maestro se guarda y se comporta como cualquier documento. Por tanto, puedes abrirlo directamente, sin tener que abrir el documento maestro, y manipularlo como desees.
- Si deseas cambiar de ubicación y/o nombre a un subdocumento de un documento maestro debes hacerlo desde el propio documento maestro: haces clic en el subdocumento y ejecutas el comando Guardar como. Una vez lo hayas hecho, seguirá existiendo la copia anterior del mismo con el anterior nombre en su antigua ubicación (Guardar como guarda una copia de un documento, ¿recuerdas?), por lo que deberás borrarlo.

- Puedes cambiar de orden los subdocumentos arrastrando el icono de subdocumento (situado en la esquina superior izquierda) hasta su nueva posición.
- Si quieres añadir un subdocumento nuevo, sitúate en el subdocumento anterior, haz clic en el botón Insertar subdocumento, localízalo en el cuadro de diálogo que aparece y selecciona el botón Abrir.
- Si tienes el punto de inserción en un subdocumento, puedes seleccionar el botón Quitar subdocumento o pulsar la tecla Supr para eliminarlo del documento maestro; este hecho no borra el documento del disco, por lo que deberás hacerlo tú si ya no te interesa.
- Si deseas unir varios subdocumentos, lo primero que has de hacer es situarlos juntos y acto seguido, seleccionar sus iconos de subdocumento con la tecla Mayús pulsada y hacer clic en el botón Combinar subdocumentos.
- Si lo que deseas es por el contrario dividir un subdocumento en dos, sitúa el punto de inserción en el lugar donde deseas realizar la división y haz clic en el botón Dividir subdocumento. Este nuevo subdocumento se guardará por omisión con un nombre que serán los primeros caracteres del subdocumento.
- Si deseas bloquear un subdocumento, sólo deberás situarte en él y hacer clic en el botón Bloquear documento.
- Si hay otros usuarios que pueden acceder al documento maestro o a sus subdocumentos y no deseas que puedan hacerlo, piensa también en la posibilidad de asignar contraseñas a los mismos.
- Cuando en pantalla observes algún candado en un subdocumento que no hayas bloqueado tú mismo, es posible que otro usuario que tenga acceso a ese subdocumento lo esté editando. Cuando lo cierre, podrás abrirlo tú.

Nota

Si intentas manipular algún subdocumento que no esté bloqueado y no puedes hacerlo, haz clic en el botón Contraer subdocumentos *para que puedas manipularlos.*

Imprimir un documento maestro

A la hora de imprimir un documento maestro surge la duda sobre lo que realmente se va a imprimir.

Una opción consiste en imprimir todo el documento: en la vista Esquema, expande todo los subdocumentos, muestra el documento en el modo Normal y procede a la impresión como cualquier otro documento normal.

Pero si lo deseas, desde el propio documento maestro puedes expandir o contraer los esquemas de cada subdocumento hasta que se muestre realmente lo que deseas imprimir y, posteriormente, seleccionar el comando Imprimir en el menú Archivo desde el propio modo Documento maestro.

También puedes abrir cualquiera de los subdocumentos directamente e imprimirlo si lo que deseas es imprimir solamente ese subdocumento. El problema que existe en este caso es que si tienes alguna referencia cruzada (veremos en este mismo capítulo en qué consisten) con otros subdocumentos, puede que no estén actualizadas y el resultado no sea el esperado.

Tablas, índices, notas y referencias cruzadas

Word nos permite incluir en nuestros documentos índices y tablas de contenido que indiquen las palabras por las cuales buscar cierta información, el contenido de los capítulos, ilustraciones, etc., que puedan existir.

Aunque este apartado esté incluido en el capítulo que trata los documentos maestros, las tablas e índices se pueden aplicar a cualquier tipo de documento. No obstante, cuando resulta de mayor utilidad es cuanto más grande es el documento o conjunto de documentos, en cuyo caso, es más utilizado en los anteriormente citados documentos maestros.

Nota

Al final del subapartado dedicado a la creación de índices, se citan ciertos aspectos y acciones que permiten manipular tanto las tablas de contenido, como las tablas de ilustraciones e índices.

Tablas de contenido

En todo libro es necesario incluir una serie de páginas que informen sobre el contenido del mismo, y como era de esperar, Word te facilita herramientas para su creación.

Al comienzo de este libro, y de cualquier otro, existe un índice que indica la página en la cual comienza cada capítulo; en nuestro caso, además indica los apartados más importantes de cada capítulo.

En Word, este primer índice se denomina *Tabla de contenido* y, como podrás comprobar a continuación, su creación es muy fácil:

1. Sitúa el punto de inserción en el lugar en el que deseas incluir la tabla de contenido, generalmente al principio del documento.
2. Selecciona el comando Índice y tablas en el menú Insertar y activa la pestaña Tabla de contenido. El aspecto del cuadro de diálogo debe ser el que se muestra en la figura 5.10.
3. En el cuadro Formatos, elije el formato que deseas aplicar a la tabla de contenido y observa su apariencia en el cuadro Vista preliminar.

Figura 5.10. Cuadro de diálogo Índice y tablas *con la pestaña* Tabla de contenido *en primer plano*

4. Activa o desactiva Mostrar números de páginas y Alinear números de página a la derecha; indica en el cuadro Mostrar niveles los que desees ver, y el carácter de relleno que desees en el cuadro del mismo nombre. Estos cambios se reflejan en el cuadro Vista preliminar.

5. Pulsa Aceptar. Desaparecerá el cuadro de diálogo y en el lugar en el que tenías el punto de inserción se creará la tabla de contenido.

Nota

El botón Modificar de la pestaña Tabla de contenido te permite cambiar los estilos que utiliza Word para crear la tabla de contenido. En lugar de hacerlo desde este cuadro de diálogo, te remitimos al capítulo 11 donde se tratan los estilos y las plantillas.

Como puedes deducir por el contenido de esta pantalla, Word interpreta que el texto con los estilos Título 1, Título 2, etcétera, son los que determinan el contenido del documento.

Si es necesario, puedes sustituir estos estilos por otros, para lo cual dispones del botón Opciones. En el cuadro de diálogo que aparece (figura 5.11), puedes observar lo siguiente:

- El cuadro Estilos disponibles muestra todos los estilos que contiene el documento, los cuales puedes ver utilizando la barra de desplazamiento vertical que tiene al lado.
- Los estilos que aparecen marcados son los que en principio utiliza Word para crear la tabla de contenido.
- En el cuadro Nivel de TDC (Tabla De Contenido) se indica el orden de importancia de cada estilo.

Modifica estos datos según tus necesidades y al cerrar el cuadro de diálogo podrás observar el efecto en el cuadro Vista preliminar de la pestaña Tabla de contenido.

Tablas de ilustraciones

Además de las tablas de contenido, Word te permite crear otras tablas de forma casi automática, mediante las que podrás tener un índice de las ilustraciones, tablas, etc., que tengas incluidas en tus documentos.

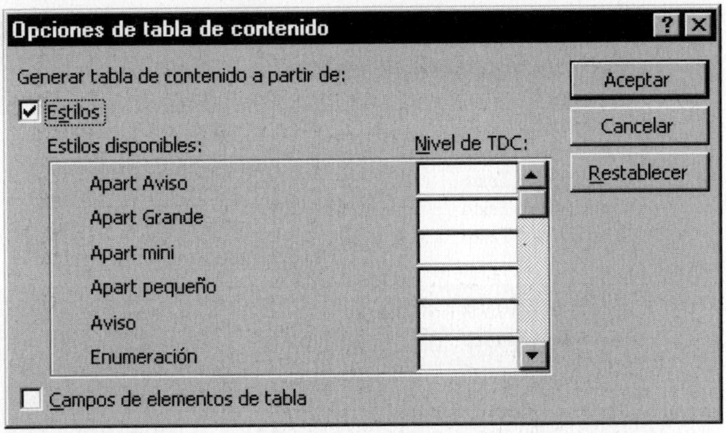

Figura 5.11. Cuadro de diálogo Opciones de tabla de contenido

Para poder crear la tabla de ilustraciones has de poder identificar el texto del documento que formará la citada tabla. Para ello, lo mejor es tener aplicado un estilo determinado al texto, de modo que Word pueda identificar dicho texto por medio del citado estilo. Por decirlo de otra forma, al igual que con las tablas de contenido, Word puede identificar el texto que debe aparecer en una tabla de ilustraciones mediante el estilo que tenga dicho texto.

Nota

No te preocupes si aún te encuentras algo perdido cuando hablamos de estilos, en el capítulo 11 se trata todo lo referente a los estilos.

Si tienes aplicados estilos a las ilustraciones del documento, te será muy sencillo generar una tabla con las referencias a todas ellas. Los pasos que se deben seguir serían:

1. Sitúa el punto de inserción en el lugar del documento donde deseas que se inserte la tabla de ilustraciones.
2. Selecciona en el menú Insertar el comando Índices y tablas y haz clic sobre la pestaña Tabla de ilustraciones (figura 5.12).
3. Selecciona el botón Opciones, tras lo cual aparecerá el cuadro de diálogo Opciones de tabla de ilustración.

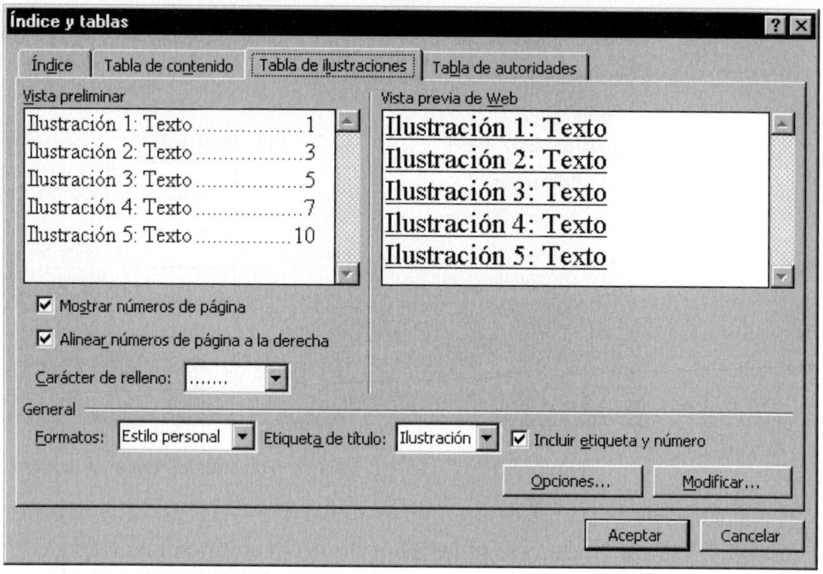

Figura 5.12. Cuadro de diálogo Índice y tablas *con la pestaña* Tabla de ilustraciones *en primer plano*

4. Activa la casilla Estilos y en el cuadro desplegable, haz clic sobre el nombre del estilo que tengas aplicado al texto que formará la tabla de ilustraciones, haciendo clic posteriormente en el botón Aceptar. Desaparecerá el cuadro de diálogo y volverás al anterior.
5. Activa o desactiva las casillas Mostrar número de página, Alinear números de página a la derecha e Incluir etiqueta y número, e indica en el cuadro de lista desplegable Carácter de relleno el tipo de relleno que habrá entre el texto y el número de página. Observa en el cuadro Vista preliminar el efecto que consigues.
6. Selecciona en el cuadro Formatos el tipo de formato que mejor pueda adaptarse al aspecto de tu documento.
7. Haz clic en Aceptar, y en pantalla aparecerá la tabla de ilustraciones.

En el caso de no tener aplicado un estilo específico al texto que formará la tabla de ilustraciones, deberás hacer uso del comando Título del menú Insertar para poder identificar el texto que formará la tabla de ilustraciones mediante rótulos. Este comando muestra el cuadro de diálogo Título (figura 5.13).

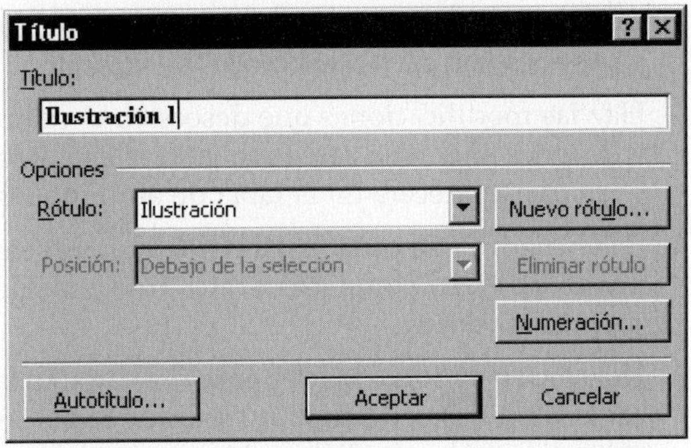

Figura 5.13. Cuadro de diálogo Título

Por omisión, al párrafo en el que tengas situado el punto de inserción se le asigna el rótulo que aparece en el cuadro Título al pulsar Aceptar. Por lo demás, conviene que sepas ciertas opciones que te ofrece este cuadro:

- Si lo deseas, puedes crear otro nuevo rótulo que te resulte más claro (por ejemplo, Figura) mediante el botón Nuevo rótulo.
- Mediante el botón Numeración, puedes personalizar la numeración de las páginas eligiendo un modelo determinado, e incluso intertar el número del capítulo que hace el documento.
- Con el botón Autotítulo puedes asignar un rótulo de título de forma automática cuando insertes ciertos tipos de archivos: dibujos de Word, gráficos y hojas de cálculo de Excel, etcétera.

Una vez creados los rótulos, el proceso de creación de la tabla será mismo que ya conocemos, salvo que tendrás que seleccionar en el cuadro Etiqueta de título el rótulo que le has aplicado al texto.

Tabla de autoridades

Una tabla de autoridades es una lista a las referencias legales, citas, estatutos y demás elementos habituales dentro de un documento legal. Es común, por ejemplo, en informes de abogados. Para crear una tabla de autoridades lo primero que debemos hacer es marcar las citas, para esto:

1. Usa el botón Marcar cita de la pestaña Tabla de autoridades del cuadro Índices y tablas. Aparece el cuadro de diálogo Marcar cita.

2. En el documento, selecciona la primera cita larga del documento y después haz clic en el botón Cita siguiente.
3. Haz las modificaciones que desees en el cuadro texto seleccionado y después elige una categoría para la cita. Recuerda que este será el texto que aparecerá en la tabla de autoridades.
4. En el cuadro Cita corta escribe el texto que se encuentra en el documento de Word y que hacer referencia a la cita incluida en el cuadro Texto seleccionado.
5. Haz clic en el botón Marcar para marcar sólo la cita actual y en Marcar todas si quieres que Word marque todas las que coincidan con el texto del cuadro de diálogo Marcar cita.
6. Para continuar pulsa el botón Cita siguiente y repite el proceso.

Una vez hecho esto sigue el proceso visto hasta ahora para las tablas de ilustraciones y de contenido. En el cuadro de lista podrás elegir crear una tabla en función de una determinada categoría o incluirlas todas.

Índice

El índice (llamado también índice alfabético) de cualquier libro contiene las palabras del texto que, debido a su importancia, los lectores del mismo desearán consultar. Al final de este libro puedes encontrar un ejemplo de índice alfabético. Aunque veremos más detalladamente cómo crear un índice, te adelantamos que necesitas realizar básicamente dos pasos:

1. Seleccionar el formato de índice.
2. Indicar los términos que se quieren incluir en el índice.

Aviso

Aunque ya lo hemos indicado, no olvides que el índice, las tablas de contenido y/o tablas de ilustraciones que creas en un documento, se insertan en el lugar donde tienes situado el punto de inserción cuando las creas.

Como te puedes imaginar, Word dispone de varios formatos de índice ya creados, de los cuales puedes elegir el que mejor se adapte a tus necesidades. Para poder seleccionarlos has de ejecutar el comando Índice y tablas del menú Insertar y activar la pestaña Índice (figura 5.14).

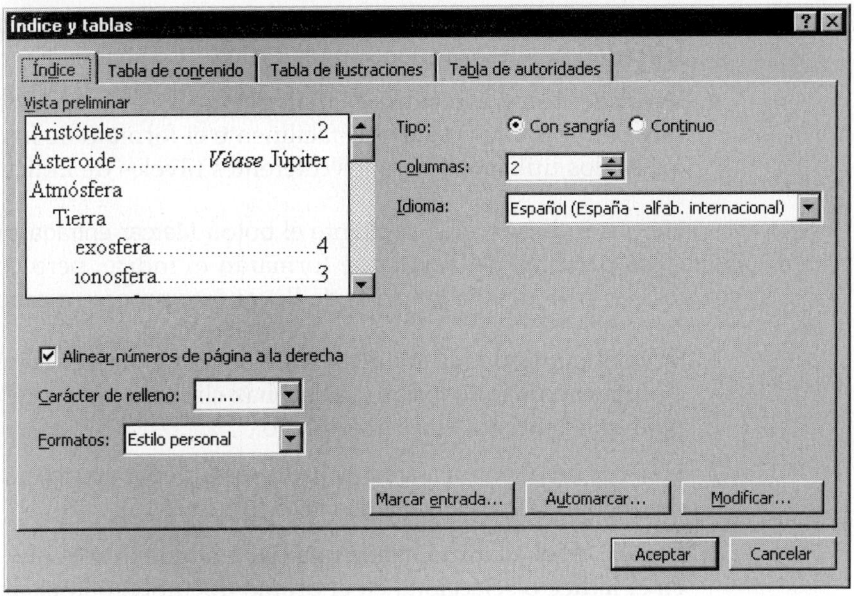

Figura 5.14. Cuadro de diálogo Índice y tablas *con la pestaña* Índice *en primer plano*

Desde esta pestaña puedes definir los aspectos más importantes de los índices, como por ejemplo:

- Tipo de índice: el tipo Con sangría mantiene en distintas líneas cada entrada de índice, incluso las que dependen de otra entrada de mayor entidad, si bien éstas se muestran con un salto de tabulador previo al texto; el tipo Continuo separa las entradas de menor entidad mediante el carácter punto y coma (;) en la misma línea.
- Columnas: puedes elegir el número de columnas paralelas que Word utilizará para representar el índice.
- Idioma: si quieres elegir un idioma diferene del asignado por defecto al documento, con esta lista desplegable puedes hacerlo.
- Formatos: como con las tablas de contenido y de ilustraciones, dispones de ciertos formatos de índice ya creados: Estilo personal, Clásico, Sofisticado, Moderno, Con viñetas, Formal y Sencillo.
- Marcar entrada: indica las palabras del texto que deben aparecer en el índice.

- Automarcar: utiliza el contenido de un archivo para determinar las palabras que compondrán el índice.
- Modificar: desde el cuadro de diálogo que aparece al seleccionar este botón podrás modificar fácilmente el formato de los distintos estilos utilizados para los diferentes niveles de índice.

Hemos indicado que mediante el botón Marcar entrada puedes seleccionar las palabras del texto que formarán el índice, pero conviene que veamos con más detalle la forma de llevar este proceso a cabo:

1. Sitúa el punto de inserción en el lugar donde desees crear el índice y ejecuta el comando Índice y tablas; haz clic sobre la pestaña Índice para que aparezca en primer plano.
2. Haz clic en el botón Marcar entrada, tras lo cual aparecerá el cuadro de diálogo Marcar entrada de índice (figura 5.15).
3. Escribe en el cuadro Entrada una palabra que desees que aparezca en el índice o selecciona en el propio documento la palabra que desees y después haz clic en el cuadro de texto Entrada para que aparezca en su interior la palabra seleccionada.
4. Haz clic en el botón Marcar para que la palabra quede definitivamente marcada y, por lo tanto, forme parte del índice alfabético del documento.
5. Repite los pasos 3 y 4 tantas veces como palabras desees incluir en el índice.

En el apartado Opciones, Word tiene activa por omisión la opción Página actual para limitar el lugar en que aparece la entrada que marcas. De esta forma, si la palabra que marcas aparece en otra página, no se incluirá en el índice a menos que lo indiques en cada caso. Salvo que sea estrictamente necesario no deberías desactivar esta opción.

Con la opción Intervalo de páginas puedes hacer que se añadan todas las ocurrencias de la palabra que marques en un conjunto de páginas. Por ejemplo, si deseas que en el índice se añada el texto "Tablas de ilustraciones" y que junto a este texto, se indique de forma automática las páginas en las que aparece y no tengas que hacerlo buscándola en todo el texto, deberás hacer lo siguiente:

1. Coloca unos marcadores que delimiten el principio y el final del espacio del documento en donde buscar las ocurrencias del texto.

2. Selecciona la opción Intervalo de páginas y en el cuadro Marcador indica el marcador que deseas tener en cuenta, ya que puedes tener varios.

Esta forma de indicar los intervalos de página no está pensada para utilizarla en todo el documento con carácter general.

Debes pensar que en nuestro caso solamente deberán aparecer las ocurrencias de "Tablas de ilustraciones" referidas a este capítulo, ya que en otros capítulos no se trata el tema, sino que se harán referencias al capítulo.

En este caso, lo suyo es utilizar unos marcadores que delimiten el comienzo y final de este capítulo.

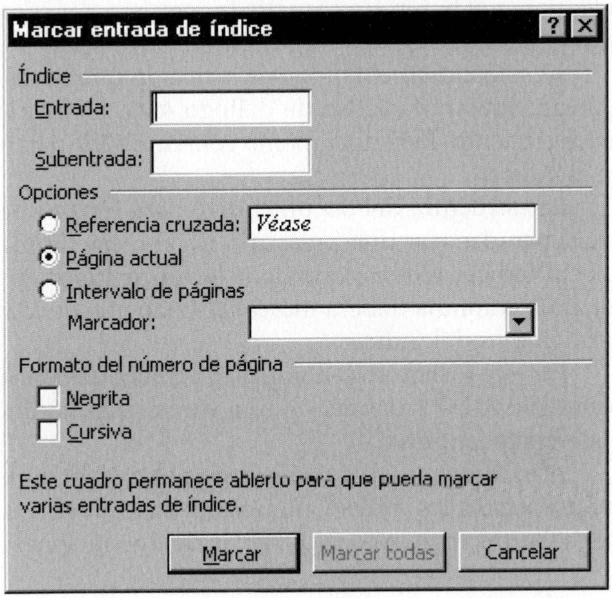

Figura 5.15. Cuadro de diálogo Marcar entrada de índice

De cualquier manera, si consideras o deseas que alguna palabra o conjunto de palabras se controlen en todo el documento, selecciona el botón Marcar todas; este botón utiliza como marcadores el comienzo y el final del documento, y por esta razón tiene en cuenta la extensión total del mismo.

Por otro lado, puedes seleccionar la opción Referencia cruzada para que en el índice aparezca el texto *Véase*; de esta forma, le indicas al lector del libro que consulte el otro término del índice y en qué páginas puede localizarlo.

Truco

Si observas el texto del cuadro de diálogo, leerás que puedes mantener el cuadro abierto y moverte por el texto con total libertad, de modo que según vayas leyendo el documento puedas marcar las palabras que desees incluir en el índice.

Una vez hemos visto con detalle el cuadro de diálogo que aparece al seleccionar el botón Marcar entrada, vamos a ver cómo puedes añadir palabras al índice seleccionando el botón Automarcar.

Al seleccionar el botón Automarcar lo que haces es abrir un cuadro de diálogo similar al cuadro de diálogo Abrir, mediante el que debes indicar un documento. Este documento contendrá las palabras que desees incluir en el índice.

La estructura del documento deberá constar de al menos dos columnas separadas por una pulsación de la tecla Tabulador: en la primera se deberá indicar el texto que debe localizar Word en el documento y en la segunda columna deberá indicar el texto que quedará marcado como una entrada más del índice.

De esta forma, el denominado archivo de concordancia nos permitirá editar todas las palabras de una forma más cómoda si disponemos del documento impreso.

A modo general, deberás tener en cuenta algunas recomendaciones con respecto a los índices, algunas de las cuales son también válidas para las tablas de contenido y las tablas de ilustraciones:

- Si modificas un documento del que ya has creado un índice, deberás actualizarlo por si alguna palabra ha cambiado de página: sitúa el punto de inserción en dicho índice y pulsa la tecla F9.
- Cuando en un índice o tabla no te coincidan los números de página con los que deben ser, deberás actualizarla.
- Puedes escribir subentradas en un archivo de concordancia, si tras escribir la entrada principal, escribes el carácter de dos puntos (:) y la subentrada.

- Para asegurarte de que vas a escribir en un documento de concordancia todo lo que deseas, puedes escribir en la primera columna palabras muy relacionadas con el término que aparecerá en el índice y en la segunda columna el término del índice.
- Los términos del archivo de concordancia se indicarán en el índice, pero no se repetirán si aparecen dos o más veces en un mismo párrafo.
- Para borrar un índice, una tabla de contenido o una tabla de ilustraciones, deberás situar el puntero sobre dicho elemento, seleccionar el texto que aparece entre llaves ({}) y pulsar la tecla Supr. En el caso de que no aparezca el código de campo que representa la llave, pulsa la combinación de teclas Mayús+F9 para que se muestre.
- Cuando tengas marcado un texto como entrada de índice, junto a él aparecerá el código de campo con la sintaxis siguiente: { EÍ "Texto" [Modificadores] } (te recuerdo que los campos los veremos en el siguiente capítulo).
- Si en lugar de un índice o una tabla aparecen textos como {ÍNDICE} o {TDC}, lo que realmente estarás viendo será el campo que Word inserta para identificar a dicho elemento; para ver el índice o la tabla, pulsa la combinación Alt+F9.
- Cuando genere un índice o una tabla, Word insertará un campo para dicho elemento. Siempre que vuelva a generar el índice o la tabla, el campo reunirá las entradas del índice o los elementos de la tabla del documento y los insertará en el índice o la tabla. Si aparecen códigos de campo como {ÍNDICE} o {TDC} en vez del índice o de la tabla, pulsa las teclas Alt+F9.
- Para crear una tabla de contenido de un documento maestro, selecciona el modo Documento maestro en el menú Ver, expande todos los subdocumentos y actúa como hemos indicado en el subapartado correspondiente.
- Puedes crear diseños personalizados para un índice, una tabla de contenido o una tabla de ilustraciones desde su correspondiente pestaña del cuadro de diálogo Índice y tablas, seleccionando en el cuadro Formatos la opción Desde plantillas y a continuación, el botón Modificar; después, haz clic en el estilo del cuadro Estilo que desees cambiar y a después, en el botón Modificar; por último, haz clic en el botón Formato y selecciona las opciones que desees.

Aviso

Te hemos indicado que para actualizar un índice, tabla de contenido o tabla de ilustraciones, debes situar el cursor en dicho elemento y pulsar la tecla F9. El único inconveniente que presenta la actualización es que se perderán los formatos o textos que hayas agregado a estos elementos.

Notas al pie

En muchos escritos has visto en la parte inferior de algunas páginas o al final del documento, unas notas que aparecen generalmente numeradas, las cuales tienen una referencia con ese mismo número en el texto. Se trata de *notas al pie* o *notas al final*, según aparezcan en la misma página donde esté el número de referencia del texto o al final del propio documento.

Nota

Para evitar tener que escribir nota al pie y nota al final, cuando hablemos de ambas solamente citaremos nota al pie.

La utilidad de estas notas es evidente cuando hay que hacer matizaciones, citar bibliografías, estudios previos de otros autores, etc.Para incluir una nota al pie en tu documento, solamente has de realizar cuatro pasos:

1. Sitúa el punto de inserción en el lugar donde deseas situar la nota.
2. Selecciona en el menú Insertar el comando Nota al pie, tras lo que aparecerá el cuadro de diálogo Notas al pie y notas al final (figura 5.16).
3. Selecciona en la sección Insertar la opción Nota al pie o Nota al final y haz clic en el botón Aceptar. Desaparecerá el cuadro de diálogo y, en la parte inferior de la pantalla, aparecerá el panel de notas (figura 5.17).
4. Haz clic en la parte inferior del panel, escribe la nota que desees y selecciona el botón Cerrar.

Nota

Como puedes observar, el aspecto del panel de notas es muy similar al que tenía el panel de marcadores. También podremos comprobar que estos paneles son muy similares en su funcionamiento.

Nota

La opción Marca personal *del cuadro de diálogo* Notas al pie y notas al final *te permite seleccionar un carácter, el cual será el que utilizará Word para marcar la nota al pie que crees. En este caso, Word no enumera la nota al pie, solo muestra el carácter que hayas elegido.*

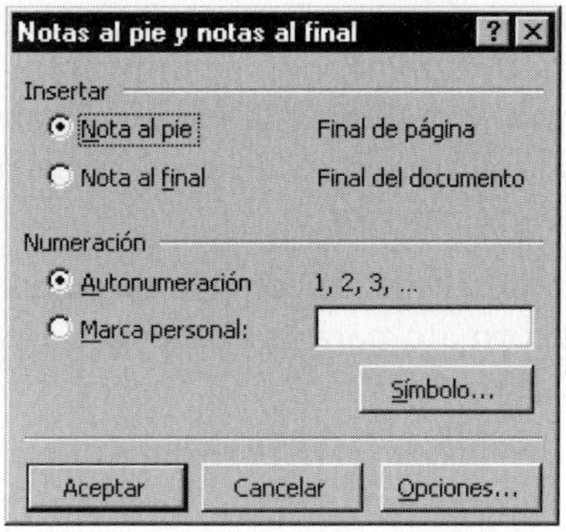

Figura 5.16. Cuadro de diálogo Notas al pie y notas al final

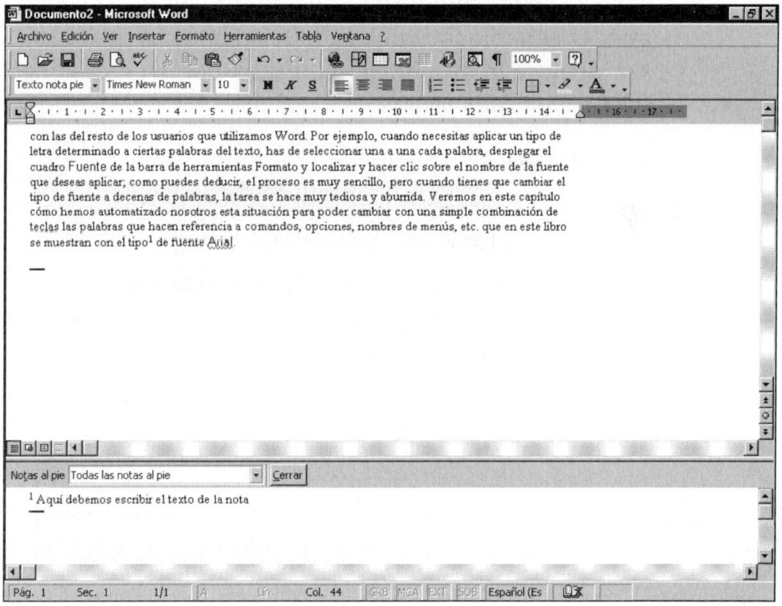

Figura 5.17. Panel de notas listo para que escribas el texto que deseas asociar a la nota al pie

El botón Opciones del cuadro de diálogo Notas al pie y notas al final nos va a permitir manipular ciertos aspectos de las notas al pie y las notas al final. Observa en la figura 5.18 el cuadro de diálogo que aparece al seleccionar el citado botón Opciones, teniendo en primer plano la pestaña Notas al pie:

- Desplegando el cuadro de lista Colocar en puedes definir la posición de la nota: Final de página o Final de texto. Mediante la primera opción el texto se imprimirá en el margen inferior de la página, y mediante la opción Final de texto la nota se imprimirá tras la última línea de texto de la página, en lugar de hacerlo en su parte inferior.
- La lista desplegable Formato de número muestra las posibilidades de formato para la numeración de las notas: 1, 2, 3,; a, b, c,; A, B, C,.
- El cuadro Iniciar en te permite indicar cuál será la enumeración de la primera nota al pie. Por omisión, esta será 1, a o A.
- Dentro del apartado Numeración podrás indicar el modo de enumeración de las notas. Por omisión será siempre continua pero, si tienes dividido el documento en distintas secciones, puedes seleccionar la opción Reiniciar en cada sección, o comenzar siempre la numeración en cada página mediante la opción Reiniciar en cada página.

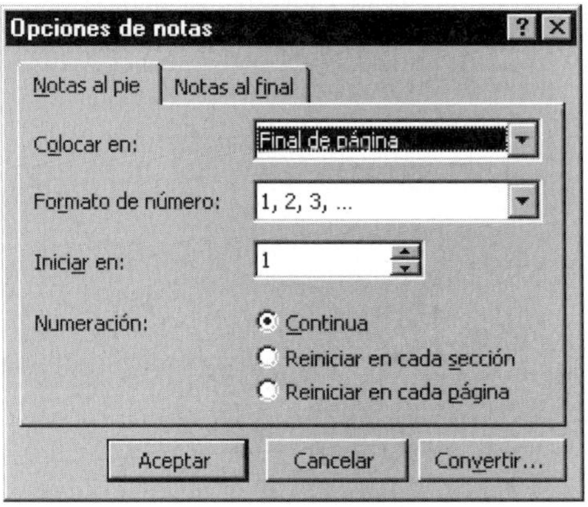

Figura 5.18. Cuadro de diálogo Opciones de notas *con la pestaña* Notas al pie *en primer plano*

Aviso

Cuando conviertes un documento a página Web, podrás comprobar como Word transforma todas las referencias de las notas en hipervínculos y sitúa su contenido al final de la página.

La pestaña Notas al final es básicamente igual que la pestaña Notas al pie. Como es obvio, varían algunas de las opciones: las posibles posiciones de la nota serán al final pero, en este caso, podrás decidir si al final del documento o de la sección; por otro lado, no podrás indicar que la numeración se reinicialice en cada página.

Una vez hemos visto cómo crear las notas al pie y sus opciones de configuración, vamos a citar a continuación algunas acciones que te pueden interesar para su ajuste:

- Para ver una nota al pie en la vista Normal, sitúa el puntero del ratón sobre la marca que haya en el texto; aparecerá un pequeño bocadillo mostrando su contenido. Si ves el documento en el modo Vista preliminar o Diseño de impresión, observarás al final de la página o del documento todas las notas que hayas incluido.
- Cuando eliminas, borras o insertas notas al pie, se vuelven a enumerar automáticamente todas para mantener el orden correcto dentro del documento.
- Para editar una nota, haz doble clic sobre su referencia y aparecerá de nuevo en la parte inferior de la pantalla el cuadro de edición de notas.
- Para borrar una nota solamente has de seleccionar la marca de referencia del documento y pulsar la tecla Supr.
- Para mover de lugar una nota solamente has de seleccionar la marca de referencia del documento y arrastrarla hasta el lugar que desees. También puedes cortar y pegar.
- Para copiar una referencia debes hacer lo mismo que para moverla, pero cuando la arrastres mantén pulsada la tecla Ctrl.

Nota

Puedes hacer referencia a la misma nota desde varios lugares del documento mediante una referencia cruzada, que veremos en el próximo subapartado.

Cuando tienes en un documento al menos una nota al pie, en el menú Ver puedes seleccionar el comando Notas al pie, que por cierto, se encuentra oculto por lo que tendrás que hacer clic sobre el botón situado al final del menú. Este comando es similar al comando Comentarios que vimos capítulos anteriores: se divide la pantalla, y en la parte inferior aparecen todas las notas al pie y sobre ellas una barra con el botón Cerrar.

Despliega el cuadro de lista para acceder a las opciones que te permiten manipular otros aspectos de las notas al pie: Separador de notas al pie, Separador de cont. de notas al pie y Aviso de cont. de notas al pie:

- Cuando imprimes un documento que contiene notas al pie, éstas aparecen separadas del resto del texto por medio de una línea, que no es otra cosa que el citado Separador de notas al pie. Si lo deseas, puedes seleccionar esta línea y sustituirla por cualquier otro carácter.
- El Separador de cont. de notas al pie es por omisión una línea más larga que el Separador de notas al pie, la cual aparece cuando una nota al pie no cabe en una sola página y por tanto, aparece repartida entre dos o más páginas.
- Cuando una nota al pie no cabe en una sola página y se muestra en los márgenes inferiores de al menos dos páginas, el Separador de cont. de notas al pie puede que no resulte suficientemente claro para el lector. Seleccionando la opción Aviso de cont. de notas al pie puedes indicar un texto que sea más explícito (por ejemplo: "La nota al pie continua en la siguiente página").

Referencias cruzadas

Mediante el comando Referencias cruzadas del menú Insertar podrás, básicamente, crear una referencia en el texto, de modo que dicha referencia se base físicamente en otro elemento del mismo documento.

Por ejemplo, puedes hacer que el título de un capítulo se utilice como una referencia cruzada, de modo que si por cualquier motivo dicho título varía y se hacía referencia a él desde otro lugar del documento, esta referencia siempre estará actualizada.

Como te hemos citado anteriormente, también puedes hacer referencias cruzadas a elementos del índice, y como te puedes suponer, también a tablas, notas al pie, etc. En concreto, si despliegas el cuadro Tipo del cuadro de diálogo Referencia cruzada (figura 5.19), puedes ver los distintos tipos de referencias cruzadas que puedes crear.

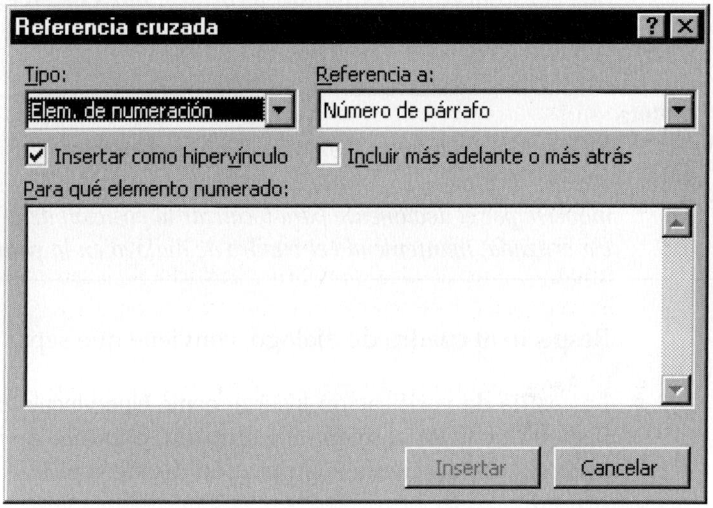

Figura 5.19. Cuadro de diálogo Referencia cruzada

Pero antes de nada, vamos a ver los pasos para crear una referencia cruzada:

1. Escribe el texto que indicará la referencia cruzada; por ejemplo, "Para más información, consulta".
2. Selecciona el comando Referencia cruzada en el menú Insertar; éste se encuentra normalmente oculto. Aparecerá el cuadro de diálogo Referencia cruzada (figura 5.19).
3. En el cuadro desplegable Tipo, selecciona el tipo de elemento al que deseas hacer referencia. En el cuadro inferior denominado Para qué elemento numerado, aparecen todos los elementos del tipo seleccionado que hay en el documento.
4. En el cuadro Referencia a, localiza y selecciona la información que deseas insertar en el documento.
5. Localiza en el cuadro Para qué elemento numerado, el elemento específico de la referencia, ya que pueden existir varios.

6. Haz clic en el botón Insertar. El elemento seleccionado aparecerá en el lugar donde tenías el punto de inserción.
7. Repite los pasos 1 y del 3 al 6 para incluir tantas referencias cruzadas como necesites. Cuando termines, haz clic en el botón Cancelar para cerrar el cuadro de diálogo.

Nota

El cuadro de diálogo Referencia cruzada *permanece abierto para que puedas insertar las distintas referencias cruzadas. De esta forma, puedes moverte por el documento para localizar la posición de la siguiente referencia cruzada, manteniendo el cuadro de diálogo en la pantalla.*

Respecto al cuadro de diálogo, conviene que sepas lo siguiente:

- La casilla de verificación Insertar como hipervínculo permite que haciendo clic en la referencia cruzada, el punto de inserción se traslade directamente a la posición donde está el elemento de origen.
- Y del mismo modo, la casilla Incluir más adelante o más atrás hace que junto al texto de referencia que has escrito aparezcan las palabras "más adelante" o "más atrás" según el elemento de la referencia esté situado antes o después de la marca de referencia.

Nota

Si estás trabajando con un documento maestro y deseas crear referencias cruzadas entre los distintos subdocumentos, deberás expandirlos todos y crear las referencias como hemos indicado anteriormente. De hecho, la única forma de hacer referencias cruzadas entre dos documentos es que ambos formen parte del mismo documento maestro.

6

Formularios y campos

Prácticamente en todos los documentos de Word se emplean campos, aunque muchas veces no se dé uno cuenta. Analizaremos en este capítulo cómo insertar y modificar campos en los documentos, de manera que obtengamos información variable en ellos.

Los formularios están pensados para crear documentos que no vamos a utilizar nosotros, sino que vamos a crear para que otras personas introduzcan información para su uso o para proporcionárnosla a nosotros. Este tipo especial de documentos están basados en el uso de campos, de ahí su inclusión en este capítulo.

¿Qué son los campos?

Un campo no es más que un elemento que se incluye en un documento de Word y cuyo valor puede cambiar. En algunos casos, el valor del campo no se conoce en el momento de crear el documento, bien porque pueda variar o bien porque depende del usuario del documento.

Por ejemplo, imagina que deseas crear un documento que contenga la fecha del día en el que se va a imprimir. Una forma de hacerlo consiste en modificar la fecha cada vez que abras el documento para imprimirlo. Sin embargo, no es necesario, ya que puedes incluir un campo llamado *Fecha* que contenga el valor de la fecha del ordenador. Así, dependiendo del día en el que abras el documento para imprimirlo, la fecha variará.

Insertar campos en documentos

La inserción de campos en los documentos es muy sencilla, ya que Word proporciona un comando del menú Insertar llamado, precisamente Campo. La figura 6.1 muestra el cuadro de diálogo Campo, que aparece al ejecutar dicho comando.

Tipos de campos

Los campos se pueden clasificar de varias formas, según el criterio empleado. A continuación empleamos la clasificación que ha elegido Microsoft en el propio cuadro de diálogo Campo:

- Campos de automatización. Como su nombre indica, están pensados para utilizarse con macros y plantillas con un gran componente de automatización. Los trataremos, por tanto, en sus capítulos correspondientes.
- Campos de combinar correspondencia. Los campos de combinación se emplean en las cartas personalizadas o cartas modelo. En el capítulo 12 los veremos con tranquilidad.
- Campos de ecuaciones y fórmulas. Permiten realizar cálculos en cualquier posición de un documento de Word. Incluso permite usar campos dentro de un campo.

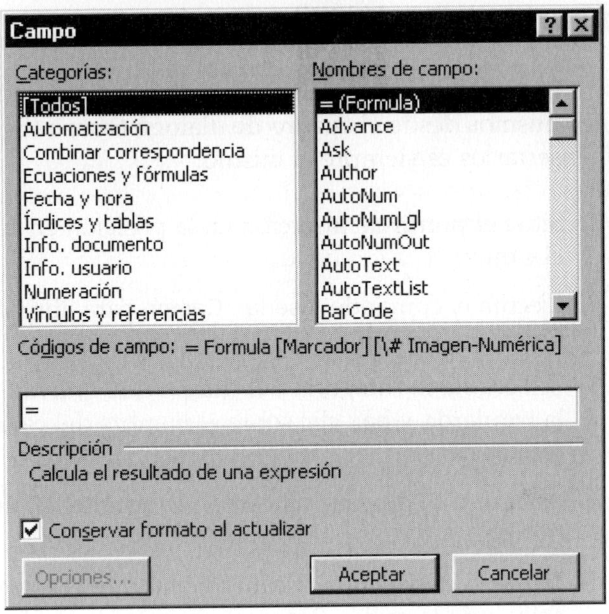

Figura 6.1. Cuadro de diálogo Campo

- Campos de fecha y hora. Su nombre es lo suficientemente claro: están pensados para incluir fechas y horas.
- Campos de índices y tablas. Estos campos están relacionados directamente con los índices alfabéticos y las tablas de contenidos de los documentos de gran tamaño. En el capítulo 5 vimos este tema.
- Campos de información del documento. Estos campos muestran información sobre el documento actual.
- Campos de información del autor. Igual que los de resumen de documento, pero dedicados al autor del documento.
- Campos de numeración. Estos campos permiten incluir información sobre las numeraciones, ya sean de páginas, de secciones o de revisiones. También los vimos en el capítulo 5.
- Campos de vínculos y referencias. Lo más destacable de estos campos es la posibilidad de vincular datos en los documentos de Word.

Insertar los campos en sí

En realidad, las categorías de campos sólo sirven para facilitar el acceso a los mismos desde el cuadro de diálogo Campo (figura 6.1), pero el modo de insertarlos es siempre el mismo:

1. Sitúa el punto de inserción en la posición en la que quieras insertar el campo.
2. Ejecuta el comando Insertar, Campo para abrir el cuadro de diálogo Campo.
3. Selecciona la categoría del campo que quieras insertar en la lista de la izquierda y haz clic sobre el nombre del campo en la lista Nombres de campo.
4. Añade, si lo deseas y el campo lo admite, algún modificador al campo.
5. Indica si deseas que el campo conserve el formato al actualizarse activando la casilla Conservar formato al actualizar. Dedicaremos un apartado exclusivamente al tema del formato.
6. Finalmente, haz clic en Aceptar. Se insertará el campo en el documento, aunque aparecerá el resultado del mismo y no su código.

Nota

Al situar el punto de inserción sobre un campo, lo normal es que aparezca dicho campo sombreado. Puedes controlar este detalle en el cuadro Sombreado de campo *de la pestaña* Ver *del cuadro de diálogo* Opciones.

Como ejemplo, observa la figura 6.2. En este documento de Word se han insertado cuatro campos, del siguiente modo:

- El primer campo contiene el nombre del autor. Para insertarlo, se ha empleado el campo UserName (NombreUsuario) de la categoría Info. usuario, pero también se podría haber utilizado el campo Author (Autor) de la categoría Info. documento.
- El segundo campo contiene la fecha y la hora de creación del documento. Por tanto, se ha usado el campo CreateDate (FechaCreación) de la categoría Fecha y hora.

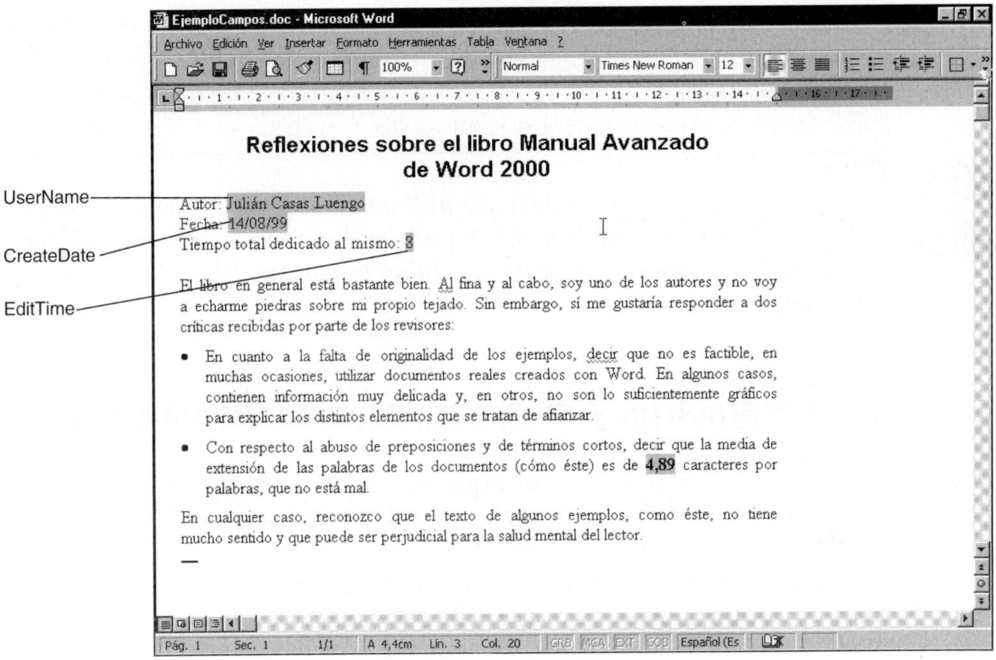

Figura 6.2. Ejemplo de varios campos en un documento

- El tercer campo informa sobre el tiempo dedicado a la edición del documento. Se ha empleado el campo EditTime (TiempoEdición) de la categoría Fecha y hora.
- El último campo es el más complicado, ya que implica una fórmula que calcula la media de caracteres existentes en las palabras del documento. Dicho de otro modo, la división entre el número de caracteres del documento y el número de palabras del mismo. Para calcularlo se ha empleado el campo = (Fórmula) de la categoría Ecuaciones y fórmulas. En concreto, la línea del campo empleado es: { = {NumChars} / {NumWords} } ({ = {NúmCaracs} / {NúmPalabras} }).

Consejo

Intenta incluir este último ejemplo. Si te da un error de sintaxis, no te preocupes, veremos el motivo en el apartado "Incluir campos en otros campos".

Una vez incluidos los campos en un documento, puedes ir de uno a otro rápidamente usando las teclas F11 (pasa al siguiente) y Mayús+F11 (pasa al anterior).

Aviso

En la versión de Office 2000 que utilizamos nosotros, los nombres de los campos sólo aparecen en inglés. En versiones anteriores, se podían usar en castellano. Nuestro consejo es que utilices los campos del cuadro de diálogo Campo.

Los parámetros y modificadores de los campos

Al indicar los pasos que hay que seguir para insertar un campo en un documento de Word, el cuarto paso consistía en indicar los parámetros y modificadores del campo que se desearan.

Los parámetros y modificadores de los campos no son más que información adicional que se indica a dicho campo de manera que aumentemos nuestro control sobre su modo de actuar. La forma de introducirlos en los campos consiste en insertarlos en el momento de su creación en el cuadro Campo, o bien en insertarlo posteriormente modificando el campo original.

Observa que cuando se selecciona un campo en el cuadro de diálogo Campo (figura 6.1), Word muestra su sintaxis a la derecha del texto Códigos de campo. Esta sintaxis está formada, por lo general, por los siguientes elementos:

- El nombre del campo todo en mayúsculas. Es un elemento imprescindible.
- Detrás del nombre pueden aparecer algunos parámetros. Si están incluidos entre corchetes ([ ]), significa que son optativos, pero si no llevan corchetes, son obligatorios y tendrás que indicarlos para que funcione el campo.
- Además de estos parámetros, algunos campos muestran entre corchetes el texto *Modificadores*. Los modificadores son optativos (por eso van entre corchetes) y permiten cambiar el modo en el que actúa el campo. Veremos con detalle los modificadores generales y de formato más adelante.

Por ejemplo, en la figura 6.3 se muestran dos ejemplos del mismo código de campo (Date), pero su resultado es bien distinto. El motivo es el uso de estos elementos.

A continuación se muestran dos ejemplos del campo Fecha con distintos modificadores de imagen. En la parte izquierda, se muestra el campo y en la parte derecha su valor:

Código del campo	**Valor**
DATE \@ "HH:mm, d 'de' MMMM"	08:30, 14 de agosto
DATE \@ "dddd MMMM d, yyyy, a las' h:mm"	sábado agosto 14, 1999, a las 8:31

Figura 6.3. Dos ejemplos de uso de modificadores

Intentar desglosar aquí las posibilidades (con respecto a parámetros y modificadores) de todos los campos que proporciona Word no es posible. Si tienes que utilizar un campo concreto y deseas saber todo sobre su sintaxis y modo de uso, no tienes más que consultar la ayuda.

Como atajo, haz clic en la ficha Contenido de la ventana de ayuda de Word, selecciona Tipos de campo y modificadores y observa que aparecen los códigos de campos por orden alfabético. Selecciona el que desees y hallarás toda la información necesaria para usarlo. La figura 6.4, por ejemplo, muestra información sobre el campo Date.

Truco

Si estás en el cuadro de diálogo Campo*, puedes acceder a la ayuda de un campo concreto haciendo clic en el botón* Ayuda *de dicho cuadro de diálogo y seleccionando el campo en cuestión.*

Modificadores generales

A pesar de lo dicho en el apartado anterior, hay un conjunto de modificadores que pueden emplearse con la mayoría de los campos. Estos campos son Formato (*), Imagen-Numérica (\#), Imagen Fecha-Hora (\@) y Bloquear resultado (\!). Los tres primeros los veremos en el apartado dedicado al formato del resultado de los campos, y el cuarto en el capítulo 13, ya que está muy ligado a la operación de situar en un documento información de otros.

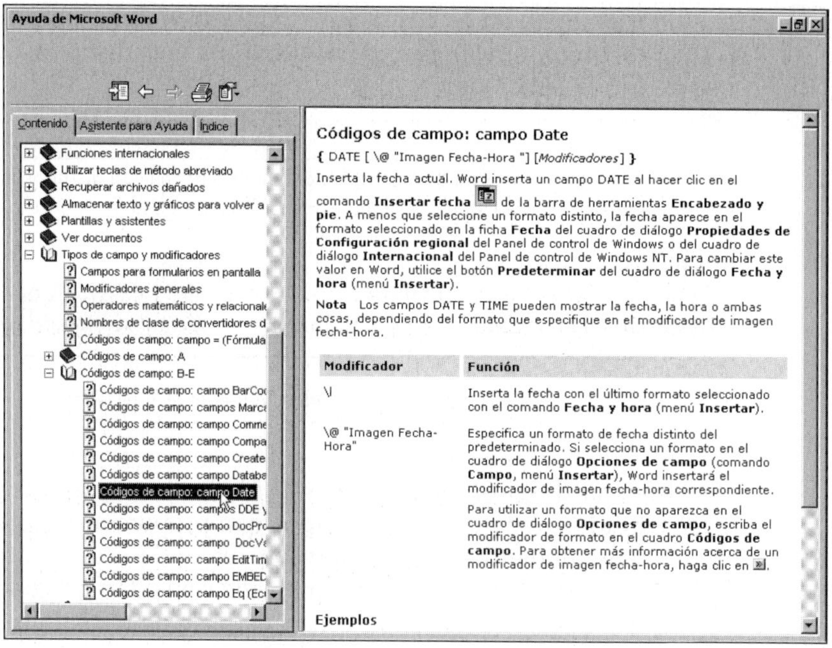

Figura 6.4. Ventana de ayuda sobre el campo Date

Nota

Los campos con los que no pueden usarse los modificadores generales son AutoNum, AutoNumLgl, AutoNumOut, Embed, FormText, TA *(tabla de autoridades),* TC *(tabla de contenidos) ,* XE *(entrada de índice),* EQ *(ecuación),* GoToButton, MacroButton, RD, FormCheckBox, FormDropDown *y* ListNum.

Mostrar u ocultar códigos de campo

Una vez que se ha insertado un campo en el documento, éste muestra por omisión el resultado del mismo. Si quieres ver los códigos de un campo concreto, sólo has de situar el punto de inserción en él y pulsar la combinación de teclas Mayús+F9.

La misma secuencia de teclas sirve para volver a ver el resultado. Otra forma de mostrar los códigos de un campo consiste en hacer clic con el botón derecho sobre él y seleccionar la opción Activar o desactivar códigos de campo de su menú emergente.

Truco

La combinación de teclas Alt+F9 permite mostrar u ocultar los códigos de todos los campos del documento.

Actualizar campos

Normalmente, el principal objetivo de utilizar los campos es el de mostrar información actualizada. De este modo, si se añade un campo con la fecha en un documento, en dicho documento siempre aparecerá la fecha que tenga el ordenador en el momento en el que se haya abierto.

Sin embargo, a veces la información de los campos varía después de abrir el documento. En estos casos, tendrás que actualizar la información que muestran los campos de manera manual. La forma de hacerlo consiste en seleccionar el campo que se quiera actualizar y pulsar la tecla F9.

Truco

Para actualizar todos los campos de un documento, selecciona el documento completo (Edición, Seleccionar todo) y pulsa la tecla F9.

En cualquier caso, suele ser buena idea que modifiques la configuración por omisión de Word, de manera que siempre se actualicen los campos antes de imprimir el documento. Para hacerlo:

1. Ejecuta el comando Opciones del menú Herramientas para abrir el cuadro de diálogo Opciones.
2. Haz clic en la ficha Imprimir (figura 6.5).
3. Activa la casilla de verificación Actualizar campos.

A partir de ese momento, cada vez que imprimas un documento que contenga campos, Word los actualizará antes de realizar la impresión.

Nota

La opción Códigos de campo de la sección Incluir con el documento también afecta a la impresión de campos. Si activas esta casilla en la ficha Imprimir (figura 6.5), en lugar de imprimir los resultados de los campos, Word imprimirá los códigos.

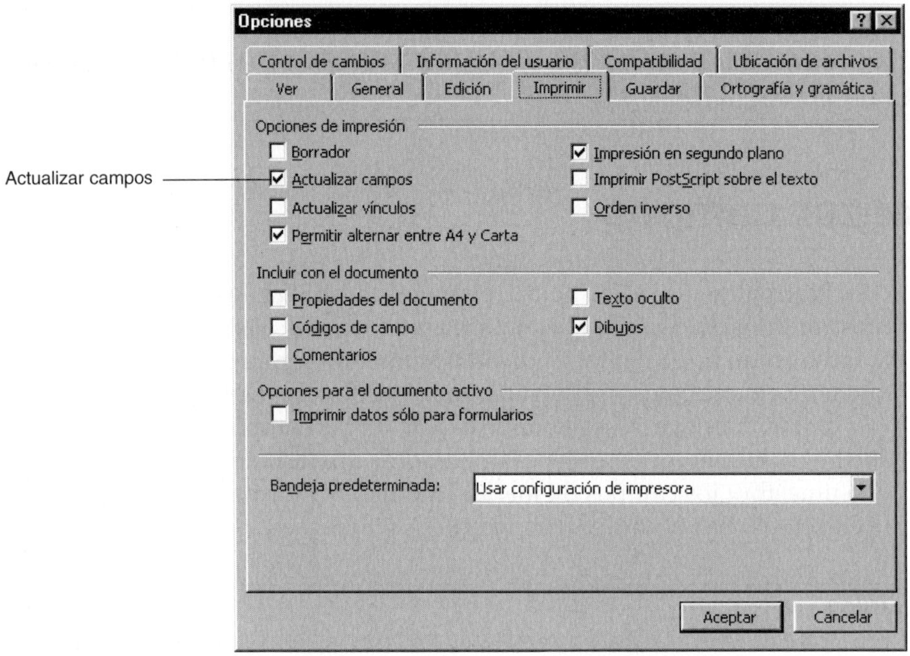

Figura 6.5. Ficha Imprimir *del cuadro de diálogo* Opciones

Evitar que un campo se actualice

Hay ocasiones en las que no desearás que un campo insertado en un documento se actualice cuando abras dicho documento la siguiente vez. Los motivos pueden ser muchos. Como ejemplo personal, en un principio utilizamos un campo para introducir la fecha en las facturas que emitíamos a nuestros clientes. El problema era que cada vez que abríamos el documento de Word que contenía la factura, la fecha variaba infringiendo, al menos, media docena de normas fiscales y contables al imprimir una copia de una factura. En situaciones como ésta, hay dos soluciones:

1. Desvincular el resultado del campo. Dicho de otro modo, eliminar el campo y dejar su resultado actual como texto normal. La forma de hacerlo consiste en seleccionar el campo y pulsar la combinación de teclas Ctrl+Mayús+F9.
2. Bloquear el campo, para que no se actualice hasta que no se desbloquee. Para ello, selecciónalo y usa la combinación Ctrl+F11.

Nota

Para desbloquear un campo bloqueado, selecciónalo y pulsa la combinación de teclas Ctrl+Mayús+F11.

Como ves, la diferencia entre estas dos soluciones es que la primera es permanente en el tiempo, mientras que la segunda es temporal. Una vez desvinculado un campo, el único modo de volver a vincularlo es insertarlo de nuevo.

Dar formato a un resultado de campo

Cuando se inserta un campo, su resultado aparece con el formato predeterminado del texto que rodea al campo. Bueno, exactamente con el formato que tenga asignado la posición en la que se encuentre el punto de inserción en el momento de insertar el campo.

Si deseas modificar el formato del resultado de un campo, el modo más sencillo es seleccionar el campo en cuestión y aplicar los formatos igual que si se tratara de cualquier otro texto. De este modo, para resaltar el texto en negrita, selecciona el campo y haz clic en el botón Negrita de la barra de herramientas.

Pero, ¿qué ocurrirá la próxima vez que se actualice el campo? Pues bien, si al insertar el campo activaste la casilla de verificación Conservar formato al actualizar del cuadro de diálogo Campo, Word mantendrá el formato aunque actualices su resultado. Si no la activaste, perderás el formato al actualizar el resultado del campo.

Truco

*Para asegurarte de conservar el formato en un campo, incluye el modificador * MERGEFORMAT en el código del campo. Al activar la casilla de verificación Conservar formato al actualizar, Word incluye este modificador automáticamente.*

Otros modificadores de formato

Otra forma de controlar el formato de los resultados de los campos consiste en añadir modificadores en los códigos de campo. De este modo, conseguirás mostrar cantidades monetarias con un formato de moneda, podrás controlar el formato de las fechas (para que no aparezca la hora, como ocurre en la figura 6.3), etcétera.

Ya citamos que había tres modificadores globales: Formato (*), Imagen-Numérica (\#) e Imagen Fecha-Hora (\@). Los dos últimos reciben el nombre de *imagen* ya que emplean símbolos para representar el formato. Si has utilizado Access, son similares a los que se emplean en las propiedades de formato de los campos de las tablas.

Imagen Fecha-Hora

Empezaremos por el más sencillo, al ser el que menos opciones presenta. El modificador \@ permite aplicar un formato determinado a los campos cuyo resultado es una fecha o una hora. La tabla 6.1 presenta los elementos de imagen de fecha y hora.

Tabla 6.1. Elementos de imagen de fecha y hora

Elemento de imagen	Formato
M	Muestra un dígito para representar el mes, de 1 a 12.
MM	Muestra dos dígitos para representar el mes, de 01 a 12.
MMM	Muestra las tres primeras letras del mes como abreviatura.
MMMM	Muestra el mes con su nombre completo.
d	Muestra un dígito para representar el día de la semana, de 1 a 7.
dd	Muestra dos dígitos para representar el día de la semana, de 01 a 07.
ddd	Muestra tres letras como abreviatura de los días de la semana, de Lun a Dom.
dddd	Muestra el nombre completo del día de la semana.

(continúa)

Tabla 6.1. Elementos de imagen de fecha y hora (continuación)

Elemento de imagen	Formato
yy	Muestra dos dígitos para representar los años, de 00 a 99.
yyyy	Muestra el año completo.
H o h	Muestra un dígito para las horas de un dígito y dos para el resto.
HH o hh	Muestra dos dígitos para todas las horas (por ejemplo, 02).
m	Muestra un dígito para los minutos de un dígito y dos para el resto.
Mm	Muestra dos dígitos para todos los minutos (por ejemplo, 02).
am/pm	Muestra el texto a.m. y p.m. en minúsculas.
AM/PM	Muestra el texto a.m. y p.m. en mayúsculas.
a/p	Muestra la a o la p en minúsculas.
A/P	Muestra la a o la p en mayúsculas.

Truco

Si deseas incluir un texto en el campo, hazlo entre comillas simples. Si quieres, también puedes incluir espacios, guiones, dos puntos y asteriscos.

Como el mejor modo de ver en funcionamiento estos modificadores es observar el resultado de algunos ejemplos, la tabla 6.2 muestra algunos códigos de campo y el resultado. En estos ejemplos, supondremos que el resultado de todos estos campos es el mismo: 14/09/99 18:24.

Tabla 6.2. Ejemplos del modificador de fecha y hora

Código del campo	Resultado
DATE	28/09/99
DATE \@ "DD-MM-YY"	28-09-99

(continúa)

Tabla 6.2. Ejemplos del modificador de fecha y hora (continuación)

Código del campo	Resultado
DATE \@ "HH:Mm. d 'de' MMMM"	18:24. 28 de septiembre
DATE \@ "dddd, d MMMM, yyyy"	martes, 28 septiembre, 1999
DATE \@ "d 'de' MMMM. HH:mm AM/PM" A.M.	28 de septiembre. 18:24

Imagen Numérica

La imagen numérica funciona de una manera similar a la imagen Fecha-Hora, ya que se utilizan símbolos para representar el formato del resultado del campo. Lo que varía son los símbolos utilizados. La tabla 6.3 muestra dichos símbolos.

Tabla 6.3. Símbolos de imágenes numéricas

Elemento de imagen	Función
0 (cero)	Indica dónde ha de aparecer un dígito en el resultado. Si no existe tal dígito, aparece un 0.
#	Indica dónde ha de aparecer un dígito en el resultado. Si no existe tal dígito, aparece un espacio en blanco.
x	No muestra los dígitos existentes a su izquierda si está en la parte entera del número. Si está situado en los decimales, redondea el resultado a su posición.
, (coma decimal)	Indica la posición de la coma decimal.
. (punto de millar)	Indica si hay que mostrar puntos de millar. Simplemente hay que situarlo en la posición correcta en la imagen numérica.
- (signo menos)	Añade un signo menos a los resultados negativos, un espacio a los positivos o un cero si el resultado es cero.

(continúa)

Tabla 6.3. Símbolos de imágenes numéricas (continuación)

Elemento de imagen	Función
+ (signo más)	Añade un signo menos a los resultados negativos, un signo más a los positivos y un espacio a los resultados 0.
"positivo; negativo; cero"	Permite especificar un formato distinto para los resultados positivos, negativos y cero. Sólo hay que indicar cada formato separado por un punto y coma.
"positivo; negativo"	Es idéntico al anterior, pero el cero se considera positivo.
'Texto'	La comilla simple permite añadir texto al resultado.

Nota

Además, hay posibilidad de incluir otros caracteres como % y $ para que aparezcan en el resultado en la posición indicada.

La tabla 6.4, por su parte, muestra algunos ejemplos de imágenes numéricas y la apariencia del campo en cada caso. En ellos podrás ver realmente el efecto de cada elemento de imagen. Supondremos que el resultado en todos los casos es *12.345,6789*.

Tabla 6.4. Ejemplos del uso de los elementos de imagen numérica

Ejemplo	Resultado
\# 000.000,000	012.345,679
\# +x.###,#x	+2,345,68
\# -###.###.###,###	12.345,679 (tiene cinco espacios delante del primer número).
\# "###.###,#x; -###.###,#x"	12.345,68 (tiene un espacio delante).
\# "###.###,#x Pesetas; -###.###, #x Pesetas; 0,0 Pesetas"	12.345,68 Pesetas (tiene un espacio delante). Observa que no hemos usado las comillas simples.

El modificador Formato (*)

Con el modificador * terminamos los modificadores que permiten definir el formato de los resultados de los campos. En la tabla 6.5 se muestran las posibilidades del modificador *.

El primero está relacionado con los formatos de carácter (negrita, cursiva, etc.); el segundo permite conservar el formato al actualizar los campos y ya lo conocemos; los cuatro siguientes están relacionados con el uso de mayúsculas y minúsculas; el resto de ellos se utiliza para trabajar con números.

Tabla 6.5. Símbolos del modificador formato

Modificador	Función
* CharFormat	Aplica el formato de la primera letra del nombre del campo al resultado.
* MERGEFORMAT	Ya sabemos que sirve para aplicar el mismo formato del resultado anterior al nuevo resultado.
* Upper	Muestra en mayúsculas todas las letras del resultado.
* Lower	Muestra en minúsculas todas las letras del resultado.
* Caps	Muestra en mayúsculas la primera letra de cada palabra del resultado.
* FirstCap	Muestra en mayúsculas la primera letra de la primera palabra del resultado.
* ALPHABETIC	Muestra los números del resultado como letras minúsculas y mayúsculas, respectivamente.
* Arabic	Muestra los números del resultado como números cardinales arábigos.
* CardText	Muestra el resultado numérico (75) como texto cardinal (setenta y cinco).

(continúa)

Tabla 6.5. Símbolos del modificador formato (continuación)

Modificador	Función
* Hex	Muestra el resultado en formato hexadecimal.
* OrdText	Muestra el resultado (24) como texto ordinal (vigésimo cuarto).
* Ordinal	Muestra el resultado (30) como texto arábigo ordinal (30º).
* ROMAN	Muestra el resultado como números romanos en minúsculas y mayúsculas.

Algunos de estos símbolos se emplean mucho en los campos de referencia, vínculos, índices y tablas de contenido. Por eso, algunos de los ejemplos que se presentan en la tabla 6.6 presentan campos que no hemos visto en este capítulo. No dejes de acudir aquí cuando veas dichos temas en otros capítulos.

*Tabla 6.6. Ejemplos del uso del modificador **

Ejemplo	Resultado
AUTOR * Upper \ * MERGEFORMAT	JULIÁN CASAS LUENGO
AUTOR * Lower \ * MERGEFORMAT	julián casas luengo
= 13+43+95 * Roman \ * MERGEFORMAT	CLI
= 13+43+95 * CardText \ * MERGEFORMAT	Ciento cincuenta y uno
= 13+43+95 * OrdText \ * MERGEFORMAT	Centésimo quincuagésimo primero
= 13+43+95 * Hex \ * MERGEFORMAT	97

Incluir campos en otros campos

Para terminar con el tema de los campos, vamos a ver la forma de crear el último campo de ejemplo de la figura 6.2. Recuerda que este campo mostraba la media de caracteres existentes en las palabras del documento. La forma de calcular esta media consiste en dividir el número de caracteres del documento por el número de palabras del mismo. Por tanto, en este campo, en realidad, se incluye una fórmula con los datos procedentes de otros dos campos: NumCars y NumWords. Intenta ahora insertar el campo siguiendo estos pasos (como hemos indicado antes):

1. Sitúa el punto de inserción donde desees y ejecuta el comando Insertar, Campo.
2. Selecciona la categoría Ecuaciones y fórmulas y haz clic en el nombre del campo = (Fórmula).
3. En el cuadro de texto del campo, teclea = **{NumCars}** / **{NumWords}** y pulsa el botón Aceptar.

Lo único que conseguirás será un mensaje de error de sintaxis. El motivo es que en los documentos de Word no se pueden insertar los campos tecleando directamente su nombre entre llaves. Del mismo modo, tampoco se pueden usar campos así en el cuadro de diálogo Campo.

La forma que te ofrecemos de resolver este problema consiste en editar el código del campo directamente en el documento de Word. Para hacerlo:

1. Haz clic en el campo y pulsa Mayús+F9 (o selecciona el comando Activar o desactivar códigos de campo del menú emergente). Como ya se ha indicado, aparecerán los códigos del campo sobre un fondo gris.
2. Selecciona ahora el texto **{NumCars}** que tecleaste antes. No olvides seleccionar los espacios anterior y posterior.
3. Insertar ahora el campo NumCars utilizando el comando Insertar, Campo.
4. Repite los pasos 2 y 3 con el texto **{NumWords}**.

Al final, tendrás dos campos dentro del campo fórmula, pero funcionará. Ten en cuenta que con la combinación de teclas Mayús+F9 podrás ver el código de cada uno de los campos de manera independiente.

Los formularios

Los formularios en Word no son más que documentos que presentan la apariencia de los típicos formularios que tenemos que rellenar en todas las instituciones públicas y privadas en las que deseamos entregar un papel. Por tanto, en un formulario, el usuario introduce información personalizada en los huecos que se dejan para el efecto. Word distingue dos tipos de formularios: impresos y en pantalla. Los formularios impresos son aquéllos que se van a rellenar en una hoja de papel, mientras que los formularios en pantalla se rellenan directamente en la pantalla del ordenador.

En realidad, los informes impresos no son más que documentos de Word en los que se incluyen dibujos y otros elementos que mejoran su formato. Por ejemplo, la figura 6.6 muestra un formulario creado con Word con el fin de que los destinatarios lo rellenen a mano.

Nota

Puedes usar los campos de texto y las casillas de verificación en este tipo de formularios impresos. Estos elementos los trataremos en el próximo apartado.

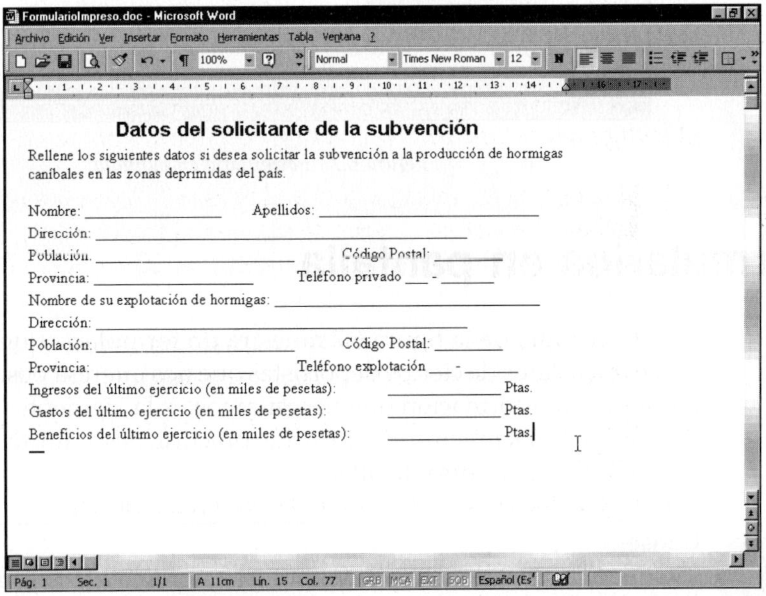

Figura 6.6. Ejemplo de un documento utilizado como formulario

Sin embargo, cuando nosotros hablamos de formularios, nos referimos a los formularios de pantalla, que son los que el destinatario va a rellenar directamente con el ordenador. La figura 6.7 muestra un ejemplo de este tipo de documento.

Figura 6.7. Formulario en pantalla

Formularios en pantalla

El ejemplo de la figura 6.7 muestra un formulario que usaremos para obtener los datos de ciertos deportistas que nos interesa poseer para nuestra empresa. La información que necesitamos es la siguiente: nombre, apellidos, fecha de nacimiento, deporte que practica, peso, altura, breve historial, fotografía y algún otro detalle.

Consejo

Todo lo visto en este capítulo sobre los campos es válido para este tipo especial de campos.

La creación del formulario en pantalla consta de una serie de pasos muy bien definidos:

1. Crear el documento como una plantilla.
2. Incluir los campos de formulario.
3. Proteger el formulario.

Crear el formulario como una plantilla

Las plantillas, que trataremos en el capítulo 8, no son más que documentos especiales que sirven como modelos para nuevos documentos que se van a crear. En otras palabras, si se van a crear un número determinado de documentos que comparten distintos elementos y formatos, lo mejor es crear una plantilla en la que se incluyan dichos elementos comunes y utilizar esa plantilla como modelo al crear los documentos.

El motivo de que los formularios se guarden como plantilla es que todos los formularios que los destinatarios vayan a rellenar en pantalla son básicamente iguales, ya que sólo varían los datos que el usuario introduzca.

Por tanto, para crear el formulario, utiliza los siguientes pasos:

1. Selecciona el comando Archivo, Nuevo para abrir el cuadro de diálogo Nuevo.
2. Haz clic en el botón de radio Plantilla en la sección Crear nuevo (figura 6.8).
3. Selecciona la ficha en la que se encuentre la plantilla que quieres usar como base para el formulario.
4. Finalmente, haz doble clic en el nombre de la plantilla en cuestión y aparecerá en pantalla la nueva plantilla creada.

Una vez creado el formulario, incluye en él todos los elementos que desees que aparezcan en todos los formularios. Lo normal será incluir:

- **Textos**. Si vas a crear un formulario, lo habitual es crear un primer párrafo con información sobre cómo rellenar el formulario y el objetivo que se pretende alcanzar con el mismo. Además, incluye los textos que expliquen el tipo de información que deseas obtener. En la figura 6.7, hemos marcado el texto.

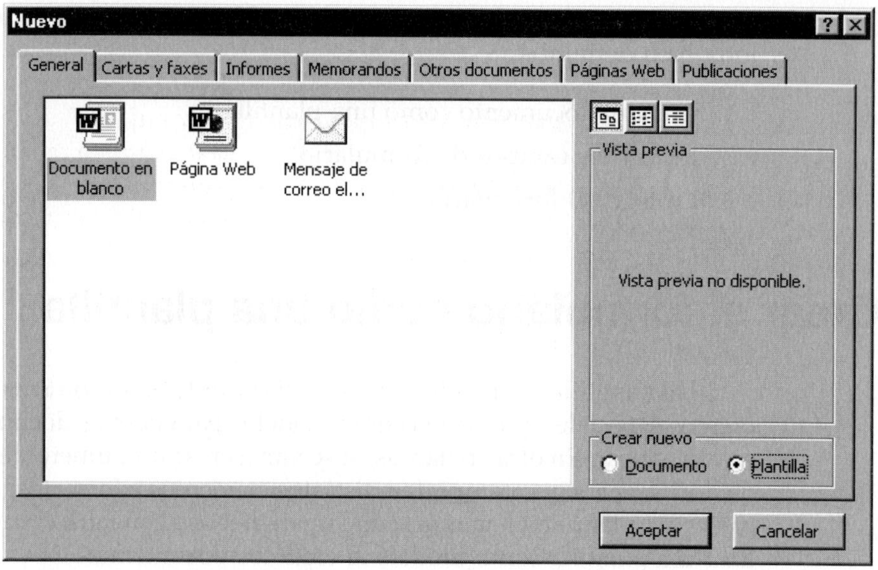

Figura 6.8. Cuadro de diálogo Nuevo

- **Gráficos**. Además de texto, incluye todos los elementos gráficos que desees para mejorar la apariencia del formulario. En nuestro ejemplo, además del logotipo de la empresa, se ha incluido una imagen clip-art de deporte.
- **Campos de formulario**. Finalmente, hay que incluir los campos en los que el usuario va a escribir los datos que deseamos obtener. Lo veremos en el próximo apartado.

No nos vamos a detener ahora en ver cómo se insertan los elementos de texto ni de gráficos, ya que suponemos que sabes cómo crear tus documentos normales con Word y no hay ninguna diferencia por el hecho de ser un formulario.

Consejo

En los capítulos 13 y 14 se tratan los objetos en Word, dedicando una especial atención a dibujos y otro tipo de gráficos. Si tienes dudas ahora, puedes volver aquí cuando leas ese capítulo.

Cuando termines, simplemente guarda el formulario usando el botón Guardar de la barra de herramientas. Eso sí, ten en cuenta que:

- Al ser una plantilla, Word almacena los formularios, por omisión, en la carpeta Templates (o Plantillas). Aunque puedes cambiar la posición del archivo a otra plantilla, si no lo guardas en esta carpeta, no podrás usar directamente el formulario con el comando Archivo, Nuevo.
- Word asigna la extensión dot al nuevo documento, para indicar que es una plantilla.

Una vez guardado el archivo en la carpeta Plantillas, la próxima vez que ejecutes el comando Archivo, Nuevo éste aparecerá en el cuadro Nuevo.

Los campos de formularios

Los campos de formulario fue uno de los tipos principales en los que clasificamos los campos al principio del capítulo. Estos campos reciben su nombre, precisamente, del hecho de que se emplean en los formularios y ayudan a su creación y diseño.

Hay tres campos de formulario: campo con casilla de verificación (cuyo código es {FORMCHECKBOX}), con texto ({FORMTEXT}) y campo con lista desplegable ({FORMDROPDOWN}). La figura 6.9 muestra un ejemplo de cada uno de los tipos de campos de formularios en un documento.

El trabajo con estos campos es prácticamente idéntico al que hemos visto en los apartados dedicados a los otros campos. De este modo, ya sabes cómo insertarlos, la manera de modificarlos y cómo asignarles el formato que desees. Sin embargo, creemos conveniente darte algunas indicaciones adicionales que te facilitarán tu trabajo y aumentarán tu control sobre estos campos.

Insertar los campos

La inserción de campos de formularios se puede realizar mediante el comando Insertar, Campo como hemos visto al principio del capítulo. Sin embargo, Word dispone de una barra de herramientas exclusiva para los formularios, que te ahorrará mucho tiempo en tu trabajo (figura 6.10).

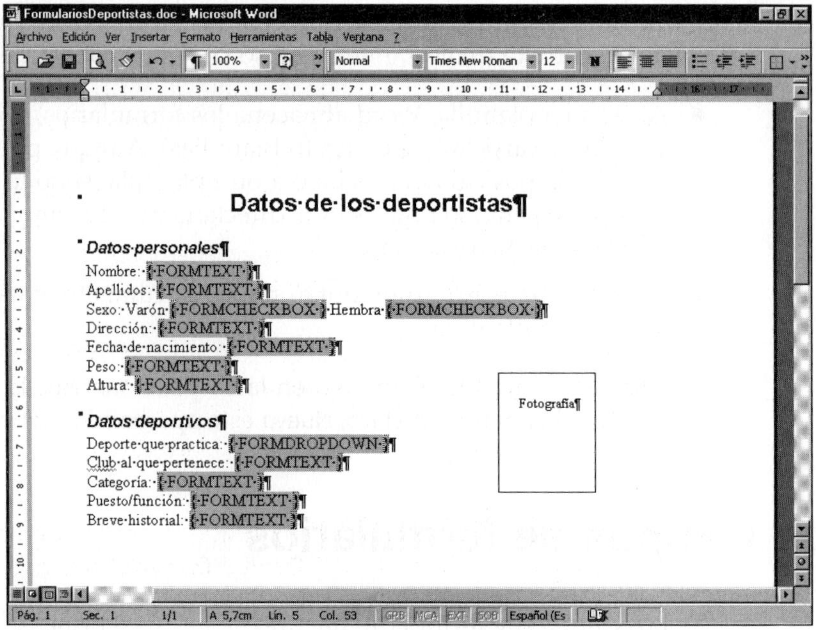

Figura 6.9. Ejemplos de campos en un formulario

Figura 6.10. Barra de herramientas Formularios

Truco

Para mostrar la barra de herramientas Formulario, haz clic con el botón derecho en la zona de las barras de herramientas y selecciona la opción Formularios.

Los tres primeros botones de esta barra de herramientas sirven para insertar un cuadro de texto, una casilla de verificación y un cuadro de lista, respectivamente.

Opciones de los campos de formularios

Una vez insertado un campo de formulario puedes modificar sus opciones en cualquier momento. Selecciona el campo y haz clic en el botón Opciones de campos de formularios para abrir el cuadro de diálogo de opciones (o, si lo prefieres, selecciona el comando Propiedades del menú emergente). Dependiendo del tipo de campo, las opciones son distintas.

En las casillas de verificación, el cuadro Opciones de campo de formulario con casilla de verificación (figura 6.11) presenta dos secciones principales:

- La sección Tamaño de la casilla presenta dos opciones: Automático y Exacto. Si activas la opción Automático, Word asigna a la casilla un tamaño acorde al texto existente a su alrededor. El cuadro Exacto permite indicar un tamaño en puntos para la casilla de verificación.
- Las opciones de la sección Valor predeterminado permiten indicar si quieres que la casilla esté activada (Marcado) o desactivada (Sin marca) cuando se abra el formulario.

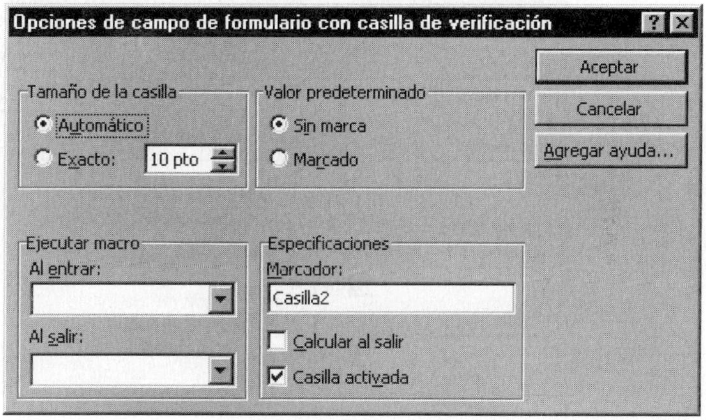

Figura 6.11. Cuadro de diálogo Opciones de campo de formulario con casilla de verificación

Nota

En el cuadro de diálogo de opciones, hay otras dos secciones llamadas Ejecutar macro *y* Especificaciones *que veremos en el apartado "Macros y marcadores".*

Con respecto a los cuadros de texto, al seleccionar uno de estos campos y hacer clic en el botón Opciones de campo de formulario el cuadro de diálogo (figura 6.12) presenta cuatro elementos principales:

- El cuadro de lista desplegable Tipo permite indicar el tipo de dato que deseas que se introduzca en el campo: Texto normal, Número, Fecha, Fecha actual, Hora actual o un Cálculo. De este modo, puedes controlar que si deseas una fecha, el usuario del formulario no introduzca un texto.
- El cuadro Largo máximo permite acotar la extensión máxima del contenido del campo. Has de tener en cuenta que esta extensión se refiere a la cantidad de caracteres o dígitos que puedes introducir y no al número mayor.

Aviso

Ten cuidado si vas a reducir el largo máximo de algunos campos, ya que, por ejemplo, las fechas no pueden tener menos de 8 caracteres: 17-10-99.

Figura 6.12. Cuadro de diálogo Opciones de campo de formulario con texto

- Escribe en el cuadro Texto predeterminado el texto que desees que aparezca por omisión en el campo. Por ejemplo, en un campo llamado Población, puedes introducir **Badajoz** en el cuadro Texto predeterminado, si la mayoría (o todos) los destinatarios del formulario viven en esa ciudad.

- El cuadro Formato del texto, por último, permite definir el formato en el que va a aparecer el contenido del campo. Las opciones de este cuadro son similares a las vistas en las tablas 6.1 a 6.6, ya que emplean los mismos símbolos.

Aviso

Los cuadros Texto predeterminado y Formato del texto cambian de nombre según sea la opción del cuadro Tipo. Por ejemplo, si tienes seleccionado Fecha como tipo, estos cuadros se llamarán Fecha predeterminada y Formato de fecha.

En los cuadros de lista el problema principal es introducir los valores que contendrá la lista en cuestión. La misión principal del cuadro de diálogo Opciones de campo de formulario con lista desplegable (figura 6.13) es precisamente ésta. Para añadir los elementos de la lista, utiliza estos pasos:

1. Escribe el primer elemento de la lista en el cuadro Elemento de la lista y haz clic en el botón Agregar.
2. Repite el primer paso para todos los demás elementos de la lista.
3. Si quieres eliminar algún elemento de la lista, selecciónalo en el cuadro Elementos de la lista y haz clic en Quitar.
4. Si deseas modificar la posición de un elemento de la lista, selecciónalo en el cuadro Elementos de la lista y pulsa los botones que muestran la flecha hacia arriba y hacia abajo hasta situarlo en su posición.
5. Al terminar, haz clic en el botón Aceptar para cerrar el cuadro de diálogo.

Una vez definidas las opciones de los campos, podrás modificarlas en cualquier momento. Sólo has de seleccionar el campo en cuestión, hacer clic en el botón Opciones de campo de formulario y utilizar las opciones del cuadro de diálogo que aparece como se han indicado aquí.

Macros y marcadores

En los tres cuadros de diálogo de opciones (figuras 6.11, 6.12 y 6.13), hay dos secciones que no hemos tratado: Ejecutar macro y Especificaciones.

Figura 6.13. Cuadro de diálogo Opciones de campo de formulario con lista desplegable

En el cuadro Al entrar, puedes indicar la macro que quieras que Word ejecute cuando el usuario sitúe el punto de inserción en este campo. En Al salir, Word ejecutará la macro cuando el punto de inserción salga del campo.

Por ejemplo, en el formulario de ejemplo, el campo *Puesto/función* no tiene ningún sentido cuando el deporte es individual (como Atletismo). Por tanto, mediante una macro muy sencilla, puedes hacer que tras introducir el valor del campo *Deporte que practica* y si es Atletismo, no permita escribir nada en Puesto/función. Es sólo un ejemplo, y muy sencillo, pero recuerda siempre esta posibilidad, sobre todo si dominas las macros.

La sección Especificaciones permite asignar un nombre al campo (con el cuadro Marcador), además de activar y desactivar otras dos opciones:

- Activa Calcular al salir si necesitas que el campo realice un cálculo cuando el punto de inserción salta a otro campo.
- Desactiva Relleno activado si no quieres que el usuario pueda introducir datos en este campo del formulario. En los campos de casilla de verificación se llama Casilla activada y en los cuadros de lista, Cuadro desplegado activado.

Incluir ayuda en los campos de formulario

Lo normal al crear formularios, es que las personas que lo rellenen no sean las mismas que el creador. Por este motivo, cuando creas formularios es una buena idea incluir ayuda sobre cada uno de los campos. Por ejemplo, incluye una frase que indique lo que tiene que hacer el destinatario del formulario o, simplemente, que explique el significado del campo concreto.

De este modo, cuando la persona que esté rellenando el formulario se sitúe encima de campo, aparecerá el texto de ayuda en la barra de estado. Utiliza estos pasos para añadir texto de ayuda a un campo de formulario:

1. Selecciona el campo al que quieres añadir la ayuda.
2. Abre el cuadro de diálogo de opciones del campo (recuerda, utiliza el botón Opciones de campo de formulario de la barra de herramientas Formulario o el comando Propiedades del menú emergente).
3. Haz clic en el botón Agregar ayuda para abrir el cuadro de diálogo Texto de ayuda para los formularios (figura 6.14).

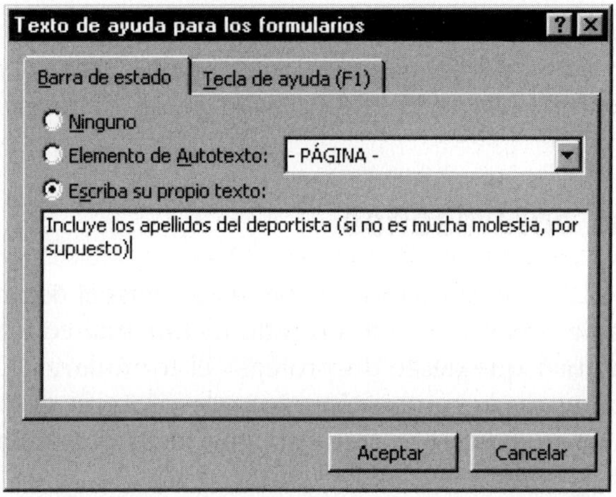

Figura 6.14. Cuadro de diálogo Texto de ayuda para los formularios

4. En la pestaña Barra de estado, haz clic en el botón Escriba su propio texto y escribe el texto de ayuda que explique el objetivo del campo.
5. Haz clic en el botón Aceptar de los dos cuadros de diálogo.

Tienes otra posibilidad de ayuda, muy parecida, que en lugar de mostrar el texto de ayuda en la barra de estado la presenta en un cuadro de diálogo llamado, precisamente, Ayuda. El proceso es similar al usado para el texto de la barra de estado, pero utiliza la pestaña Tecla de ayuda (F1) del cuadro de diálogo Texto de ayuda para los formularios (figura 6.14).

Proteger y desproteger el formulario

Cuando termines de diseñar un formulario, debes protegerlo antes de guardarlo, de manera que el usuario del mismo sólo tenga acceso a los campos del formulario para incluir la información solicitada.

Proteger un formulario es tan sencillo como hacer clic en el botón Proteger formulario de la barra de herramientas Formularios o bien seleccionar el comando Herramientas, Proteger documento.

Una vez protegido un formulario, lo puedes desproteger volviendo a hacer clic en el botón Proteger formulario o ejecutando el comando Herramientas, Desproteger documento. Eso sí, hazlo sólo cuando necesites modificar algo del formulario y no olvides volverlo a proteger antes de guardarlo.

Aviso

Si no proteges un formulario, cuando el destinatario intente utilizarlo, tendrá acceso a todo el documento y no sólo a los campos que ha de rellenar.

Las contraseñas

La ventaja de usar el comando Proteger documento frente al botón del mismo nombre es que permite incluir una contraseña que debe conocer cualquier que desee desproteger el formulario. De este modo, nadie que desconozca la contraseña podrá desproteger el formulario ni ninguno de los documentos que crees utilizando este formulario como plantilla.

Nota

Las contraseñas las analizamos en el capítulo 3. Acude a él si no recuerdas cómo emplearlas.

Utilizar el formulario. Rellenar los datos

En realidad, rellenar los datos de los formularios es la operación más sencilla de todas las vistas. De hecho, piensa que todo el trabajo duro lo debes hacer tú a la hora de crear el formularios, de manera que rellenarlo sea tan sencillo como sea posible.

Para utilizar un formularios, utiliza los siguientes pasos:

1. Ejecuta el comando Archivo, Nuevo para abrir el cuadro de diálogo Nuevo.
2. Selecciona el icono correspondiente al formulario que quieras usar. Recuerda que es posible que tengas que hacer clic en una de las fichas del cuadro de diálogo Nuevo para verlo.
3. Asegúrate de que está activa la opción Documento en la sección Crear nuevo y haz clic en Aceptar.

En pantalla verás el nuevo formulario preparado para que introduzcas los datos (figura 6.15).

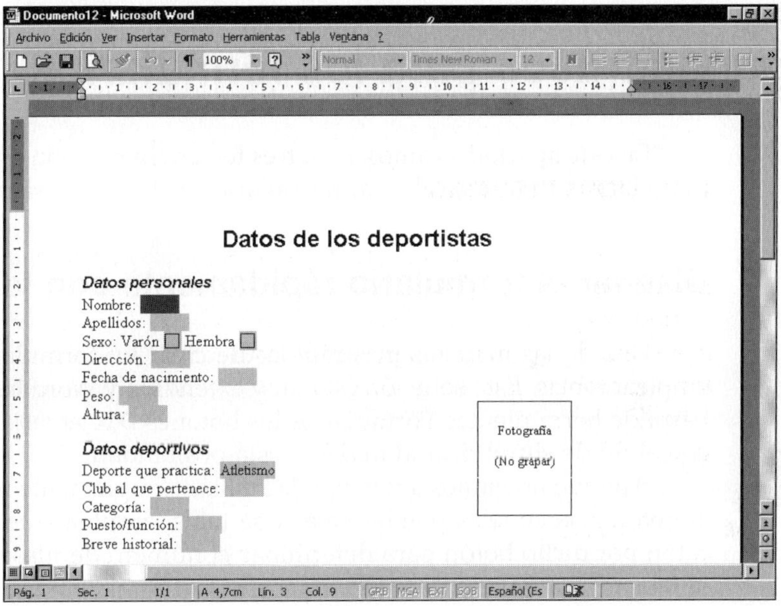

Figura 6.15. El formulario listo para introducir datos

Una vez en el nuevo documento, verás los mismos textos, gráficos y campos que en el formulario que has creado. Sin embargo, como se ha protegido el formulario, sólo podrás moverte por los campos y no podrás modificar nada más del mismo.

Aviso

Tampoco te podrás mover por los campos que tengan desactivada la casilla Relleno *del cuadro de diálogo de opciones, ni aquéllos cuyo valor provenga de un cálculo.*

Para pasar de un campo al siguiente, pulsa la tecla Tab. Utiliza la combinación Mayús+Tab para volver al campo anterior. Una vez terminado de rellenar el formulario, guárdalo con el nombre que desees.

Has de tener en cuenta que cada documento que crees con la plantilla del formulario estará formado por una sola página. Por tanto, sólo podrás incluir los datos de un formulario. Si bien parece una limitación, piensa que el objetivo de un formulario en pantalla es, precisamente, recopilar los datos de distintas personas y no introducir uno los datos de varios.

Algunos trucos para los formularios

En este apartado vamos a ver tres temas sin relación entre sí pero que te facilitarán tu trabajo al crear formularios o al intentar sacarles provecho.

Diseñar el formulario rápidamente con tablas

Una de las maneras más rápidas de crear un formulario consiste en emplear tablas. Esta solución está muy extendida y Word ha incluido en la barra de herramientas Formularios los botones Dibujar tabla e Insertar tabla con el fin de simplificar al máximo esta posibilidad.

Aunque no vamos a ver aquí las tablas, simplemente indicar que con el botón Insertar tabla puedes crear una tabla simplemente arrastrando el ratón por dicho botón para determinar el número de filas y columnas de la tabla.

Una vez creada la tabla, lo normal es que en la columna de la derecha incluyas los campos de formulario y en la izquierda el nombre de cada uno de los campos.

Consejo

Emplea el botón Dibujar tabla *si necesitas crear tablas irregulares en cuanto a las filas y columnas.*

Usar los datos del formulario para bases de datos

Una vez diseñado el formulario, puedes incluir los datos captados con el mismo en una base de datos. Así podrás emplear toda la potencia de estas aplicaciones para gestionar tus datos. Por ejemplo, en nuestro formulario de deportistas, puedes almacenar la información para utilizarla posteriormente con Access o con dBASE.

Los pasos que has de seguir son los siguientes:

1. Abre el documento que vas a rellenar (no en la plantilla, sino en el documento creado usando el formulario).
2. Ejecuta el comando Herramientas, Opciones.
3. Si es necesario, haz clic en la ficha Guardar.
4. Activa la casilla Guardar datos sólo para formularios y cierra el cuadro de diálogo.
5. Rellena los datos del formulario como siempre.
6. Haz clic en el botón Guardar para almacenar los datos y aparecerá el cuadro de diálogo Guardar como.
7. Asegúrate de que está seleccionada la opción Sólo texto en el cuadro Guardar como tipo.
8. Escribe el nombre del archivo de texto en el que deseas guardar los datos y haz clic en Guardar.

Aviso

Es posible que Word muestre un aviso sobre la pérdida de información de formato al guardar el documento en sólo texto. No te preocupes por ello.

A partir de este momento, todos los datos incluidos en ese formulario se almacenarán en el archivo de texto (.TXT) que hayas indicado. Los distintos campos estarán separados entre sí por medio de puntos y comas, de forma que cualquier programa de base de datos pueda identificarlos.

Esta función es útil si necesitas datos de muchas personas distintas que van a introducir sus datos ellos mismos. Si, por el contrario, los datos los va a introducir sólo una persona basándose en formularios impresos o en información obtenida de otro modo, lo mejor es que emplees directamente una base de datos, ya que es mucho más efectivo.

Usar los formularios con papel preimpreso

Si vas a imprimir los datos de tus formularios en papel que ya esté preimpreso (por ejemplo, una factura de una empresa), Word proporciona la oportunidad de imprimir sólo los datos de los campos y no el texto ni los gráficos incluidos en el formulario para mejorar su apariencia o claridad. Los pasos son los siguientes:

1. Abre el documento que vas a rellenar (no la plantilla, sino el documento creado usando el formulario).
2. Ejecuta el comando Herramientas, Opciones.
3. Si es necesario, haz clic en la ficha Imprimir.
4. Activa la casilla de verificación Imprimir datos sólo para formularios y cierra el cuadro de diálogo.

Has de tener en cuenta que la posición de los campos en el diseño de los formularios debe coincidir con la posición de dicho campo en el papel preimpreso. En caso contrario, el resultado será una chapuza.

7

Macros avanzadas

Las macros en Word o en cualquiera de las aplicaciones de Office son una inestimable ayuda a la hora de realizar aburridos procesos en los que el denominador común es la repetición continua de una serie de instrucciones.

Cualquier usuario de Word que haya superado el uso de los formatos de párrafo y de carácter, debería plantearse seriamente el trabajar con macros. Además, Word nos lo pone muy fácil para crear macros sencillas que nos alegrarán la vida en más de una ocasión.

Pero, como casi todo, las macros también se pueden complicar todo lo que deseemos mediante el uso de Visual Basic para Aplicaciones, pero esto lo veremos en el siguiente capítulo.

Introducción

Durante el trabajo cotidiano con Word llega un momento en que se echa de menos algunas herramientas o comandos que permitan realizar ciertas tareas con mayor comodidad, muchas de las cuales suelen ser una repetición de una serie de pasos iguales (abrir menús, seleccionar comandos, activar y desactivar ciertas opciones en los cuadros de diálogo, etc.).

Como es obvio, las necesidades de cada usuario no tienen por qué coincidir con las del resto que utilizamos Word. Por ejemplo, cuando necesitas aplicar un tipo de letra determinado a ciertas palabras del texto, has de seleccionar una a una cada palabra, desplegar el cuadro Fuente de la barra de herramientas Formato, localizar y hacer clic sobre el nombre de la fuente que deseas aplicar; como puedes deducir, el proceso es muy sencillo, pero cuando tienes que cambiar el tipo de fuente a decenas de palabras, la tarea se hace tremendamente tediosa y aburrida.

Nota

Veremos en este capítulo cómo hemos automatizado nosotros esta situación para poder cambiar con una simple combinación de teclas las palabras que hacen referencia a comandos, opciones, nombres de menús, etc., que en este libro se muestran con el tipo de fuente Arial.

Pero como te decíamos antes, hay otro tipo de acciones repetitivas y cotidianas que a simple vista no son tan evidentes ni fáciles de implementar. Por ejemplo, cuando acabas de trabajar cada día con los documentos de Word, realizar una copia de los mismos puede ser muy pesado e incluso peligroso si se te olvida alguno o se estropea el disco duro de tu ordenador, ya que perderías todo su contenido. Como ejemplo trataremos cómo se puede hacer que al grabar un documento se grabe a la vez otra copia del mismo en un segundo disco duro que tengamos en nuestro ordenador, evitando así, tener que recordar todos los documentos que has modificado cada día, acceder al Explorador de Windows, abrir las subcarpetas de los dos discos duros, localizar los documentos que se han modificado en el día de hoy y arrastrarlos hasta el otro disco duro para mantener una copia actualizada de ellos.

Las *macros* de Word nos permiten realizar estas y otras operaciones. En realidad, se trata de pequeños programas que reproducen una serie de comandos grabados previamente. Aunque esto sería sólo el principio.

Aspectos generales de las macros

Una macro se puede identificar con un comando de Word, con la peculiaridad de que su función atiende a una determinada necesidad generada por el usuario que necesita la macro.

Cuando se crea una macro hay que indicar básicamente dos cosas:

- Las acciones que debe realizar cuando se ejecuta.
- La forma en que se ejecuta la macro.

Veremos con detalle la forma de indicarle a Word qué acciones debe realizar al ejecutarse una macro en los siguientes apartados; de igual forma, trataremos cómo debe ejecutar una macro, pero no está de más que sepas de antemano que se ejecutan como cualquier otro comando: mediante el nombre de un comando en un menú, una combinación de teclado y/o haciendo clic en un icono que aparezca en alguna barra de herramientas. Como en este caso las macros las creas tú, tú serás el que decidas entre estas formas de ejecución.

Volviendo a recordar los ejemplos que citábamos anteriormente, igual que dispones del botón Negrita para poner en negrita el texto que tengas seleccionado, también puedes disponer de otro botón que podría llamarse Arial para que el texto seleccionado tomase ese tipo de letra. Obviamente, este comando no es demasiado útil para el resto de usuarios de Word, pero para nosotros es aún más necesario que el propio botón Negrita.

Una vez vistos estos aspectos será necesario conocer las herramientas que Word pone a nuestra disposición para crear macros: la grabadora de macros y el lenguaje de programación Visual Basic para Aplicaciones.

Grabadora de macros

La grabadora de macros es la forma más sencilla de crear una macro en Word y en la mayoría de las aplicaciones de Office. Como veremos, todos los pasos que has de realizar se pueden resumir básicamente en tres:

- Activar la grabadora.
- Realizar los pasos que desees grabar.
- Desactivar la grabadora.

Una vez creada la macro deberás asignarle un nombre, además de un botón y/o una combinación de teclas para activarla.

Para que no te resulte un lío, vamos a desglosar con detalle los pasos que debes realizar:

1. Sitúa el puntero sobre el comando Macro del menú Herramientas y en el submenú que aparece, selecciona el comando Grabar nueva macro. En pantalla aparecerá el cuadro de diálogo Grabar macro (figura 7.1).

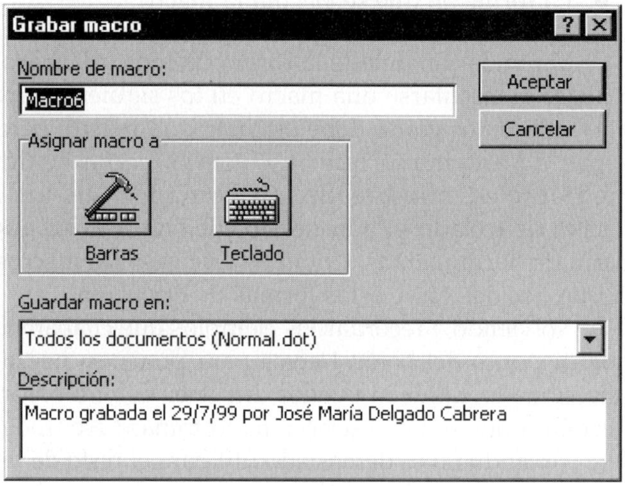

Figura 7.1. Cuadro de diálogo Grabar macro

2. Indica en el cuadro Nombre de macro el nombre que desees asignarle, de modo que sea identificativo sobre su función y una descripción un poco más completa en el cuadro Descripción.

3. En la sección Asignar macro a, haz clic en el icono Barras o Teclado si deseas asignarla a una barra de herramientas o a una combinación de teclas.

4. Si seleccionaste el icono Barras, aparecerá el cuadro de diálogo Personalizar con la pestaña Comandos en primer plano (figura 7.2), la categoría Macros activa y el nombre de la nueva macro en el cuadro Comandos; como se trata en el capítulo 2, solamente has de arrastrar el nombre de la macro sobre la barra de herramientas en la que desees situarlo. Si la barra no se encuentra visible, tendrás

que mostrarla primero seleccionándola en la pestaña Barras de herramientas. En la figura 7.3 puedes observar el aspecto del cursor en el momento de arrastrar el nombre de la macro sobre una barra de herramientas.

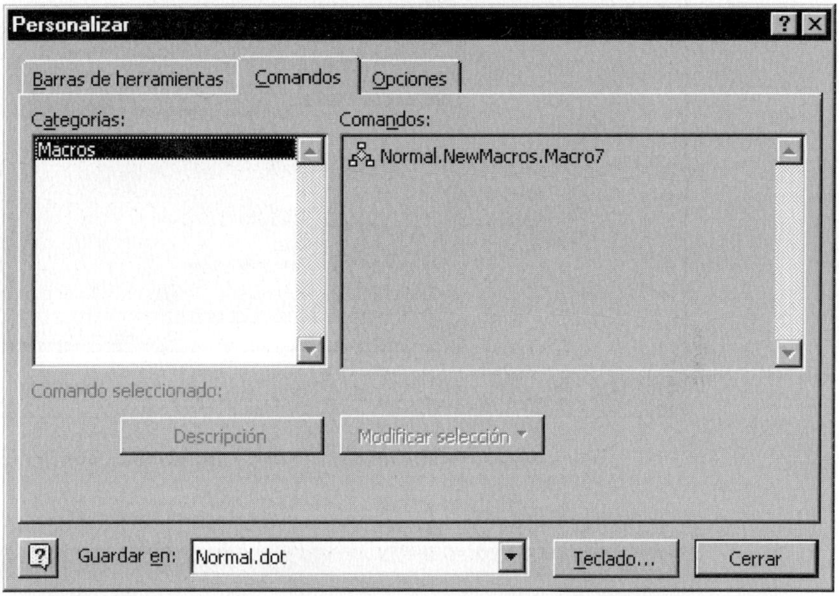

Figura 7.2. Cuadro de diálogo Personalizar *con la pestaña* Comandos *activa*

5. Si seleccionaste el icono Teclado, aparecerá el cuadro de diálogo Personalizar teclado (figura 7.4) para que indiques la combinación de teclas que deseas utilizar para ejecutarlo, del mismo modo que tratamos en el capítulo 2.
6. Despliega el cuadro Guardar cambios en, para indicar si la macro será visible desde cualquier documento que utilice la plantilla Normal, en otra plantilla que tengas activa o solamente en el documento con el que estás trabajando.
7. Selecciona el botón Aceptar. Desaparecerá el cuadro de diálogo y aparecerá una pequeña barra de herramientas llamada Grabar macro (figura 7.5); el puntero del ratón mostrará una cinta de casete para indicar que está grabando, y en la barra de herramientas podrás ver el indicador GRB activo.

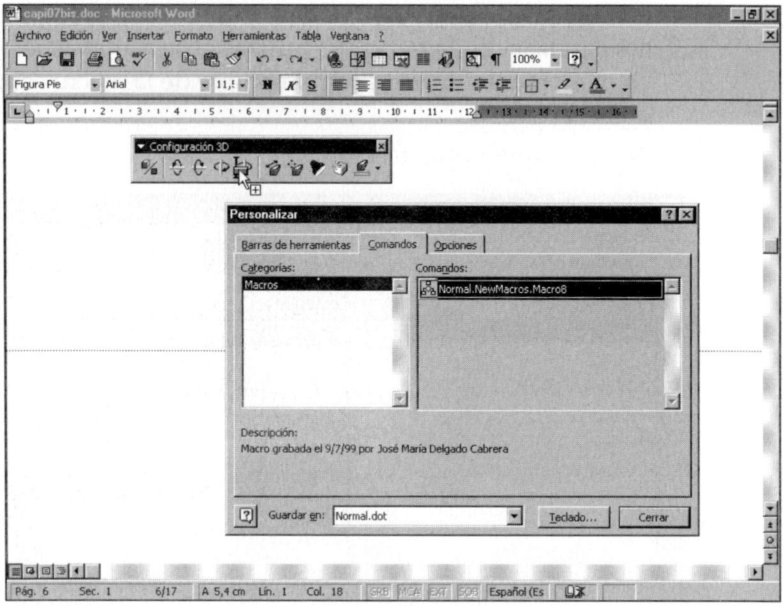

Figura 7.3. Arrastrando la macro hasta una barra de herramientas

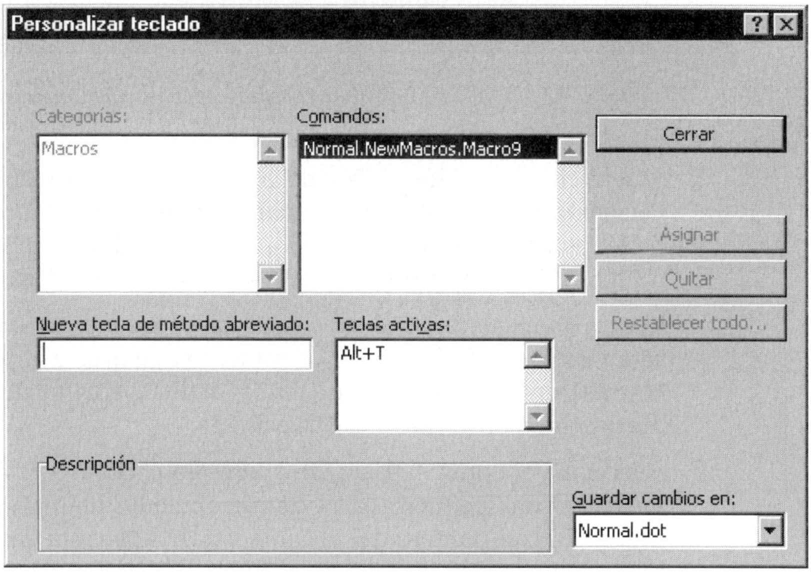

Figura 7.4. Cuadro de diálogo Personalizar teclado

8. Realiza las operaciones que desees (localiza comandos en los menús, ajusta el contenido de cuadros de diálogo, etc.) y haz clic sobre el botón Detener de la barra de herramientas Grabar macro cuando finalices. En ese momento, la macro contendrá la secuencia de pasos que hayas realizado.

Figura 7.5. Barra de herramientas Grabar macro

Respecto a estos pasos, nos vas a permitir hacerte algunas recomendaciones:

- Antes de grabar macros conviene que ejecutes y tengas previstos todos los pasos y comandos que has de realizar para que la grabación no contenga pasos erróneos.
- La grabadora de macros no puede grabar las acciones que realices en el texto con el ratón, de modo que en estos casos tendrás que utilizar siempre el teclado. Por ejemplo, seleccionar una frase, pasar al siguiente párrafo, ir al final de la línea, etcétera.
- La grabadora de macros sí graba las selecciones de comandos y opciones que realices con el ratón.
- Si en algún paso el propio Word te solicita alguna información (por ejemplo, si cierras el documento, Word te preguntará si deseas guardar los cambios), haz lo posible para que no tenga que preguntarte (guardándolo antes de cerrarlo) para que la ejecución de la macro no se corte.
- Los nombres de macros han de comenzar por letras y no podrán contener espacios ni caracteres distintos a letras y números.
- Guarda la macro de carácter general en la plantilla normal.dot, y aquéllas que sean exclusivas de un documento, dentro del mismo.
- El botón Pausar grabación te permite detener la secuencia de acciones de la macro, de modo que esos pasos no se graben

hasta que vuelvas a activar la grabación haciendo clic en el mismo botón de la barra de herramientas Grabar macro, llamado ahora Reanudar grabación.

- Puedes adjuntar las macros que contengan otros documentos en tu propio documento o en la/s plantilla/s utilizando el organizador de macros.

Asignación a menús, barras y teclado

Te decíamos anteriormente que una macro no es más que una función, pequeño programa o comando que creas tú mismo, al cual puedes acceder desde menús, barras de herramientas y/o combinaciones de teclado, como vamos a ver a continuación.

Consejo

Para elegir el lugar correcto donde asociar la macro, deberás tener en cuenta principalmente la frecuencia con la que accederás a ella. Por ejemplo, la forma más rápida de ejecutar una macro es asignarle una combinación de teclas. Por lo tanto si vas a utilizarla con mucha frecuencia esta será la opción más conveniente.

Por omisión, Word te permite ejecutar las macros que creas utilizando los menús: mediante el cuadro de diálogo que aparece al seleccionar el comando Macros del submenú Macro de Herramientas, el cual veremos con más detenimiento en el siguiente subapartado.

Sin embargo, como te indicábamos en los pasos 3, 4 y 5 de la anterior secuencia de pasos, eres tú el que puedes controlar la forma de ejecutar la macro.

Tanto si tienes abierto el cuadro de diálogo Personalizar con la pestaña Comandos activa(para asignarla a las barras de tareas como vimos en el paso 4 de la secuencia anterior) como si el cuadro de diálogo es Personalizar teclado (para asignarla a una combinación de teclado en el paso 5), para personalizar la ejecución de la macro, has de poner en práctica lo que indicamos en el capítulo 2 sobre el funcionamiento de estos cuadros de diálogo.

Pero para poder controlar todo lo referente a estos cuadros de diálogo conviene que tengas en cuenta ciertas situaciones con las que te puedes encontrar.

En primer lugar vamos a ver con detalle el contenido de la pestaña Comandos y las acciones complementarias que puedes realizar:

- Como ya sabemos, si no está activa la barra de herramientas sobre la que deseas situar el comando, tienes que hacer clic en la pestaña Barra de herramientas y activar la que desees, volviendo a seleccionar posteriormente la pestaña Comando para poder arrastrar el icono de la macro sobre la barra. En la figura 7.6 puedes ver una macro formando parte del menú Formato.
- Recuerda que puedes arrastrar el icono de la macro sobre el nombre del menú en el que desees situarlo y que al desplegarse el menú, podrás situarlo en el lugar que desees.
- Mediante las opciones que aparecen al seleccionar el botón desplegable Modificar selección puedes cambiar el nombre y el icono de la macro (por omisión es un cuadro con el nombre de la macro), eliminarla, cambiar el estilo del texto, etc. También puedes acceder a estas opciones si haces clic con el botón derecho sobre el nombre de la macro en el menú donde la has colocado.
- El botón Teclado, de la parte inferior, te permite asignar a la macro una combinación de teclas además del icono en una barra de herramientas, como veremos a continuación.

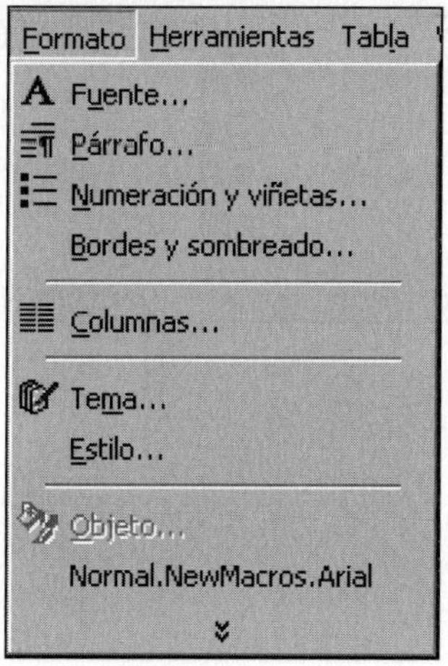

Figura 7.6. Macro Arial asociada al menú Formato *de Word*

Respecto a la asignación de una combinación de teclas (que puedes ver en la figura 7.7) para poder ejecutar las macros hay pocas cosas que decir.

No obstante, corriendo el riesgo de ser reiterativos con lo explicado en el capítulo 2, conviene que tengas en cuenta lo siguiente:

- Según pulses las combinaciones de teclas que desees aplicar para ejecutar la macro, bajo el cuadro que muestra la combinación pulsada, aparece un mensaje indicando si dicha combinación ya está asignada a otro comando o no, en cuyo caso indicará el nombre del comando.
- Puedes asignar más de una combinación de teclas para ejecutar una misma macro, las cuales puedes ver en el cuadro Teclas activas.
- El botón Quitar permite eliminar una combinación de teclas que tengas asignada, de modo que dicha combinación quede libre para poder utilizarla para ejecutar otra macro u otro comando cualquiera.

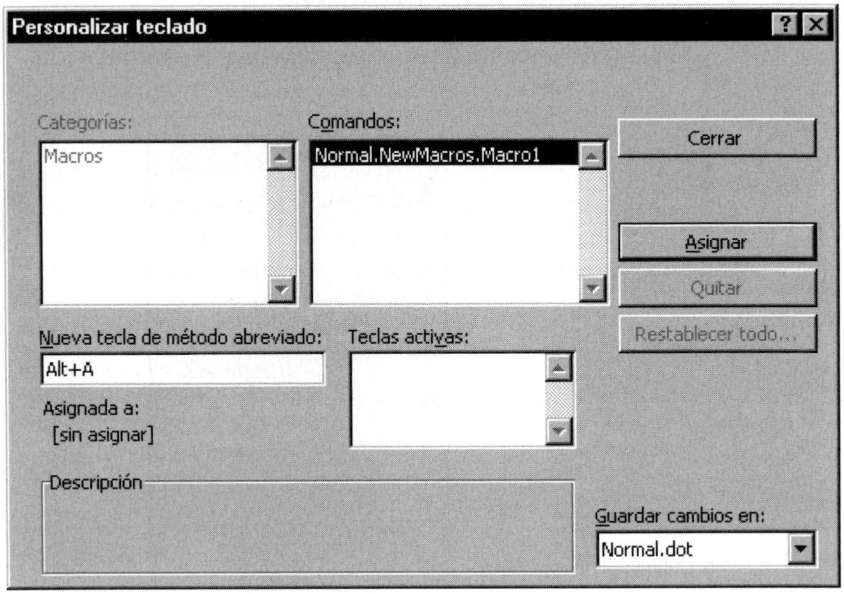

Figura 7.7. Cuadro de diálogo Personalizar teclado con la categoría Macros activa

Nota

Observando estos cuadros de diálogo y comparándolos con las explicaciones dadas en el capítulo 2 sobre su funcionamiento, puedes comprobar realmente que su tratamiento no difiere nada del de cualquier otro comando.

Con los conocimientos adquiridos hasta este punto del capítulo, te recomendamos que practiques: crea varias macros, aplícales combinaciones de teclas, iconos en las barras de herramientas y/o comandos en los menús para poder ejecutarlas. Por si es necesario, te indicamos de forma resumida lo que hemos hecho nosotros para crear la macro Arial:

1. Seleccionamos una palabra.
2. Ejecutamos el comando Grabar macro, le asignamos el nombre Arial, y le aplicamos la combinación de teclas Atl+A para ejecutarla.
3. Desplegamos el cuadro de lista Fuente de la barra de herramientas Formato, seleccionamos la fuente Arial y hacemos clic sobre el botón Detener grabación de la barra de herramientas Grabar macro.

Cuadro de diálogo Macros

Una vez que tienes creada la macro, puedes manipularla mediante el cuadro de diálogo Macros que aparece al seleccionar el comando Macros en el submenú del comando Macro del menú Herramientas (figura 7.8).

Este cuadro de diálogo te muestra el nombre de todas las macros que hayas creado y que estén activas según la selección del cuadro desplegable Macros en; este cuadro desplegable te permite delimitar las macros que se muestran según selecciones las opciones que contiene: Todas las plantillas y documentos activos, la plantilla normal.dot, el documento activo o todos los comandos de Word.

Como puedes observar, también puedes ejecutar una macro desde este cuadro de diálogo, pero es mucho más cómodo hacerlo mediante un icono de una barra de herramientas, una combinación de teclas o desde cualquier menú. La función de cada uno de los botones situados en el margen derecho del cuadro de diálogo sería la siguiente:

- Paso a paso: te permite ejecutar la macro instrucción por instrucción. Este modo se utiliza principalmente para detectar el lugar exacto en el que se produce algún error.

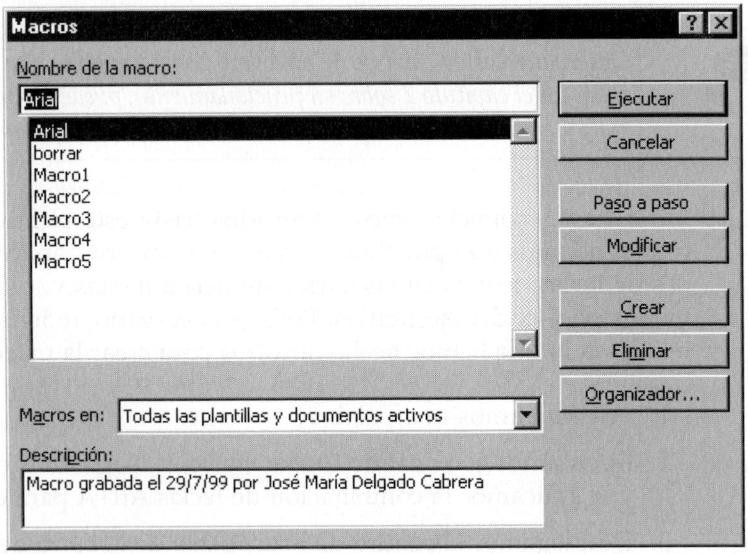

Figura 7.8. Cuadro de diálogo Macros

- Modificar: nos permite hacer una inmersión en el código de la macro para modificar alguna de sus instrucciones. En el capítulo siguiente ampliaremos esta información.
- Crear: también desde el cuadro de diálogo Macros y con este botón podemos crear una nueva macro. Este método es recomendado sólo para programadores, pero incluso en estos casos no tendría mucho sentido teniendo una herramienta tan potente y fácil de utilizar como la grabadora de macros.

Nota

La mejor forma de trabajar con estos botones es utilizar el Editor de Visual Basic que trataremos en el siguiente capítulo, por lo que te remitimos a poner en práctica estos botones cuando conozcas el funcionamiento de esta herramienta.

- Eliminar: te permite quitar una macro que ya no te interese mantener. Pero debes tener cuidado si esta macro se encuentra almacenada en una plantilla, ya que los documentos basados en ella no podrán utilizar la macro eliminada.

- Organizador: sin duda, una inestimable ayuda para organizar las macros; por ejemplo, si tienes una macro adjuntada a una plantilla, puedes adjuntarla a un documento determinado e incluso a otra plantilla y eliminarla de la plantilla original.

Pero detengámonos un poco más en el organizador de macros. Observa y analiza el cuadro de diálogo que aparece al seleccionar este comando (figura 7.9).

En nuestro caso, en la parte derecha aparecen las macros que tenemos en la plantilla Normal, y en la parte izquierda las macros que tiene el documento CAPÍTULO 7, que en este momento no existen. Si por cualquier motivo deseas que sea el propio documento el que mantenga las macros, solamente has de seleccionarlas y hacer clic en el botón Copiar.

Por otro lado, puedes borrar las macros seleccionando el botón Eliminar o cambiarles el nombre en el cuadro de diálogo que aparece al hacer clic en el botón Cambiar nombre.

Si quieres usar documentos distintos de los que están seleccionados, puedes hacer clic en el botón Cerrar archivo situado bajo la lista desplegable Macros disponibles en; se cerrará el archivo y el botón pasará a denominarse Abrir archivo, y tras seleccionarlo podrás localizar el archivo que desees.

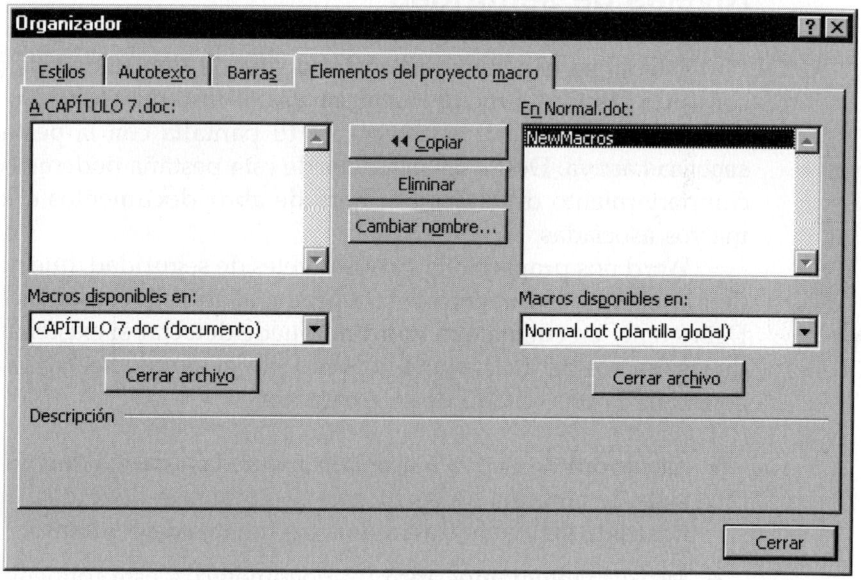

Figura 7.9. Cuadro de diálogo Organizador

Virus de macros para Office

Seguro que has oído hablar de los virus de macros para Office. Estos programas utilizan las macros de Office como elemento de transmisión e infección. Esto ocurre porque en realidad un virus no es más que un pequeño programa, característica que comparte con las macros y que aprovecha para unos más que dudosos fines.

En cualquier caso, la agresividad de los virus de macros no ha llegado aún a los niveles de virus tradicionales, pero estamos seguros de que esto será sólo cuestión de tiempo.

Para protegernos de estos *bichos*, lo mejor es disponer de un buen antivirus lo más actualizado posible (o de varios). En cualquier caso, la versión 2000 de Office introduce el comando Seguridad situado dentro del menú Macro. Este comando nos ofrece un cierto nivel de protección para evitar que nuestros documentos sean infectados. Además podemos determinar cuáles son las fuentes o personas de confianza que nos proporcionan macros limpias de virus. A continuación, trataremos con más detalle su funcionamiento.

Niveles de seguridad

Selecciona el comando Seguridad situado dentro de las opciones del comando Macro del menú Herramientas. Al instante el cuadro de diálogo Seguridad (figura 7.10) aparecerá en tu pantalla con la pestaña Nivel de seguridad activa. Desde las opciones de esta pestaña podemos controlar el comportamiento de Word a la hora de abrir documentos que contienen macros asociadas.

Word nos proporciona varios niveles de seguridad, que nos permiten definir el comportamiento del programa al abrir documentos con macros. Debes tener en cuenta que Word no puede detectar si existen virus dentro de las macros de un documento, pero por el simple hecho de contenerlas considera la posibilidad de su existencia:

- Alto: Word desactiva automáticamente las macros que no proceda de ninguna de las fuentes de confianza definidas. En el apartado siguiente trataremos las fuentes de confianza.
- Medio: si intentamos abrir un documento, y éste contiene macros no procedentes de ninguna fuente conocida, Word nos

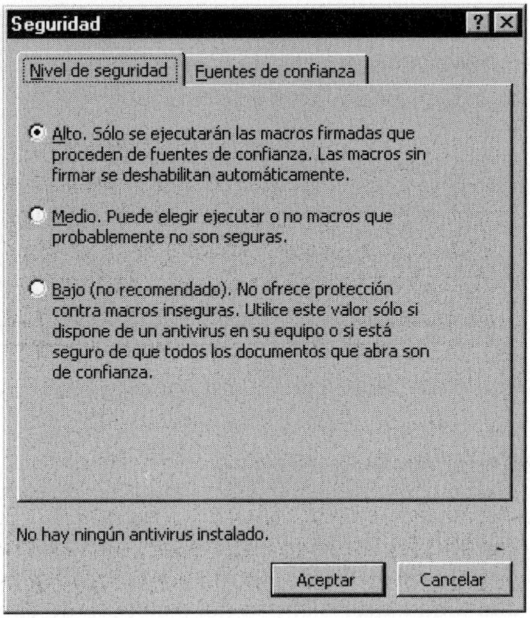

Figura 7.10. Cuadro de diálogo Seguridad *con la pestaña* Nivel de seguridad

muestra un cuadro de aviso (figura 7.11) con tres posibles opciones:

- Habilitar macros: abre el documento y posibilita la utilización de las macros que contiene. Sólo deberás utilizar esta opción si te encuentras totalmente seguro de que las macros que contiene el documento son seguras.
- Deshabilitar macros: Word abre el documento pero desactiva las macros que tuviera asociadas. Ésta es la selección que deberás utilizar siempre si tienes la más mínima duda o miedo.
- Más información: si quieres conocer más detalles sobre este cuadro de diálogo y sobre la protección de documentos contra los virus de macros, haz clic en este botón.

- Bajo: bajo ningún concepto te aconsejamos que utilices este nivel de seguridad en Word, a no ser que dispongas de un buen antivirus instalado en tu sistema que revise cualquier archivo antes de utilizarlo.

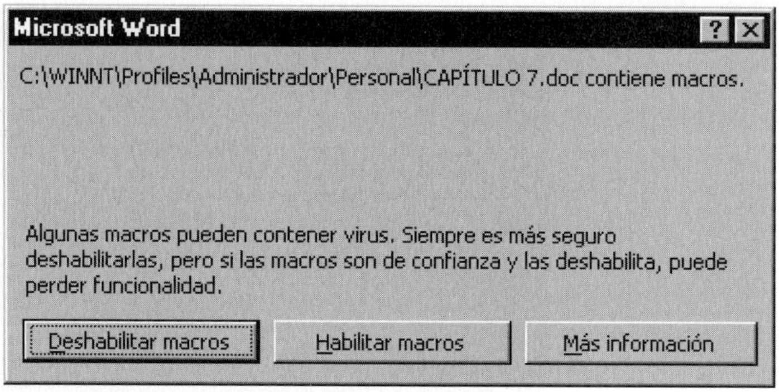

Figura 7.11. Mensaje de advertencia al abrir un documento que contiene macros

Fuentes de confianza

La segunda de las pestañas del cuadro de diálogo Seguridad se denomina Fuentes de confianza (figura 7.12). En un primer momento seguro que te resulta algo extraño el uso del concepto de confianza, pero si lo piensas detenidamente le encontrarás rápidamente el sentido. Dentro de esta ventana encontrarás aquellas fuentes que se consideren fiables y libres de virus. Normalmente será de terceras personas de las que recibas macros o documentos con macros incluidas.

Para incluir una nueva entrada en esta ventana necesitas tener instalado en tu sistema la versión 4 o posterior de Microsoft Internet Explorer, y activado un nivel de seguridad medio/alto. Una vez cumplidos estos requisitos:

1. Abre el documento que contiene las macros que quieres utilizar y al mismo tiempo, incluir su origen como fuente de confianza.
2. En el mensaje de advertencia que aparece, activa la casilla Confiar siempre en las macros de esta fuente y partir de ese momento el origen de las macros formará parte de las fuentes seguras de Word.

Aviso

Si el cuadro de advertencia no muestra la casilla Confiar siempre en las macros de esta fuente significará que la fuente no está firmada digitalmente y, por lo tanto, no es segura.

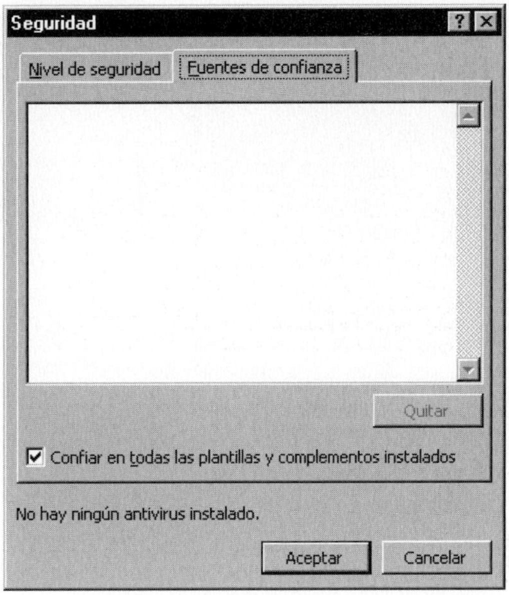

Figura 7.12. Pestaña **Fuentes de confianza** *del cuadro de diálogo* **Seguridad**

Cómo reconocer una posible infección

No pienses que cada vez que ocurre algo extraño en tu sistema o en Word, se trata de un virus. Lo normal, en el caso de los virus de macros, es que este problema sea sistemático y no tenga ninguna lógica, como por ejemplo que no podamos guardar nuestro documento con .doc sino como .dot, es decir, como plantilla, o barras de herramientas que desaparecen, etc.

Nota

El caso de no poder guardar los documentos como .doc sino como plantilla ocurre cuando nuestro sistema está infectado con uno de los primeros virus de macros que aparecieron para la versión anterior de Word.

En resumen, lo mejor en cualquier caso es disponer de uno o varios antivirus instalados en nuestro sistema para protegernos de los perjudiciales efectos de los miles de virus existentes. Como dato curioso te podemos decir que cada día aparecen más de diez virus nuevos, con esto puedes imaginar ante el potencial peligro que nos encontramos expuestos.

8

Editor de Visual Basic

En el capítulo anterior hemos dado un gran paso, de modo que ya conocemos el funcionamiento de las macros, parte de sus posibilidades e incluso cómo asignarlas a los distintos elementos del entorno de Word.

Con Visual Basic para Aplicaciones, la potencia de las macros se puede ver incrementadas hasta límites inimaginables. En este capítulo empezaremos tratando una parte fundamental dentro de Visual Basic para Aplicaciones: el entorno de programación que para este propósito ha sido incluido en Word, el Editor del Visual Basic.

Introducción

Con este capítulo y el siguiente, dedicados a VBA, pretendemos que adquieras los conocimientos necesarios para que llegado el momento puedas trabajar con él, así como conocer las funciones básicas del entorno de programación incluido en Office, el Editor de Visual Basic. De este modo, cuando edites una macro previamente creada con la grabadora, o desees modificarla o ejecutarla paso a paso sepas por donde andas cuando aparezca la pantalla del Editor de Visual Basic. En este mismo capítulo también ampliaremos nuestros conocimientos sobre programación.

La gran potencia de los ordenadores actuales y las constantes mejoras que incorporan las nuevas versiones de las aplicaciones facilitan, cada vez más, la tarea de los usuarios, o mejor dicho, cada vez le permiten al usuario hacer más y más cosas aunque algunas de ellas no sean tan fáciles a simple vista.

Una de las grandes incorporaciones de las últimas versiones de las aplicaciones de Microsoft es la posibilidad de poder realizar macros, ya sea con la grabadora de macros que hemos visto anteriormente o con el editor de Visual Basic para Aplicaciones, que veremos a continuación.

Visual Basic para Aplicaciones es un lenguaje de programación basado en la gran potencia de Visual Basic "a secas"; con él comparte gran parte de su sintaxis y su relativa sencillez de aprendizaje. Con Visual Basic puedes crear programas de cualquier tipo: procesadores de texto, juegos, contabilidades, etc. Visual Basic para Aplicaciones no llega tan lejos, pero sí nos ofrece un enorme abanico de posibilidades de ampliación para Word, Excel, Access o PowerPoint.

Si provienes del entorno MS-DOS y has realizado programas para dicho entorno, con Visual Basic y otros programas para Windows te encontrarás con cambios significativos, tanto en el aspecto y entorno de estos programas como en el concepto y desarrollo de programas con los mismos.

En MS-DOS los programas llevaban una secuencia, aunque ésta se podía romper con bucles, procedimientos, funciones, etc. Pero la realidad es que, intentar utilizar estas secuencias en programas para entorno Windows en los que el programa debe "esperar" a una pulsación de teclado, trasladar el puntero del ratón por la pantalla, manipular ventanas, etc., es una labor que seguramente hubiera llevado a ingresar en un centro psiquiátrico a más de un programador.

Para programar en el entorno Windows se hace necesario utilizar aplicaciones como Visual Basic, las cuales ya ofrecen un control sobre los elementos y las acciones normales de Windows. Estos tipos de aplicaciones obligan a obtener nuevos conocimientos pero, por el momento, veamos dos conceptos que en un principio te pueden resultar un tanto abstractos pero que según sigas leyendo el resto del capítulo seguro que acabarás captando: *eventos* y *objetos*.

- Un evento es una acción que se realiza en la aplicación y que el programa debe controlar, y que se encarga de detectar "alguien". Por tanto, una vez ese "alguien" reconoce que se ha producido un evento, se encargará de comunicárselo al programa para que éste proceda a actuar de la forma prevista. Algunos ejemplos de eventos podrían ser: hacer clic con el ratón, seleccionar un párrafo, mover una ventana, etc.
- Visual Basic es un lenguaje de programación fundamentado en lo que se denomina Programación Orientada a Objetos (POO). Este tipo de programación está basada en la abstracción de los elementos, tratando cada entidad del programa como un elemento independiente, al cual se puede acceder mediante métodos y propiedades.

Si no tienes claro los conceptos, no te preocupes ya que los trataremos desde otros puntos de vista que seguramente serán más esclarecedores.

Nota

VBA como podrás imaginar son las siglas que corresponden a Visual Basic para Aplicaciones. Es mucho más común utilizar éstas que todo el nombre completo por lo que a partir de ahora usaremos las siglas para referirnos al lenguaje.

La estructura de una aplicación en VBA

Antes de empezar a ver los elementos que constituyen la estructura de una aplicación en Visual Basic para aplicaciones, debes plantearte que es esencial disponer de algunos conocimientos sobre programación, ya que en caso contrario puede que no termines de entender ciertos conceptos. De todas formas, en estos momentos podría ser suficiente con captar la idea que sobre VBA queremos transmitirte.

Cuando ejecutas el comando **Editor de Visual Basic**, o cuando seleccionas los botones **Paso a paso**, **Modificar** y **Crear** del cuadro de diálogo **Macros**, en la pantalla aparece algo similar a lo que muestra la figura 8.1.

A simple vista puedes observar que en pantalla aparece una nueva ventana llamada Visual Basic, dentro de la cual aparecen otras ventanas, como Proyecto, Propiedades, etc.

Para comprender mejor el sentido de esta herramienta, será necesario conocer cual es la estructura de una aplicación de Visual Basic, por lo tanto...

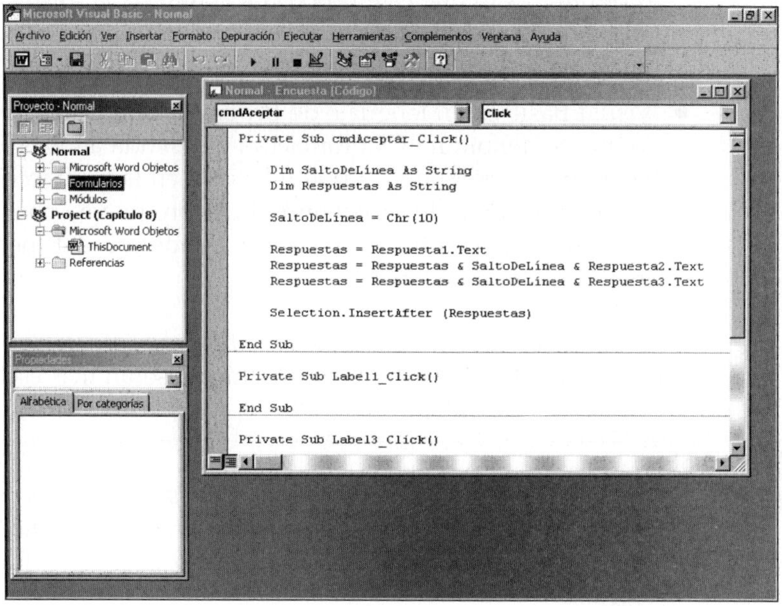

Figura 8.1. Pantalla del Editor de Visual Basic para aplicaciones

Proyecto

Para hacer cualquier cosa con Visual Basic, en primer lugar es necesario tener definido un Proyecto. Podríamos considerar un proyecto como una "caja" donde se almacenan todos los archivos, carpetas, objetos, etc., necesarios para realizar una aplicación con Visual Basic.

En Visual Basic para Aplicaciones, el propio programa tiene ya creados algunos proyectos, los cuales se muestran en la ventana Proyecto: el proyecto Normal, el proyecto Capítulo 8 (este capítulo que estás leyendo) y por último, TemplateProyect (Mavanzado) que es una plantilla que hemos diseñado para la maquetación de los capítulos de este libro y que obviamente mantenemos activa mientras escribimos los capítulos.

Módulo

Existen dos tipos de módulos: estándar y de clase. Los primeros contienen normalmente procedimientos, funciones, definiciones de tipo y datos. En cambio los módulos de clase contienen la definición de las propiedades y los métodos de una clase.

Los módulos son contenedores donde se almacenan, por ejemplo, las macros. Como todos los módulos, la macro Arial, creada en el capítulo anterior, no puede definirse para un objeto determinado ya que no es una propiedad de un objeto, sino una posibilidad extra que le proporcionamos a algunos objetos de modo general.

Objetos

Hemos mencionado que un objeto tiene ciertas características propias que lo identifican y lo definen. En nuestro caso, si abres las carpetas Microsoft Word Objetos (figura 8.2) de los distintos proyectos, puedes observar que hay un objeto llamado ThisDocument.

Nota

Si haces clic en el icono Alternar carpetas *(figura 8.3) de la ventana* Proyecto, *en la ventana se mostrarán solamente los nombres de los proyectos, módulos y objetos en lugar de las carpetas donde están cada uno de ellos agrupados. Observa el icono que identifica los proyectos, módulos y objetos.*

Si haces clic en el objeto ThisDocument del proyecto Normal o del proyecto Capítulo 8, estarás seleccionando el mismo objeto, que como puedes deducir, forma parte de dos proyectos distintos.

En la ventana Propiedades (figura 8.4) dispones de las propiedades asociadas al objeto ThisDocument, todas ellas en un perfecto inglés, a lo cual no hay más remedio que acostumbrarse.

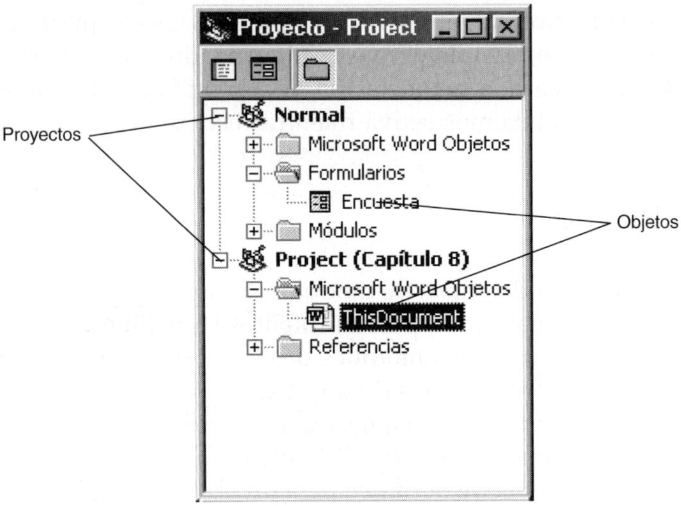

Figura 8.2. Carpeta Microsoft Word Objetos

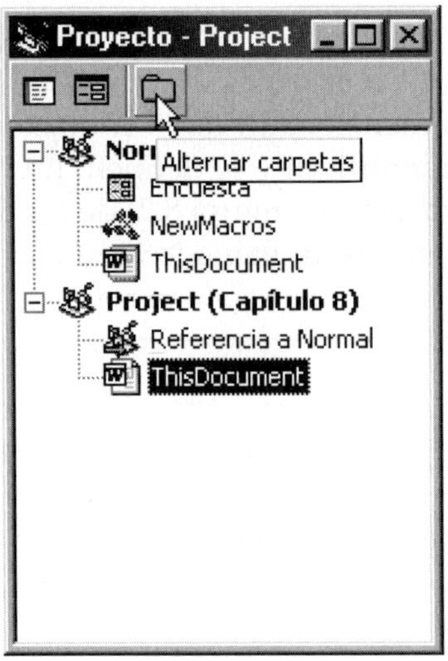

Figura 8.3. Botón Alternar carpetas *de la ventana* Proyecto

Veamos al menos una de estas propiedades de los objetos para que te resulte fácil entender su funcionamiento: entre estas propiedades, puedes observar que una de ellas se llama Saved, la cual tendrá el valor False si no has grabado las modificaciones del documento que estás editando; si vuelves al documento (Alt+Esc), lo guardas (Ctrl+G) y regresas a la ventana de Visual Basic, podrás observar que el valor de la propiedad Saved ha cambiado al valor True (verdadero).

Ésta y las otras propiedades del objeto ThisDocument te permitirán poder tomar decisiones sobre las acciones que has de realizar en cada momento.

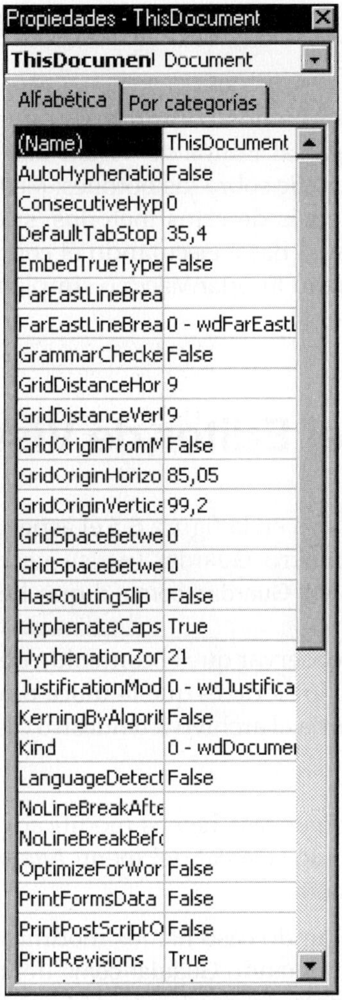

Figura 8.4. Propiedades del documento activo

Nota

En Visual Basic para Aplicaciones ya están definidos algunos objetos y las propiedades de los mismos que en un principio se suponen son necesarias para manipularlos. Cuando seas un experto en VBA, podrás ampliar estas propiedades para controlar otras características de los objetos que estimes necesarias y, por supuesto, crear tus propios objetos.

Ejecutar el Editor de Visual Basic

Como ya hemos comprobado, desde el cuadro de diálogo Macro podemos llegar al Editor de Visual Basic después de seleccionar alguna macro y hacer clic sobre los botones: Modificar, Crear y Paso a paso.

Pero además de estos métodos, si lo deseas, puedes llegar hasta el Editor de Visual Basic ejecutando el comando del mismo nombre situado dentro del menú Insertar\Macro o simplemente ejecutando la combinación de teclas Alt+F11.

Trabajo con el Editor de Visual Basic

Comprueba en la figura 8.5 el aspecto de la ventana Código tras haber grabado la macro Guardar (no se ve el título pero sí su contenido), Guardar_como y Guardar_como_d que hemos creado con el grabador de macros.

Puedes observar que el contenido de las macros a simple vista es muy distinto, pero lo cierto es que la única diferencia entre ellas es la ubicación donde se guarda el archivo (en nuestro caso, incluso las dos primeras hacen lo mismo):

- En el primer caso hemos modificado el documento, seleccionado el comando Guardar del menú Archivo y finalizado la grabación de la macro.
- En el segundo caso hemos modificado el documento, seleccionado el comando Guardar como del menú Archivo y, sin alterar el contenido del cuadro de diálogo, hemos hecho clic en el botón Aceptar, finalizando posteriormente la grabación de la macro.

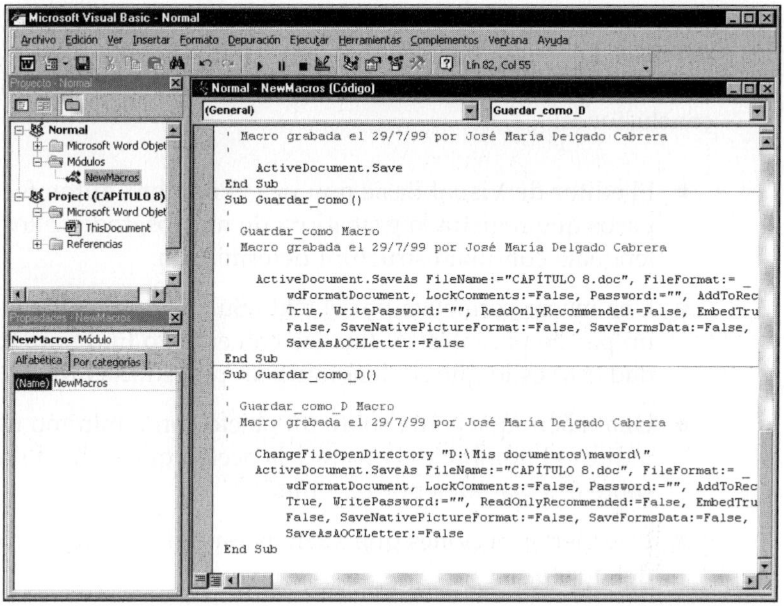

Figura 8.5. Ejemplo del código de dos macros en el Editor de Visual Basic para Aplicaciones

- En el tercer caso hemos actuado como en el segundo, solo que hemos modificado el destino donde se grabará el documento: "D:\Mis documentos\maword\".

El contenido de la primera macro indica únicamente: activeDocument.Save, que traducido literalmente quiere decir: *documento activo, grabar*. Como la macro indica que lo que graba es el documento activo, ésta será la acción que se llevará a cabo en el momento que ejecutes la macro, sea el documento que sea.

En cambio, si observas el contenido de la macro Guardar_como, la estructura del comando es distinta y mucho más amplia, al utilizar en este caso la operación SaveAs (guardar como). Si nos fijamos únicamente en la primera línea de la macro, podemos observar que es necesario indicar además el nombre con el que deseas grabarlo. Obviamente, esta segunda macro no es válida para cualquier documento, ya que todos los intentará grabar con el nombre "CAPÍTULO 8.DOC".

En la tercera macro se añade, además, el comando ChangeFile OpenDirectory "D:\Mis documentos\maword\", que indica, literalmente, cambio del directorio donde abrir el documento a "D:\Mis documentos\maword\"; en nuestro caso, en el mismo subdirectorio pero del disco D.

Observando con detenimiento estas macros podemos sacar varias conclusiones:

- El editor de Visual Basic muestra el nombre, autor, fecha y los pasos que registra la grabadora de macros, todos ellos en un lenguaje con una estructura determinada.
- Una macro comienza por el texto Sub, el nombre de la macro y un par de paréntesis y finaliza con el texto End Sub. En realidad esto es lo que se denomina un procedimiento.
- Una macro que actúa sobre un objeto como mínimo tiene que indicar el nombre del objeto y la acción que se ha de realizar sobre él separados por un punto.
- Hay ciertas acciones que además especifican otras propiedades del objeto.

Ni que decir tiene que puedes modificar las macros desde la ventana Código; por ejemplo, si en lugar de grabar el documento en el disco C deseas grabarlo en el disco A, edita el texto de la macro y modifícalo.

Por otro lado, aunque la creación de la macro se ha llevado a cabo mediante la grabadora de macros, puedes crearla escribiendo tú mismo el código en la ventana del Editor de Visual Basic, aunque esto puede inducir a errores. Lo más recomendable es crear la macro, o al menos parte de la misma, con la grabadora y ampliarla o corregirla con el Editor de Visual Basic.

Por ejemplo, vamos a proceder a crear esa macro que indicábamos al principio del capítulo mediante la cual grabábamos el documento en el disco C y en el mismo subdirectorio o carpeta del disco A. Observa en la figura 8.6 la macro Grabar_en_c_y_a.

Puedes observar que hemos tomado partes de las macros anteriores y se ha ajustado para que contemple nuestras nuevas necesidades: en primer lugar, grabamos el documento activo, cambiamos el disco donde se grabará el documento y dentro de él utilizamos el mismo subdirectorio (en nuestro caso, \Mis documentos\maword\), grabamos el documento y volvemos a situarnos en el mismo directorio donde se encontraba originalmente el documento. Todo esto es lo que hace el código de nuestra última macro.

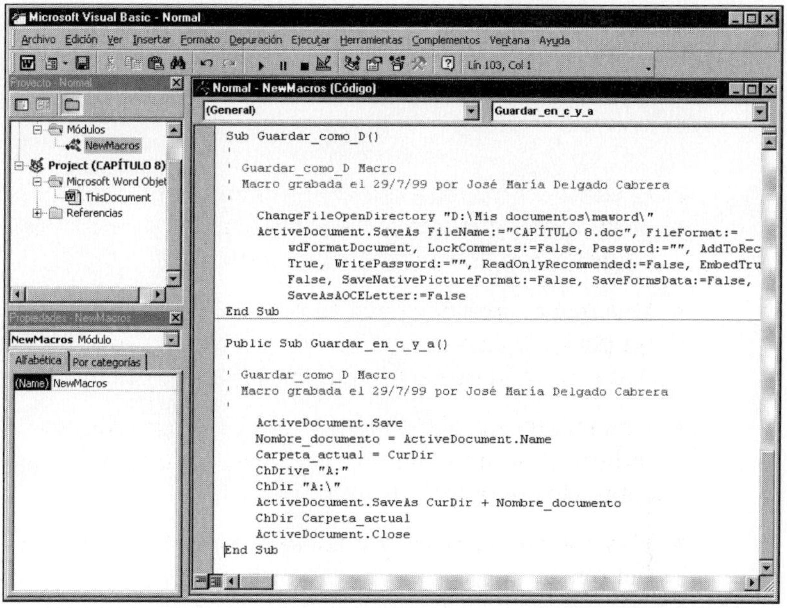

Figura 8.6. Código de la macro Grabar_en_c_y_a

9

Introducción a VBA

Siguiendo con la línea de los últimos capítulos, en esta nueva entrega dedicada a la programación en Word mediante Visual Basic para Aplicaciones, trataremos los pormenores del lenguaje y su aplicación práctica.

Visual Basic para Aplicaciones se puede considerar como un lenguaje orientado a objetos y como tal requiere el conocimiento, al menos en parte, de las bases en las que se sustenta este modelo de programación. En este capítulo intentaremos hacerte ver un poco de luz en este oscuro mundo.

Introducción

En primer lugar hablamos de las macros, de cómo crearlas, modificarlas, etc.; después asumimos el reto y dimos nuestros primeros pasos en la programación orientada a objetos. Además y como pieza fundamental en nuestro camino, tratamos en el capítulo anterior el entorno de programación visual integrado en Word denominado Editor de Visual Basic. En este capítulo, conoceremos algunas características más del lenguaje necesarias para afrontar cualquier desarrollo en Visual Basic para Aplicaciones.

Nota

De Visual Basic hay verdaderas enciclopedias que describen su gran potencia y versatilidad. Obviamente, en estas páginas no podemos pretender que sepas todo sobre este programa, pero sí que al menos conozcas sus aspectos más importantes.

Decíamos en capítulos anteriores que Visual Basic es un lenguaje, como tantos otros, diseñados para programar bajo el entorno Windows, los cuales abandonan las normas básicas de la programación estructurada que imperaba en el entorno MS-DOS y entran dentro del mundo de la programa orientada a objetos.

Estos nuevos lenguajes, mediante los cuales podemos desarrollar cualquier aplicación, apoyan sus pilares sobre nuevos conceptos, entre los que destacan dos: *eventos* y *objetos*; recuerda que indicábamos como ejemplos de evento seleccionar un párrafo, hacer clic, etcétera, y que el concepto de objeto se basa en la encapsulación de funciones, procedimientos y propiedades dentro de un solo ente.

En los pequeños ejemplos que hemos visto hasta ahora (guardar documentos en el disco C y simultáneamente en el disco A) y las incursiones que hayas hecho por tu cuenta, habrán ido apareciendo ciertos elementos de la programación con VBA que obviamente desconoces. Para arreglar esto vamos a dedicar este capítulo a los elementos básicos que necesitarás y utilizarás en cualquier desarrollo con VBA. Insistimos en que nuestro objetivo no es enseñarte Visual Basic ya que para esto existen libros de cientos de páginas, lo que realmente pretendemos es mostrarte las ideas básicas para que puedas aprovecharlas en Word y no tengas ningún problema en ampliar sus posibilidades tanto como te permita tu imaginación y tus conocimientos.

Objetos, propiedades, eventos y otros conceptos

Sobre los conceptos de objetos, eventos, etc., ya hemos dado algunas nociones básicas. Ahora insistiremos en sus definiciones, ampliándolas y profundizando en su función dentro del lenguaje.

Objetos

La programación orientada a objeto ha sido uno los grandes avances de los últimos años en el ámbito de los lenguajes de desarrollo. En un primer momento fueron C++ y Pascal los primeros en acercarse a este modelo de programación, definiendo todos los mecanismos necesarios para su utilización. Pero poco después, los entornos de programación *visual* irrumpieron con fuerza y, entre ellos, siempre ha destacado con luz propia Visual Basic; con él mucha gente sin grandes conocimientos de programación se pudo acercar a este mundo. Después, toda una batería de entornos visuales de programación fueron apareciendo como: Delphi, Visual C++, Visual Age, etc. De tal forma, que salvo para casos muy concretos, nadie utiliza herramientas de desarrollo que no permitan trabajar de forma visual.

Pero... ¿qué significa realmente el concepto de "visual"? Pues bien, el término visual hace referencia a la posibilidad que tienen ciertos entornos de desarrollo (los visuales) de crear gran parte del código del programa sin tener que escribirlo. Por ejemplo, para añadir un botón a un formulario, podemos escribir esto:

```
Private Sub CommandButton1_Click()
        ...
        instrucciones
        ...
End Sub
```

o simplemente arrastrarlo desde la caja de herramientas y que el programa se encargue de incluir el código necesario. Quizás para este ejemplo tan simple no le encuentres utilidad, pero te puedo asegurar que en desarrollos un poco más complejos el ahorro de tiempo y esfuerzo es incuestionable.

Nota

Los puristas no consideran realmente a Visual Basic como un lenguaje orientado a objetos, ya que no cumple todos los requisitos de este modelo de programación. Pero lo verdaderamente cierto es que Visual Basic es una de los entornos de desarrollo más potentes, intuitivos y productivos del mercado.

Retomando el tema de los objetos, dentro del código donde controlábamos la grabación del documento activa en la pantalla, obviamente habrá un objeto que será el propio documento.

En la figura 9.1, podemos ver que existen líneas de comandos que en cierta forma dejan "intuir algo", concretamente, que se hacían "cosas" con el documento activo (ActiveDocument):

```
ActiveDocument.Save
ActiveDocument.Close
ActiveDocument.Name
```

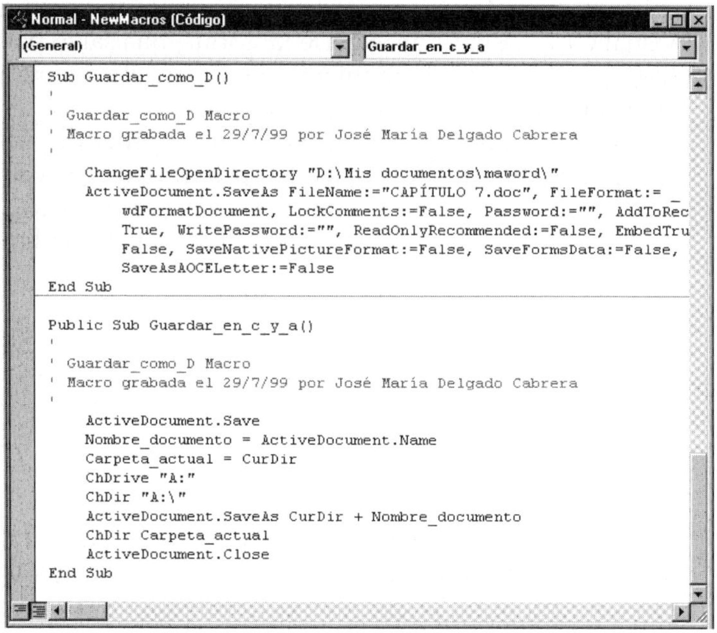


```
Sub Guardar_como_D()
'
' Guardar_como_D Macro
' Macro grabada el 29/7/99 por José María Delgado Cabrera
'
    ChangeFileOpenDirectory "D:\Mis documentos\maword\"
    ActiveDocument.SaveAs FileName:="CAPÍTULO 7.doc", FileFormat:= _
        wdFormatDocument, LockComments:=False, Password:="", AddToRec
        True, WritePassword:="", ReadOnlyRecommended:=False, EmbedTru
        False, SaveNativePictureFormat:=False, SaveFormsData:=False,
        SaveAsAOCELetter:=False
End Sub

Public Sub Guardar_en_c_y_a()
'
' Guardar_como_D Macro
' Macro grabada el 29/7/99 por José María Delgado Cabrera
'
    ActiveDocument.Save
    Nombre_documento = ActiveDocument.Name
    Carpeta_actual = CurDir
    ChDrive "A:"
    ChDir "A:\"
    ActiveDocument.SaveAs CurDir + Nombre_documento
    ChDir Carpeta_actual
    ActiveDocument.Close
End Sub
```

Figura 9.1. Observa los elementos que componen cada una de las líneas de la macro

Aunque tu nivel de inglés no sea bueno, puedes entender que ActiveDocument significa "documento activo", y las palabras save, close y name significan, respectivamente, grabar, cerrar y nombre; esto ya nos permite deducir que el objeto ActiveDocument se graba, se cierra y tiene un nombre.

Pero si te fijas, entre las palabras *grabar* y *cerrar* y la palabra *nombre* hay una diferencia significativa: las dos primeras mencionan una acción que puedes realizar con el objeto (métodos) y la tercera cita una característica (propiedad) del mismo. Veamos a continuación estos conceptos.

Propiedades

ActiveDocument es un objeto que tiene al menos una propiedad llamada Name, la cual hace referencia a su nombre aunque, como puedes imaginar, tiene muchas más.

Cuando anteriormente veíamos las propiedades, mostrábamos la figura 9.2 en la cual se observaba en la ventana Propiedades las propiedades del objeto ThisDocument, y entre ellas se encontraba la propiedad Saved (guardado) que contenía el valor False (falso), indicando que el documento se había modificado y las modificaciones no se habían guardado aún.

Pero no solamente tienes objetos de este tipo, la pantalla de los programas ya muestra de por sí otros objetos: las ventanas, los iconos, las barras de herramientas, etcétera, que como todo objeto tendrán sus propias propiedades.

Métodos

Si las propiedades nos permitían controlar el comportamiento de ciertos aspectos del objeto, los métodos son el medio para utilizar las funciones o procedimientos definidos dentro del objeto.

La sintaxis para la llamada a los métodos de un objeto es igual que para modificar o consultar sus propiedades, es decir, primero el nombre del objeto y a continuación, separado por un punto, el nombre del método. Un poco más adelante hablaremos del examinador de objetos pero vamos a utilizarlo ahora para que puedas ver la composición de los métodos y propiedades de un objeto. En la figura 9.3 puedes ver como en el margen izquierdo del examinador aparecen los nombres de las clases u

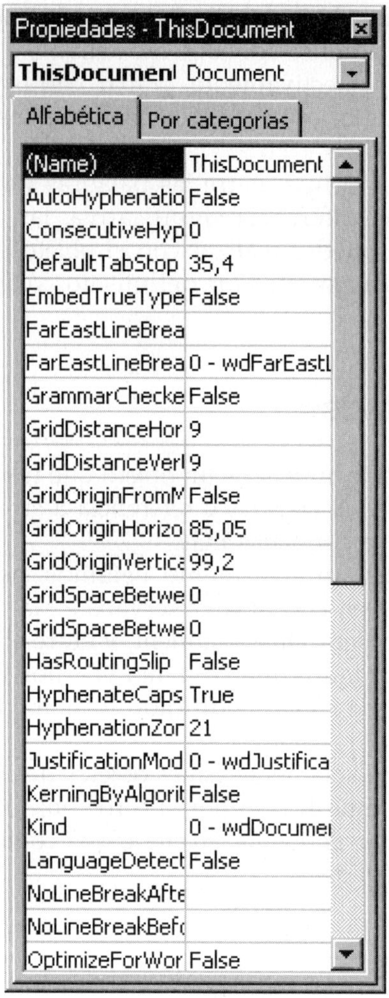

Figura 9.2. Ventana **Propiedades**

objetos, y en la parte derecha puedes ver los métodos y propiedades del objeto seleccionado.

Para que entiendas mejor la diferencia entre las propiedades y los métodos de un objeto vamos a utilizar un símil. Imagina que nuestro objeto es un coche, en este caso las propiedades del objeto podrían ser su color, el modelo, su potencia, etc., en cambio, los métodos de nuestro objeto coche serían: arrancar, frenar, acelerar, etc.

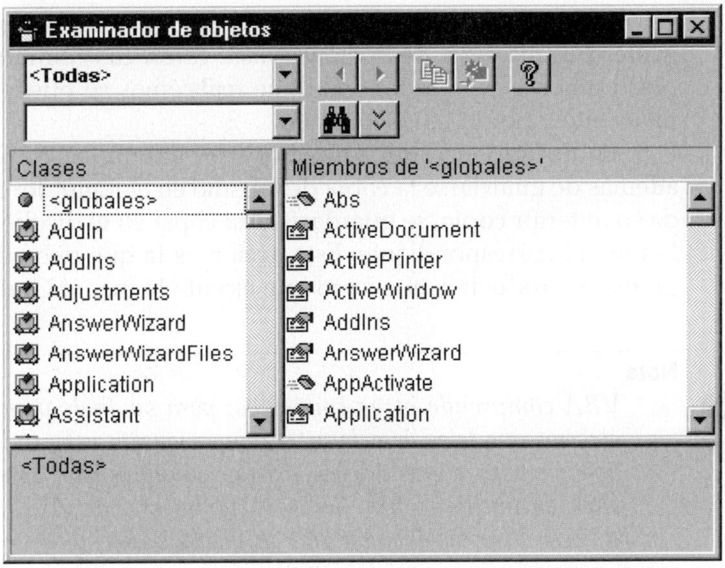

Figura 9.3. Métodos y propiedades de los objetos o clases

Parámetros

Hasta ahora los métodos que hemos puesto como ejemplo (guardar, cerrar...) no necesitaban de ningún tipo de información adicional para realizar la operación para la que están diseñados. Pero esto no siempre es así, y en muchas ocasiones deberás suministrarle cierta información al método de objeto para que pueda completar con éxito la operación. Por ejemplo, si utilizamos el método Abrir, es lógico pensar que debemos indicar qué documento queremos abrir. Por lo tanto, en este caso, el parámetro sería el nombre del documento.

Eventos

Un evento es una acción que se desarrolla mientras se trabaja con un programa. Para establecer un nivel básico de interacción entre el usuario y el programa es necesario capturar estos eventos, actuando en consecuencia cada vez que se produzca alguno de ellos.

Por ejemplo, cuando haces clic con el botón derecho sobre cualquier elemento de Word, se genera un evento que es capturado por el programa, procesado y como consecuencia de este tratamiento, aparece un menú emergente con una serie de opciones. Éste es un caso simple de evento, pero prácticamente cualquier acción que realicemos se puede considerar como un evento y por lo tanto controlar.

En nuestro ejemplo habíamos previsto que al cerrar un documento además de guardarse la copia del mismo en el lugar donde estaba guardada su anterior copia, se guardaría otra copia en el disquete que hubiera en la unidad correspondiente. Esta acción es la que debe desarrollar el programa al producirse el evento que ejecute la macro Grabar_en_c_y_a.

Nota

VBA comprende otros conceptos, pero su inclusión en este capítulo creemos que lejos de aclararte, proporcionaría más dudas que beneficios. Solamente para que lo sepas, existen conceptos tales como: clases, abstracción, encapsulamiento, herencia, polimorfismo, etc., los cuales deberás conocer si deseas ahondar más en Visual Basic.

Fundamentos de programación

En la figura 9.4 puedes comprobar que el código de una macro no es demasiado complejo o cuanto menos extenso, pero que igualmente podría haber ocupado cientos de líneas.

Nota

En el resto del capítulo vamos a utilizar indistintamente los conceptos macro y programa, ya que consideramos a una macro como un pequeño programa.

No todas las macros tienen que ejecutar varias instrucciones de forma secuencial como ocurre en el ejemplo de la figura 9.4, lo normal es que se puedan tomar decisiones y en función de su resultado, ejecutar unas instrucciones o no. Tampoco se trabajará siempre con datos numéricos o de carácter y por lo tanto será necesario disponer de algún medio para identificar la categoría en la que se engloba la información.

Para resolver estas situaciones, VBA nos proporciona elementos del lenguaje que permiten controlar valores de datos, utilizar datos de distinto tipo, estructurar el código, etc.

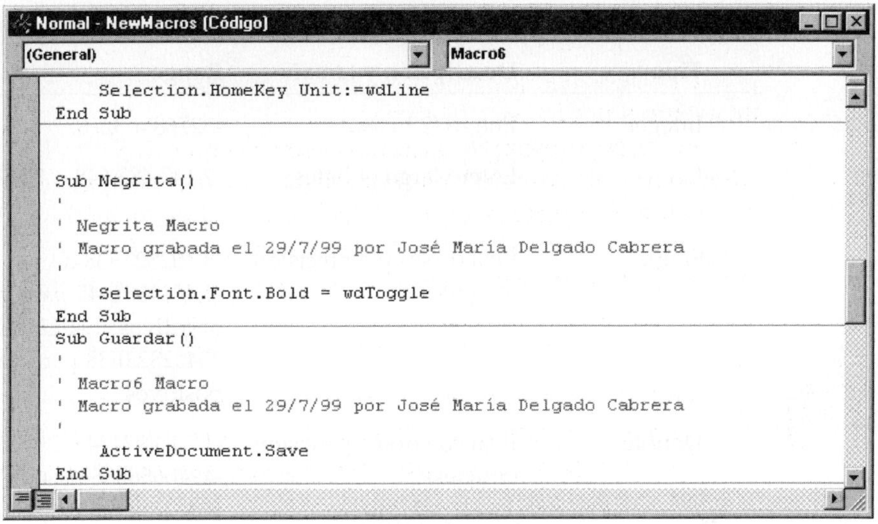

Figura 9.4. Código de una macro sencilla

Tipos de datos

Visual Basic dispone de muchos modelos de datos, cada uno de los cuales tendrá ciertas características que aprovecharemos según sean las necesidades de nuestra aplicación.

Por ejemplo, si sumas dos valores numéricos, el resultado será la suma algebraica de ambos, pero si los datos que sumas son valores alfabéticos, la suma de ellos será la concatenación de ambos ("Am"+"brosio" será "Ambrosio").

Pero los datos tienen una división mayor que los tipos numéricos y alfabéticos. En la tabla 9.1 se muestran los tipos de datos disponibles en VBA, junto a su descripción y al ámbito de acción que corresponde a cada uno de ellos.

Tabla 9.1. Tipos de datos

Tipo	Descripción y tamaño	Rango
Byte	Carácter (1 byte)	0 a 255
Boolean	2 bytes	True o False

(continúa)

Tabla 9.1. Tipos de datos (continuación)

Tipo	Descripción y tamaño	Rango
Integer	Entero (2 bytes)	-32768 a 32767
Long	Entero largo (4 bytes)	-2.147.483.648 a 2147483647
Single	Real de simple precisión (4 bytes)	-3,402823E38 a -1,401298E-45 para valores negativos; 1,401298E-45 a 30402823E38 para valores positivos
Double	Real con doble precisión (8 bytes)	-1,79749313486232E308 a -494065645841247E-324 para valores negativos; 4,84065645841247E-324 a 1,79769313486232E308 para valores positivos
Currency	Entero con punto decimal fijo (8 bytes)	-922.337.685.477,5808 a 922.337.203.658.477,5807
Date	Fecha y hora (8 bytes)	1 de enero de 100 a 31de diciembre de 9999
Object	Referencia a objeto (4 bytes)	Cualquier referencia a objeto
String	Cadena de caracteres (1 byte por carácter)	64000 en Windows 16 bits y 2^{31} en Windows 32 bits
Variant (por omisión)	16 bytes con números y 22 bytes con caracteres + 1 byte por carácter	Datos de cualquier tipo anterior
Type	La define el usuario como unión de varios tipos anteriores	Cada dato tendrá su rango

Veremos que cuando trabajes con datos, será muy recomendable, por no decir necesario, que indiques el tipo exacto; éste determinará el comportamiento de la información almacenada por la variable.

Constantes y variables

Hemos hecho referencia más de una vez a las variables dentro de este capítulo pero realmente no conocemos su funcionamiento ni su misión dentro de un programa. Observa las líneas siguientes:

```
Nombre_documento = ActiveDocument.Name
Carpeta_actual = CurDir
```

Estas líneas representan la forma de almacenar determinados valores en lo que se denominan variables; en nuestro caso, hemos guardado en la variable Nombre_documento el valor de la propiedad Name del objeto ActiveDocument, o sea, el nombre del documento activo; por otro lado, hemos guardado en la variable Carpeta_actual el valor que nos proporciona CurDir, que no es otra cosa que el directorio actual en el que nos encontramos.

Veamos con cierto detenimiento las variables para que no te surjan dudas en su manejo, ya que su utilización es imprescindible en la programación con Visual Basic.

Una variable puede modificar el valor que contiene a lo largo de un programa; basta con asignarle el nuevo valor mediante la siguiente sintaxis:

```
NombreDeVariable=Valor
```

Nota

A diferencia de las variables, una constante contendrá también un valor, pero en este caso no variará durante la ejecución del programa. Por lo demás, todo lo que digamos sobre las variables se puede aplicar a las constantes.

Las variables como elementos del lenguaje tienen ciertas características que las definen:

- **Nombre**: nombre con el que se identifica la variable, el cual se utiliza para comprobar y manipular su valor. Puede tener una longitud de hasta 255 caracteres, no debe contener espacios ni caracteres que tengan un significado especial para Visual Basic (como el punto), tampoco puede estar duplicado su nombre y éste no debe ser palabra reservada (nombres de funciones, palabras que forman parte de la sintaxis en Visual Basic, etc.).

- Tipo: según el valor que contenga, una variable será de un tipo u otro. Los tipos los hemos mostrado en la tabla del apartado anterior.
- Ámbito: indica la parte del programa en el que dicha variable será "visible" y podrá ser utilizada por el resto de elementos de la aplicación. Cuando tengas más práctica, verás que muchas veces te interesará que una variable solamente sea válida en una pequeña porción del código o al revés, en todo el programa.

Cuando utilices variables y constantes, puedes hacer que tomen los valores como te hemos indicado antes. Pero por claridad y comodidad, cuando tienes un código bastante extenso, es mejor que declares las variables indicando el tipo de dato que van a contener. De esta forma, si tienes una variable que debe contener un dato alfabético y por un error intentas que tome un valor numérico, será el propio programa el que te indique este error. La sintaxis para declarar variables y constantes es la siguiente:

```
Dim [Public|Private] NombreDeLaVariable As Tipo
```

...y para una constante:

```
Const [Public|Private] NombreDeLaConstante [As
  tipo]=expresión
```

Según realices las declaraciones de las variables y constantes, estas serán "visibles" en el ámbito en el que las declaras. Dicho de otro modo, si estás creando un programa y declaras variables y/o constantes al principio del mismo, esas variables y constantes serán "visibles" en todo el programa. Pero como veremos más adelante, no ocurrirá lo mismo con las que declares dentro de procedimientos y funciones.

Por seguridad y tranquilidad, a las variables que desees que sean "visibles" en todo el programa, les puedes anteponer la palabra Public.

Respecto al tipo de dato Type que citábamos anteriormente, conviene que veas un ejemplo en el que se define una variable de este tipo para que lo entiendas.

La sintaxis para declarar el tipo de dato Type es la siguiente:

```
[Private|Public] Type NombleDelTipo
...
```

```
declaración de variables
...
End Type
```

El citado ejemplo podría ser:

```
Type TPersona
   Nombre As String
   Apellidos As String
   Edad As Integer
End Type
```

En este caso, la declaración de una variable como Usuario (o Cliente, Paciente, etc.) sería:

```
Dim Usuario As Tpersona
```

Estructuras de control

Las estructuras de control son elementos del lenguaje que nos permiten romper el orden en la secuencia de instrucciones de un programa. En concreto vamos a ver los siguientes modelos:

- *Estructuras de decisión*: permiten elegir un camino entre varios posibles una vez se evalúan ciertas condiciones previas. Las estructuras son *If...Then...Else* y *Select Case*.
- *Estructuras repetitivas*: permiten ejecutar una parte delimitada de código tantas veces como se indique o mientras se cumpla una determinada condición. Las estructuras son: Do While...Loop, Do...Loop While y For...Next.

If..Then...Else

Tras evaluar la expresión que hay tras If, se ejecuta el código que hay tras Then siempre y cuando el resultado de la evaluación sea positiva o tras Else en el caso de que sea negativa. Su sintaxis es la siguiente:

```
If condición_1 Then
   [BloqueDeInstrucciones_1]
```

```
Elseif Condición_2 Then
   [BloqueDeInstrrucciones_2]
Else
   [BloqueDeInstrucciones_n]]
End If
```

Por ejemplo, en la macro Grabar_en_c_y_a podemos aprovechar las ventajas de este tipo de estructuras para optimizar su código, indicando que se grabe el archivo pero sólo si ha sufrido algún tipo de modificación. La forma de hacerlo sería la siguiente:

```
If  Not ThisDocument.Saved Then
   ...
   instrucciones
   ...
End If
```

Select Case

La estructura de control Select Case es parecida a la anterior pero se utiliza cuando las posibles decisiones son muy evidentes y excluyentes en gran parte entre sí. Su sintaxis es la siguiente:

```
Select Case ExpresiónDeComparación
[Case ListaDeExpresiones_1
   [BloqueDeInstrucciones_1]]
[Case ListaDeExpresiones_2
   [BloqueDeInstrucciones_2]]
.
.
.
[Case Else
   [BloqueDeInstrucciones_n]]
End Select
```

Mediante esta estructura se identifica como *ExpresiónDeComparación* lo que se desea comparar (por ejemplo, el dato *Color*) y en los distintos *ListaDeExpresiones_x* se indican los posibles valores (*Rojo*, *Negro*, *Azul*, etc.).

Do While...Loop

Las instrucciones que existan entre las palabras reservadas Do While y Loop se ejecutarán mientras se cumpla la condición que se expresa tras While. Su sintaxis es la siguiente:

```
Do While Condición
   Instrucciones
Loop
```

Do...Loop While

Esta estructura de bucle es muy parecida a la anterior, solo que las instrucciones se ejecutan al menos una vez, ya que la comprobación se hace al final de la instrucción. Su sintaxis es la siguiente:

```
Do
   Instrucciones
         Loop While Condición
```

Nota

El uso de bucles requiere especial cuidado y atención para evitar los llamados comúnmente bucles infinitos. Comprueba varias veces la condición del bucle y asegúrate de que existe por lo menos una situación en la que se cumple.

For...Next

En los anteriores bucles, las instrucciones se repetían mientras se cumpliera la condición. Mediante este otro tipo de bucle las instrucciones se repetirán un número determinado y fijo de veces. La sintaxis es la siguiente:

```
For Contador = Inicio To Fin [Step Incremento]
Instrucciones
Next [Contador]
```

Con esta estructura de bucle se ejecutarán las instrucciones mientras el valor Inicio sea menor o igual que el valor Fin; el valor Inicio se incrementará un valor entero por omisión al pasar por Next, a menos que indiques un valor de Incremento distinto de 1.

Procedimientos y funciones

Cuando creas una macro, el texto de su primera línea (Sub) y el de la última línea (End Sub) indican dónde empieza y dónde acaba el procedimiento que define esta macro.

En situaciones en las que dentro de un programa tienes una parte del código que puede ser llamado desde distintos sitios, lo normal es crear una función o un procedimiento con esa porción de código; de esta forma, cuando lo necesites, podrás llamar a esa función o procedimiento, se ejecutará el código que contiene y no será necesario escribirlo de nuevo.

Cuando ejecutas una macro, lo que hace realmente el programa es una llamada al procedimiento que contiene la macro, se ejecuta el código y el programa devuelve el control del documento con el que estás trabajando.

La sintaxis de los procedimientos y funciones es la siguiente:

```
[Private|Public] [Static] Sub NombreDelProcedimiento
  (argumentos)
...
Instrucciones
...
End Sub
```

...y para funciones:

```
[Private|Public] [Static] Function NombreDelProcedimiento
  (argumentos) [As tipo]
Instrucciones
End Function
```

A simple vista parecen iguales, pero hay una diferencia muy importante: las funciones una vez terminada su ejecución devuelven un valor. Por ejemplo, si creas una función para saber si un documento se ha grabado recientemente, la función devolverá un valor de tipo booleano (True o False). De este modo, podemos realizar comprobaciones del tipo:

```
If activedocument.saved then
   ...
```

```
    instrucciones
    ...
End if
```

Volviendo a las variables y constantes, es en este momento cuando mejor te puede quedar claro el significado del concepto *ámbito* que citamos anteriormente. Si en un procedimiento o función declaras una variable sin especificar si es pública o privada, esta variable será "visible" sólo dentro del procedimiento o función donde se encuentre y no podrá ser llamada desde otros procedimientos o funciones del programa, dado que no se encuentran dentro de su ámbito de acción.

Matrices

Las matrices son un tipo especial de variable que tienen como característica principal la posibilidad de contener más de un dato al mismo tiempo. Por ejemplo, podríamos tener una matriz denominada *Semana*, cuyo contenido fuera evidentemente *"lunes, martes, miércoles..."*. La sintaxis para la definición de esta matriz sería la siguiente:

```
Dim Semana(lunes, martes, miércoles, jueves, viernes,
  sábado, domingo) As string
```

En cualquier caso, la definición genérica de una matriz sería:

```
Dim [Public|Private] NombreDeLaVariable(numelementos) As
  Tipo
```

Para acceder a los distintos elementos de una matriz, debes utilizar el número de orden dentro de la misma. Por ejemplo, para recuperar el día *Miércoles* de nuestra matriz semana deberás utilizar la siguiente instrucción:

```
Día = Semana(2)
```

Aviso

El número de orden no es tres porque el valor inicial de indexación es cero. Puedes cambiar esto si utilizas la sentencia Option Base 1 al principio de tu programa; en este caso sí correspondería el tres al valor Miércoles de la matriz.

Otra de las propiedades de las matrices es que pueden tener más de una dimensión, por ejemplo:

```
Dim Tablero(10,10) As integer
```

Con esto creamos una matriz de dos dimensiones con diez filas por diez columnas, y para acceder a cada elemento de la matriz tendrás que utilizar el valor de la fila y de la columna que le corresponda.

Otras consideraciones

Como te decíamos al principio del capítulo, es imposible tratar en un solo capítulo todos los elementos que pueden aparecer en los programas realizados con VBA. De hecho, faltan cosas tan importantes como las matrices dinámicas, muchos detalles de los tipos de datos, explicaciones a fondo sobre los procedimientos y funciones, creación de objetos, herencias entre objetos, etcétera. Pero no te preocupes, porque en estos momentos te encuentras en disposición de crear macros y, después, editarlas o completarlas con el Editor de Visual Basic.

Nota

Si deseas aprender Visual Basic de forma rápida y sencilla, te recomendamos el libro Visual Basic 6 de la colección Manuales Imprescindibles.

Los formularios

Una herramienta fundamental dentro de Visual Basic son los formularios, que te permiten crear pantallas y cuadros de diálogo que puedes incluir en tus propias macros de una forma bastante sencilla. La utilidad principal de los formularios es "hablar con los usuarios", es decir, recuperar información externa para procesarla o mostrar cualquier mensaje que necesitemos hacer llegar a la persona que está utilizando nuestro programa.

Nota

Cuando se hable de formularios o UserForm, identifica este elemento con un cuadro de diálogo como los que puedes ver en tu trabajo cotidiano con Word.

Crear un formulario

En el Editor de Visual Basic, haz clic el menú Insertar y selecciona el comando UserForm: aparecerán nuevas ventanas (Cuadro de herramientas y UserForm). La ventana Propiedades mostrará las propiedades del UserForm, el cual será, a partir de ahora, un nuevo archivo que formará parte del proyecto, como puedes ver en la ventana Proyecto (observa la figura 9.5).

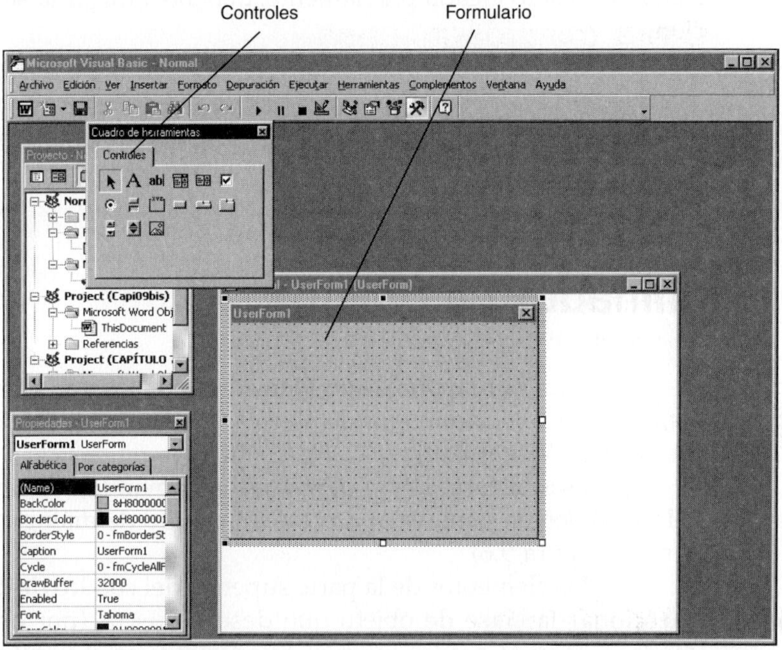

Figura 9.5. Aspecto de la pantalla al crear un formulario

Este formulario tiene un nombre, que puedes ver en la primera casilla de la ventana Propiedades; lo primero que debes hacer es seleccionar este dato y modificarlo. Este nombre será el que utilizaremos, entre otras cosas, para mostrar el formulario.

En la ventana Cuadro de herramientas puedes encontrar iconos que te permiten insertar etiquetas en el formulario, cuadros de texto, botones de comando, casillas de opciones y verificación, etc.; estos son los elementos habituales que puedes encontrar en cualquier cuadro de diálogo, y dentro del entorno de Visual Basic se les conoce como *controles*.

Haz clic en alguno de estos iconos y después arrastra en la ventana del formulario para definir el tamaño del control. Aparecerá el elemento que has seleccionado, el cual podrás manipular con total libertad hasta que tenga el aspecto que desees.

Repitiendo este proceso con todos los demás elementos que desees incluir en el cuadro de diálogo, podrás obtener el cuadro de diálogo que necesites para tu macro.

Una vez diseñado el formulario, para mostrarlo desde el código de cualquier macro creada previamente, deberás utilizar la siguiente instrucción:

```
NombreDeFormulario,Show
```

En este caso, el objeto sería el formulario y su método Show es el que hace que aparezca.

El examinador de objetos

Dado que la mayoría de los elementos con los que se trabaja son objetos, mediante el examinador de objetos puedes ver todos los que ya tiene controlados Visual Basic.

Si pulsas la tecla F2 o seleccionas el comando Examinador de objetos del menú Ver, en pantalla aparecerá un cuadro de diálogo con ese mismo nombre (figura 9.6).

Con los elementos de la parte superior del cuadro de diálogo, puedes seleccionar la clase de objeto que deseas buscar (por omisión aparece <Todas>) y en el cuadro inferior, puedes indicar el nombre de cualquier objeto que desees buscar; Visual Basic te mostrará en el cuadro de lista Resultado de la búsqueda todos los objetos que contengan la cadena de caracteres que hayas tecleado.

Por otro lado, puedes seleccionar, en el cuadro de lista Clases, el objeto que desees, y en el espacio situado a su derecha aparecerán todos sus métodos y propiedades.

Nota

Dentro del ámbito de Visual Basic podemos considerar equivalentes los conceptos de clases y objetos.

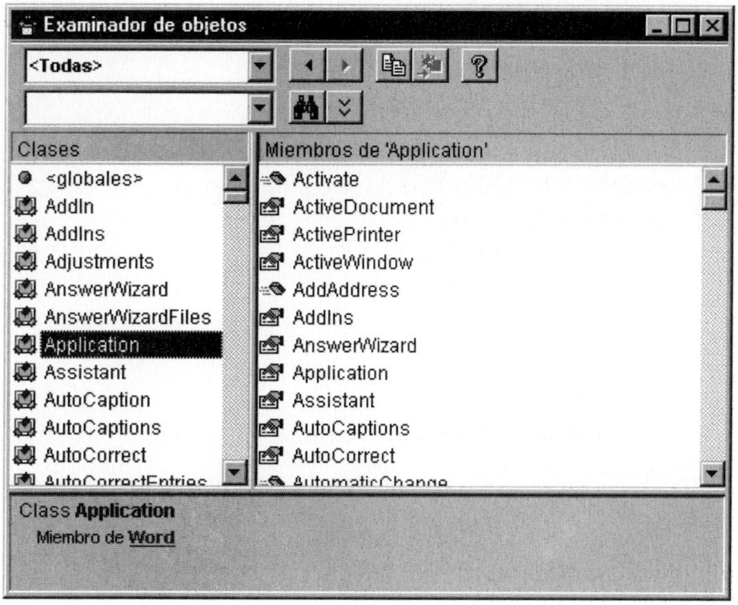

Figura 9.6. Examinador de objetos

Para acceder a una descripción mucho más detallada de cualquier clase, método o propiedad, haz clic sobre ella para seleccionarla y después pulsa la tecla F1.

Aviso

Si tienes problemas con la ayuda, es muy probable que no hayas instalado los componentes necesarios. En este caso, será necesario que lo hagas para obtener información extra sobre cualquier aspecto del Editor de Visual Basic y de VBA en general.

10 Macros automáticas y cuadros de diálogo

En este capítulo trataremos dos interesantes aspectos que nos permitirán mejorar notablemente el control de nuestros documentos: las macros automáticas y los cuadros de diálogo.

Las macros automáticas se asocian a distintas acciones como abrir Word, crear un nuevo documento... con ellas la personalización de nuestro procesador de textos toma una nueva dimensión.

También hablaremos en este capítulo de los cuadros de diálogo como medio para añadir a nuestras macros la posibilidad de comunicación con el usuario. En resumen, un interesante capítulo lleno de sorpresas.

Macros automáticas

Antes de seguir aumentando nuestros conocimientos sobre Visual Basic para Aplicaciones, hemos querido empezar este capítulo con un aspecto muy interesante dentro de las macros de Word. Se trata de las macros automáticas, y con ellas podemos dar un paso más en la configuración de Word y en la automatización de procesos.

Como es evidente por su nombre, las macros automáticas no requieren ningún tipo de intervención por parte del usuario para su ejecución. Este tipo de macros se activan:

- cuando arrancamos Word
- al abrir un nuevo documento
- al abrir un documento creado previamente
- cuando cerramos el archivo actual
- al salir de Word

Seguro que después de leer esto último, ya se te ha ocurrido más de una idea para aprovechar las características de las macros automáticas. En los siguientes apartados, veremos con detalle el funcionamiento de cada una y trataremos de comprobar sus ventajas con algún que otro ejemplo.

AutoExec

AutoExec es la macro automática que se ejecuta cada vez que arrancamos Word. El fin de esta macro podría ser desde la configuración de entorno, hasta abrir siempre el mismo archivo cada vez que arranques Word. La forma de crear una macro automática no es demasiado diferente a lo que ya aprendimos en el capítulo de macros. De cualquier forma, los pasos que debes seguir en este caso y en cualquiera del resto de macros automáticas, serían los siguientes:

1. Selecciona el comando Macro del menú Herramientas; en el nuevo submenú que aparece, haz clic sobre la opción Macros. Como esperábamos Word muestra el cuadro de diálogo Macros.
2. En el cuadro de texto Nombre de la macro, escribe: AutoExec y a continuación, haz clic en el botón Crear.

3. Una vez dentro del Editor de Visual Basic, comprueba como se ha creado automáticamente el procedimiento que contendrá las instrucciones de la macro (figura 10.1).
4. Escribe las instrucciones que quieras ejecutar al iniciar Word, por ejemplo, abrir un archivo:

```
Sub AutoExec()
    Documents.Open ("C:\TareasPendientes.doc")
End Sub
```

5. Una vez hecho esto, haz clic en el botón Guardar del Editor y regresa a Word. Cierra la aplicación y ábrela de nuevo para comprobar que ciertamente la macro automática AutoExec funciona.

Nota

Para crear el resto de macros automáticas que explicaremos a continuación debes seguir estos mismos pasos. Sólo es necesario incluir el nombre exacto de la macro automática que deseas utilizar.

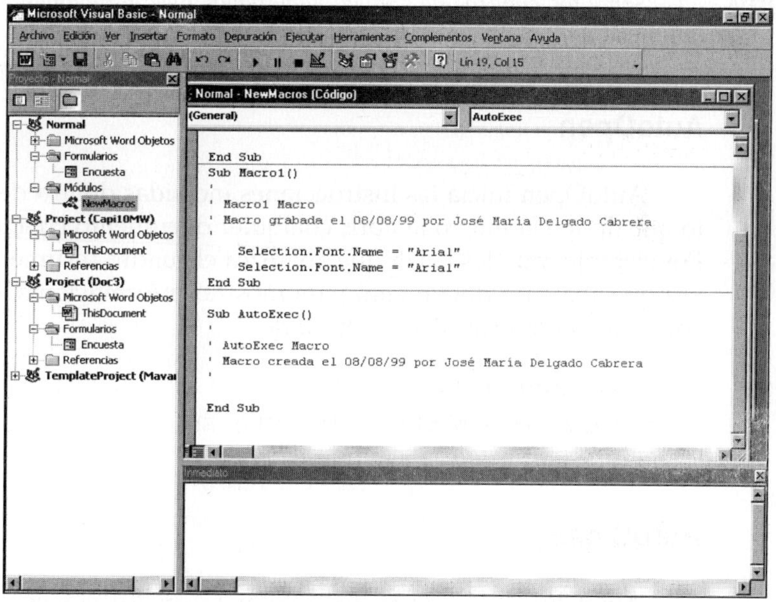

Figura 10.1. Estructura del procedimiento ya creada

AutoNew

La macro automática AutoNew se ejecuta cada vez que creamos un nuevo documento, ya sea mediante el botón Nuevo de la barra de herramientas o el comando del mismo nombre situado dentro del menú Archivo.

El uso que le puedes dar a esta macro podría ir enfocado hacia la personalización de tus nuevos documentos, ya sea asociándoles una plantilla determinada, mostrando u ocultando barras de herramientas, guardando el documento justo después de crearlo... vamos a ver cómo sería este último caso.

```
Sub AutoNew()
   Dialogs(wdDialogFileSaveAs).Show
End Sub
```

Con esta sencilla instrucción, al crear un nuevo documento aparecerá el cuadro de diálogo Guardar como para que en ningún caso podamos olvidar guardar el nuevo documento.

Nota

Sobre los cuadros de diálogo hablaremos más ampliamente dentro de este mismo capítulo.

AutoOpen

AutoOpen inicia las instrucciones incluidas dentro del procedimiento que define la macro al abrir cualquier documento creado previamente. Por ejemplo, puedes hacer que aparezca el cuadro resumen de Word cada vez que abras un documento para mostrar información sobre su fecha de creación, autor, estadísticas, etcétera.

```
Sub AutoOpen()
   Dialogs(wdDialogSumItAllUp).Show
End Sub
```

AutoClose

AutoClose se encarga de ejecutar las instrucciones que incluyamos dentro de la macro cada vez que cerremos un documento. Como utilidad para esta macro podemos pensar en hacer copias de seguridad del documento o enviar una copia por correo electrónico o fax.

Consejo

La macro AutoClose puede ser un buen sitio para incluir el código de nuestra macro de ejemplo Grabar_en_c_y_a.

AutoExit

Esta última macro automática se activa en el momento de cerrar la aplicación y puede ser útil como medio para restaurar la configuración del entorno, de forma que siempre al arrancar Word se encuentre del mismo modo, sean cuales sean los cambios realizados durante el trabajo.

Cuadros de diálogo con VBA

Como ya sabrás los cuadros de diálogo son el medio estándar en Windows para establecer cualquier tipo de comunicación con el usuario, ya sea para mostrarle información o para solicitarla.

Podemos mejorar notablemente el aspecto y la funcionalidad de nuestras macros mediante el uso de los cuadros de diálogo. En Word, y en general en Windows, existen varios cuadros de diálogo estándar a los que podemos hacer referencia para mejorar el proceso de interacción en nuestras macros. Estos pueden ser desde un simple mensaje con un botón Aceptar hasta los típicos cuadros de diálogo Abrir, Guardar o Imprimir.

En los siguientes apartados trataremos los modelos básicos de cuadros de diálogo, con lo que ya sería posible sorprender a más de uno con nuestras macros.

InputBox

El primer modelo básico de cuadro de diálogo que vamos a tratar recibe el nombre de InputBox y se podría traducir más o menos como *caja de entrada*. Con él podemos solicitar al usuario que introduzca cierta información y asignar ésta a una variable para tratarla posteriormente.

Sin más rodeos vamos a ver un ejemplo del uso de este tipo de cuadro de diálogo:

```
Valor = InputBox  "Por favor, introduzca su correo
  electrónico"
```

Con esta sencilla instrucción obtendríamos un cuadro de diálogo como el que aparece en la figura 10.2.

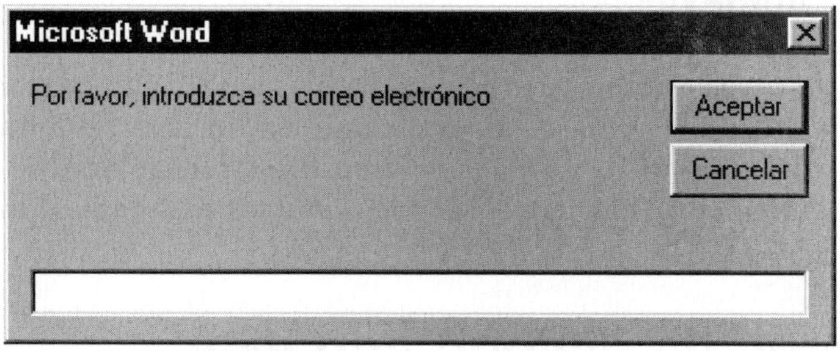

Figura 10.2. Ejemplo simple de InputBox

Ésta sería la forma básica del cuadro de diálogo InputBox, pero su sintaxis completa es la siguiente:

```
InputBox(prompt[, title][, default][, xpos][, ypos][,
  helpfile, context])
```

Nota

Los parámetros que se encuentran entre corchetes son opcionales y por lo tanto pueden estar o no según prefieras en cada caso.

Como puedes comprobar existen otros muchos parámetros que podemos configurar dentro de InputBox. La descripción de cada uno de ellos sería la siguiente:

- *Prompt:* muestra el mensaje que aparece en el cuadro de diálogo y su longitud máxima es de 1024 caracteres. Si lo necesitas, puedes dividir este texto en más de una línea utilizando un carácter de retorno de carro (Chr(13)), un carácter de avance de línea (Chr(10)) o ambos.

- *Title:* determina el texto que puedes ver en la barra de título del cuadro de diálogo. Si omites este parámetro, aparecerá el nombre de la aplicación; en este caso, Microsoft Word.
- *Default:* incluye un valor por defecto en el cuadro de texto del cuadro de diálogo.
- *Xpos y Ypos:* estos dos valores controlan la posición de la esquina superior izquierda del cuadro de diálogo dentro de la pantalla.
- *Helpfile:* aquí puedes indicar la expresión que nos permitirá identificar el archivo de ayuda asociado al cuadro de diálogo.
- *Context:* determina el número de contexto de ayuda, asignando el tema de ayuda asociado al cuadro de diálogo.

Nota

En otras aplicaciones como Excel, el cuadro de diálogo InputBox *incorpora un botón de ayuda.*

Aviso

Si el usuario utiliza el botón Cancelar *o* Cerrar, *el valor que devuelve InputBox es una cadena vacía, es decir, de longitud cero.*

MsgBox

Otro de los cuadros de diálogo habituales es MsgBox y del mismo modo podríamos traducirlo como *caja de mensaje*. Si el cuadro de diálogo anterior nos permitía recoger cierta información del usuario, MsgBox muestra una pregunta, a la que el usuario debe responder pulsando alguno de los botones incluidos en el cuadro de diálogo. En la figura 10.3 puedes ver un ejemplo sencillo, creado mediante la siguiente instrucción:

```
Valor = MsgBox ("Quieres realizar más operaciones",
  VbYesNoCancel + VbQuestion, "Cuadro de ejemplo")
```

En cualquier caso, la sintaxis completa del cuadro de diálogo MsgBox sería la siguiente:

```
MsgBox(prompt[, buttons][, title][, helpfile, context])
```

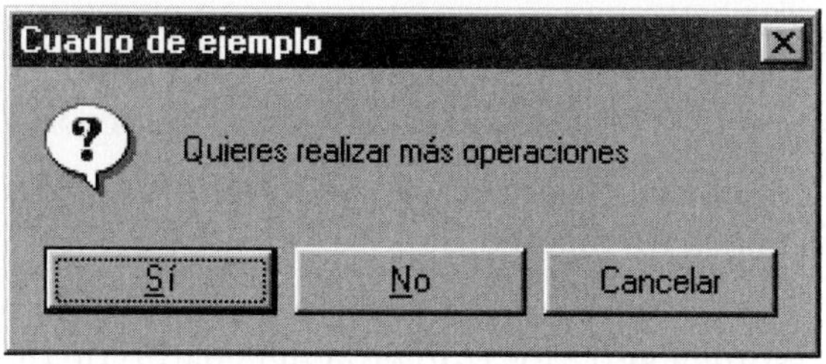

Figura 10.3. Ejemplo de MsgBox

La combinación de botones que se puede utilizar en los cuadros de diálogo MsgBox y, por lo tanto, en el parámetro *buttons*, viene determinada por las constantes de la tabla 10.1, aunque en ningún caso podrían ser más de tres.

Del mismo modo podemos elegir entre cuatro posibles iconos para mostrar en el cuadro de diálogo. En este caso las constantes que puedes utilizar las tienes definidas en la tabla 10.2.

Aviso

No olvides que en la sintaxis de MsgBox los valores o constantes que representan tanto los botones que se van a utilizar como el icono que mostrará el cuadro de diálogo, se encuentran separados por un signo más (+).

Tabla 10.1. Constantes para definir los botones que mostrará MsgBox

Constante	Valor	Resultado
VbOKOnly	0	Sólo muestra el botón Aceptar
VbOKCancel	1	Muestra los botones Aceptar y Cancelar
VbAbortRetryIgnore	2	Muestra los botones Abortar, Reintentar e Ignorar
VbYesNoCancel	3	Los botones mostrados son Sí, No y Cancelar
VbRetryCancel	4	Muestra los botones Reintentar y Cancelar

Tabla 10.2. Constantes que definen el icono mostrado en el cuadro de diálogo MsgBox

Constante	Valor	Icono
VbCritical	16	
VbQuestion	32	
VbExclamation	48	
VbInformatión	64	

Aviso

Dentro de la definición de MsgBox es posible utilizar tanto el texto de las constantes como su valor numérico.

En el caso de InputBox estaba claro el resultado que devolvía la función, el dato introducido por el usuario. Pero en el caso de MsgBox, la cuestión es qué botón ha sido pulsado.

Para controlar esto, cada botón tiene asignado un valor constante que será el que obtengamos como resultado de la función. En la tabla 10.3 tienes esta información.

Tabla 10.3. Valores de respuesta asociados a los botones de MsgBox

Constante	Valor	Botón
VbOk	1	Aceptar
VbCancel	2	Cancelar
VbAbort	3	Abortar
VbRetry	4	Reintentar
VbIgnore	5	Ignorar
VbYes	6	Sí
VbNo	7	No

Truco

El cuadro de diálogo **MsgBox** *es un buen medio para hacer llegar información al usuario; bastaría con incluir el mensaje y el botón* **Aceptar***.*

Mostrar información en la barra de estado

Ya sabemos cómo hacer llegar información al usuario a través del cuadro de diálogo MsgBox, pero también podemos utilizar la barra de estado para este mismo propósito. La sintaxis sería la siguiente:

```
StatusBar = "Eres un fenómeno, amigo"
```

Pues sí, tan sencillo como esto. Observa la figura 10.4.

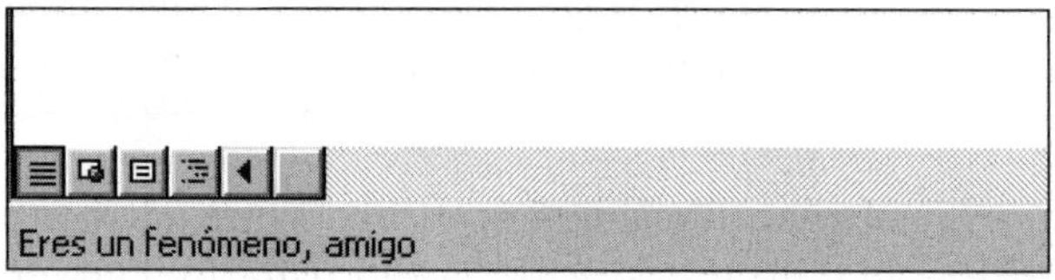

Figura 10.4. Uso de la barra de estado para mostrar información

Crear nuestros propios cuadros de diálogo

Lo que acabamos de ver en los apartados anteriores está muy bien, pero lógicamente nos limita a utilizar los modelos de cuadros de diálogo definidos en VBA. Para arreglar esto existe la posibilidad de crear nuestros propios cuadros de diálogo y el medio de realizarlo sería mediante los formularios que ya tratamos en capítulos anteriores. En la creación de nuestros cuadros de diálogo comprobaremos realmente las facilidades que ofrece Visual Basic como lenguaje de programación visual.

Vamos a imaginar que necesitamos incluir una pequeña encuesta en nuestro último trabajo con Word y para hacerlo hemos pensado en recoger la información en un cuadro de diálogo. Los pasos serían los siguientes:

1. Haz clic sobre el menú Herramientas, a continuación sitúa el cursor sobre la opción Macro y finalmente, selecciona el comando Editor de Visual Basic. También puedes pulsar la combinación de teclas Alt+F11.

2. Una vez dentro del Editor, selecciona el comando Insertar y a continuación, UserForm. Aparecerá un formulario en blanco, junto al cuadro de herramientas.
3. En la ventana de propiedades, vamos a cambiar el nombre del formulario por defecto. Para hacerlo deberás editar la propiedad Name. Asígnale el nombre Encuesta.
4. También editaremos la propiedad Caption, que corresponde al título del formulario, asignándole el valor Encuesta TV.
5. Ahora hay que incluir en el formulario un texto que indique el sentido de la encuesta. Selecciona la herramienta Etiqueta, haz clic en la parte superior izquierda del formulario y arrastra para definir su tamaño. Haz clic dentro y escribe el texto que desees, por ejemplo: Introduce tus tres programas de televisión favoritos. Otra forma de modificar el texto de la etiqueta es editando su propiedad, Caption.
6. A continuación, debemos insertar los tres cuadros de texto donde el usuario deberá incluir las respuestas. Haz clic en la herramienta Cuadro de texto, después haz clic en el formulario y arrastra para definir las proporciones del cuadro. Para terminar con el primer cuadro de texto edita la propiedad Name y escribe: Respuesta1.

Nota

Si la ventana de propiedades no se encuentra visible en el Editor, pulsa la tecla F4.

7. Repite el paso anterior para crear los dos cuadros de texto restantes cambiando el valor de la propiedad Name a Respuesta2 y Respuesta3, respectivamente. Si quieres editar alguno de los controles una vez incluidos en el formulario, utiliza los cuadrados de sus extremos. Para desplazar el control, haz clic en el borde sombreado y arrastra.
8. Delante de cada campo podrías incluir una etiqueta con el número de respuesta. Después de este paso, el formulario deberá tener un aspecto similar al que muestra la figura 10.5.

Truco

Mediante la propiedad Font *de las etiquetas, puedes modificar el tipo de fuente, el tamaño, sus atributos (negrita, cursiva...), etcétera.*

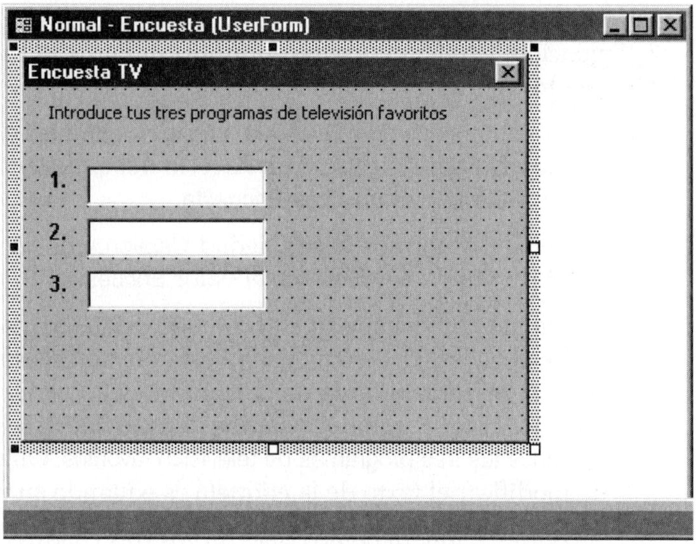

Figura 10.5. Nuestro formulario después de incluir las etiquetas y los cuadros de texto

9. Para terminar con el diseño del formulario, añadiremos un botón, de forma que el usuario pueda confirmar sus respuestas una vez introducidas. Selecciona la herramienta Botón de comando, después haz clic un poco más allá de la última etiqueta y arrastra para definir el tamaño del botón.
10. Edita la propiedad Name del botón y asígnale el nombre: cmdAceptar. A continuación, haz lo mismo con la propiedad Caption y escribe Aceptar.

Con este último paso quedaría concluido el diseño del formulario. El siguiente paso que debemos dar es escribir el código necesario para que sea operativo. Para no complicarnos demasiado, lo único que hará nuestro formulario será incluir las respuestas del usuario al final del documento.

1. Haz doble clic en alguna parte vacía del formulario para mostrar la ventana de código, como aparece en la figura 10.6.
2. En la primera lista desplegable, selecciona el objeto cmdAceptar que corresponde al botón de comando que hemos incluido en el formulario.

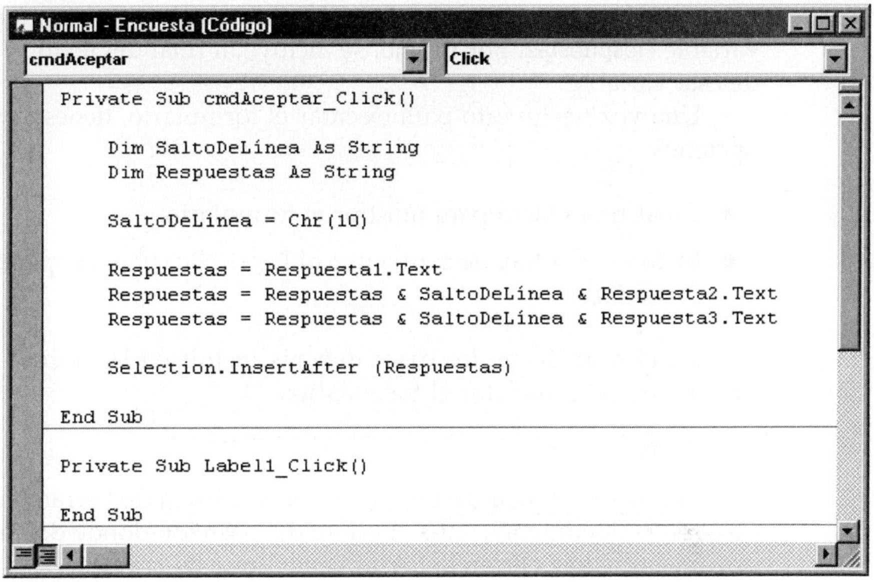

Figura 10.6. Ventana de código

3. Asegúrate de que en la lista de evento se encuentra seleccionado el evento Click.
4. Ahora la ventana de código muestra en primer lugar el procedimiento cmdAceptar_Click. Dentro de él, deberás incluir el siguiente código:

```
Dim SaltoDeLínea As String
Dim Respuestas As String

SaltoDeLínea = Chr(10)

Respuestas = Respuesta1.Text
Respuestas = Respuestas & SaltoDeLínea & Respuesta2.Text
Respuestas = Respuestas & SaltoDeLínea & Respuesta3.Text

Selection.InsertAfter (Respuestas)
```

En primer lugar, definimos dos variables; la primera contendrá el carácter correspondiente al salto de línea y la segunda, la información introducida por el usuario. Las instrucciones siguientes se limitan a recoger las respuestas de cada cuadro de texto y a componerlas en la variable Respuestas. Por último, se incluye al final del texto, el contenido de esta variable.

Una vez hecho esto para ejecutar el formulario, tienes al menos dos opciones:

- Crear una macro para mostrar el formulario.
- Incluir un botón, de forma que al hacer clic sobre él aparezca el formulario.

En el primero de los casos deberás incluir en la macro la siguiente instrucción para mostrar el formulario:

```
Encuesta.Show
```

Si quieres utilizar un botón, muestra la barra de herramientas Visual Basic en el documento, sitúa el punto de inserción donde deseas incluir el documento y haz clic en la herramienta Botón de comando.

Aviso

Recuerda que para salir del modo Diseño y activar el botón debes hacer clic en el botón Modo diseño *del Cuadro de herramientas.*

Una vez insertado el botón, haz doble clic para mostrar la ventana de código asociada y dentro de ésta vuelve a escribir la misma instrucción anterior. Antes de terminar, en la ventana Proyecto, haz clic en el objeto Encuesta y arrástralo hasta el proyecto que corresponda al documento donde hayas incluido el botón.

En la figura 10.7 puedes ver cómo hemos completado esta operación. Ahora tenemos el objeto Encuesta tanto en la plantilla Normal como en el documento Doc3.

Nota

Recuerda que un proyecto contenía todos los elementos incluidos dentro de un documento (módulos, objetos, macros...). En la ventana Proyecto *del Editor de Visual Basic cada proyecto corresponde a los documentos abiertos o plantillas en las que estén basadas estos documentos.*

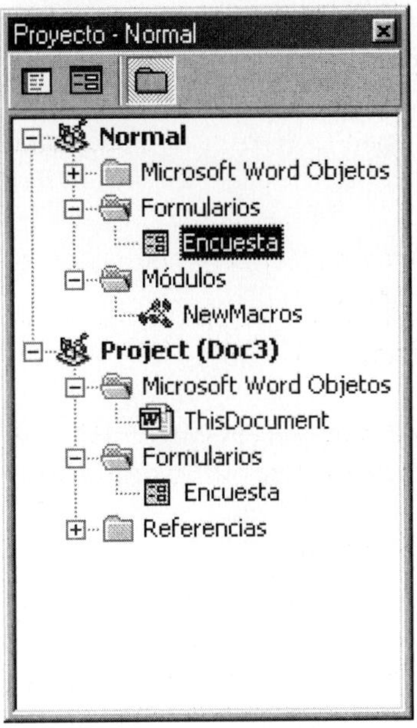

Figura 10.7. Aspecto de la ventana Proyecto *después de mover el objeto* Encuesta

11

Estilos y plantillas

En capítulos anteriores, hemos visto cómo crear y utilizar macros y campos en nuestros documentos de Word. Avanzando un poco más en nuestro deseo de automatizar tareas, vamos a ver cómo utilizar esos elementos en plantillas, de manera que al crear un documento basándonos en una plantilla, el usuario sepa perfectamente qué tiene que hacer para usar dicho documento nuevo.

Como las plantillas están muy relacionadas con los estilos, veremos también ciertas operaciones avanzadas con estilos.

Los estilos y las plantillas

Estamos seguros de que ya conoces los estilos y las plantillas de Word y de que los has empleado en tus documentos. Sin embargo, nunca está de más recordar la función de estos dos elementos de la aplicación:

- Los estilos son combinaciones de formatos que se almacenan con un nombre determinado. De este modo, los estilos principales son de párrafo y de carácter.
- Las plantillas, por su parte, son documentos especiales de Word que facilitan la creación de otros documentos que posean características comunes. Así, al crear un documento nuevo basado en una plantilla, en dicho documento aparecerán todos los elementos que se hayan definido dentro de la plantilla. De este modo, la creación de documentos con características comunes es un proceso sencillo y rápido. Los elementos que se almacenan en las plantillas habitualmente son el texto, los formatos de página (tamaño, márgenes, pies de página y encabezados), los estilos de párrafo y caracteres, las macros, los campos y ciertos elementos gráficos (como el logotipo de las empresas).

Los estilos

De un modo muy escueto, las operaciones principales que se pueden llevar a cabo con los estilos de párrafo son las siguientes:

- Aplicar un estilo. Para aplicar un estilo de párrafo a uno o varios párrafos, hay que seleccionar los párrafos en cuestión y elegir el nombre del estilo del cuadro de lista Estilos (el primero de la barra de herramientas Formato). Has de tener en cuenta un par de cosas:

1. Si aplicas un estilo de párrafo cuando tienes seleccionado parte del texto de un párrafo (sin incluir la marca de fin de párrafo), Word sólo aplicará los formatos de carácter que tenga asociado dicho estilo, pero dejará los formatos de párrafo como estaban (figura 11.1).
2. Si modificas un párrafo que tenga aplicado un estilo y, después, vuelves a aplicar el estilo a dicho párrafo, Word te preguntará si

realmente deseas aplicar de nuevo el estilo o modificar el estilo en sí (figura 11.2).

- Crear un estilo. Aplica a un párrafo los formatos de párrafo y de carácter que desees que tenga el estilo. Después, selecciona dicho párrafo, haz clic en el cuadro Estilo de la barra de herramientas y escribe el nombre que quieras asignar al estilo. Al pulsar Intro, tendrás creado el estilo.

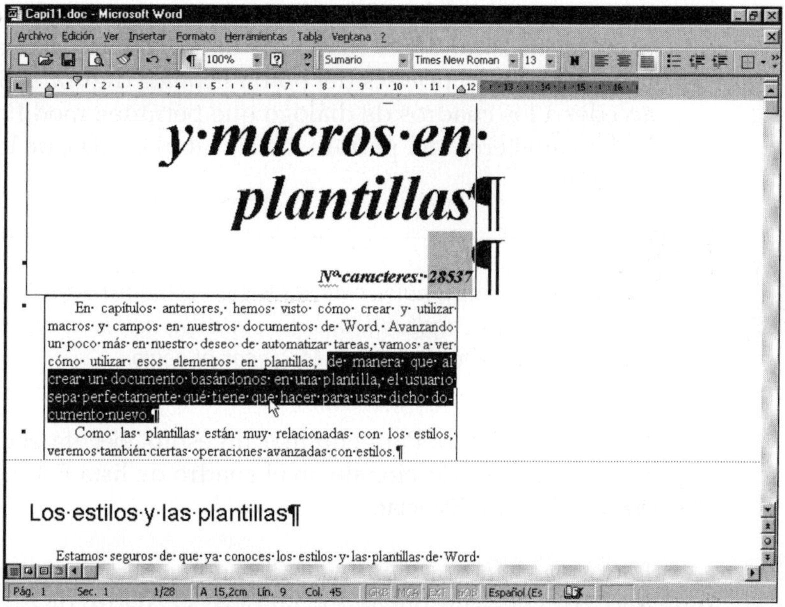

Figura 11.1. Aplicar un estilo a sólo parte del texto de un párrafo

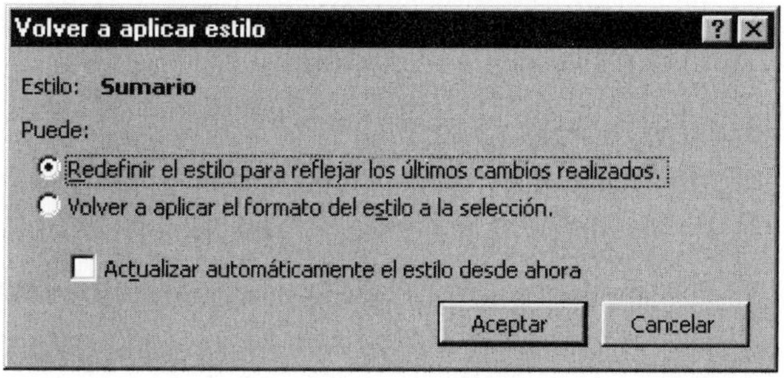

Figura 11.2. Aviso preguntando si deseas aplicar un estilo o modificarlo

- Modificar un estilo. Hay dos formas de modificar un estilo:

1. Aplicar el estilo a un párrafo y, después, modificar el formato del párrafo para que se adapte a las nuevas características que desees que contenga el estilo. Tras las modificaciones, selecciona de nuevo el nombre del estilo para dicho párrafo y Word te preguntará si quieres redefinir (modificar) el estilo o volver a aplicarle el formato anterior (figura 11.2). Selecciona Redefinir y haz clic en Aceptar.
2. La otra forma consiste en ejecutar el comando Formato, Estilo, seleccionar el nombre del estilo en la lista Estilos y hacer clic en el botón Modificar. En el cuadro de diálogo Modificar el estilo que aparece, utiliza las opciones del botón Formato (figura 11.3) para acceder a los cuadros de diálogo que permiten modificar el formato de los caracteres, del párrafo, de las tabulaciones, de los bordes, etcétera.

Truco

Si quieres que los cambios realizados a un estilo permanezcan en el resto de documentos que empleen la misma plantilla, activa la casilla Agregar a la plantilla *del cuadro de diálogo* Modificar el estilo.

- Eliminar un estilo. Para eliminar un estilo, ejecuta el comando Formato, Estilo, selecciónalo en el cuadro de lista Estilos y haz clic en el botón Eliminar.

La forma de actuar con los estilos de caracteres es muy similar. Sin embargo, para crearlos tienes que emplear el cuadro de diálogo Estilo, del siguiente modo:

1. Aplica el formato de carácter que desees guardar como estilo a un texto y selecciona dicho texto.
2. Ejecuta el comando Formato, Estilo.
3. En el cuadro de diálogo Formato, haz clic en el botón Nuevo.
4. En el cuadro de lista Tipo de estilo, selecciona la opción Carácter.
5. Escribe el nombre del estilo en el cuadro Nombre.
6. Haz clic en Aceptar para volver al cuadro de diálogo Estilo. Cuando cierres este cuadro de diálogo, habrás terminado de crear el estilo de carácter.

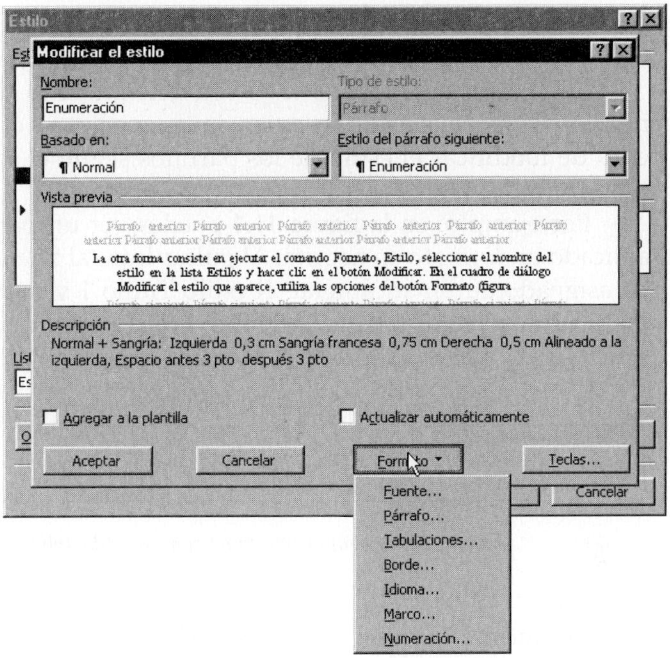

Figura 11.3. Botón Formato *del cuadro de diálogo* Modificar el estilo

El resto de operaciones con los estilos de caracteres son similares a las vistas para los estilos de párrafo: modificarlos, eliminarlos y aplicarlos.

Nota

Word proporciona un estilo de carácter llamado Fuente de párrafo predeter. Al aplicar este estilo a un texto seleccionado, se le aplica el formato que tenga definido, por omisión, el texto del estilo de párrafo.

Operaciones avanzadas con estilos

Además de las operaciones básicas que hemos visto en el apartado anterior, hay una serie de funciones de Word que aumentarán tu control y eficacia al usar estilos en los documentos. Los siguientes subapartados muestran estas herramientas.

La autocorrección de estilos

En el capítulo 4 hemos visto con detenimiento el tema de la autocorrección de Word. Una de las operaciones que lleva a cabo esta herramienta es la de modificar el estilo de los párrafos según el formato que le hayamos aplicado.

Por ejemplo, en la figura 11.4 puedes ver un párrafo al que se le ha aplicado un formato en negrita. Al pulsar Intro al final del párrafo, Word le ha asignado automáticamente el estilo Título 1 y muestra a su izquierda un cuadrado negro relleno. Además, Word modifica automáticamente el estilo Título 1 para adaptarlo al formato que tenga dicho párrafo.

▪ **Ejemplo·de·título¶**
Este·es·un·ejemplo·de·un·caso·en·el·que·Word·aplica·un·estilo·sin·nuestro·consentimiento·ni·deseo.·Es·más,·me·molesta·mucho·que·haga·estas·cosas.¶

Figura 11.4. Ejemplo de párrafo con un estilo aplicado por Word

En nuestra opinión, esta corrección no siempre es deseable, ya que nos "roba" parte del control que tenemos sobre el formato de nuestros documentos. Por tanto, te aconsejamos que desactives la última opción de la pestaña Autoformato mientras escribe del cuadro de diálogo Autocorrección.

Otros problemas de formato

La autocorrección no es el único culpable de que un párrafo modifique su formato sin que nosotros hagamos nada. Hay otros tres motivos que pueden provocar un cambio de formato no deseado:

- Lo normal al crear un nuevo estilo es que esté basado en otro ya existente. Por ejemplo, en la figura 11.5 puedes ver en la descripción del estilo seleccionado que es igual (está basado en) que Normal pero con ciertos cambios. Esto implica que si modificamos dicho estilo original (Normal), también puede cambiar alguna característica del nuevo estilo. Para "independizar" ambos estilos, selecciona el estilo Nuevo en el cuadro de diálogo Estilo, haz clic en el botón Modificar y selecciona la opción (Sin estilo) del cuadro de lista Basado en. Al hacer clic en Aceptar, verás que la descripción cambia y muestra todas las características del estilo.

- Si modificas los estilos de la plantilla en la que está basado un documento, puede que al abrir dicho documento varíe el formato de algunos párrafos.
- Finalmente, si eliminas la plantilla o está dañada, también puede ocurrir algo extraño con los estilos.

Veremos más sobre las plantillas en el resto del capítulo.

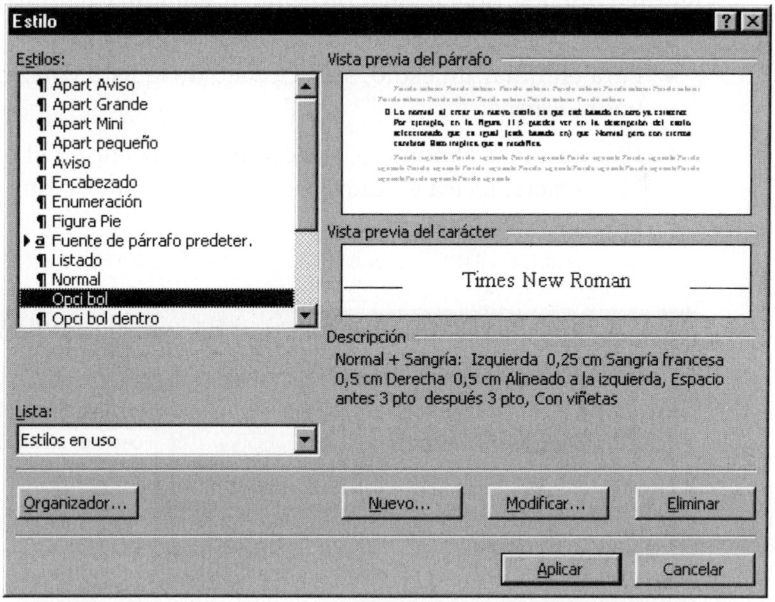

Figura 11.5. Descripción de un estilo basado en el estilo Normal

El organizador de estilos

El organizador de estilos es una herramienta de Word que facilita la gestión de los estilos. Tres son las operaciones que se pueden llevar a cabo con él: eliminar un estilo, cambiar su nombre y copiarlo entre distintos documentos o plantillas.

Truco

El organizador de estilos es similar al organizador de macros que vimos en el capítulo 7. De hecho, el cuadro de diálogo es el mismo, sólo varía la ficha. Prácticamente todas las operaciones vistas allí son válidas para los estilos.

Para acceder al cuadro de diálogo del organizador (figura 11.6), haz clic en el botón Organizador del cuadro de diálogo Estilo. Este cuadro de diálogo tiene cuatro fichas. Ahora nos interesa la primera: Estilos.

En la parte izquierda del organizador verás los estilos del documento que tengas abierto y en su parte derecha, los estilos de la plantilla Normal.dot. Las operaciones de cambiar nombre y eliminar son evidentes:

- Para eliminar un estilo, selecciónalo de la lista y haz clic en el botón Eliminar.
- Para cambiar el nombre, selecciónalo, haz clic en el botón Cambiar nombre, teclea el nuevo nombre en el cuadro que aparece y haz clic en Aceptar.

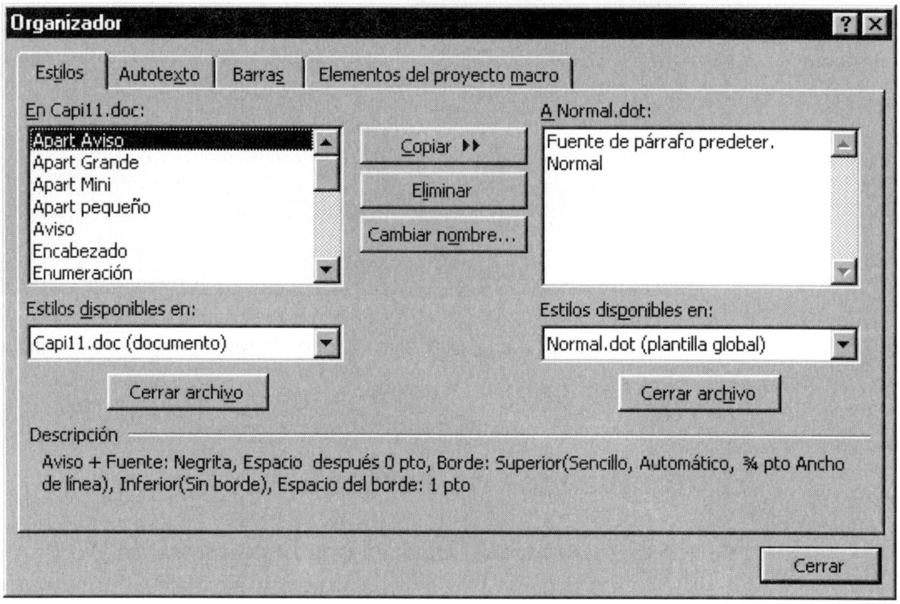

Figura 11.6. Cuadro de diálogo Organizador

- Para copiar estilos entre documentos y plantillas, sólo has de seleccionar un estilo de una de las listas y hacer clic en el botón Copiar. Si ya existe un estilo con el mismo nombre en la lista a la que vayas a copiar, tendrás que indicar a Word si deseas sobrescribirlo o no.

Truco

Mediante las teclas Ctrl y Mayús, puedes seleccionar varios estilos para copiarlos o eliminarlos de una vez.

Ten en cuenta que no te tienes que ceñir al documento abierto y a la plantilla Normal.dot. Mediante los botones Cerrar archivo, puedes cambiar el contenido de las listas. Tras cerrar un archivo, el botón Cerrar archivo se transforma en el botón Abrir archivo. Selecciónalo y elige otro documento o plantilla que desees emplear. Una vez que lo tengas en una de las listas, podrás usar sus estilos con el documento activo o con cualquier otro.

Las plantillas

La idea general de las plantillas es crear ciertos documentos (las plantillas) que almacenen aquella información que sea común a un grupo más o menos numeroso de documentos creados con Word. De este modo, cuando se vaya a crear un documento con estas características, se parte de la plantilla y se ahorra tener que volver a incluir la información y formatos ya almacenados en la plantilla.

Como ejemplo, los libros de la colección Manuales Avanzados están todos basados en la misma plantilla, de manera que no hay que crear ni incluir una y otra vez los mismos iconos, ni dibujar los gráficos de presentación del capítulo, etcétera. Además, también se almacena en la plantilla información de formato como el tamaño, los márgenes y la orientación de la página.

Las operaciones básicas con plantillas son las siguientes:

- Usar una plantilla. Todo documento tiene una plantilla asociada al mismo. Así, cuando se crea un documento mediante el botón Nuevo de la barra de herramientas, la plantilla usada es Normal.dot. Sin embargo, se puede usar otra cualquiera.

Ejecuta el comando Archivo, Nuevo para abrir el cuadro de diálogo Nuevo. Después, simplemente selecciona la plantilla que más se aproxime a tu deseo y haz clic en Aceptar. En la sección Vista previa podrás ver un modelo de documento creado con la plantilla (figura 11.7).

- Adjuntar una plantilla. Si ya tienes creado un documento y quieres adjuntarle una plantilla distinta de la empleada a la hora de crearlo, ejecuta el comando Herramientas, Plantillas y complementos. En el cuadro Plantilla de documento puedes ver la plantilla adjunta al documento en cuestión. Después, haz clic en el botón Adjuntar y selecciona una plantilla distinta en el cuadro de diálogo que aparece.

Truco

Si quieres que Word actualice los formatos de los párrafos ya existentes en el documento usando los estilos de la nueva plantilla, activa la casilla Actualizar los estilos automáticamente.

- Crear una plantilla. Las plantillas no son más que documentos de Word. Por tanto, para crear una plantilla, emplea también el cuadro de diálogo Nuevo (figura 11.7). La única diferencia estriba en que has de activar la opción Plantilla en la sección Crear nuevo.

  Si ya tienes creado un documento que desees usar como plantilla, sólo tienes que utilizar el comando Archivo, Guardar como y elegir la opción Plantilla de documento del cuadro Guardar como tipo. Fíjate en que al seleccionar esta opción, Word muestra de forma automática la carpeta Templates o Plantillas.

- Modificar una plantilla. Como una plantilla no es más que un documento de Word, para modificar la plantilla, ábrela como un documento más y realiza los cambios que desees. Después, guárdala de nuevo con el mismo nombre.
- Copiar estilos entre plantillas. Puedes emplear el organizador de estilos para copiar estilos también entre plantillas. Para hacerlo, sólo has de abrir en ambas listas las plantillas entre las que deseas copiar los estilos.

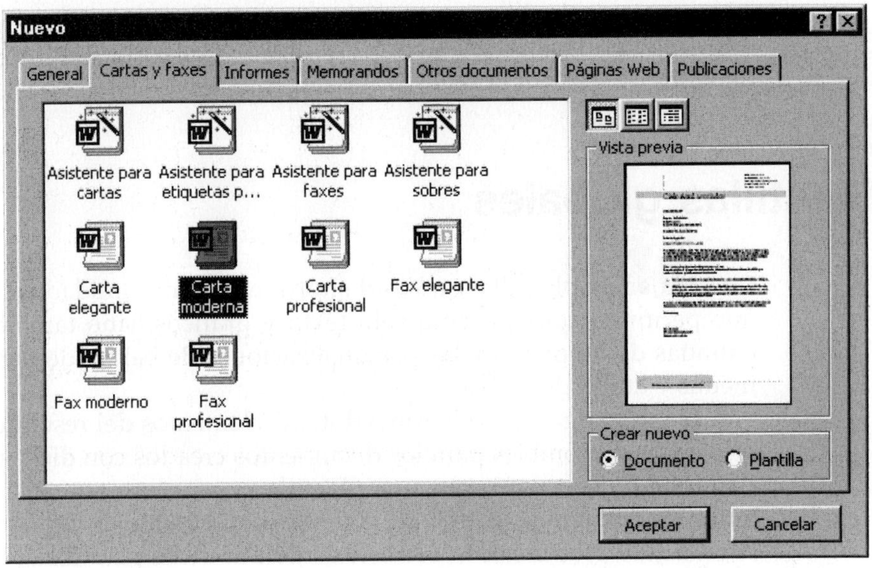

Figura 11.7. Cuadro de diálogo Nuevo

Consideraciones sobre Normal.dot

Normal.dot es la plantilla base para el resto de plantillas. Esto significa que aunque un documento esté creado basado en otra plantilla distinta, ésta dependerá de Normal.dot.

Esta situación tiene ventajas y desventajas, según se mire. Por ejemplo, tendrás que tener en cuenta que cualquier cambio realizado en Normal.dot afecta al resto de plantillas y, por tanto, a los documentos respectivos.

Aviso

Si eliminas la plantilla Normal.dot, perderás todos los cambios de personalización que hayas realizado en Word, y que vimos en el capítulo 2 Menús, barras de herramientas, etcétera. Por ello, te recomendamos que realices una copia de seguridad de la misma de vez en cuando.

Una de las ventajas de la plantilla Normal.dot, es que si creas una macro en dicha plantilla, estará disponible para todos los documentos que crees con esa plantilla y con cualquier otra. Eso sí, no abuses, ya que si creas muchas macros en Normal.dot, ralentizarás el proceso de arranque de Word de manera notable.

Plantillas globales

El uso de plantillas en Word ahorra una gran cantidad de tiempo, ya que permiten compartir no sólo texto y gráficos, sino también macros, entradas de autotexto y las personalizaciones de barras de herramientas, menús y atajos de teclado.

Sin embargo, salvo Normal.dot, los elementos del resto de plantillas sólo están disponibles para los documentos creados con dichas plantillas. La forma de conseguir que una plantilla pueda "ofrecer" su contenido a todos los documentos de Word, independientemente de la plantilla que se ha utilizado para crearlos, consiste en definir dicha plantilla como *plantilla global*.

Para definir una plantilla como global hay que cargarla como tal cada vez que se arranca Word. Eso sí, también es posible automatizar este proceso con el fin de simplificar la tarea.

La manera de cargar una plantilla como global es la siguiente:

1. Selecciona el comando Plantillas y complementos del menú Herramientas para abrir el cuadro de diálogo del mismo nombre (observa la figura 11.8).

2. Haz clic en el botón Agregar para ver el cuadro de diálogo Agregar plantilla.

3. Selecciona la plantilla que desees cargar como global y haz clic en Aceptar para volver al cuadro de diálogo Plantillas y complementos.
4. Observa que aparece el nombre de la plantilla en la lista central indicando que está cargada. Haz clic en el botón Aceptar.

Es posible que te estés preguntado para qué usar plantillas globales distintas de Normal.dot, ya que si ésta se encuentra permanentemente cargada, no es muy lógico crear otras distintas; bastaría con incluir en Normal.dot las características que deseemos tener siempre a nuestra disposición: macros, personalizaciones, etcétera.

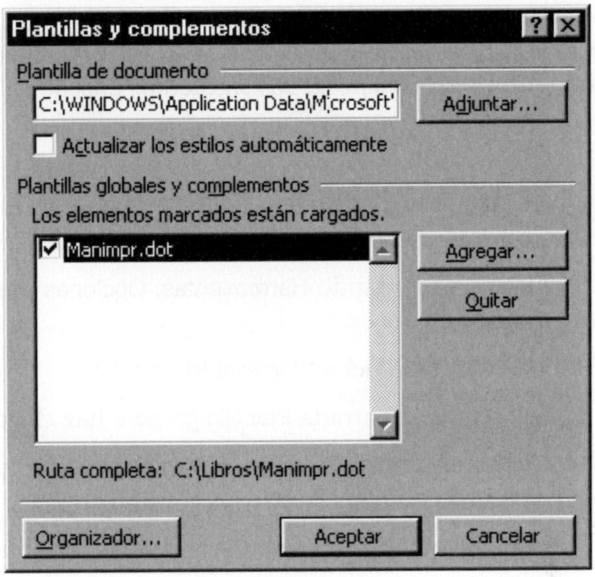

Figura 11.8. Cuadro de diálogo Plantillas y complementos

Sin embargo, recuerda que si conviertes Normal.dot en una plantilla mastodóntica, ralentizarás el trabajo con Word cada vez que lo arranques. Además, no podrás descargar Normal.dot, lo cual te condenará a tener que usar siempre las macros y estilos existentes en dicha plantilla.

Cargar plantillas de manera automática

Si utilizas siempre las mismas plantillas globales, cargarlas cada vez que se ejecuta Word se convierte en una tarea insufrible. Para evitar esta operación (que, además, puede olvidarse en alguna ocasión), tienes dos soluciones:

1. Crear una macro del tipo AutoExec que cargue las plantillas globales. Ya hemos visto que las macros de este tipo se ejecutan cada vez que se inicia Word y que el modo más sencillo de crearlas consiste en utilizar la grabadora de macros.
2. Copiar las plantillas que desees cargar automáticamente en un directorio determinado.

Esta segunda opción es, en muchas ocasiones, más apropiada, ya que aumenta tu control sobre el proceso sin necesidad de modificar macros una y otra vez. Consta de los siguientes pasos:

1. Crea un directorio en el que vayas a almacenar las plantillas globales que quieras cargar automáticamente.
2. Copia en dicho directorio las plantillas en cuestión.
3. Ejecuta el comando Herramientas, Opciones para ver el cuadro de diálogo Opciones.
4. Haz clic en la ficha Ubicación de archivos.
5. Selecciona la entrada Plantilla grupo y haz clic en Modificar.
6. Utiliza el cuadro de diálogo Cambiar posición para seleccionar el directorio que has creado en el punto 1.
7. Haz clic en Aceptar para cerrar ambos cuadros de diálogo.

Consejo

Con el fin de facilitar tu trabajo con Word y con Office en general, te aconsejamos que crees dicho directorio dependiente de la carpeta de plantillas.

Recuerda que cargar plantillas globales también ralentiza el proceso de inicio de Word, ya que las carga del mismo modo que Normal.dot.

Descargar una plantilla temporalmente

Una vez que tengas cargada una plantilla como plantilla global, la puedes descargar siempre que lo desees. Recuerda que la forma que tiene Word de indicar que una plantilla está cargada como global consiste en mostrar su nombre en la lista central del cuadro de diálogo Plantillas y complementos con la casilla de verificación activada. Para descargar la plantilla, ejecuta de nuevo el comando Plantillas y complementos del menú Herramientas y desactiva la casilla de verificación.

Nota

Cuando lo desees, puedes cargar de nuevo la plantilla volviendo a activar la casilla de verificación.

12

Cartas modelo

Word proporciona una especie de Asistente para las cartas modelos. Por ello, la creación básica de este tipo de documento es muy sencilla.

Sin embargo, la potencia de esta herramienta es tal que merece la pena dedicar unas cuantas páginas a analizar cómo aumentar el control de este tipo de documentos. Por ejemplo, indicar a Access condiciones que deseamos que cumplan nuestros destinatarios para recibir la carta: vivir en un lugar determinado, haber nacido en un período de tiempo concreto, etcétera.

Para completar el capítulo, analizaremos el Asistente para cartas de Word, herramienta que simplifica la creación de cualquier tipo de carta.

Introducción a las cartas modelo

La figura 12.1 muestra un ejemplo de carta modelo. Como ves, es la típica carta que nos envían decenas de empresas (que nadie sabe cómo han obtenido nuestros datos, por cierto) y que emplean nuestro nombre como si fuera dirigida única y personalmente a nosotros.

La característica principal de estas cartas es que hay una parte común a todas ellas y otra parte que varía de un destinatario a otro. La forma de indicar a Word la información que varía de una carta a otra consiste en incluir campos especiales llamados *campos de combinación*. De hecho, es uno de los tipos de campos que citamos en el capítulo 6. La figura 12.1 muestra algunos ejemplos de resultados de campos de combinación.

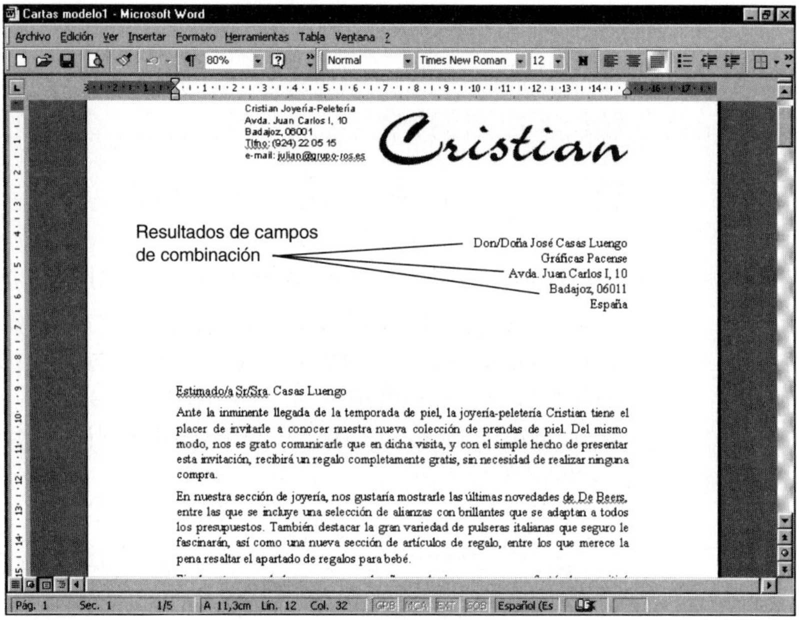

Figura 12.1. Ejemplo de carta modelo

Las bases de datos y las tablas

Antes de comenzar a trabajar con las cartas modelo, vamos a hacer un inciso sobre las tablas y las bases de datos. El motivo de hacerlo es que entender este concepto te ayudará mucho a comprender cómo funcionan las cartas modelo.

Una base de datos es un conjunto de información organizada sistemáticamente. En otras palabras, es un conjunto de datos que presentan una estructura determinada. Normalmente, y para este caso nos sirve, las bases de datos se identifican con tablas (figura 12.2). En esta tabla están representados los datos de los clientes de una empresa ficticia.

Nombres de campos

Dato o elemento

Registros

Nombre	Apellidos	Dirección	Población	Código postal	Provincia	Teléfono
Juan	Cosme Romerales	Avda. Juan Carlos I, 10	Badajoz	06001	Badajoz	924-222222
José	Casas Luengo	Avda. Colón 8, 5°	Badajoz	06005	Badajoz	924-242526
María	Gómez Acevedo	C/ Mayor 10	Cáceres	10002	Cáceres	927 232423
Pablo	Futelo Gómez	Avda. Colón 10	Badajoz	06005	Badajoz	924 232383

Figura 12.2. Ejemplo de tabla

Observa que los datos en cuestión se organizan de la siguiente forma:

- En cada columna aparecen los datos relativos a una categoría o tipo de dato: todos los nombres, todos los apellidos, todas las direcciones. Las columnas, en bases de datos, reciben el nombre de *campos*. De este modo, se habla del campo Nombre, del campo Apellidos, etcétera.
- En cada fila aparecen los datos relativos a una persona. Bueno, en realidad, los datos relativos a un elemento de la tabla (si fuera una tabla con datos de caballos, cada fila mostraría los datos de un caballo: nombre, edad, carta, color). Las filas reciben el nombre de *registros*.
- Finalmente, la unión de cada fila con cada columna es un dato individual. Los datos suelen citarse por el nombre del campo y el número del registro en el que se encuentran: el nombre del tercer registro, los apellidos del primer registro, etcétera.

Dependiendo del programa, los términos *tabla* y *base de datos* son sinónimos o no. Aunque lo normal es que una base de datos incluya varias tablas en su interior relacionadas entre sí, cuando escuches el término base de datos, piensa en tablas y no irás descaminado.

Consejo

Cuando veamos los documentos secundarios de las cartas modelo, no sería mala idea que volvieras a echar un vistazo a este apartado.

El Asistente para combinar correspondencia

La forma de crear una carta modelo es siempre la misma, y consta de 4 pasos:

1. Se crea la carta como cualquier otro documento de Word.
2. Se crea un documento con los datos de los destinatarios (en forma de tabla).
3. Se incluyen los campos de combinación en el documento principal.
4. Finalmente, se combinan ambos documentos para crear la carta.

En los próximos apartados vamos a ver de manera breve cómo llevar a cabo estos pasos.

Con el fin de simplificar aún más el proceso de creación de estas cartas, Word dispone de un Asistente (figura 12.3) que te guiará por los pasos anteriormente indicados. Para acceder a dicho asistente, ejecuta el comando Herramientas, Combinar correspondencia.

El documento principal

La creación del documento principal es idéntica a la creación de cualquier documento normal de Word. Una vez creado es cuando hay que indicar a Word que es un documento principal de una combinación de correspondencia.

Consejo

Como lo que se crea realmente es una carta, te aconsejamos que eches un vistazo al apartado "Asistente para cartas" de este capítulo.

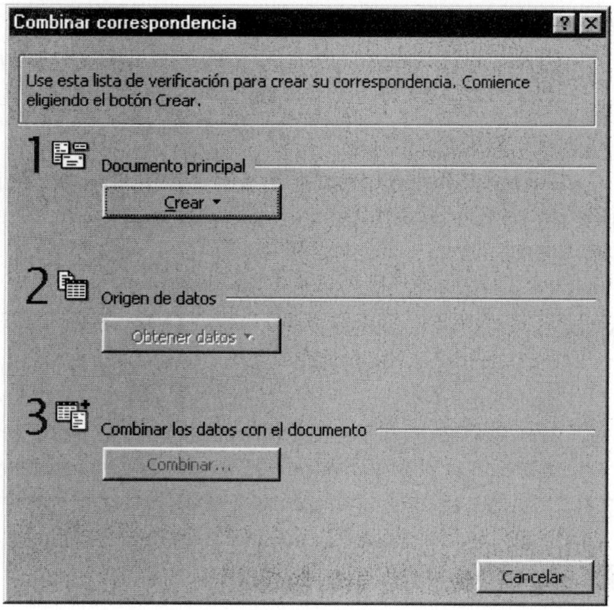

Figura 12.3. Cuadro de diálogo Combinar correspondencia

La figura 12.3 muestra el cuadro de diálogo Combinar correspondencia, centro motor de la creación de cartas modelo. Como ves, está dividido en tres pasos: Documento principal, Origen de datos y Combinar los datos con el documento.

Si haces clic en el botón Crear de la sección Documento principal, verás las cuatro posibilidades de combinación de correspondencia: Cartas modelo, Etiquetas postales, Sobres y Catálogos. En realidad, todos ellos no son más que variaciones de lo mismo, pero vamos a verlos por separado. Comenzaremos por las cartas modelo. Resumiendo, para crear el documento principal de una carta personalizada, sólo hay que seguir estos pasos:

1. Crear el documento como cualquier otro. Normalmente, será una carta.
2. Ejecutar el comando Herramientas, Combinar correspondencia.
3. Seleccionar la opción Cartas modelo en el botón Crear del cuadro de diálogo Combinar correspondencia.
4. Hacer clic en el botón Ventana activa para indicar que el archivo que está en pantalla es el que se va a usar como documento principal.

Nota

Si haces clic en la opción Nuevo documento principal, *Word creará un documento en blanco y lo mostrará en pantalla antes de continuar.*

Una vez hecho esto, sólo resta situar en la posición correcta los campos de combinación, pero lo haremos después de analizar el documento de datos.

Nota

En cualquier momento, puedes convertir el documento principal en un documento normal. Para hacerlo, abre el cuadro de diálogo Combinar correspondencia *y selecciona la opción* Convertir en documento normal de Word *en el botón* Crear *de la sección* Documento principal.

El documento de datos

El documento de datos o documento secundario es el que contiene los datos reales que van a reemplazar los campos de combinación. Si ya existe el documento de datos, simplemente tendrás que seleccionarlo como veremos más adelante, pero si no existe, tendrás que crearlo.

Un documento de datos no es más que un conjunto de datos almacenados en forma de tabla (como veíamos en el apartado de las bases de datos). En estas tablas, las columnas representan los campos o categorías de datos, mientras que las filas muestran los datos de un elemento del documento de dato.

Usar un documento ya existente

Son dos las posibilidades que tenemos a la hora de utilizar documentos de datos para las cartas personalizadas:

- El documento de datos se ha creado en Word (figura 12.4).
- Los datos pueden estar almacenados en un formato distinto de Word, pero que Word entiende perfectamente: dBASE, Access, Excel, RTF (formato de texto enriquecido), TXT (texto), FoxPro, etcétera.

En ambos casos, los datos de dicho documento han de estar almacenados en forma de tabla, como ya hemos dicho. En el ejemplo de la figura 12.4 (que no es más que el mismo ejemplo de la figura 12.2, pero en un archivo de Word), es sencillo identificar los elementos de nuestra tabla:

- Los campos. En el ejemplo de la figura 12.4, los campos son Nombre, Apellido, Dirección, etcétera.
- Los registros. Cada registro de la tabla de ejemplo está formado por todos los datos relativos a un mismo cliente (el nombre de un cliente, sus apellidos, su dirección, etc.).
- Los datos en sí. La intersección entre un campo y un registro forma un dato de un cliente: los apellidos del tercer cliente, la dirección del cuarto cliente, etcétera.

Los siguientes pasos muestran cómo indicar el documento de datos que deseamos usar con la carta personalizada. Partimos de la situación dejada en el apartado del documento principal. Esto es, una vez se ha seleccionado la opción Cartas modelo en el botón Crear de la sección Documento principal del cuadro de diálogo Combinar correspondencia:

1. Haz clic en el botón Obtener datos de la sección Origen de datos.
2. Selecciona la opción Abrir origen de datos para abrir el cuadro de diálogo del mismo nombre.
3. Indica el tipo de documento de datos en el cuadro de lista Tipo de archivo.
4. Finalmente, abre el documento seleccionándolo y haciendo clic en Abrir.

En otro apartado veremos un ejemplo de datos procedentes de una base de datos de Access. Ahora supondremos que has empleado el ejemplo de la figura 12.2 y, por tanto, se ha abierto el documento sin más.

Crear un documento de datos con Word

Un modo de crear los documentos de datos consiste en crear un documento nuevo en Word, incluir una tabla en el mismo, teclear los nombres de campos en la primera fila y rellenar el resto de filas con los datos de cada registro.

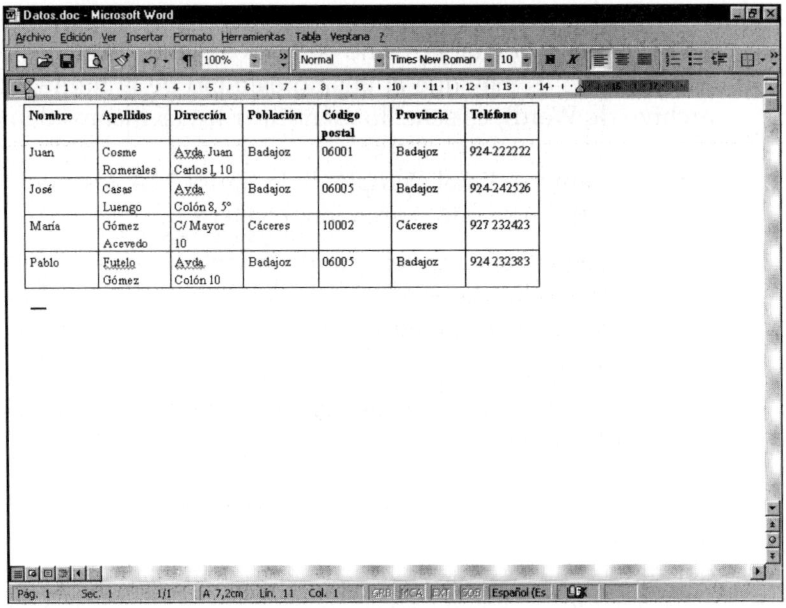

Nombre	Apellidos	Dirección	Población	Código postal	Provincia	Teléfono
Juan	Cosme Romerales	Avda. Juan Carlos I, 10	Badajoz	06001	Badajoz	924-222222
José	Casas Luengo	Avda. Colón 8, 5°	Badajoz	06005	Badajoz	924-242526
María	Gómez Acevedo	C/ Mayor 10	Cáceres	10002	Cáceres	927 232423
Pablo	Futelo Gómez	Avda. Colón 10	Badajoz	06005	Badajoz	924 232383

Figura 12.4. Ejemplo de documento de datos creado en Word

Sin embargo, para simplificar la creación de documentos de datos, Word proporciona un miniasistente que te guía por los pasos que has de seguir para crear y rellenar el documento de datos. Partiendo de la misma posición que en el apartado anterior (esto es, tras seleccionar la opción Cartas modelo en el botón Crear de la sección Documento principal del cuadro de diálogo Combinar correspondencia), utiliza estos pasos:

1. Haz clic en el botón Obtener datos de la sección Origen de datos del cuadro de diálogo Combinar correspondencia.
2. Selecciona la opción Crear origen de datos para abrir el cuadro de diálogo del mismo nombre (figura 12.5).
3. En este cuadro has de indicar los campos que van a formar el documento secundario o de datos. Observa que Word muestra los campos que él cree que te van a hacer falta en el cuadro de lista Campos en el registro inicial. Puedes llevar a cabo tres operaciones:
   - Si deseas añadir algún campo más, escribe su nombre en el cuadro Nombre de campo y haz clic en el botón Agregar campo.

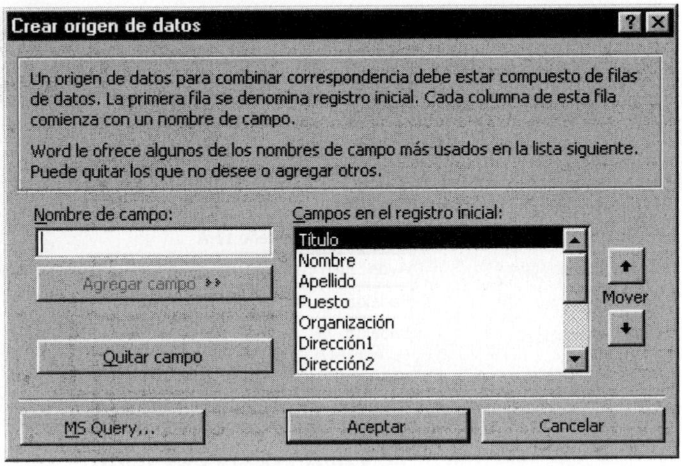

Figura 12.5. Cuadro de diálogo Crear origen de datos

- Si deseas eliminar algún campo ya existente, selecciónalo en el cuadro de lista Campos en el registro inicial y haz clic en el botón Quitar campo.
- Si quieres cambiar de posición un campo, selecciónalo y utiliza la flecha Mover para subirlo o bajarlo.

4. Cuando tengas definidos todos los campos y en la posición correcta, haz clic en el botón Aceptar. Word muestra el cuadro de diálogo Guardar como, ya que necesita que asignes un nombre y posición al nuevo documento.
5. Teclea el nombre del nuevo documento en el cuadro Nombre de archivo y selecciona la carpeta en la que quieras guardarlo en el cuadro Guardar en. Al terminar, haz clic en Guardar.
6. Como el documento está vacío, Word muestra un mensaje indicándolo. Haz clic en el botón Modificar origen de datos para abrir la ficha de datos e introducir algunos datos.
7. La ficha de datos no es más que una ventana en la que se introducen los datos de cada campo y de cada registro de manera sencilla y clara (figura 12.6). Le dedicaremos un pequeño apartado.
8. Cuando termines de introducir datos, haz clic en Aceptar para cerrar la ficha de datos y volver al documento principal.

Figura 12.6. La ficha de datos

Ahora que ya tienes creado el documento secundario, sólo resta incluir los campos de combinar correspondencia en el documento principal. Pero, antes, vamos a ver cómo utilizar la ficha de datos.

La ficha de datos

La figura 12.6 muestra la ficha de datos de Word. Como ves, presenta tres partes principales:

- En la zona central aparecen los nombres de los campos con el fin de que insertes los datos de los distintos registros. Ten en cuenta que en cada ficha de datos aparecen los datos de un registro (como una fila de la tabla).

  Utiliza la tecla Tab para pasar al siguiente campo y Mayús+Tab para volver al anterior. También puedes usar el ratón y hacer clic en el campo en el que desees introducir un dato.

- En la zona inferior aparecen cuatro botones y un número. Utiliza los botones, respectivamente, para ir al primer registro del documento de datos, al registro anterior, al registro siguiente y al último registro del documento. El número muestra el número del registro que se está viendo en cada momento. Además, puedes usar dicho cuadro para introducir un número de registro y moverte a dicho registro rápidamente.

- Los botones de la zona derecha. Cada uno de estos botones tiene una función distinta. Ya sabemos que Aceptar cierra la ficha de datos y nos devuelve al documento principal. El resto sirve para:
  - Agregar nuevo: añade un nuevo registro al final del documento de datos y lo muestra en blanco esperando a que introduzcas los datos.
  - Eliminar: al pulsar este botón, eliminarás el registro que esté mostrando la ficha de datos. Ten cuidado, ya que Word no pide confirmación.
  - Restaurar: revuelve el registro actual al mismo estado que tenía al entrar en él. Dicho de otro modo, deshace los cambios introducidos en él.
  - Buscar: este botón abre el cuadro de diálogo Buscar campos en uso. Mediante este botón puedes buscar datos en el documento de datos. Sólo tienes que seleccionar el campo por el que quieres buscar en el cuadro de lista Campos en uso, teclear el dato que se va a buscar en el cuadro Buscar y hacer clic en el botón Buscar primero. Si Word encuentra el dato, muestra el registro correspondiente en la ficha de datos (si no lo encuentra, muestra un cuadro avisándolo). Si no es el dato buscado, haz clic en Buscar siguiente para que Word siga buscando en el resto del documento. Al encontrar el dato, haz clic en Cerrar.
  - Ver origen: este botón cierra la ficha de datos y muestra el documento de datos en su formato de tabla (figura 12.7).

Insertar los campos de combinación

Hasta el momento, hemos creado el documento principal; también hemos creado el de datos o hemos seleccionado un documento de Word ya existente como documento de datos (más adelante veremos cómo usar documentos de datos en otros formatos).

Sólo faltan dos pasos: insertar los campos de combinación de correspondencia en el documento principal y realizar la combinación en sí.

La inserción de campos de combinación es muy sencilla, ya que si observas el documento principal, podrás observar en él una barra de

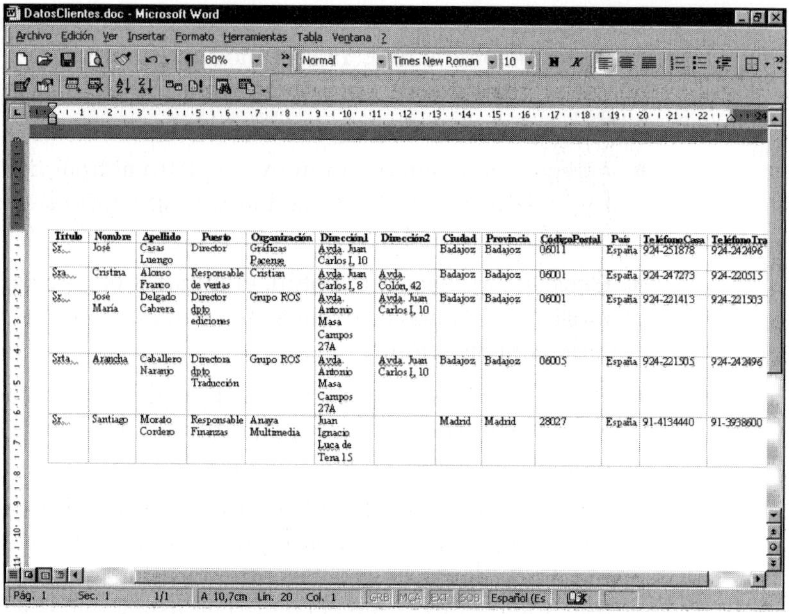

Figura 12.7. El documento de datos en forma de tabla

herramientas llamada, precisamente, Combinar correspondencia (observa la figura 12.8).

Lo único que tienes que hacer para insertar los campos es situar el punto de inserción en la posición que quieras y seleccionar un campo del botón Insertar campo de combinación. La figura 12.9 muestra nuestro ejemplo con todos los campos insertados en su posición correcta.

Figura 12.8. Barra de herramientas Combinar correspondencia

Una vez insertados los campos de combinación, puedes modificar su formato como vimos en el capítulo 6.

Consejo

Te aconsejo que cuides los espacios en blanco entre campos, ya que Word tiende a eliminarlos.

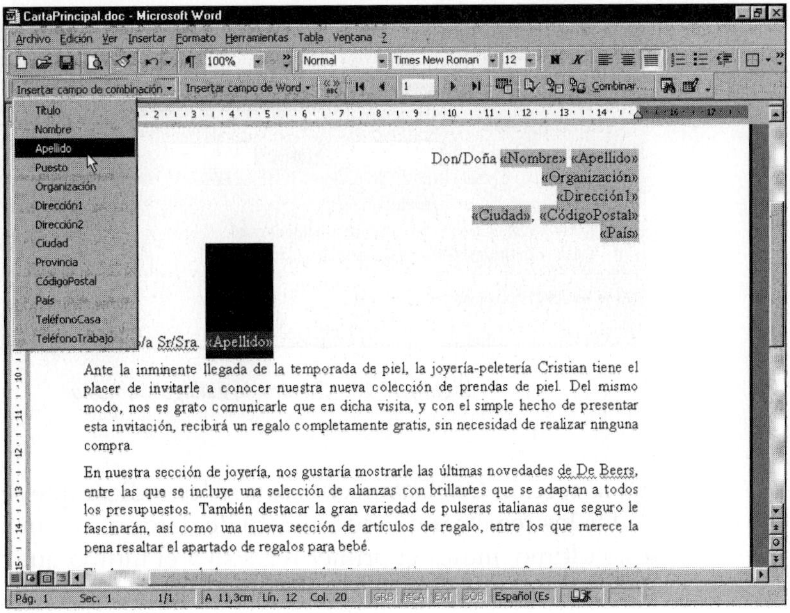

Figura 12.9. El documento principal terminado

La combinación

Finalmente, el último paso consiste en realizar la combinación. Para hacerlo:

1. Vuelve a ejecutar el comando Herramientas, Combinar correspondencia o pulsa Combinar correspondencia en la barra de herramientas.
2. Haz clic en el botón Combinar de la sección Combinar los datos con el documento para abrir el cuadro de diálogo Combinar (figura 12.10).
3. En el cuadro de lista Combinar en, determina si quieres enviar las cartas personalizadas a la impresora directamente o a un documento nuevo. También puedes enviar las cartas por medio de correo electrónico. Lo veremos en el capítulo 16.

Consejo

Envía siempre la salida de la combinación a un documento nuevo, de forma que puedas comprobar que está bien antes de imprimir. Te ahorrará gran cantidad de tiempo y de papel.

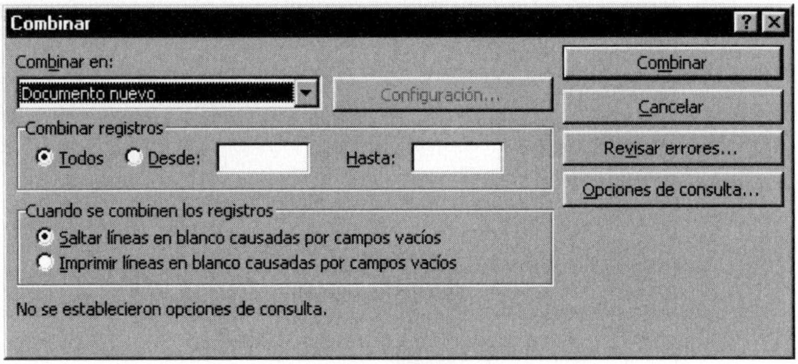

Figura 12.10. Cuadro de diálogo Combinar

4. En la sección Combinar registros, puedes indicar que se combinen todos los registros del documento de datos o sólo una parte. Para esto último, indica el primer registro y el último que desees combinar en los cuadros Desde y Hasta.
5. Indica, en la sección Cuando se combinen los registros, si quieres o no imprimir una línea en blanco cuando todos los campos de una línea estén vacíos en un registro. En nuestro ejemplo, si en un registro el campo Dirección1 está vacío, aparecerá una línea en blanco entre los apellidos y la ciudad a menos que actives la opción Saltar líneas en blanco causadas por campos vacíos.
6. Al terminar, haz clic en el botón Combinar y conseguirás el documento nuevo con los datos combinados (figura 12.11) o los enviarás a la impresora (según hayas determinado).

Nota

Los botones Revisar errores y Opciones de consulta los trataremos un poco más adelante.

Otras posibilidades de la barra de herramientas Combinar correspondencia

Además del botón Insertar campo de combinación y Combinar correspondencia (que hemos tratado anteriormente), la barra de herramientas presenta muchos otros botones que facilitarán tu trabajo con la combinación de correspondencia:

- El botón Insertar campo de Word permite insertar otros campos distintos y más potentes. Estos campos los veremos brevemente al final de este capítulo.
- El botón Ver datos combinados muestra en la pantalla el resultado de la combinación. Dicho de otro modo, muestra los datos del documento de datos sustituyendo a los campos de combinación.

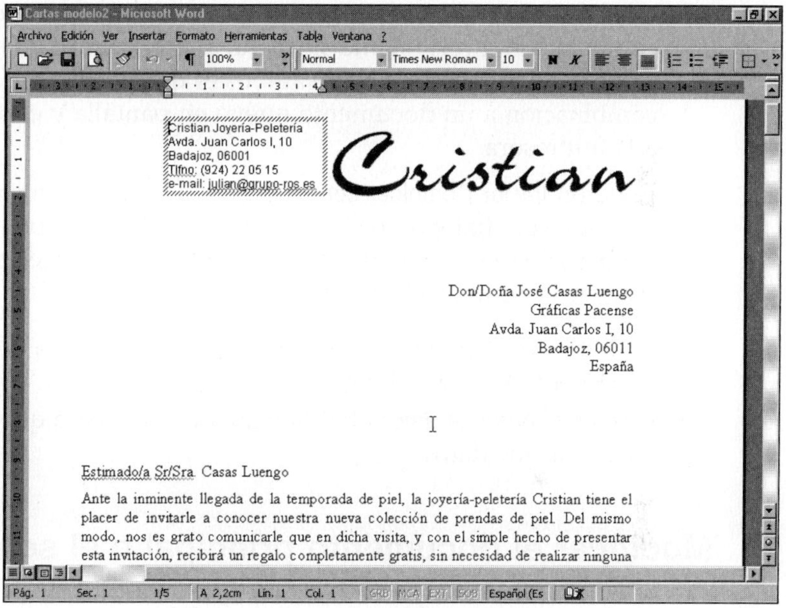

Figura 12.11. Resultado de la combinación

- Los cinco botones siguientes permiten desplazarse entre los registros de datos. Sólo tienen un efecto real en pantalla si has activado el botón Ver datos combinados, ya que en caso contrario simplemente muestran los nombres de los campos.
- El botón Revisar errores permite indicar cómo deseas que Word realice la corrección de posibles errores en la combinación. Para que puedas indicarlo, aparece el cuadro de diálogo Revisar e

informar de errores con tres opciones. Al hacer clic en el botón Aceptar, Word simulará la combinación o la llevará a cabo (según la opción que se haya seleccionado) y mostrará los errores encontrados en un documento nuevo o en la misma combinación.

Nota

El botón Revisar errores *del cuadro de diálogo* Combinar *(figura 12.10) funciona exactamente igual que éste.*

- Combinar en un documento nuevo y Combinar al imprimir realizan la combinación directamente sin pasar por el cuadro de diálogo Combinar. La diferencia entre ambos es que el primero envía la combinación a un documento nuevo en pantalla y el segundo, a la impresora.
- El botón Iniciar Combinar correspondencia muestra directamente el cuadro de diálogo Combinar. Por tanto, lleva a cabo los dos primeros pasos de los indicados en el apartado anterior para realizar la combinación.
- El botón Buscar registro abre el cuadro de diálogo Buscar campos en uso, que ya conocemos.
- Modificar origen de datos abre la ficha de datos para que puedas modificar los datos.

Modificar el documento principal o el secundario

En cualquier momento, puedes modificar la apariencia tanto del documento principal como del secundario.

Para modificar el documento principal, sólo has de abrirlo y añadir nuevos elementos (gráficos, texto y campos de combinación) o modificarlo de la manera que desees (por ejemplo, incluir el campo de código postal si se te ha olvidado).

Para cambiar el documento secundario, haz clic en el botón Modificar origen de datos de la barra de herramientas o haz clic en el botón Modificar que aparece en la sección Origen de datos del cuadro de diálogo Combinar correspondencia. Al usar el botón Modificar para el documento de datos, accederás de nuevo a la ficha de datos.

Asistente para cartas

Otro de los Asistentes que proporciona Word es el Asistente para cartas. En el capítulo anterior hemos visto cómo utilizar este tipo especial de plantillas a la hora de crear documentos, por lo que prácticamente sabrás cómo emplearlo sin problemas.

Una de las ventajas del Asistente para cartas es que está siempre presente en tu trabajo. De este modo, si Word detecta que estás intentando crear una carta, te dará la oportunidad de ejecutar este Asistente.

Vamos ahora a ver los pasos que has de seguir para crear una carta mediante el Asistente:

1. Ejecuta el comando Archivo, Nuevo para abrir el cuadro de diálogo Nuevo.
2. Haz clic en la ficha Cartas y faxes (figura 12.12). Observa que hay un Asistente para cartas, otro para sobres y otro para etiquetas. Además, hay tres plantillas para crear otros tantos tipos de cartas (elegante, moderna o profesional).

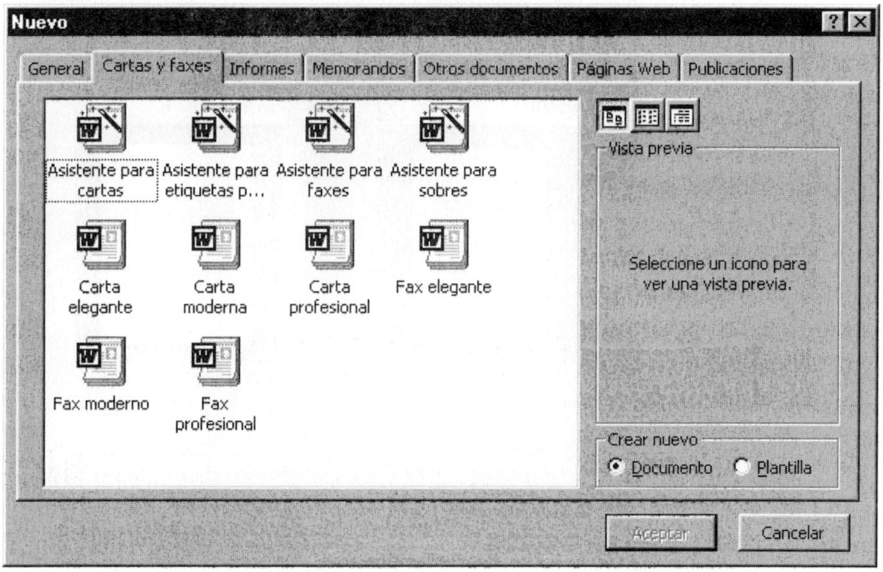

Figura 12.12. Ficha Cartas y faxes *del cuadro de diálogo* Nuevo

3. Selecciona el Asistente para cartas y haz clic en Aceptar. Aparecerá Clipo con un mensaje para ver si deseas crear una carta o enviarla a una lista de correspondencia (que veremos en el capítulo 16).
4. Haz clic en la opción Enviar una carta para acceder al primer cuadro de diálogo del Asistente para cartas (figura 12.13). En esta ficha del cuadro de diálogo, tienes varias opciones:
   - Activa la casilla Línea de fecha si quieres que aparezca en la carta y selecciona el formato en el cuadro desplegable existente a su derecha.
   - Dependiendo del diseño de página elegido, podrás activar o desactivar la casilla Incluir el encabezado y el pie de página en el diseño de la página. Si la activas, aparecerá un pie y un encabezado de página a partir de la segunda página.

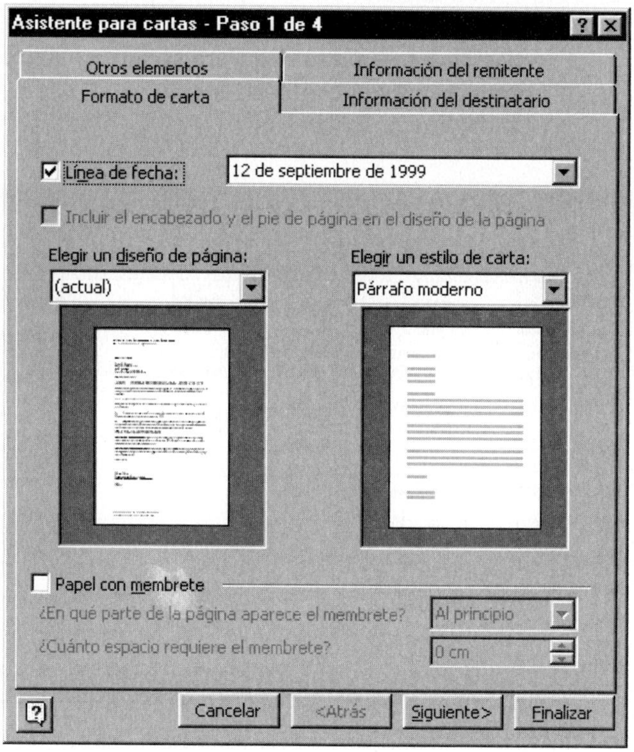

Figura 12.13. Primer paso del Asistente para cartas

- Selecciona el diseño y el estilo de la carta en los cuadros desplegables Elegir un diseño de página y Elegir un estilo de carta. Observa que Word muestra un ejemplo de cómo quedará la carta.
- Si la carta la vas a imprimir en un papel preimpreso (con el logo de la empresa, normalmente), activa la casilla Papel con membrete e indica la posición del membrete y cuántos centímetros ocupa.

Nota

Los botones de la parte inferior del Asistente son comunes a la mayoría de asistentes de las aplicaciones de Microsoft. Utiliza el botón Siguiente *cuando termines de rellenar un cuadro de diálogo del Asistente. El botón* Atrás *permite volver al cuadro de diálogo anterior.* Cancelar *cierra el Asistente ignorando la información introducida, mientras que* Finalizar *cierra el Asistente pero tiene en cuenta las opciones seleccionadas.*

---

5. En el segundo paso del Asistente para cartas, has de introducir la información del destinatario y del saludo. En concreto:
   - Escribe el nombre del destinatario en el cuadro Nombre del destinatario. Puedes usar la libreta de direcciones (lo veremos en el capítulo 16).
   - Escribe la dirección del destinatario en el cuadro Dirección.
   - Indica el tipo de saludo que desees usar mediante los botones de radio de la parte derecha (Informal, Formal, Trabajo y Otros). Una vez indicado el tipo de saludo, selecciona el saludo concreto en el cuadro de lista desplegable.
6. El tercer paso del Asistente facilita la inclusión de otros elementos adicionales a la carta:
   - Las cuatro casillas de verificación Línea de referencia, Instrucciones de correo, Atención y Asunto, te permiten incluir en la carta una línea con cualquiera de estos temas. Tras activar una casilla, podrás seleccionar concretamente qué deseas incluir en la carta con el cuadro desplegable de su derecha.
   - Si deseas enviar una copia de la carta a otra persona, escribe la dirección en el cuadro CC. Se utiliza mucho cuando se

trabaja en equipo y se desea enviar la carta a los distintos miembros.

7. Finalmente, el cuarto y último paso permite especificar la información sobre el remitente y la despedida:

   - Escribe o selecciona el nombre del remitente en el cuadro Nombre del remitente. Este nombre aparecerá al final de la carta, pero no en el remite a menos que lo indiques en el punto siguiente.
   - Escribe, si lo deseas, la dirección en el cuadro Remite. Si activas la casilla Omitir, Word ignorará este remite.
   - En la sección Despedida, selecciona en los distintos cuadros los elementos de despedida que quieras incluir al final de la carta. Excepto el primer cuadro (Despedida de agradecimiento), el resto aparecerá después del nombre del remitente.
   - Finalmente, si hay algún documento adjunto a la carta, activa la casilla Documentos adjuntos e indica la cantidad en el cuadro de su derecha.

8. Al pulsar el botón Finalizar, verás que en la pantalla del ordenador Word ha situado la información dada en los pasos del Asistente en la carta de ejemplo. Además, Clipo sigue dando opciones de crear un sobre, una etiqueta o de modificar la carta por si no está a tu gusto.

Modificar una carta con el Asistente

Como casi siempre, una vez creada la carta con el Asistente, puedes modificarla como desees. Si lo que quieres es cambiar el formato de la misma, emplea los comandos del menú Formato como en cualquier otro documento de Word.

Si lo que deseas es corregir algún dato indicado en el Asistente o añadir algún elemento que no hayas introducido (el puesto, la organización, la persona a la atención a la que va la carta, etc.), ejecuta de nuevo el Asistente mediante el comando Asistente para cartas del menú Herramientas.

Volverás al cuadro de diálogo del Asistente. Sin embargo, en este caso no dispondrás de los botones Siguiente y Finalizar. Simplemente, haz clic en la ficha en la que quieras introducir alguna modificación y ya está.

Emplear los mismos datos para varias cartas

Este apartado es muy importante, a pesar de su pequeño tamaño. La idea es que entiendas que una vez que has creado un documento de datos, puedes usarlo con varias cartas modelo distintas (incluso con sobres y etiquetas, como veremos).

La figura 12.14 muestra otro ejemplo de carta modelo también para nuestros clientes. Como ves, el contenido es absolutamente distinto y, además, los campos de combinación empleados también son diferentes. Sin embargo, toda la información existente en la carta se encuentra en el documento de datos de la figura 12.7.

Es evidente, por tanto, que si creas documentos de datos completos, los podrás usar en un gran número de documentos principales. Sin embargo, no abuses, en la teoría de base de datos se recomienda que toda la información existente en una tabla tenga relación entre sí. Además, en ningún caso repitas datos en distintos registros de una tabla, ya que esto indica que está mal diseñada.

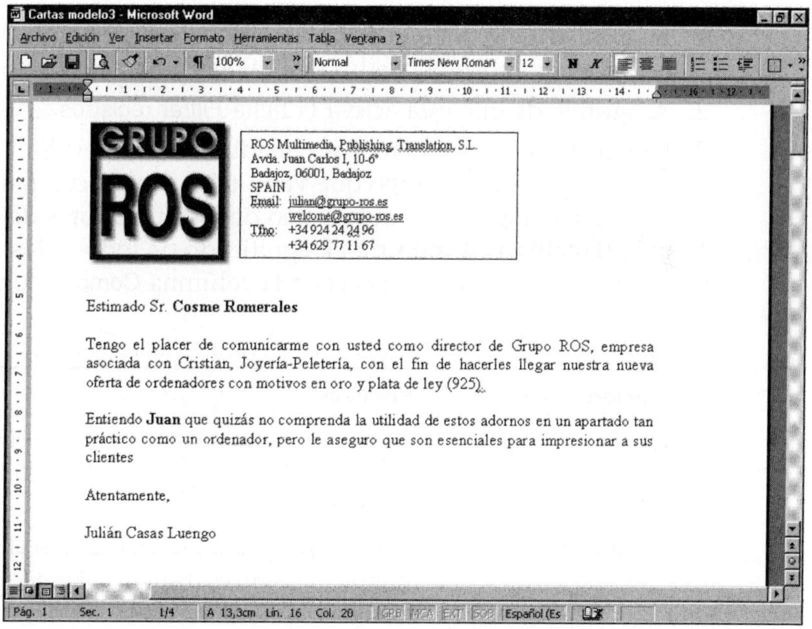

Figura 12.14. Otra carta modelo con los mismos datos

Opciones de consulta

No siempre desearás combinar todos los datos de tus documentos de datos. Ya sabes que puedes combinar sólo una parte indicando el primer y último número de los registros en el cuadro de diálogo Combinar (figura 12.10). Sin embargo, también es posible indicar a Word que sólo quieres combinar los registros que cumplen ciertas condiciones. Por ejemplo:

- Clientes que vivan en Badajoz.
- Clientes que tengan teléfono.
- Clientes que se llamen José.
- Clientes que vivan en la provincia de Badajoz, que se llamen José y que no vivan en Badajoz capital.

Puedes complicar estas condiciones todo lo que quieras y constituyen lo que se llaman *consultas*. Por tanto, siempre que desees combinar sólo una parte de los registros basándote en su contenido, has de usar una consulta. Los siguientes pasos muestran cómo especificar unas condiciones de consulta al combinar correspondencia:

1. En el cuadro de diálogo Combinar, haz clic en el botón Opciones de consulta para abrir el cuadro de diálogo del mismo nombre.
2. Asegúrate de que está activa la ficha Filtrar registros.
3. Usa las filas de esta ficha para añadir condiciones. En la primera columna indica el campo que vas a usar para la comparación; en la columna Comparación, utiliza uno de los operadores de comparación (la tabla 12.1 muestra el significado de todos ellos); finalmente, escribe el valor de referencia en la columna Comparado con.

Tabla 12.1. Opciones del cuadro Comparación

Opción	Función
Igual a	El registro cumplirá la condición si el valor del campo indicado es idéntico al especificado en la columna Comparado con.
Distinto de	El registro cumplirá la condición si el valor del campo indicado es distinto del especificado en la columna Comparado con.

(continúa)

Tabla 12.1. Opciones del cuadro **Comparación** *(continuación)*

Opción	Función
Menor que	El registro cumplirá la condición si el valor del campo indicado es menor que el especificado en la columna Comparado con.
Mayor que	El registro cumplirá la condición si el valor del campo indicado es mayor que el especificado en la columna Comparado con.
Menor o igual que	El registro cumplirá la condición si el valor del campo indicado es menor o igual que el especificado en la columna Comparado con.
Mayor o igual que	El registro cumplirá la condición si el valor del campo indicado es mayor o igual que el especificado en la columna Comparado con.
Vacío	El registro cumplirá la condición si el campo indicado está vacío.
No vacío	El registro cumplirá la condición si el campo indicado no está vacío, sea cual sea su valor.

La figura 12.15, por su parte, muestra un ejemplo con seis condiciones en este cuadro de diálogo. El significado de cada una de estas condiciones es el siguiente:

- Un registro cumplirá la primera si el valor de su campo Nombre es *José*.
- Un registro cumplirá la segunda si el valor de su campo Director es igual que *Director*.
- Un registro cumplirá la tercera si el valor de su campo Ciudad no es *Badajoz*.
- Un registro cumplirá la cuarta si el valor de su campo País es *España*.
- Un registro cumplirá la quinta si el valor de su campo Apellido es menor que C. Esto significa que empieza por A o por B.
- Un registro cumplirá la última condición si el valor de su campo Título es *Sr*.

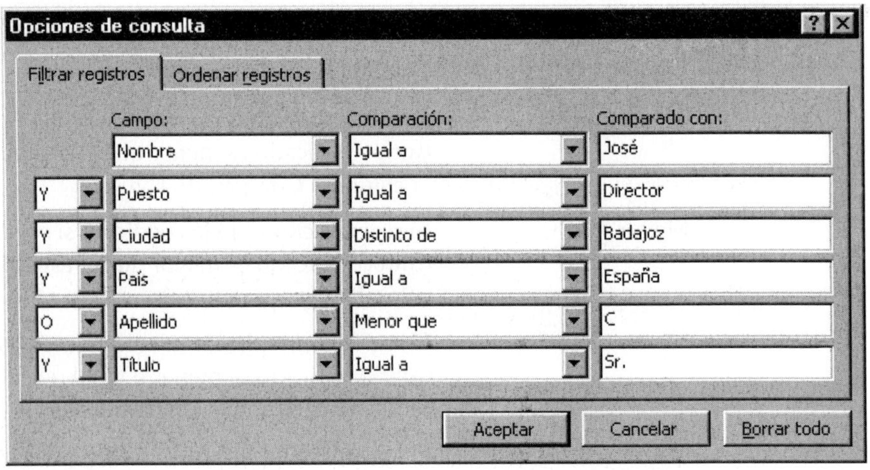

Figura 12.15. Ejemplo de condición múltiple

Aviso

Para las consultas puedes emplear todos los campos del documento secundario, aunque no aparezcan en el documento principal. De este modo, puedes usar el teléfono aunque en tu carta no aparezca este dato.

Los operadores Y y O

Observa que en la parte izquierda del cuadro de diálogo Opciones de consulta hay cinco cuadros con los valores Y y O. Estos cuadros sirven para indicar condiciones múltiples. La diferencia entre ellos es sencilla:

- Utiliza el operador Y cuando desees que el registro tenga que cumplir las dos condiciones que éste une para que aparezca en la combinación.
- Utiliza el operador O cuando desees que el registro aparezca en la combinación si cumple cualquiera de las dos condiciones que une el operador (o las dos).

Por tanto, la condición de la figura 12.15 tiene el siguiente significado: un registro aparecerá en la combinación de correspondencia si se llama José, es Director, no vive en Badajoz, pero sí en España; también aparecerá si su apellido es menor que C (empieza por A o B) y, además, tiene el título *Sr.* Finalmente, aparecerán los registros que cumplan ambos conjuntos de condiciones.

Ordenar registros

Las consultas también sirven para ordenar la salida de los datos por uno o varios campos. Utiliza para hacerlo la ficha Ordenar registros del cuadro de diálogo Opciones de consulta (figura 12.16).

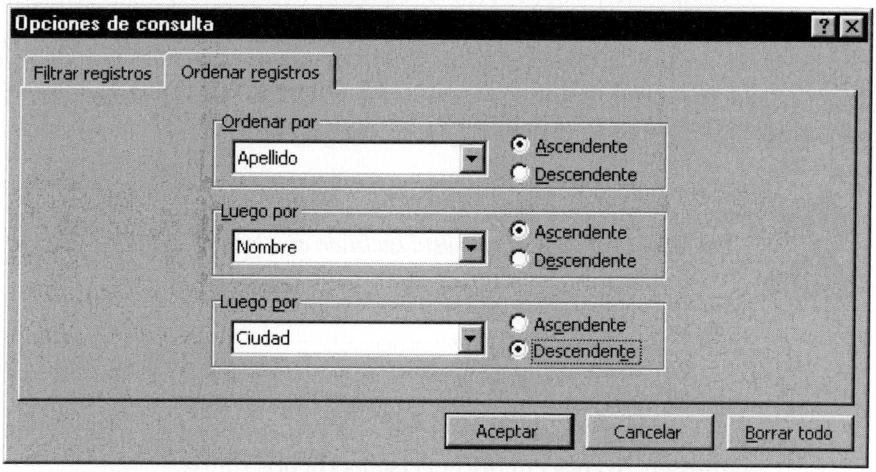

Figura 12.16. Ficha Ordenar registros *del cuadro de diálogo* Opciones de consulta

Indica el primer campo por el que quieres ordenar la salida de la combinación en el cuadro Ordenar por. Observa que puedes indicar si quieres clasificarlo de manera ascendente o descendente.

Si lo deseas, puedes indicar otros dos campos en los cuadros Luego por. Eso sí, estos campos sólo tendrás efecto si en el primer campo hay valores repetidos.

Por ejemplo, con los valores de la figura 12.16, Word va a ordenar la salida de la combinación primero por los apellidos. Si hay varios registros con los mismos apellidos, ordena éstos por el nombre y, finalmente, si hay registros con los mismos nombres y apellidos, los ordena por ciudad de manera descendente (primero las que empiezan por Z).

Utilizar datos existentes en Access

Aunque en este capítulo hemos entablado una relación entre los documentos de datos y las bases de datos, lo cierto es que este tipo de documento no es el más idóneo si vas a trabajar con grandes cantidades de datos de, por ejemplo, clientes, proveedores, facturas e, incluso, discos, vinos, amigos, etcétera.

Para gestionar los datos existen las aplicaciones llamadas *gestores de bases de datos*. Por tanto, nuestro consejo es que si trabajas con grandes cantidades de datos y deseas tener un control sobre los mismos, utilices este tipo de programa, que ofrece muchas más posibilidades que las que admite Word.

Uno de estos gestores es Microsoft Access. Nos vamos a centrar en él ya que está incluido en Microsoft Office y, por tanto, lo más seguro es que lo tengas instalado en tu ordenador con Word.

Aviso

Microsoft Access sólo está incluido en algunas versiones de Microsoft Office, como la Premium.

Por todo lo dicho, nuestro consejo es que utilices Word para crear tus documentos de texto, que emplees Access para la gestión de tus datos y que emplees las posibilidades que ofrece Word de utilizar los datos existentes en Access cuando necesites dichos datos.

En la figura 12.1 se mostró un ejemplo de este uso. Es una carta modelo similar a la que hemos visto antes, pero los datos que muestra se encuentran almacenados en una tabla de Access (figura 12.17). De este modo, en lugar de crear el documento de datos en Word, simplemente hay que indicar a Word que emplee esta tabla.

Los pasos que hay que llevar a cabo para crear una carta personalizada son los mismos que ya conocemos. La única diferencia se produce, precisamente, a la hora de indicar la procedencia de los datos:

1. Crea o abre el documento principal.
2. Ejecuta el comando Herramientas, Combinar correspondencia.
3. Selecciona la opción Cartas modelo en el botón Crear de la sección Documento principal y haz clic en el botón Ventana activa.

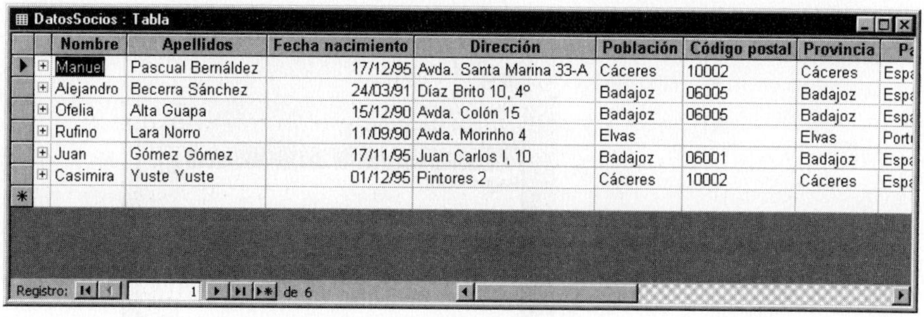

DatosSocios : Tabla

Nombre	Apellidos	Fecha nacimiento	Dirección	Población	Código postal	Provincia	Pa
Manuel	Pascual Bernáldez	17/12/95	Avda. Santa Marina 33-A	Cáceres	10002	Cáceres	Esp
Alejandro	Becerra Sánchez	24/03/91	Díaz Brito 10, 4º	Badajoz	06005	Badajoz	Esp
Ofelia	Alta Guapa	15/12/90	Avda. Colón 15	Badajoz	06005	Badajoz	Esp
Rufino	Lara Norro	11/09/90	Avda. Morinho 4	Elvas		Elvas	Port
Juan	Gómez Gómez	17/11/95	Juan Carlos I, 10	Badajoz	06001	Badajoz	Esp
Casimira	Yuste Yuste	01/12/95	Pintores 2	Cáceres	10002	Cáceres	Esp

Registro: 1 de 6

Figura 12.17. Ejemplo de tabla en Access

4. En el botón Obtener datos de la sección Origen de datos, selecciona Abrir origen de datos.
5. Selecciona Bases de datos de MS Access en el cuadro Tipo de archivo.
6. Desplázate por las carpetas del disco hasta localizar la base de datos en la que se encuentran los datos que quieras usar. Una vez veas la base de datos, haz doble clic sobre ella.
7. Tras unos instantes en los que el ordenador abre Access y trata de crear un vínculo con la base de datos elegida, aparece un cuadro de diálogo con dos fichas: Tablas y Consultas (figura 12.18).

Aviso

La vinculación de objetos en Word la tratamos en el capítulo 8. Acude a dicho capítulo si quieres saber en qué consiste esta operación.

8. Selecciona la tabla que contiene los datos y haz clic en Aceptar.
9. A partir de aquí, los pasos son los mismos que si el documento de datos estuviera creado en Word.

Has de tener en cuenta que cada vez que abras el documento principal, el ordenador abrirá Access y la base de datos utilizada en segundo plano. Por tanto, si mueves o eliminas la base de datos, tendrás que indicar otro origen de datos. La ventaja es que si sigues trabajando con la base de datos (introduciendo nuevos registros o modificando los existentes), cuando emplees el documento principal, los datos estarán siempre actualizados.

Figura 12.18. Cuadro de diálogo Microsoft Access

Aviso

Si hay algún campo de combinación del documento principal que no coincide en nombre con ningún campo de la tabla seleccionada en Access, Word preguntará si quieres eliminarlo o cambiarle el nombre.

Access y las consultas

Suponemos que recuerdas que Word presenta la posibilidad de crear consultas en sus cartas modelo, de manera que sólo se combinen los registros que cumplen dichas condiciones.

En Access, las bases de datos no sólo están formadas por tablas. También pueden contener otros elementos: consultas, formularios, informes, páginas Web, macros y módulos.

Por tanto, aunque puedes seguir usando las consultas de Word al combinar correspondencia, debido a la mayor potencia de Access, te aconsejamos que sigas estos pasos cuando necesites una consulta:

1. Crea la consulta en Access.
2. Prueba que la consulta funciona correctamente y asígnale un nombre que indique su función.
3. En los pasos 7 y 8 de los indicados en el apartado anterior para usar los datos de Access en una carta modelo, usa la ficha Consultas en lugar de Tablas y selecciona la consulta que creaste en el punto 1.

Aviso

Evidentemente, esto sólo tiene sentido si sabes crear consultas en Access. Si no es así, entonces crea tus consultas como siempre. Eso sí, te avisamos de que el programa nos ha dado error algunas veces que hemos intentado crear consultas en Word cuando los datos proceden de Access.

La combinación se creará empleando sólo los registros que hayan superado la criba de la consulta. Como siempre, no hay nada gratis y este método tiene un inconveniente: si deseas emplear los datos que cumplan otras condiciones, tendrás que modificar la consulta en Access y no podrás hacerlo en Word. En cualquier caso, si sabes crear y modificar consultas en Access, el esfuerzo merece la pena.

Crear sobres

Al igual que Word presenta un Asistente para crear cartas, también dispone de una herramienta pensada para la creación de sobres y otra para la creación de etiquetas. En el primer caso, la idea es imprimir directamente en el sobre (introduciendo el sobre en la impresora). Cuando se emplean etiquetas, lo que se introduce en la impresora son las pegatinas, que una vez impresas se pegan en los sobres. Cuando necesites imprimir sobres o etiquetas, te puedes encontrar en dos situaciones:

1. Que necesites unos pocos sobres o etiquetas. En estos casos, emplea el comando Sobres y etiquetas del menú Herramientas.
2. Que desees imprimir los sobres o etiquetas de un gran número de cartas, normalmente procedentes de una combinación de correspondencia. En estos casos, utiliza la propia herramienta de combinación de correspondencia, como veremos.

Crear sobres uno a uno

Si necesitas crear un sobre (o unos pocos) con Word, utiliza los siguientes pasos:

1. Ejecuta el comando Herramientas, Sobres y etiquetas para abrir el cuadro de diálogo Sobres y etiquetas (figura 12.19).
2. Si es necesario, haz clic en la ficha Sobres.

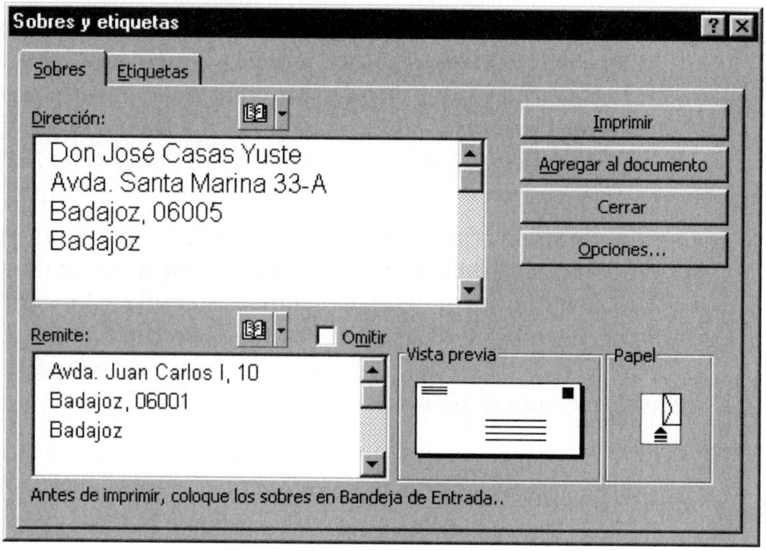

Figura 12.19. Cuadro de diálogo Sobres y etiquetas

3. Escribe la dirección del destinatario de la carta en el cuadro Dirección.
4. Si lo deseas, escribe los datos del remitente en el cuadro Remite. Si no quieres que haya remite, activa la casilla de verificación Omitir.

Truco

Si has introducido tu dirección en el cuadro correspondiente de la ficha Información del usuario *del cuadro de diálogo* Opciones, *aparecerá dicha dirección como remite automáticamente. Eso sí, no aparecerá el nombre, sólo la dirección.*

5. Para definir el sobre, haz clic sobre el dibujo del sobre en la sección Vista previa o haz clic en el botón Opciones (ficha Opciones para sobres). Una vez en esta ficha:
   - Selecciona el tamaño del sobre en el cuadro de lista desplegable Tamaño de sobre. Aunque encontrarás en él los tamaños más normales, también puedes usar la opción Tamaño personal para indicar el tamaño tú mismo.

- Si quieres, puedes modificar la fuente del texto usado en el remite y en la dirección del destinatario mediante el botón Fuente correspondiente. Este botón abre el cuadro de diálogo Fuente, idéntico al que aparece al seleccionar el comando Formato, Fuente.
- Finalmente, también puedes modificar los márgenes que Word va a dejar en la parte superior (Desde arriba) e izquierda (Desde la izquierda) del remite y de la dirección del destinatario.

6. Define el modo en que deseas introducir el sobre en la impresora. Haz clic en el dibujo de la sección Papel o haz clic en el botón Opciones y pulsa sobre la ficha Opciones de impresión del cuadro de diálogo Opciones para sobres. Una vez en esa ficha:
   - En los dibujos de la sección Métodos de alimentación, selecciona la posición (con respecto a una hoja normal de papel) en que desees que Word imprima el sobre y la forma en la que lo vas a introducir (en horizontal o en vertical).
   - También has de seleccionar si el sobre lo vas a introducir Boca arriba o Boca abajo, además de la orientación del mismo mediante la casilla de verificación Rotar en sentido del reloj. Conforme selecciones estas opciones, Word mostrará en los gráficos cómo considera él que vas a insertar el sobre en la impresora.
   - Finalmente, si la impresora admite varias bandejas de alimentación del papel, puedes seleccionar la que quieres usar en el cuadro de lista desplegable Alimentación desde.

Truco

El botón Restablecer *devuelve todas las opciones de la ficha* Opciones de impresión *a sus valores originales.*

7. El botón Agregar al documento del cuadro de diálogo Sobres y etiquetas sirve para añadir una nueva sección al documento en la que Word incluye los datos relativos al sobre. De este modo, la próxima vez que desees imprimir el sobre, sólo tendrás que imprimir dicha sección sin necesidad de rellenar los datos de nuevo. (Las secciones las hemos tratado en el capítulo 5.)

Nota

Tanto en la ficha Sobres *como* Etiquetas *del cuadro de diálogo* Sobres y etiquetas *aparecen botones con el dibujo de una libreta de direcciones. Este tema lo veremos en el capítulo 16, al tratar la distribución de documentos por correo electrónico.*

Crear sobres en combinación de correspondencia

Lo normal al crear una carta modelo es enviarla por correo a sus destinatarios. Con el fin de simplificar esta misión, también puedes utilizar el comando Herramientas, Combinar correspondencia para crear estos sobres.

Has de tener en cuenta que todo lo dicho anteriormente sobre consultas y otros temas en las cartas modelo es válido tanto para los sobres como para las etiquetas creadas mediante el comando Herramientas, Combinar correspondencia. Por tanto, lo vamos a ver por encima aquí.

Los pasos que tienes que seguir para crear sobres usando esta técnica son los siguientes:

1. Abre el documento que vayas a usar como documento principal. Este documento es el que representa el sobre, por lo que normalmente será un documento nuevo. Aprovecha para introducir la información que no vayas a extraer del documento de datos; por ejemplo, el logotipo de la empresa.
2. Ejecuta el comando Herramientas, Combinar correspondencia.
3. En la sección Documento principal, selecciona la opción Sobres en el botón Crear.
4. Si has seguido el punto 1, haz clic en el botón Ventana activa del cuadro que aparece para usar el documento abierto o creado como documento principal.
5. Si vas a usar un documento de datos ya existente:
    - Utiliza la opción Abrir origen de datos del botón Obtener datos y selecciona el documento en cuestión.
    - Aparecerá un cuadro de diálogo indicando que has de diseñar el documento principal. Haz clic en Establecer documento principal para abrir el cuadro de diálogo Opciones para sobres que ya conocemos. Salta al paso 7.

6. Si vas a crear el documento secundario a la vez que combinas los sobres:

   - Selecciona la opción Crear origen de datos del botón Obtener datos y utiliza el cuadro de diálogo Crear origen de datos y la ficha de datos igual que cuando vimos las cartas modelo.
   - Al terminar de usar la ficha, lo normal es que te encuentres en el documento principal. Ejecuta de nuevo el comando Herramientas, Combinar correspondencia y haz clic en el botón Preparar de la sección Documento principal.

7. Emplea las fichas Opciones para sobres y Opciones de impresión de la misma forma que vimos en el apartado de los sobres. Al terminar, haz clic en Aceptar.

8. En el cuadro de diálogo que aparece, llamado Dirección, tienes que insertar los campos de combinación como si se tratara del documento principal. Selecciona los campos mediante el botón Insertar campo de combinación (la figura 12.20 puede ayudarte). Por supuesto, puedes incluir texto además de los campos. Por ejemplo, en la figura 12.20 hemos incluido una coma para separar el código postal y la ciudad.

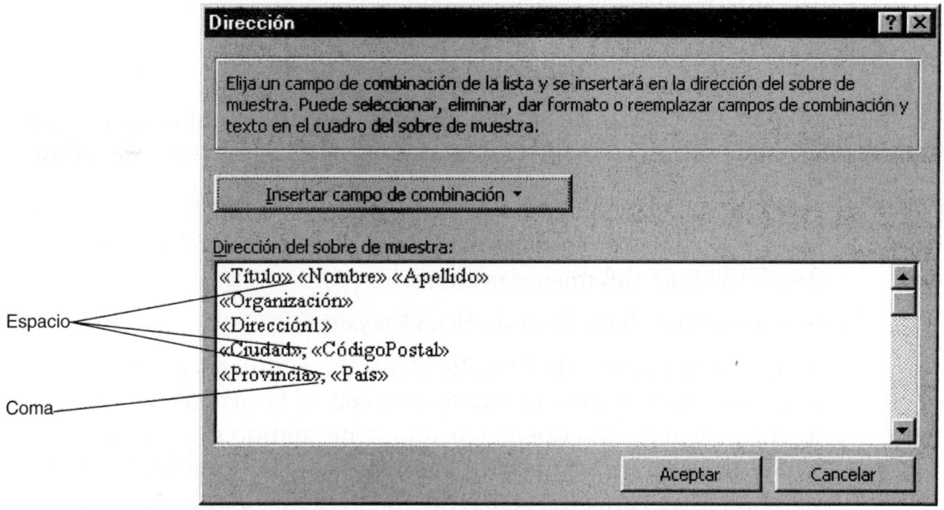

Figura 12.20. Cuadro de diálogo Dirección

9. Utiliza la sección Combinar los datos con el documento igual que con las cartas modelo. Recuerda que también puedes usar consultas con los sobres.

Al terminar, obtendrás en pantalla un documento nuevo con tantas páginas como registros hayas combinado. Por supuesto, suponiendo que envías la salida de la combinación a un documento y no a la impresora directamente.

Nota

Puedes cambiar el sobre o el documento de datos igual que vimos en el apartado "Modificar el documento principal o el secundario".

Crear etiquetas

La creación de etiquetas es muy similar a los sobres. Por tanto, también podemos distinguir entre crear unas pocas etiquetas y la impresión de una gran cantidad de etiquetas mediante la combinación de correspondencia.

Crear etiquetas una a una

El comando Sobres y etiquetas permite, como su nombre indica, tanto la creación de sobres como de etiquetas. Los pasos para crear estas últimas son los siguientes:

1. Ejecuta el comando Herramientas, Sobres y etiquetas para abrir el cuadro de diálogo del mismo nombre.
2. Si es necesario, haz clic en la ficha Etiquetas.
3. Escribe la dirección en el cuadro Dirección. Si quieres crear una etiqueta con tu dirección de remite, haz clic en la casilla Usar dirección de remite. Eso sí, esta operación sólo tiene sentido si has introducido tu dirección en la ficha Información del usuario del cuadro de diálogo Opciones (que vimos en el capítulo 2). También puedes usar el botón de la libreta de direcciones, pero esto lo veremos en el capítulo 16.

4. En la sección Imprimir, indica si quieres rellenar una página completa con la misma etiqueta repetida o, por el contrario, sólo deseas imprimir una etiqueta (en cuyo caso, indica la fila y columna que quieras usar).

5. Para definir el tamaño de la etiqueta, abre el cuadro de diálogo Opciones para etiquetas haciendo clic en el botón Opciones o en el dibujo de la etiqueta de la sección Etiqueta. Una vez en él:

   - Indica el tipo de impresora en la sección Información de impresora. Si es láser o de chorro de tinta, indica también la bandeja (si tiene varias).
   - Elige el tipo de etiqueta que vas a usar en el cuadro de lista Etiquetas. Lo normal es que tengas etiquetas en tamaño A4. *Avery* no es más que una marca de etiquetas considerado el estándar.
   - Una vez elegido el tipo, selecciona el número de producto concreto en la lista Número de producto. Observa que al seleccionar una opción, Word muestra información sobre dicha etiqueta en la sección Información de etiquetas. En concreto, encontrarás su tamaño exacto y el tipo de página empleado.
   - Si no encuentras en la lista la etiqueta que has comprado, haz clic en el botón Nueva etiqueta y define las opciones del cuadro de diálogo que aparece (observa la figura 12.21) para que se adapte al modelo del que dispones. No olvides darle un nombre a este modelo para que lo encuentres la próxima vez que lo necesites y no tengas que definirlo de nuevo.

Truco

Mejor que crear tu etiqueta desde cero, intenta buscar la etiqueta de las existentes que más se aproxime a la que tienes en tamaño. Selecciónala y, después, haz clic en el botón Detalles. *Accederás a un cuadro de diálogo en el que podrás modificar dicha etiqueta para adaptarla a la que tú tienes.*

6. Cuando hayas terminado de definir el tamaño de la etiqueta y las demás opciones de la ficha Etiquetas, sólo resta imprimir las etiquetas mediante el botón Imprimir o enviar la salida a un documento antes de imprimirlas mediante el botón Nuevo documento.

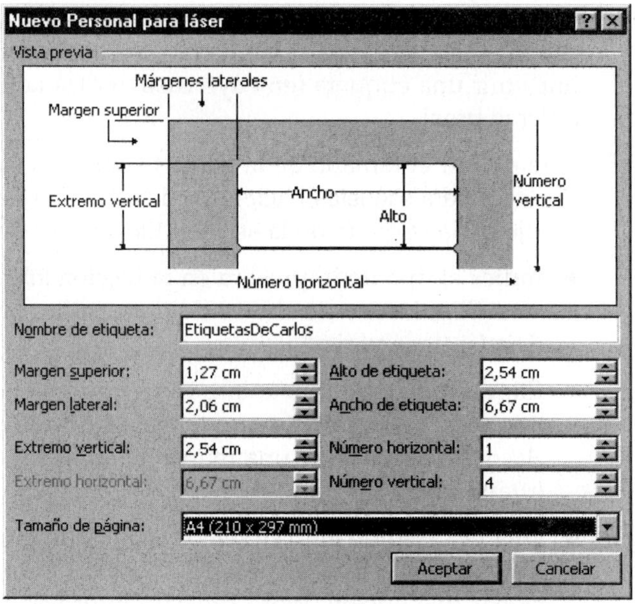

Figura 12.21. Cuadro que aparece al pulsar Nueva etiqueta

Aviso

El botón Nuevo documento *sólo está activo si está seleccionada la opción* Página entera *con la misma etiqueta de la sección* Imprimir.

Crear etiquetas mediante la combinación de correspondencia

Si necesitas imprimir muchas etiquetas, lo mejor es utilizar las posibilidades de la combinación de correspondencia, igual que hemos hecho con los sobres y las cartas modelo. Vamos a verlo paso a paso (aunque no nos centremos más que en los pasos realmente específicos de las etiquetas):

1. Abre o crea el documento que vayas a usar como documento principal. Normalmente será un documento nuevo.
2. Ejecuta el comando Herramientas, Combinar correspondencia y, en la sección Documento principal, selecciona la opción Etiquetas postales en el botón Crear.

3. Si has seguido el punto 1, haz clic en el botón Ventana activa del cuadro que aparece para usar el documento abierto o creado como documento principal.
4. Si vas a usar un documento de datos ya existente:
   - Utiliza la opción Abrir origen de datos del botón Obtener datos y selecciona el documento en cuestión.
   - Aparecerá un cuadro de diálogo indicando que has de diseñar el documento principal. Haz clic en Establecer documento principal para abrir el cuadro de diálogo Opciones para etiquetas que ya conocemos. Salta al paso 6.
5. Si creas el documento secundario al combinar las etiquetas:
   - Selecciona la opción Crear origen de datos del botón Obtener datos y utiliza el cuadro de diálogo Crear origen de datos y la ficha de datos igual que cuando vimos las cartas modelo.
   - Al terminar de usar la ficha, lo normal es que te encuentres en el documento principal. Ejecuta de nuevo el comando Herramientas, Combinar correspondencia y haz clic en el botón Preparar de la sección Documento principal.
6. Utiliza las opciones del cuadro de diálogo Opciones para etiquetas como vimos en el apartado anterior. Al terminar, haz clic en Aceptar.
7. En el cuadro de diálogo Crear etiquetas tienes que insertar los campos de combinación igual que en los sobres o como si se tratara del documento principal de una carta modelo. Selecciona los campos mediante el botón Insertar campo de combinación.
8. Usa Combinar los datos con el documento igual que con las cartas modelo. Recuerda que puedes usar consultas con las etiquetas.

Crear catálogos

Cinco son las opciones que presenta el botón Crear del cuadro de diálogo Combinar correspondencia. Ya hemos visto cuatro, y sólo nos resta la opción Catálogo. Un catálogo es lo mismo que una carta modelo, pero al realizarse la combinación, los datos de los distintos registros se muestran unos debajo de otros, en lugar de separados en páginas diferentes.

Los pasos para su creación son idénticos a los seguidos para crear cartas modelo, por lo que no vamos a repetirlos. Las figuras 12.22 y 12.23 muestran, respectivamente, un ejemplo de catálogo y el resultado de su combinación con uno de los documentos de datos del capítulo.

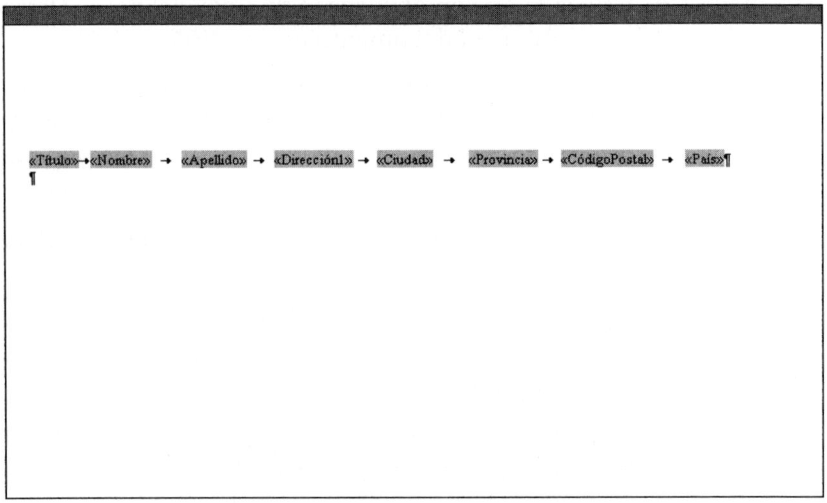

Figura 12.22. Ejemplo de documento principal de un catálogo

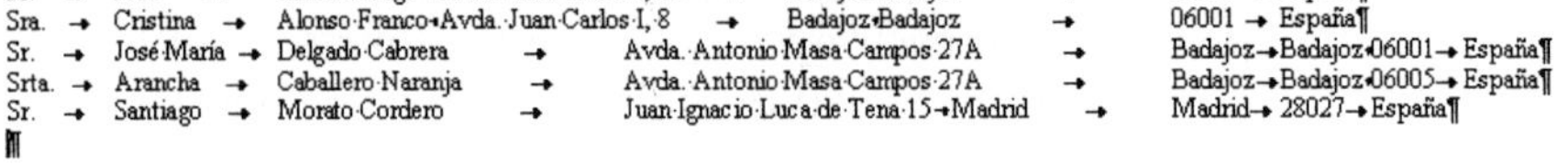

Figura 12.23. Resultado de la combinación

Campos avanzados en cartas modelo

Ahora que ya has visto las cartas modelo y que ya conoces el tema de las macros y campos, estás preparado para comprender las opciones avanzadas de los campos de Word en las cartas modelo.

A lo largo de este capítulo hemos visto todos los botones de la barra de herramientas Combinar correspondencia, excepto el botón Insertar campo de Word. Este botón permite insertar unos campos especiales para la combinación. En concreto, son los nueve siguientes:

- Llenar (Fillin): este campo permite que le pidamos al usuario un texto. Una vez que el usuario teclee dicho texto, éste sustituirá al campo insertado mediante este comando. Por ejemplo, en una carta de felicitación, se puede pedir al usuario que inserte el motivo de la felicitación (figura 12.24).

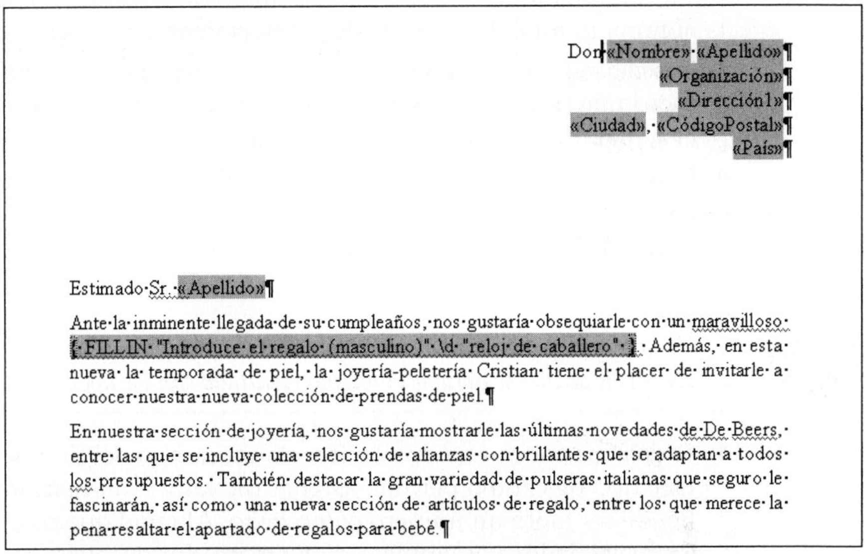

Don «Nombre» «Apellido»¶
«Organización»¶
«Dirección1»¶
«Ciudad», «CódigoPostal»¶
«País»¶

Estimado Sr. «Apellido»¶

Ante la inminente llegada de su cumpleaños, nos gustaría obsequiarle con un maravilloso { FILLIN "Introduce el regalo (masculino)" \d "reloj de caballero" }. Además, en esta nueva la temporada de piel, la joyería-peletería Cristian tiene el placer de invitarle a conocer nuestra nueva colección de prendas de piel.¶

En nuestra sección de joyería, nos gustaría mostrarle las últimas novedades de De Beers, entre las que se incluye una selección de alianzas con brillantes que se adaptan a todos los presupuestos. También destacar la gran variedad de pulseras italianas que seguro le fascinarán, así como una nueva sección de artículos de regalo, entre los que merece la pena resaltar el apartado de regalos para bebé.¶

Figura 12.24. Ejemplo de un campo Llenar

- Preguntar: parecido a Llenar, ya que también permite preguntarle al usuario información. Sin embargo, la información que el usuario introduzca se le asigna a un marcador para, después usarla para algún fin. Por ejemplo, si introduces los siguientes campos, aparecerá el País sólo si el cliente es preferente:

```
{ PREGUNTAR ClientePrivilegiado "¿Es un cliente importante
  (S/N)? }
{ SI ClientePrivilegiado = S {MERGEFIELD País } }
```

- Si...Entonces...Sino... (If..Then..Else): este campo permite introducir expresiones al estilo de las condiciones de una consulta para, según el resultado de la comparación, mostrar una información u otra. Este campo funciona del mismo modo que la estructura de control If...Then...Else de Visual Basic. En la línea de código anterior hay un ejemplo. En concreto, este campo analiza primero el contenido del campo de combinación País y si es España, no lo imprime, ya que no es realmente necesario.

- Combinar registro nº y Combinar secuencia nº: estas dos opciones insertan los campos MERGEREC y MERGESEQ. Ellos se encargan de mostrar en el documento principal el número del registro combinado (el primero) o el número de registro en relación al número total de combinados correctamente (el segundo).
- Próximo registro: inserta el campo NEXT, que sirve para indicar a Word que imprima el siguiente registro en la misma página que el actual. Es la misma idea que los catálogos ya vistos.
- Próximo registro si: inserta el campo NEXTIF, el que permite comparar dos expresiones y, en el caso de ser cierta la condición usada, Word combinará el siguiente registro en el actual.

Consejo

En la ayuda de Word, no se recomienda que se usen los campos SKIPIF ni NEXTIF, ya que se obtiene el mismo resultado con las opciones de consulta.

- Asignar marcador: esta opción inserta un campo del tipo SET. Este tipo de campo permite asignar un valor a un marcador. Puede ser tanto un número como texto. Al igual que con Preguntar, la idea es emplear dicho marcador después. La diferencia es que el valor del marcador se extrae de los datos existentes en el documento de datos, sin acción del usuario.
- Saltar registro si: esta opción inserta un campo del tipo SKIPIF, que permite introducir una condición. Si con los datos de un registro se cumple dicha condición, el registro en cuestión no se tiene en cuenta en la combinación y se pasa al siguiente.

Campos dentro de campos

A riesgo de ser pesados, te recordamos que puedes incluir dentro de un campo el resultado de otro campo, de manera que solapes campos entre sí. De este modo, es posible utilizar un campo como el siguiente:

```
{ SI {MERGEFIELD Nombre } = "José" "{FILLIN"¿Es José o
  Pepe? {MERGEFIELD Nombre}:"}
```

13 OLE 2, incrustación y vinculación

Compartir documentos entre las aplicaciones de Office es una de las grandes ventajas de esta suite, que normalmente no aprovechamos. ¿Por qué no aprovechar en nuestro último informe sobre la situación de la empresa, los datos de la hoja de cálculo donde tenemos las ventas de los últimos meses? Éste es un sencillo ejemplo, pero seguro que se te ocurren muchos más en los que puedes intercambiar información entre tus aplicaciones.

El capítulo que en este momento empiezas a leer trata la tecnología utilizada para la implementación de este mecanismo, nos referimos a OLE 2. Para que la inserción, vinculación e incrustación de objetos no tenga secretos para ti, dedicamos este capítulo a desvelar todos sus entresijos.

Diferencia entre insertar, incrustar y vincular

Éste es el eterno dilema en las aplicaciones de Office desde que Microsoft creó la tecnología OLE (Object Linking and Embedding), que más o menos quiere decir *Enlace e Incrustación de Objetos*. El recorrido seguido por esta tecnología no se puede decir que haya sido un camino de rosas, pero aún con ligeros problemas podemos decir que se trata de un sistema de alto nivel, gracias al cual podemos incluir prácticamente cualquier tipo de objeto en nuestros documentos.

Pero volviendo al tema que nos ocupa, a la hora de introducir información procedente de otro programa en un documento de Word hay tres soluciones posibles:

- Incluir la información en el documento de Word, de manera que pase a formar parte del mismo y no tenga ninguna relación con el programa que la creó ni con el archivo del que provenga. Esta operación se denomina *inserción*.
- Incluir información que ya existe en otro archivo (llamado archivo origen), de manera que cuando se modifique el archivo origen, estos cambios se reflejen en el documento de Word. Esta operación recibe el nombre de *vinculación*.
- Incluir información creada con otro programa en el documento de Word, de forma que cuando se desee modificar dicha información (normalmente haciendo doble clic sobre ella) se ejecute la aplicación con la que se creó. Esta operación recibe el nombre de *incrustación*.

Todo esto te parecerá en un principio un tanto oscuro pero no te preocupes porque a lo largo de este capítulo y el siguiente comprenderás estos conceptos mucho mejor.

Insertar información en un documento de Word

Como hemos comentado, la inserción consiste en incluir directamente en un documento de Word la información existente en otro archivo. Los tipos de archivos que intervienen normalmente en esta operación son archivos de texto y archivos gráficos (imágenes).

Dejaremos las imágenes para el siguiente capítulo y ahora vamos a ver la operación más sencilla, que consiste en incluir la información existente en un documento de texto dentro de un documento de Word:

1. Abre el documento de Word en el que quieras insertar la información del archivo de texto.
2. Sitúa el punto de inserción en la posición en la que quieras incluir el archivo de texto.
3. Ejecuta el comando Insertar, Archivo para abrir el cuadro de diálogo Insertar archivo (figura 13.1). Este comando se encuentra normalmente oculto.
4. Utiliza este cuadro de diálogo (similar al cuadro de diálogo Abrir) para seleccionar el archivo de texto que deseas insertar. Si el documento no es de Word, selecciona la opción Todos los archivos del cuadro de lista Tipo de archivo.
5. Al hacer clic en el botón Aceptar de este cuadro de diálogo, aparecerá el texto del archivo en la posición del punto de inserción.

Aviso

Posiblemente, la primera vez que utilices las opciones de vinculación e incrustación, Word te pedirá que insertes el CD del programa para instalar esta característica.

En realidad, puedes usar este comando también para insertar información de archivos de otro tipo (y no de texto), pero el resultado no siempre es el deseado. Por ejemplo, en la figura 13.2 se muestra el resultado de insertar en un documento de Word el contenido de un archivo de una hoja de cálculo de Excel.

Si se presenta algún problema, nuestro consejo es que realices una de estas dos operaciones:

- Transforma el archivo de hoja de datos (o del tipo que sea) a formato de archivo de texto. Normalmente, todos los programas permiten almacenar la información de sus archivos en formato de texto (con la extensión TXT). Comprueba, de todos

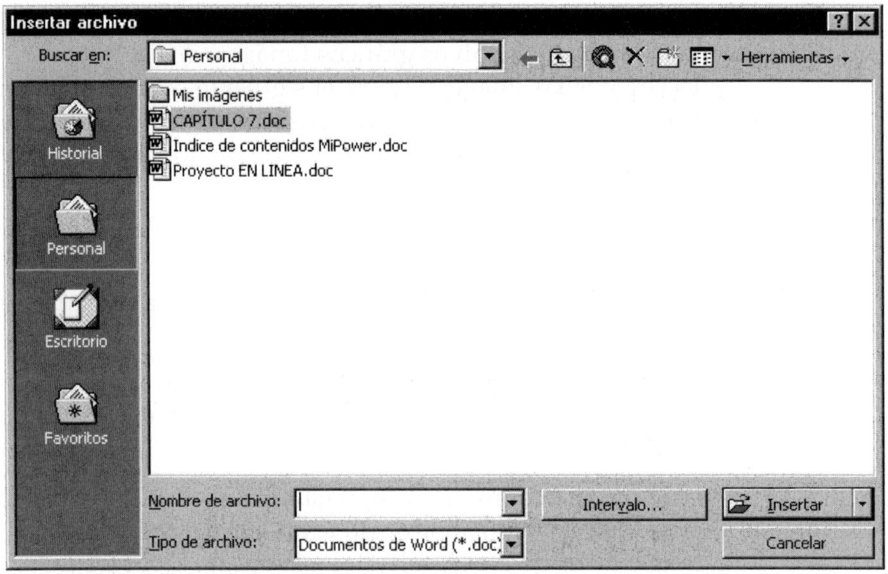

Figura 13.1. Cuadro de diálogo Insertar archivo

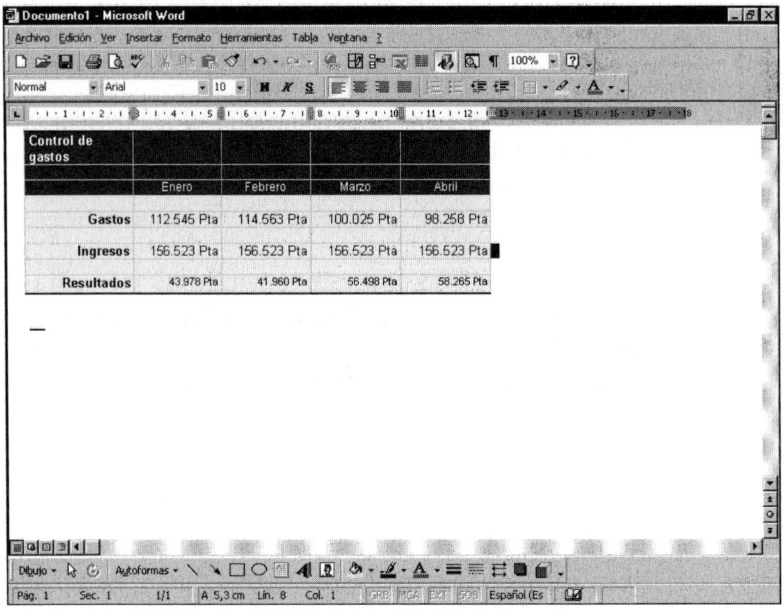

Figura 13.2. Inserción de un documento no de texto con el comando Insertar, Archivo

modos, si tu programa permite almacenar la información en formato de Word.

- La otra solución consiste en vincular o incrustar el contenido del archivo en un documento de Word, como veremos a continuación.

Vincular información

La operación de vinculación permite incluir en un documento de Word un archivo (o parte de él), con la ventaja de que si dicho archivo sufre modificaciones, estas modificaciones se verán reflejadas en el documento de Word.

El nombre "vincular" viene del hecho de que existe un vínculo o enlace entre la información incluida en Word y el archivo original. Los siguientes pasos muestran cómo vincular un archivo en un documento de Word:

1. Sitúa el punto de inserción en la posición del documento en la que desees vincular el contenido del archivo.
2. Ejecuta el comando Insertar, Objeto para abrir el cuadro de diálogo Objeto.
3. Haz clic en la pestaña Crear desde un archivo, ya que la vinculación sólo es posible con un archivo ya existente.
4. Activa la casilla de verificación Vincular al archivo (figura 13.3).
5. Haz clic en el botón Examinar y utiliza el cuadro de diálogo que aparece para localizar el archivo que quieres vincular. Al encontrarlo, haz doble clic sobre él (cerrarás el cuadro de diálogo Examinar y situarás su nombre en el cuadro de texto Nombre de archivo).
6. Si quieres ver en el documento sólo un icono que indique la posición del archivo vinculado en lugar del archivo completo, activa la casilla de verificación Mostrar como icono.
7. Finalmente, haz clic en el botón Aceptar para cerrar el cuadro de diálogo Objeto y situar el contenido del archivo vinculado en el documento de Word.

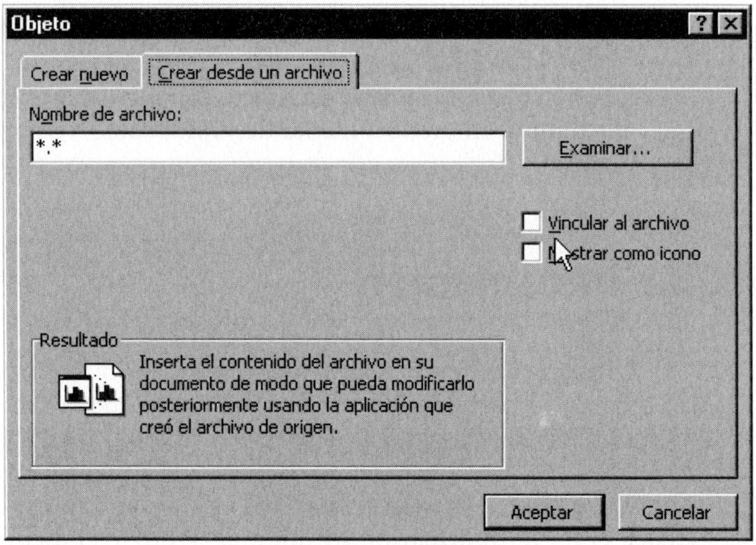

Figura 13.3. Casilla de verificación **Vincular al archivo** *del cuadro de diálogo* **Objeto**

Truco

En la pestaña ***Crear desde un archivo*** *del cuadro de diálogo* ***Objeto****, prueba a activar y desactivar la casilla* ***Vincular al archivo*** *y observa en el cuadro* ***Resultado*** *la explicación que Word da de las operaciones vincular e incrustar.*

Una vez vinculado el objeto en un documento de Word, para modificarlo, sólo has de hacer doble clic sobre el objeto vinculado. Windows abrirá el programa con el que se creó el archivo original y te dará opción a modificarlo. Eso sí, ten en cuenta que estás modificando el archivo original, ya que lo que hay en el documento de Word no es más que una representación del mismo, un vínculo, y no un archivo independiente.

Por omisión, el objeto vinculado se actualizará cada vez que abras el documento de Word al que se encuentra vinculado. De este modo, al abrirlo podrás tener la seguridad de que muestra la última información existente.

Esta actualización automática la controla la opción Actualizar vínculos automáticos al abrir de la pestaña General del cuadro de diálogo Opciones, que vimos en el capítulo 2. Si desactivas esta opción, el objeto no se actualizará al abrir el documento.

Consejo

Si seleccionas un objeto vinculado y pulsas la tecla F9, actualizarás su contenido al existente en el archivo original. Si trabajas en un entorno de red, es posible que alguien haya modificado el archivo original desde que abriste el documento de Word.

Mediante el cuadro de diálogo Insertar archivo que vimos al principio del apartado, también es posible vincular cualquier otro documento. Para ello, haz clic en el pequeño botón situado a la derecha del botón Insertar (figura 13.4) y selecciona la opción Insertar como vínculo.

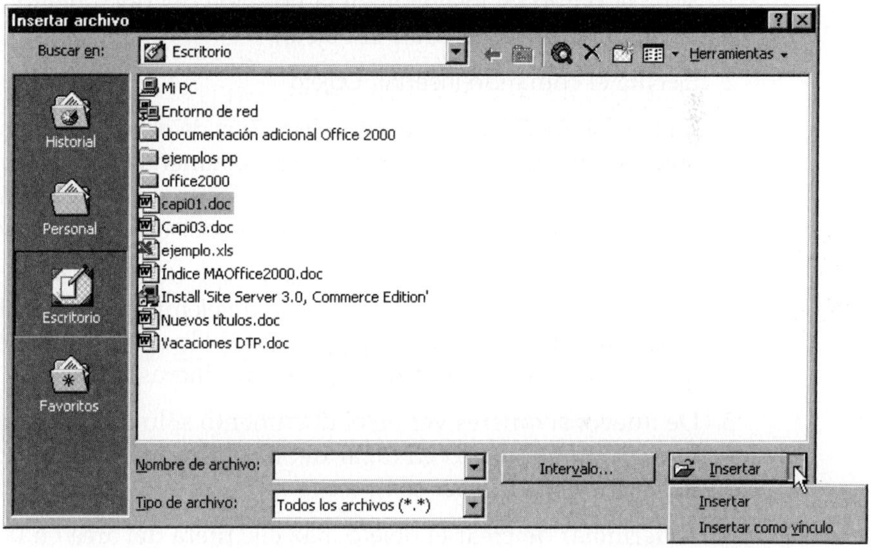

Figura 13.4. Opción Insertar como vínculo *del cuadro de diálogo* Insertar archivo

Incrustar información

La incrustación, como hemos dicho al principio del capítulo, no mantiene ninguna relación entre el objeto incrustado y el archivo original. Sin embargo, sí se mantiene correspondencia con la aplicación empleada para crear dicho objeto y, por tanto, el objeto pasa a ser parte del documento de Word, pero manteniendo su formato original.

Al incrustar un objeto, se pueden dar dos situaciones:

1. Que el objeto ya exista en un archivo, pudiendo ser todo el archivo o parte de él.
2. Que el objeto no exista y se cree a la vez que se incrusta.

En el primer caso, los pasos son idénticos a los usados para vincular un objeto, salvo que no hay que marcar la casilla Vincular al archivo de la pestaña Crear desde un archivo del cuadro de diálogo Objeto.

En el segundo caso, los pasos varían un poco, ya que hay que emplear la pestaña Crear nuevo del cuadro de diálogo Objeto:

1. Sitúa el punto de inserción en la posición del documento de Word en la que desees incrustar el objeto.
2. Ejecuta el comando Insertar, Objeto.
3. En la pestaña Crear nuevo, en la lista Tipo de objeto, verás los tipos de objetos que puedes incrustar en tus documentos de Word. El contenido de la lista depende de las aplicaciones que tengas instaladas en tu sistema. Selecciona el tipo que desees y haz clic en Aceptar.
4. Word ejecuta la aplicación que crea el tipo de objeto seleccionado y muestra un archivo en blanco o uno de ejemplo. Crea el objeto que desees incrustar usando esta aplicación. Como es evidente, tendrás que saber cómo crear estos objetos para incrustarlos.
5. De nuevo, si quieres ver en el documento sólo un icono que indique la posición del objeto en lugar del objeto completo, activa la casilla de verificación Mostrar como icono.
6. Al terminar de crear el objeto, haz clic fuera del área en la que se encuentra dicho objeto y volverás a Word.

Una vez incrustado un objeto puedes modificarlo haciendo doble clic sobre él. De nuevo, Word ejecutará la aplicación empleada para crearlo.

Aviso

Insistimos en el hecho de que no hay relación entre el objeto incrustado y el archivo del que procede (si no lo creas a la vez que lo incrustas). Por tanto, si modificas un objeto incrustado, no afectará al archivo original; y si modificas el archivo original, los cambios no se reflejarán en el objeto incrustado.

Otras aplicaciones de Office 2000: Excel, Access y PowerPoint

Ahora que ya conoces las operaciones básicas para insertar, vincular e incrustar archivos, vamos a practicar todo lo visto mediante tres archivos creados con sendas aplicaciones de Office 2000: Excel, Access y PowerPoint.

Si tienes Word instalado como parte de Office y tienes algunos conocimientos sobre Excel, Access y PowerPoint, intenta realizar los siguientes ejemplos, ya que te aclararán muchas de las ideas dadas en este capítulo.

Nota

Como los archivos utilizados están incluidos en el CD-ROM que acompaña al libro, no será necesario que sepas utilizar estas aplicaciones para sacar partido a los siguientes apartados.

Excel, la hoja de cálculo

La figura 13.5 muestra un ejemplo de hoja de cálculo de Microsoft Excel. Como seguro que sabes, las hojas de cálculo son aplicaciones diseñadas especialmente para realizar cálculos a partir de información numérica, como presupuestos y balances.

Los pasos que has de usar para incrustar o vincular un documento de Excel en uno de Word son los vistos en los apartados anteriores. Sin embargo, merece la pena destacar un par de situaciones:

- Si la hoja de cálculo de Excel contiene varias hojas de trabajo (como el ejemplo de la figura 13.5), al incrustar o vincular, sólo aparecerá la hoja que estuviera activa la última vez que se guardó el archivo de Excel.
- Si deseas emplear una hoja de cálculo dentro de Word, tienes dos posibilidades: emplear las posibilidades de cálculo de las tablas de Word o incrustar un nuevo objeto de Excel y crear la hoja de cálculo desde Word empleando toda la potencia de Excel.

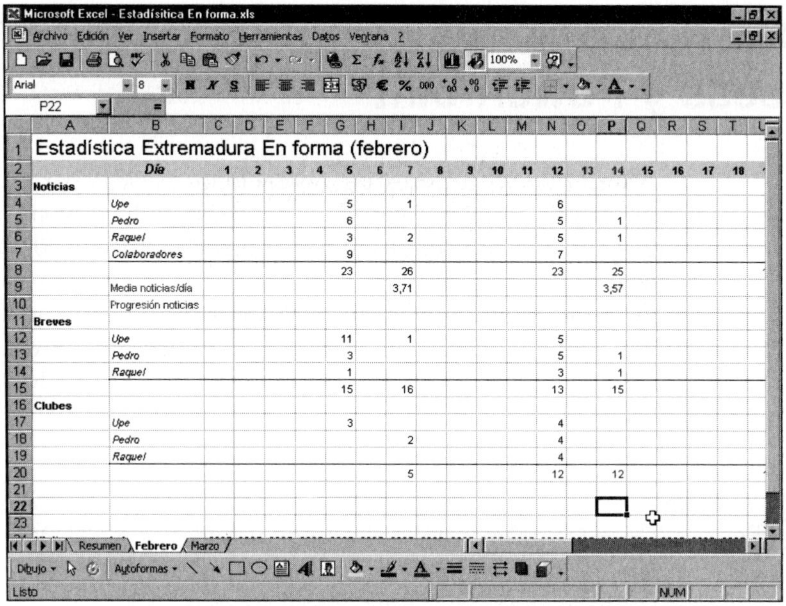

Figura 13.5. Una hoja de cálculo de Excel

Nota

Si utilizas el comando **Archivo** *para insertar la hoja de cálculo, aparecerá un cuadro de diálogo donde podrás elegir la hoja del libro que quieres incluir, e incluso, hasta el rango de celdas dentro de la hoja seleccionada. En este caso, una vez insertados los datos; éstos se incluyen en el documento como una tabla de Word.*

En la figura 13.6, mostramos un objeto de hoja de cálculo incrustado y creado desde Word, sobre el que hemos hecho doble clic para editarlo. Observa que mientras trabajas con el objeto, los menús y barras de herramientas han cambiado y ahora son los propios de Excel y no los de Word.

Truco

Otra forma de incrustar una hoja de datos de Excel a la vez que se crea consiste en pulsar el botón **Insertar hoja de Microsoft Excel** *de la barra de herramientas Estándar (figura 13.7).*

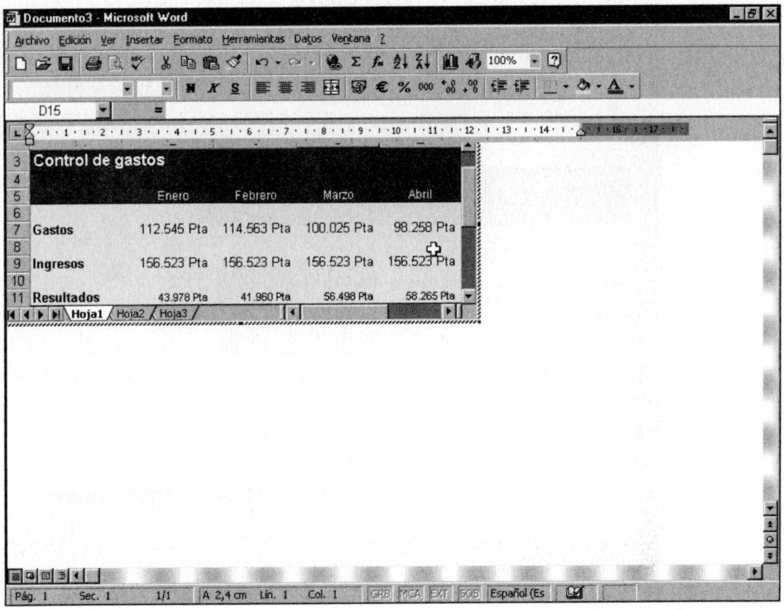

Figura 13.6. Un objeto de Excel incrustado y creado desde Word

Figura 13.7. Botón **Insertar hoja de Microsoft Excel** *de la barra de herramientas Estándar*

También puedes incrustar y vincular gráficos creados con Microsoft Excel. En este caso, recuerda que si proceden de un archivo ya existente, el gráfico lo debes guardar en su propia hoja de trabajo y activar dicha hoja antes de guardar y cerrar el archivo. Si el gráfico se encuentra en la misma hoja de trabajo que los datos a los que representa, aparecerán tanto el gráfico como sus datos en el objeto incrustado o vinculado (figura 13.8).

Nota

Si creas un objeto del tipo **Gráfico de Microsoft Excel** *a la vez que lo incrustas, aparecerá un documento en pantalla con datos de ejemplo. Tendrás que modificarlo para cambiar los valores del gráfico.*

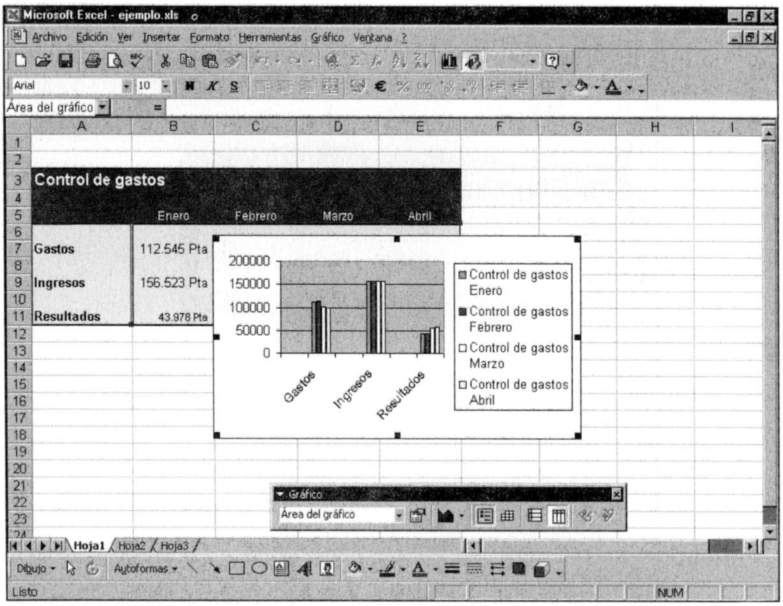

Figura 13.8. Un gráfico de Excel en la misma hoja de trabajo que sus datos

Access, la base de datos

Ya hemos visto el concepto de base de datos en el capítulo anterior al analizar las cartas modelo. También vimos allí que Microsoft Access es la aplicación de Office 2000 diseñada expresamente para trabajar con este tipo de estructuras de datos.

Además de emplear los datos de Access para las cartas personalizadas, también puedes incrustar y vincular la información de una base de datos en documentos de Word. El ejemplo más típico se dará cuando necesites introducir una tabla en Word con la información existente en una tabla de Access.

La figura 13.9 muestra el resultado de seguir los pasos indicados para incrustar una base de datos de Access en un documento de Word. Observa tres detalles muy interesantes:

- En la pestaña Crear nuevo del cuadro de diálogo Objeto, no aparece ningún objeto del tipo Microsoft Access. Por ello, en lugar de un objeto del tipo Access, Word incrusta un objeto especial llamado "Paquete".

- Aunque no marques la casilla Mostrar como icono, lo único que muestra Word en la pantalla es un icono de Access. Si haces doble clic sobre el icono, abrirás el documento de Access, pero no podrás manipularlo ni mostrarlo en Word.

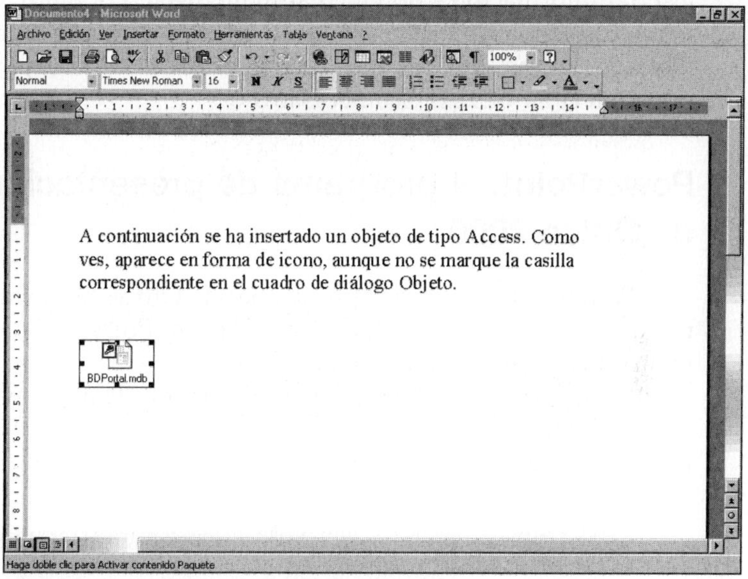

Figura 13.9. Ejemplo de clientes de una base de datos en un documento de Word

Con respecto a la vinculación, la única posibilidad que admite Word con respecto a Access es usar los datos de tablas o consultas con la herramienta Combinar correspondencia que vimos en el antes, pero no directamente como objetos vinculados. Por tanto, nuestros consejos a la hora de usar información de Access en un documento de Word son los siguientes:

- Si lo que deseas es crear cartas personalizadas utilizando los datos de tablas de Access, acude al capítulo dedicado a las "Cartas modelo" y encontrarás toda la información necesaria.
- Si quieres incluir datos de una tabla de Access en un documento de Word, tienes dos opciones:
  - Exporta la tabla en formato RTF o TXT, de forma que puedas importar el archivo resultante al documento de Word como si se tratara de cualquier otro archivo de texto.

- Elige la tabla en la ventana de la base de datos de Access, ejecuta el comando Edición, Copiar y pega el resultado de esta copia en el documento de Word.

Ten en cuenta que, en ambos casos, lo único que estás haciendo es insertar información y no vincular ni incrustar. Por tanto, si deseas mantener actualizada dicha información con los cambios introducidos en la tabla de Access, tendrás que repetir el proceso de exportación/copia e inserción cada vez que sea necesario.

PowerPoint, el programa de presentaciones de Office 2000

Para terminar con las aplicaciones de Office 2000, vamos a ver la forma de incluir una presentación creada con PowerPoint. La figura 13.10 muestra la presentación en PowerPoint.

La única diferencia entre ellos es el modo de funcionar (uno está vinculado y otro, incrustado) y las opciones que aparecen al desplegar su menú emergente.

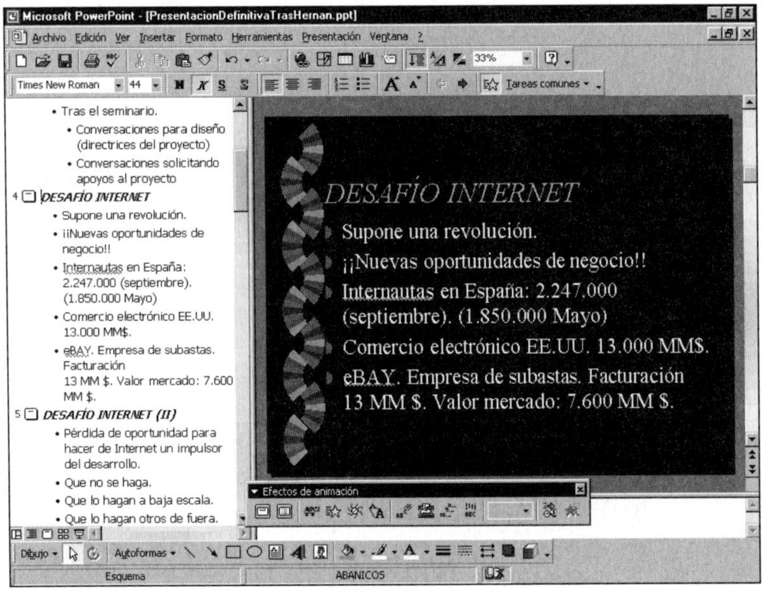

Figura 13.10. Presentación de PowerPoint

Observa que, en ambos casos, Word sólo muestra la primera diapositiva de la presentación. Sin embargo, están incrustadas o vinculadas todas las diapositivas de la misma. Para verlas, sólo debes seleccionar la opción Mostrar del submenú Objeto Presentación del menú emergente que aparece al pulsar con el botón derecho sobre el objeto. Una vez en pantalla la presentación, utiliza las opciones del menú para moverte entre las diapositivas.

Para terminar con PowerPoint, indicar que en la pestaña Crear nuevo del cuadro de diálogo Objeto aparecen los objetos Diapositiva de Microsoft PowerPoint y Presentación de Microsoft PowerPoint. Por tanto, podrás incrustar este tipo de objeto a la vez que lo creas.

Manipulación de objetos vinculados e incrustados

Una vez incrustado o vinculado un objeto, podrás cambiarlo tantas veces como desees. En ocasiones, sólo querrás moverlo de sitio; en otras, desearás cambiar su contenido; incluso desearás eliminarlo por completo.

En los apartados anteriores, has visto las distintas posibilidades que pueden aparecer en Word: objetos incrustados y vinculados como iconos, objetos que no se pueden incrustar ni vincular, etcétera. Esta variedad provoca que la manipulación de objetos sea de lo más variopinta, aunque existen operaciones comunes:

- Para manipular cualquier objeto, lo primero es seleccionarlo. Para elegirlo, haz clic sobre él. Un objeto seleccionado muestra a su alrededor unos puntos llamados selectores.
- Para eliminar un objeto incrustado o vinculado, selecciónalo y pulsa la tecla Supr.
- Una vez seleccionado un objeto, puedes cambiar su posición arrastrándolo por el documento de Word. Eso sí, no emplees los selectores para arrastrarlo porque modificarás su tamaño.
- Para cambiar el tamaño de un objeto, selecciónalo y arrastra los selectores hacia el centro para reducir su tamaño o hacia fuera para aumentarlo. Los selectores de las esquinas permiten modificar a la vez el alto y el ancho de forma proporcional.
- Hay una operación especial de recorte que permite reducir o aumentar el contenido del objeto. Por ejemplo, al incrustar o vincular una hoja de cálculo existente, lo normal es que Word

muestre muchas celdas en blanco, lo que provoca que los datos se vean muy pequeños. Para evitar este desperdicio de espacio, existe la herramienta Recortar, que veremos en los apartados dedicados a las imágenes.

- Para cambiar el contenido de un objeto, haz clic con el botón derecho sobre él. En el menú emergente, selecciona el submenú Objeto; realmente el nombre del submenú será la palabra Objeto más el tipo de objeto insertado, por ejemplo Objeto hoja de cálculo vinculado. Las opciones de este submenú vararán según el objeto del que se trate, pero suelen ser:
  - Modificar: esta opción permite cambiar el contenido del objeto incrustado sin tener que salir de Word. En este caso, aparecerán los menús y las barras de herramientas propias de la aplicación con la que se creó el objeto incrustado (siempre y cuando ésta admita la tecnología OLE 2). Si el objeto es vinculado, la opción Modificar actúa igual que la opción Abrir.
  - Abrir: abre el objeto incrustado o vinculado en la aplicación que lo creó (y no lo manipula en Word). Al salir del programa, los cambios efectuados se verán reflejados en el objeto.
  - Convertir: esta opción sólo tiene sentido para los objetos incrustados, ya que los vinculados se tienen que convertir en el archivo origen. En los objetos incrustados, el cuadro de diálogo Convertir permite mostrar el objeto como icono y modificar el tipo de objeto.
  - Mostrar: las presentaciones y las diapositivas de PowerPoint incluyen también esta opción, que permite ver en Word el contenido de la presentación completa. Incluso ofrece la posibilidad de moverse entre las diapositivas.

Nota

Si el objeto se encuentra vinculado, las opciones Abrir y Modificar se convierten en Abrir vínculo y Modificar vínculo.

Aviso

Si haces doble clic en un objeto, la mayoría de las veces conseguirás lo mismo que si seleccionas la opción Modificar del submenú Objeto. Sin embargo, en otros, como las diapositivas de PowerPoint, el resultado será distinto.

14 Imágenes, gráficos y dibujos

A estas alturas no podemos pensar en una simple carta sin incluir al menos el logotipo de nuestra empresa. Y es que están en lo cierto aquéllos que definen la época actual como la era de la imagen y el sonido.

Word dispone de multitud de funciones, herramientas y comandos dedicados a los gráficos. Desde incluir un simple gráfico hasta complicadas formas, todo está contemplado en las posibilidades gráficas de Word.

Sin duda te encuentras ante un capítulo divertido que puede hacer que tus documentos pasen de ser tristes y aburridos a tener vida propia.

Imágenes

Además de documentos de texto, el otro tipo de elementos que se suele insertar, vincular e incrustar con más frecuencia en los documentos de Word, y en general en cualquier aplicación de Office, son las imágenes. Word dispone de un submenú llamado Insertar, Imagen dentro del propio menú Insertar, (figura 14.1) el cual muestra seis opciones distintas:

- Imágenes prediseñadas: las imágenes que Microsoft ha incluido para todas las aplicaciones de Office 2000.
- Desde archivo: los archivos gráficos, independientemente de su formato (TIFF, BMP, PCX, etcétera), que Word nos permite incluir en nuestros documentos.
- Autoformas: dibujos creados en el propio editor de Word, como flechas, formas básicas, llamadas, elementos de diagrama, etc.
- WordArt: imágenes creadas con la aplicación WordArt, la cual nos permite crear títulos y en general cualquier texto con vistosos efectos tridimensionales.
- Desde escáner o cámara: si dispones de alguno de estos dispositivos puedes incluir en tus documentos de Word, imágenes a partir de tu escáner o cámara digital.
- Gráficos: información representada en forma de gráfico de datos, que se crean mediante la aplicación Microsoft Graph.

Figura 14.1. Submenú Imagen del menú Insertar

Galería de imágenes prediseñadas

Las imágenes prediseñadas de Word reciben también el nombre de clip-arts y constituyen un con conjunto bastante extenso y variado de motivos, listos para utilizarlos en nuestros documentos.

En la instalación básica del programa, se incluyen algunas de estas imágenes pero puedes encontrar más en los CDs de instalación. Los siguientes pasos indican cómo incluir una imagen prediseñada en un documento de Word:

1. Sitúa el punto de inserción en la posición del documento de Word en la que desees insertar la imagen.
2. Ejecuta el comando Insertar, Imagen. Observa que aparecen las opciones descritas en el apartado anterior.
3. Selecciona la opción Imágenes prediseñadas. Puede aparecer un cuadro con un mensaje indicando que hay más imágenes en el CD ROM de Office 2000. Si dispones de él y lo deseas, insértalo. En cualquier caso, haz clic en Aceptar.
4. Asegúrate de que está seleccionada la pestaña Imágenes del cuadro de diálogo Insertar imagen prediseñada que aparece en la figura 14.2.
5. Utiliza la barra de desplazamiento para acceder a todas las categorías disponibles y haz clic en la que deseas.
6. Una vez dentro de la categoría adecuada, aparecen todas las imágenes disponibles. Haz clic sobre cualquiera de ellas y aparecerá un menú gráfico (figura 14.3) con cuatro opciones, que explicaremos al final de esta secuencia de pasos.
7. Para insertar la imagen elegida, haz clic en el primer botón del menú gráfico.

El significado de las opciones del menú que aparece al hacer clic sobre una imagen sería el siguiente:

- Insertar clip: como acabas de comprobar, esta opción permite incluir el clip elegido en el punto de tu documento donde se encuentra el punto de inserción.
- Vista previa del clip: es cierto que la miniatura que puedes ver en cada categoría en algunos casos resulta suficiente para hacernos una idea del aspecto del clip; por este motivo, si

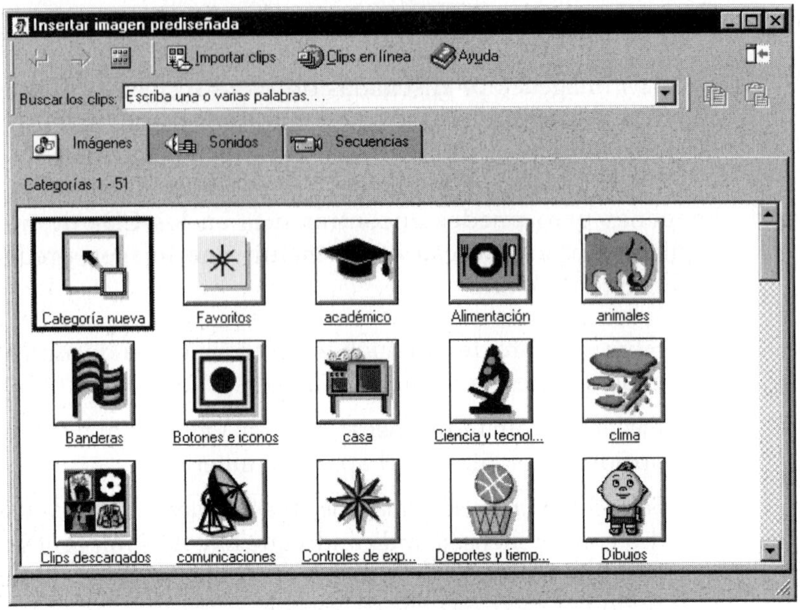

Figura 14.2. Cuadro de diálogo Insertar imagen prediseñada

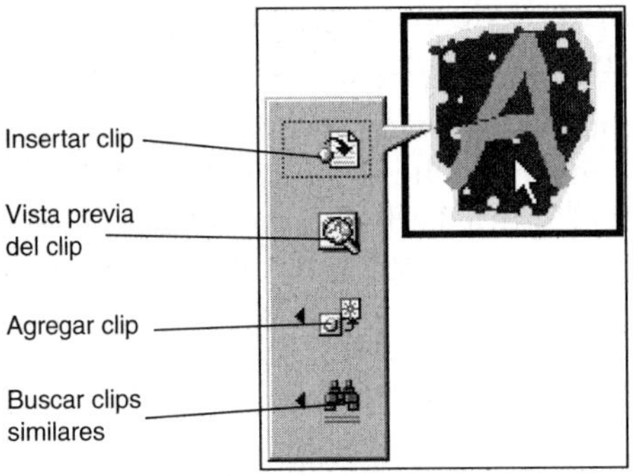

Figura 14.3. Menú asociado a cada clip

deseas obtener una imagen ampliada del clip utiliza este botón y podrás verlo de la forma que muestra la figura 14.4.

- Agregar clip a favoritos o a otra categoría: habrás observado que en la lista inicial de categorías existe una denominada Favoritos, que puedes utilizarla para incluir aquellos gráficos que utilices con más frecuencia. Este botón te permite incluir el clip en esta o en otra categoría que desees.

- Buscar clips similares: permite localizar otros clips dentro de la galería que compartan elementos de diseño como colores, formas, estilo, etcétera. En el cuadro de diálogo que aparece adjunto, puedes elegir el criterio que desees.

Consejo

Puedes crear tus propias categorías e incluir en ellas los logotipos de tu empresa o aquellas imágenes que utilices con más frecuencia en tus documentos. A continuación veremos cómo crear nuestra propia categoría.

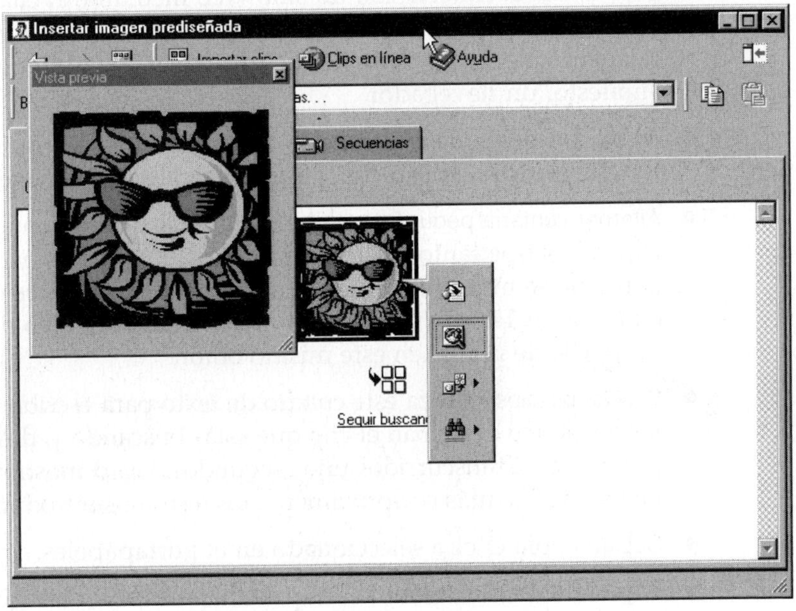

Figura 14.4. Clips ampliado

Los pasos anteriores permitían incluir las imágenes prediseñadas que Word instala por omisión en la galería de imágenes. Sin embargo, el cuadro de diálogo Insertar imagen prediseñada puede modificarse para adaptarlo completamente a tus necesidades.

Pero antes de seguir vamos a ver el significado de cada uno de los iconos situados en las diferentes barras de herramientas de este cuadro de diálogo. Sin duda, esto nos ayudará a conocer mejor sus posibilidades:

- Botones Atrás y Adelante: estos dos botones son equivalentes a los que puedes encontrar en cualquier navegador y nos permiten avanzar a la categoría siguiente o retroceder a la anterior.
- Todas las categorías: siempre que pulses este botón volverás al menú principal de categorías. También puedes utilizar la combinación de teclas Ctrl+Inicio para este mismo fin.
- Importar clips: permite seleccionar archivos de gráficos externos e incluirlos dentro de algunas de las categorías de la galería de imágenes.
- Clips en línea: conecta con un sitio Web mediante el cual puedes acceder a una gran biblioteca de clips. Para conseguir estas imágenes, necesitas disponer de una conexión a Internet y, por supuesto, un navegador.
- Ayuda: proporciona información adicional sobre el funcionamiento y las principales características de la galería de imágenes.
- Alternar ventana pequeña y grande: si deseas que la ventana de clips no ocupe tanto espacio en tu pantalla, puedes hacer clic para que se muestre en modo reducido, como puedes observar en la figura 14.5. Para volver al modo extendido sólo tienes que hacer clic de nuevo en este mismo botón.
- Buscar los clips: utiliza este cuadro de texto para escribir aquellos términos que describan el clip que estás buscando y, después, pulsa Intro. Transcurridos unos segundos, Word mostrará las imágenes que más se aproximen a los términos introducidos.
- Copiar: copia el clip seleccionado en el portapapeles.
- Pegar: coloca el contenido del portapapeles en la categoría seleccionada.

Edición de categorías

Como ya hemos comentado, existe la posibilidad de realizar ciertos cambios sobre la galería de imágenes de Microsoft, para adaptar todo lo posible este cuadro de diálogo a nuestras necesidades. Para la edición de

Figura 14.5. Cuadro de diálogo Insertar imagen prediseñada *en modo reducido*

categorías deberás situarte en el primer nivel en el que aparece el nombre de todas ellas; puedes utilizar la combinación Ctrl+Inicio para llegar a este primer nivel.

- Crear un nueva categoría: haz clic en el icono Categoría nueva y escribe el nombre que desees en el cuadro que aparece. De forma instantánea, aparecerá la nueva categoría; utilízala siguiendo los mismos criterios que para el resto.

Nota

Hasta que no incluyas ningún elemento en la nueva categoría, ésta aparecerá representada por un motivo genérico. Cuando incluyas alguna imagen, la primera de la lista será a que utilice el programa para representar la categoría en el primer nivel de la galería.

- Eliminar una categoría ya existente: haz clic con el botón derecho sobre la categoría que quieres eliminar y selecciona el comando Eliminar categoría. Después, confirma la operación de borrado. Ten en cuenta que, como avisa el cuadro que muestra Word, se elimina la categoría pero no los clips que contiene.
- Cambiar el nombre de una categoría: haz clic con el botón derecho sobre la categoría que quieres renombrar y selecciona el comando Cambiar nombre. Escribe el nuevo nombre en el cuadro de diálogo que aparece y haz clic en Aceptar.

Además de añadir, eliminar y cambiar el nombre de las categorías, también es posible importar nuevas imágenes a la galería. La forma de hacerlo sería la siguiente:

1. En el cuadro de diálogo Insertar imagen prediseñada, haz clic en el botón Importar clips.
2. Busca el archivo que desees incluir en la galería utilizando el cuadro de diálogo Agregar clip a la Galería de imágenes (figura 14.6). Word acepta prácticamente todos los formatos gráficos y te ofrece tres modos de importación, como puedes ver en la parte inferior del cuadro de diálogo:
   - Copiar en la Galería de imágenes: añade la imagen seleccionada a la galería, sin más.
   - Desplazar a la Galería de imágenes: esta opción podemos compararla con el comando Cortar, ya que hace desaparecer la imagen seleccionada de su ubicación actual, colocándola en la Galería de imágenes.
   - Buscar el clip...: la última opción de esta sección, no copia realmente la imagen a la galería, sólo toma información sobre su localización. De esta forma, cuando deseemos utilizarla deberá encontrarse en el mismo lugar o dispositivo de almacenamiento: disco, CD, etcétera.
3. Antes de incluir la nueva imagen, Word mostrará el cuadro de diálogo Propiedades del clip para que rellenes las propiedades del mismo (figura 14.7).
4. En la pestaña Descripción escribe el texto necesario para describir la imagen seleccionada.

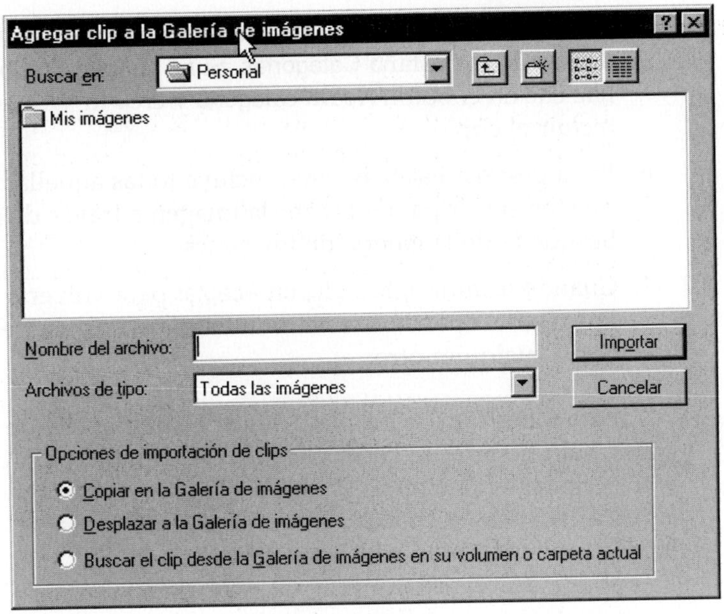

Figura 14.6. Cuadro de diálogo Agregar clip a la Galería de imágenes

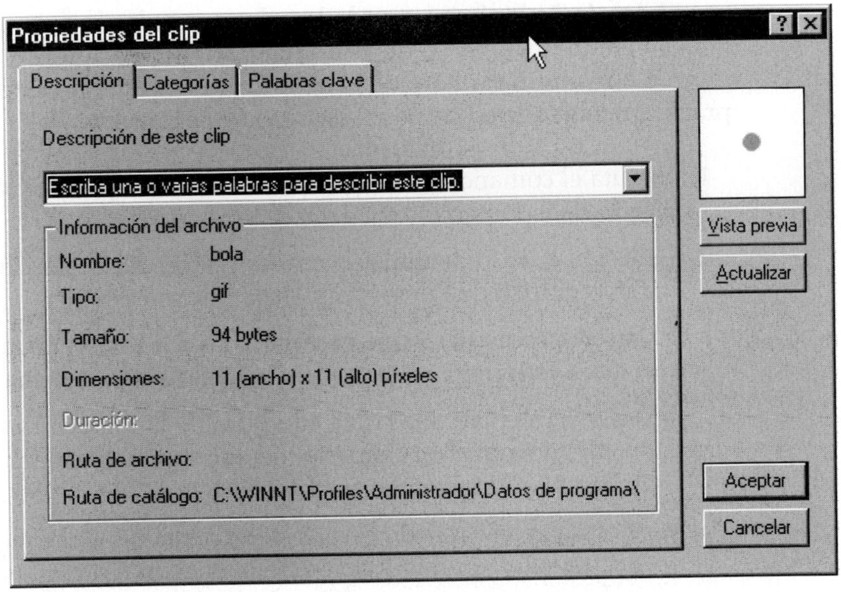

Figura 14.7. Cuadro de diálogo Propiedades del clip

5. Haz clic sobre las categorías en las que desees que aparezcan dentro de la pestaña Categorías. Si no se adapta a ninguna categoría, haz clic en el botón Nueva categoría y crea tu propia categoría para incluir el clip.
6. En la pestaña Palabras clave, incluye todas aquellas palabras que te pueden servir para localizar la imagen a través de los sistemas de búsqueda de la galería de imágenes.
7. Cuando termines, haz clic en Aceptar para volver a la galería de imágenes. A partir de este momento, podrás usar el nuevo clip como cualquier otro.

Para modificar las propiedades de cualquier clip de la galería de imágenes, sólo tienes que hacer clic sobre él con el botón derecho del ratón y seleccionar el comando Propiedades. A partir de ese momento utiliza las características del cuadro de diálogo Propiedades del clip, del modo que hemos explicado en el párrafo anterior.

Otras imágenes en Word

Además de las imágenes de la galería, puedes incluir cualquier otra imagen en un documento de Word. La única limitación real es que dicha imagen esté en un formato de los que Word admite que, en realidad, son prácticamente todos. Los pasos que has de seguir son:

1. Ejecuta el comando Insertar, Imagen, y selecciona la opción Desde archivo del submenú que aparece.
2. Utiliza el cuadro de diálogo Insertar imagen para seleccionar el archivo gráfico que desees añadir al documento.
3. El botón Insertar tiene tres posibilidades a las que puedes acceder con tan sólo hacer clic en la flechita situada a la derecha del mismo.
    - Insertar: incluye una copia completa de la imagen en el archivo del documento. Con este método aumenta el tamaño del mismo pero mejora su portabilidad.
    - Vincular al archivo: con esta opción se crea un vínculo en el documento con información de la imagen. En realidad, la imagen no forma parte del archivo, con el consiguiente ahorro de espacio.

- Insertar y vincular: esta última opción simplemente es una combinación de las dos anteriores.

4. Elige la opción que más te interese y en pocos segundos podrás ver la imagen seleccionada en tu documento. Puedes ver un ejemplo en la figura 14.8.

Aviso

Cuando vinculas un gráfico debes tener en cuenta que éste no forma parte del archivo de Word. Por lo tanto, si decides cambiar de ubicación del documento o copiarlo en un disco, deberás incluir también los gráficos vinculados.

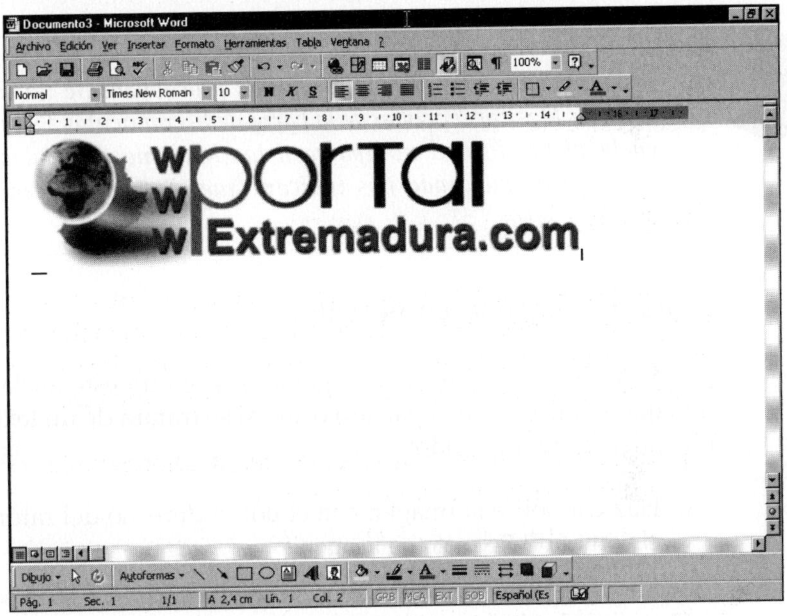

Figura 14.8. Imagen incrustada en un documento de Word

GIF animados

El formato GIF es uno de los más populares en Internet, y entre una de sus propiedades se encuentra la posibilidad de ejecutar secuencias de imágenes formando de esta forma animaciones simples. En Word 2000 puedes incluir GIF animados para dar mucha más vida a tus documentos.

Posición de la imagen con respecto al texto

Cuando insertas en un documento de Word una imagen, por omisión Word la "ancla" al párrafo donde estuviera situado el punto de inserción en el momento de seleccionar el comando Insertar, y además muestra automáticamente el documento en la vista Diseño de impresión. La forma de reconocer dicho párrafo es muy sencilla, ya que cada vez que seleccionas un dibujo o imagen, Word muestra un ancla junto al párrafo en cuestión.

Esto significa que si introduces texto delante de dicho párrafo, Word moverá hacia abajo no sólo el texto del párrafo, sino también todas las imágenes y dibujos que estén anclados a dicho párrafo.

Aviso

Si no aparece este símbolo es porque probablemente no tienes activado el botón Mostrar u ocultar *de la barra de herramientas Estándar. Además, en la vista Normal no aparecen las imágenes ancladas y solamente un pequeño cuadrado nos indicará que ese párrafo tiene asociado un objeto.*

Imagen integrada en el texto

Si lo deseas puedes hacer que la imagen no esté anclada al párrafo, sino que se incluya en el párrafo como si se tratara de un texto más (figura 14.9), del siguiente modo:

1. Haz clic sobre la imagen con el botón derecho del ratón y selecciona el comando Formato de imagen.
2. En la pestaña Diseño, haz clic sobre el cuadro En línea con el texto.
3. Haz clic en Aceptar para aplicar los ajustes.

Distribución de la imagen con respecto al texto

Hasta ahora hemos comprobado como una imagen puede estar asociada a un párrafo o formando parte de él como una palabra más. Evidentemente dispones de más posibilidades para controlar la forma en la que el texto se distribuirá alrededor de la imagen.

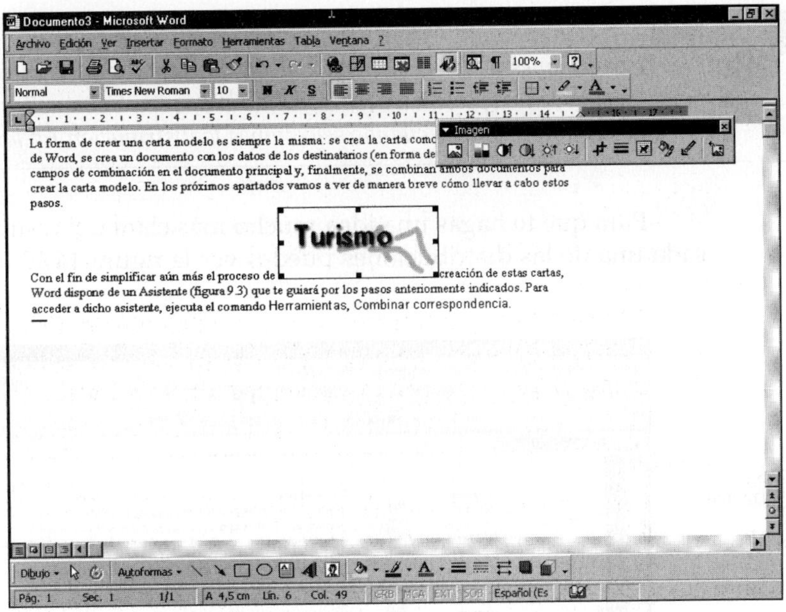

Figura 14.9. Un gráfico que no flota sobre el texto, sino que forma parte del párrafo

En la pestaña Diseño del cuadro de diálogo Formato de imagen, además de la primera opción que hemos comentado en el apartado anterior, existen cuatro posibilidades más:

- Cuadrado: hace que el texto se distribuya alrededor de la imagen, pero dejando un margen mínimo entre los límites del gráfico y el propio texto.
- Estrecho: con esta opción el texto queda totalmente pegado a los límites reales de la imagen, sin ningún tipo de espacio intermedio.
- Delante del texto: coloca la imagen encima del párrafo, cubriéndolo y, por lo tanto, ocultando el texto situado detrás de la imagen.
- Detrás del texto: ocurre justo lo contrario que en el caso anterior, es decir, ahora el texto queda encima de la imagen, dejándola parcialmente visible. Este método se usa normalmente para incluir marcas de agua con el logotipo de la empresa como fondo del documento.

Nota

Las opciones de la sección Alineación horizontal *controlan la posición de la imagen con respecto a los márgenes de la página. Como es lógico, estas opciones no están activas cuando seleccionas la distribución* En línea con el texto.

Para que te hagas una idea mucho más clara del resultado de aplicar cada una de las distribuciones puedes ver la figura 14.10.

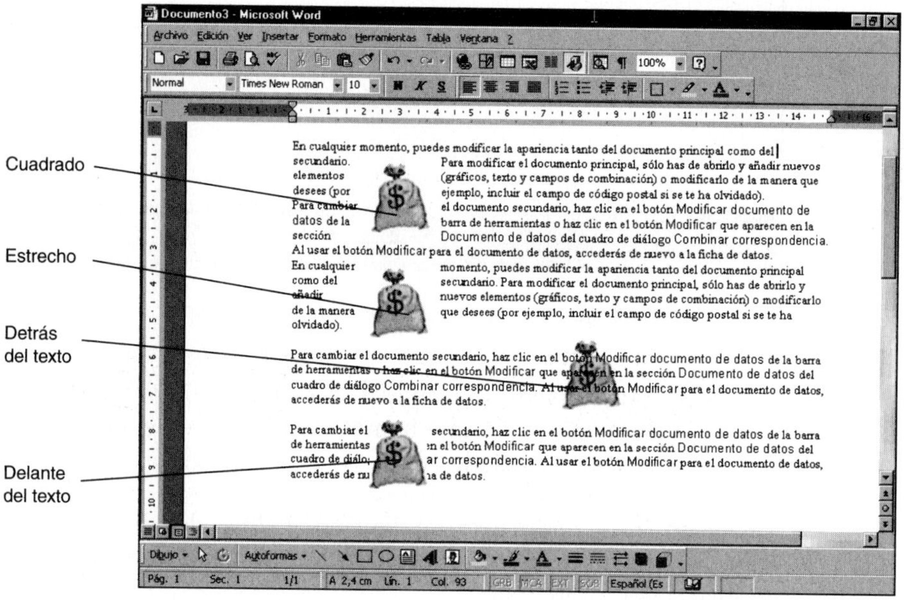

Figura 14.10. Las cuatro distribuciones básicas de las imágenes y el texto

Es posible que tu curiosidad te haya llevado a utilizar el botón Avanzado; si es así habrás comprobado como Word muestra el cuadro de diálogo Diseño avanzado (figura 14.11) con la pestaña Ajuste del texto activa. En general, desde aquí puedes personalizar mucho más el comportamiento de cada una de las opciones de distribución del texto alrededor de una imagen. Observa que tienes dos posibilidades más:

- Transparente: su comportamiento es similar a la opción Estrecho, pero además ajusta el texto en las partes abiertas de la imagen rompiendo el límite del perímetro de la misma. A continuación veremos cómo modificar los valores del ajuste utilizando las opciones de la barra de herramientas Imagen.

- Superior e inferior: el texto no puede ocupar los lados de la imagen, distribuyéndolo sólo en la parte superior e inferior de la misma.

Además de las dos nuevas distribuciones, en la parte inferior del cuadro de diálogo Diseño avanzado puedes determinar la alineación del texto con las opciones de la sección Ajustar texto, así como controlar el espacio entre los límites de la imagen y el texto con la opción Distancia desde el texto.

Truco

En la barra de herramientas Imagen puedes utilizar el botón Ajuste del texto *para aplicar a la imagen seleccionada cualquiera de las distribuciones descritas en este apartado.*

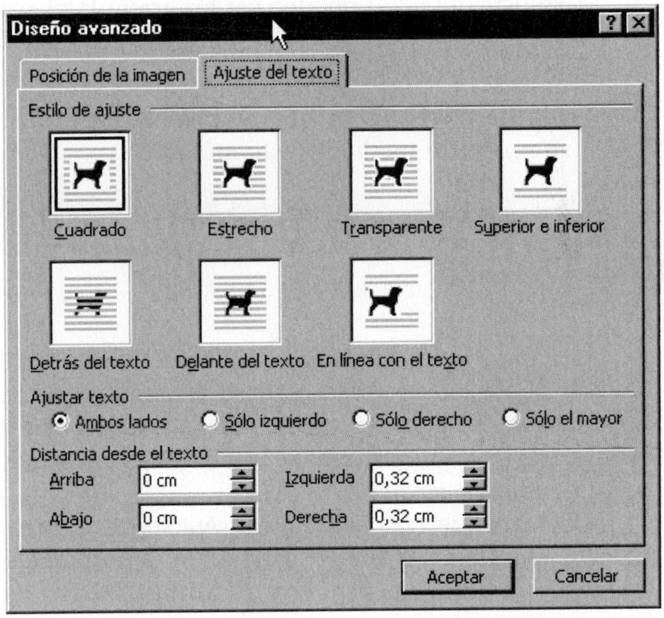

Figura 14.11. Cuadro de diálogo Diseño avanzado

Modificar el ajuste de texto manualmente

Además de todo lo explicado hasta ahora, no queremos abandonar este importante aspecto del tratamiento de imágenes en un documento de Word sin explicarte cómo crear distribuciones totalmente personalizadas. El proceso se describe a continuación:

1. Importa una imagen y colócala en el lugar del documento que desees.
2. Haz clic sobre ella y aparecerá automáticamente la barra de herramientas Imagen.
3. Selecciona el botón Ajuste del texto y, en la lista de opciones que aparece, haz clic sobre Modificar puntos de ajuste. Alrededor de la imagen aparece un recuadro rojo y marcadores en sus esquinas.
4. Haz clic sobre cualquiera de estos marcadores para modificar los límites del recuadro de ajuste.
5. Si necesitas definir un nuevo marcador, haz clic en el lugar del recuadro de ajuste que desees y arrastra. De este modo, los límites del ajuste del texto pueden ser tan irregulares como desees.
6. Cuando termines, simplemente haz clic fuera de la imagen.

En la figura 14.12 puedes ver un ejemplo de un ajuste de texto irregular, realizado mediante este método.

Las autoformas

Las autoformas son una amplia colección de dibujos sencillos que abarcan desde líneas y flechas hasta elementos para crear diagramas de flujo. Una de las grandes ventajas de las autoformas es su posibilidad de configuración ya que podemos cambiar su color, su tamaño, aplicarles efectos 3D, sombras, etcétera.

Observa que tras seleccionar Autoforma dentro del menú Insertar, Imagen, aparecen dos nuevas barras de herramientas en pantalla: Autoformas y Dibujo. La función de ambas barras es proporcionar las herramientas necesarias para añadir autoformas y modificarlas según tus necesidades.

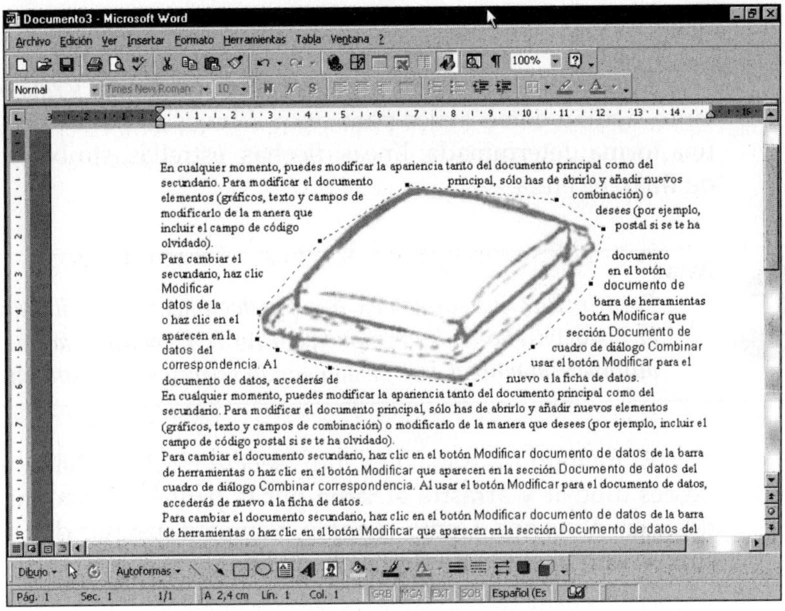

Figura 14.12. Ajuste de texto irregular

Nota

La barra de herramientas Autoformas contiene las mismas posibilidades que el botón Autoformas *de la barra de herramientas Dibujo. Si lo deseas, ciérrala y ahorrarás espacio en pantalla.*

En la barra de herramientas Dibujo, podemos ver dos tipos principales de herramientas: el primer grupo está formado por las herramientas pensadas para crear elementos del dibujo, en concreto, el botón Autoformas y las herramientas Línea, Flecha, Rectángulo, Elipse, Cuadro de texto y WordArt; el otro grupo consta de herramientas diseñadas para manipular elementos ya creados.

Consejo

A menos que desees crear un clip-art, utiliza una herramienta de diseño más potente para crear tus imágenes (como Photoshop, Corel Draw o Paint) y, después, insértalas en tus documentos como vimos en el apartado anterior.

Crear autoformas

El término autoforma significa, más o menos, *forma automática*. Por tanto, actúan como atajos para crear dibujos (o partes de un dibujo) con una forma determinada: líneas, flechas, estrellas, símbolos de diagramas de flujo, etcétera.

Aviso

Para incluir autoformas en nuestro documento necesitaremos trabajar en la vista Diseño de impresión, pero no te preocupes ya que Word cambia automáticamente a este modo cuando seleccionamos una autoforma.

El método de trabajo es muy sencillo: selecciona la autoforma que desees dibujar y arrastra el ratón por la pantalla hasta darle el tamaño y posición deseados. Como ejemplo, vamos a insertar dos autoformas: un cubo y una llamada de flecha cuádruple.

Para crear el cubo, selecciona la opción Formas básicas del botón Autoformas y haz clic en la segunda opción de la cuarta fila (figura 14.13). Tras seleccionar una opción de Autoforma, el puntero del ratón se convierte en una cruz. Arrastra el ratón por el área de texto del documento para indicar la posición y el tamaño de la autoforma. Al soltar el botón del ratón, aparecerá la forma terminada y seleccionada.

En la figura 14.14 se muestra el resultado de crear el cubo y también una llamada de forma cuádruple (penúltima forma de la opción Flechas de bloque del botón Autoformas).

Figura 14.13. Formas básicas de Autoformas

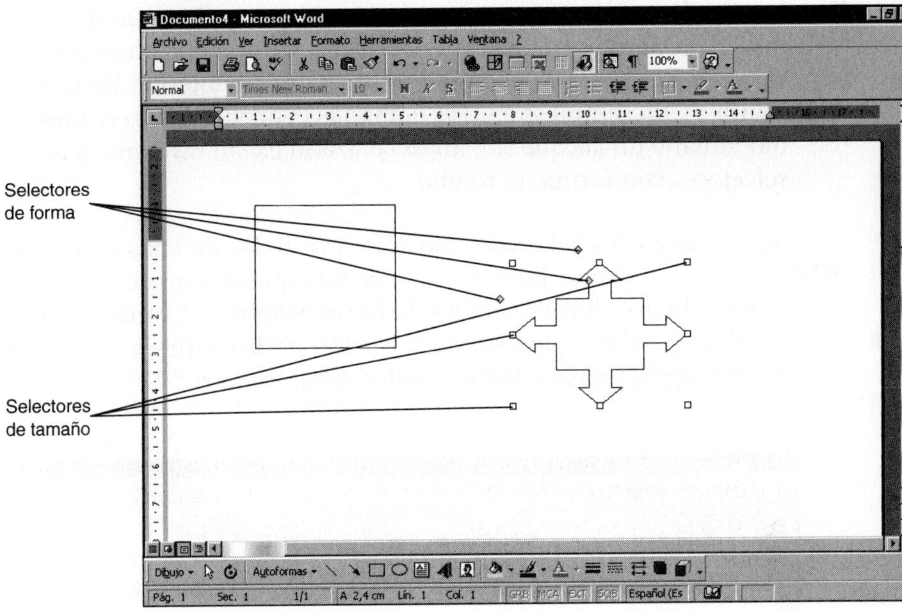

Figura 14.14. Una autoforma seleccionada

Crear otros elementos

Los botones Línea, Flecha, Rectángulo y Elipse no son más que atajos a determinadas autoformas que se pueden obtener mediante el botón Autoformas. Por tanto, todo lo dicho anteriormente es válido para este tipo de formas. Los botones Cuadro de texto y WordArt permiten incluir texto en los dibujos e imágenes, y los veremos en el siguiente apartado.

Modificar autoformas

Cuando se crea cualquier forma, ésta permanece seleccionada por si deseas modificarla (figura 14.14). Sin embargo, puedes modificar una forma en cualquier momento simplemente seleccionándola y usando sus selectores. En estos objetos hay dos tipos de selectores:

- Los selectores que presentan una forma de cuadrado transparente son los encargados de modificar el tamaño de la forma. Arrastra cada uno de ellos para ver el efecto que producen.

- Los selectores que representan un rombo amarillo permiten modificar algún otro factor de la forma, como la profundidad, el ancho de una flecha o el radio de un círculo interior. En la figura 14.15, se muestran dos llamadas cuádruples con el mismo tamaño en las que se han desplazado exclusivamente los selectores con forma de rombo.

Sin embargo, los selectores son sólo una de las decenas de formas en que se pueden modificar las formas. Recuerda que el resto de herramientas de la barra Dibujo están ahí para modificar estas formas. Como es imposible ver todas las posibilidades de modificación de las formas, intentaremos resumirlas y agruparlas en los siguientes subapartados.

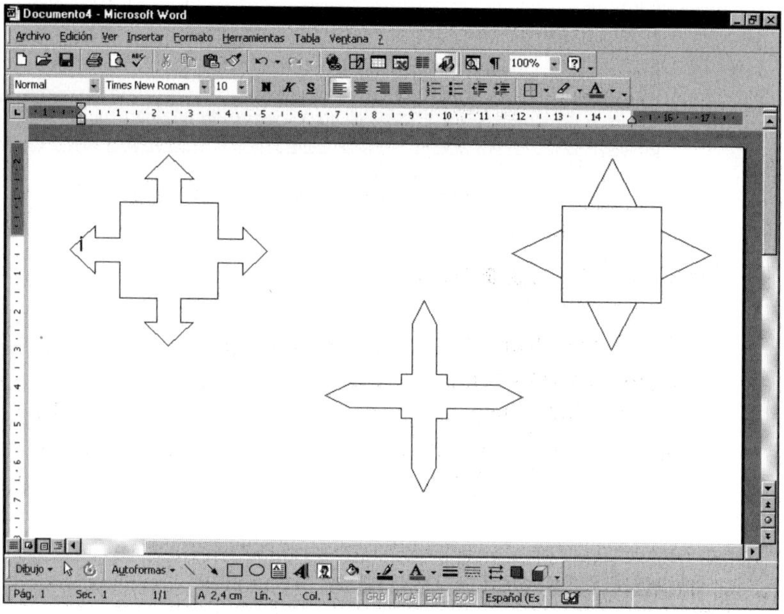

Figura 14.15. Ejemplo del uso de los rombos amarillos

Cambiar el color

Hay tres botones en la barra de herramientas Dibujo pensados para modificar el color de las formas de los dibujos: el botón Color de relleno permite cambiar el color del interior de las formas; el botón Color de línea afecta a la línea que rodea a la forma; finalmente, el botón Color de texto manipula el color del texto que haya en la forma.

Existe una flecha a la derecha de todos estos botones que da paso a una paleta de colores. Selecciona el que deseas aplicar y ya está.

Estilos y tipos de líneas

Las herramientas Estilo de línea y Tipo de línea están pensadas para modificar las líneas que rodean a las formas. La primera permite indicar el ancho de la línea, mientras que la segunda define si va a ser una línea continua o discontinua.

A su vez, el botón Estilo de flecha permite modificar el formato de las formas de flecha. Obviamente, sólo está activa cuando la forma seleccionada es una flecha.

Las tres dimensiones y la sombra

El penúltimo botón de la barra de herramientas Dibujo permite añadir una sombra a las formas de los dibujos. Simplemente tienes que hacer clic sobre la forma y seleccionar la opción de sombra en el botón de la herramienta.

El último botón, por su parte, sólo tiene sentido en aquellas formas que presenten tres dimensiones (como veremos en el apartado de WordArt). Del mismo modo, permite determinar la manera en la que va a aparecer dicha dimensión.

Girar y voltear

Al hacer clic en el botón Girar libremente de la barra de herramientas Dibujo, la forma que esté seleccionada muestra selectores verdes con forma de círculos. Sitúa el puntero del ratón sobre uno de estos selectores y prueba a arrastrarlo para modificar el ángulo de giro de la forma.

Consejo

Prueba el efecto de las distintas opciones del comando Girar o voltear *del botón* Dibujo *de la barra de herramientas Dibujo. Estas opciones permiten girar y voltear (efecto espejo) una forma en ángulos múltiplos de 90 grados.*

El comando Formato de autoforma

Otra manera de modificar una forma consiste en emplear las opciones del menú emergente que aparecen al hacer clic con el botón derecho en una de ellas (figura 14.16). En concreto, el comando Formato de autoforma abre un cuadro de diálogo con el mismo nombre.

Aviso

Las opciones del menú emergente varían dependiendo del tipo de objeto del que se trate.

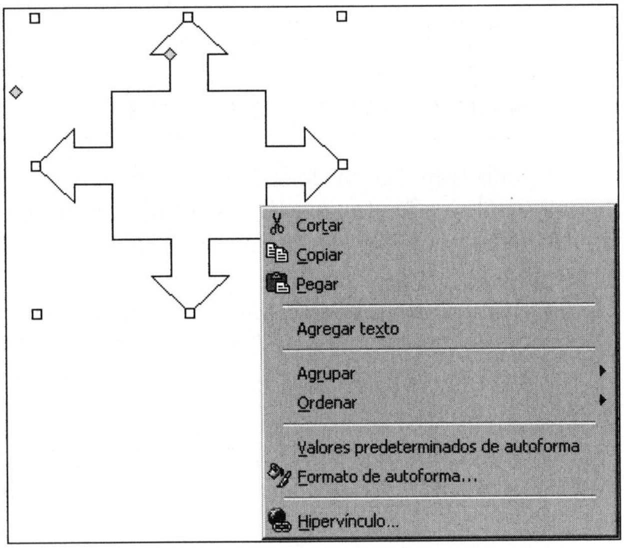

Figura 14.16. Menú emergente de una autoforma

El cuadro de diálogo Formato de autoforma que aparece, presenta distintas pestañas, algunas de las cuales no estarán disponibles según la forma seleccionada. Veremos ahora el significado de cada una de ellas, aunque haya algunas que no estén pensadas para trabajar con autoformas:

- La pestaña Diseño es una de las más importantes (figura 14.17), ya que permite definir la manera en la que se va a comportar el texto al llegar al objeto (forma o gráfico). Selecciona en la parte superior la manera en la que el texto se va a repartir alrededor del objeto y en la línea central si ese ajuste va a ser igual o distinto por ambos lados. Los dibujos te servirán de guía para las distintas opciones. En la parte inferior de la pestaña, puedes definir el espacio que Word va a dejar libre entre el objeto y el texto. El significado de cada una de estas opciones es el mismo que hemos visto en el apartado dedicado a las imágenes.

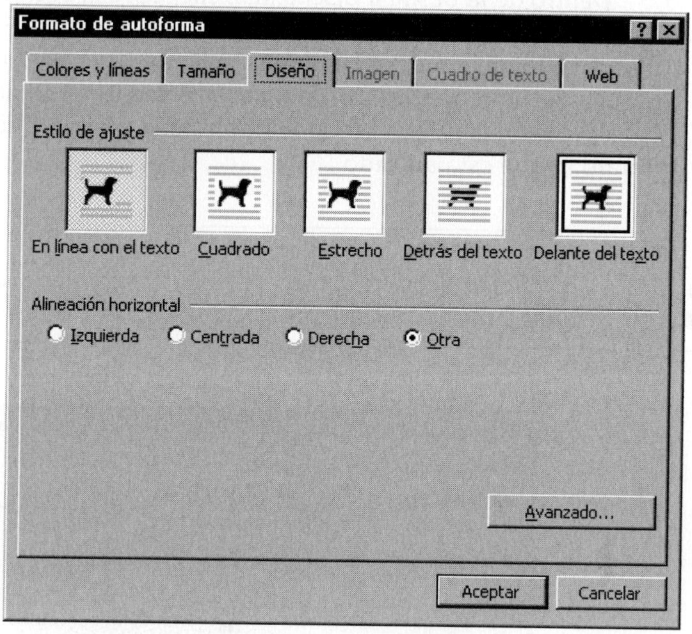

Figura 14.17. Pestaña Diseño *del cuadro de diálogo* Formato

- La pestaña Colores y líneas sirve para precisar el color de relleno de la forma o imagen y el estilo de las líneas o flechas exteriores. No aporta ninguna novedad a las posibilidades de los botones de la barra de herramientas Dibujo.
- La pestaña Tamaño se encarga tanto de definir el tamaño de la forma o imagen, como de indicar el ángulo de giro de la misma. La ventaja que tiene esta pestaña frente a los selectores es la posibilidad de utilizar cantidades exactas.

- Las pestañas Imagen y Cuadro de texto sólo tienen sentido en este tipo de objetos. Las veremos en sus apartados correspondientes.
- Por último, la pestaña Web está pensada para incluir el texto alternativo que aparece en las imágenes de una página Web cuando ésta no se ha cargado o no se muestra.

Posición de la imagen

Dentro de la pestaña Diseño, haz clic sobre el botón Avanzado y aparecerá el cuadro de diálogo Diseño avanzado con la pestaña Posición de la imagen (figura 14.18) en primer plano. Esta pestaña sirve para indicar la posición de la forma tanto vertical como horizontalmente. Además, permite definir dicha posición con respecto al margen de la página, a la página en sí o al párrafo al que está anclado.

Nota

La opción Mover objeto con texto *es muy importante. Si activas esta opción, la forma o imagen irá siempre con el párrafo al que esté anclado.*

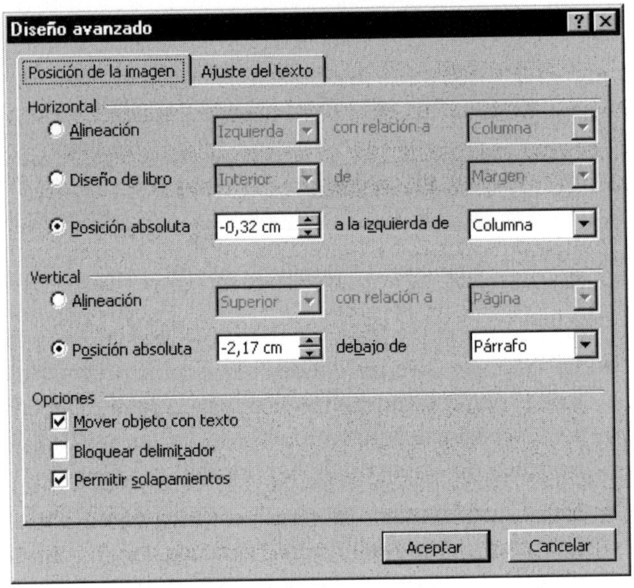

Figura 14.18. Pestaña Posición de la imagen *del cuadro de diálogo* Diseño avanzado

Trabajar con varias formas a la vez

Cuando desees realizar la misma acción con varias formas, sólo tienes que seleccionarlas todas a la vez: selecciona la primera, mantén pulsada la tecla Mayús y haz clic en el resto de formas que desees seleccionar.

Agrupar y desagrupar

En muchas ocasiones tendrás más de una forma en tu documento, o crearás dibujos más complejos a partir de varias formas simples. En cualquiera de estos casos lo más conveniente es agrupar todos los objetos para tratarlos como uno solo. En la figura 14.19 puedes ver un conjunto de formas antes y después de ser agrupadas.

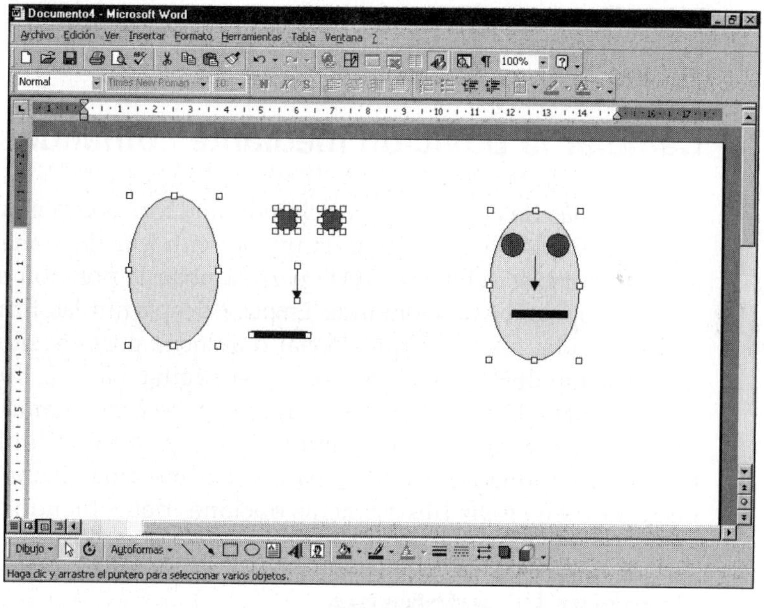

Figura 14.19. Formas antes y después de ser agrupadas

Los tres primeros comandos del botón Dibujo de la barra de herramientas Dibujo están relacionados con la agrupación de formas. Estos tres comandos se encuentran ocultos por defecto, por lo que tendrás que hacer clic en el botón situado en la parte inferior del menú. El significado de estos comandos sería:

- Agrupar: convierte en un elemento único todas las formas seleccionadas.
- Desagrupar: elimina el efecto del comando anterior, desagrupando la forma y dejando cada elemento como objeto independiente.
- Reagrupar: vuelve a agrupar un conjunto de formas desagrupadas anteriormente.

Ordenar las formas

Conforme vas creando formas, Word va situando las últimas creadas sobre el texto y sobre las formas ya existentes. Si deseas modificar este orden, sólo has de emplear las opciones del comando Ordenar del botón Dibujo. De este modo, una forma la puedes situar delante o detrás del resto, para verla al completo o sólo una parte.

Cambiar la posición mediante comandos

Además de cambiar la posición de una forma con el ratón (arrastrándola por el documento), también puedes emplear los comandos Empujar y Alinear o distribuir del botón Dibujo para cambiar la posición de una forma.

Las opciones del comando Empujar desplazan las formas en la posición indicada, mientras que Alinear o distribuir permite situar la forma en una posición determinada respecto a la página o a otras formas que estén seleccionadas. El mejor modo de aprender su funcionamiento consiste en probar el efecto de cada comando. Eso sí, pruébalos también con varias formas seleccionadas a la vez, para ver cómo alinear una forma con respecto a otra (con las tres primeras opciones del comando).

Cambiar la autoforma

Una vez que has insertado una autoforma en un documento puedes sustituirla de manera muy sencilla: selecciónala y emplea la opción Cambiar autoforma para seleccionar otra forma distinta. Word mantendrá todas las opciones de la forma que sean posibles (tamaño, posición, color, etc.).

El texto en los dibujos. WordArt

En los dibujos de Word es posible incluir textos. Hay tres maneras de hacerlo: con la herramienta WordArt, insertando un cuadro de texto o añadiendo el texto directamente en el interior de las formas que lo admiten.

WordArt

WordArt es una aplicación incluida en Word cuya función es crear textos tridimensionales con formato muy atractivo con el objetivo de incluirlos en los documentos de Word. Es una aplicación OLE, lo que significa que no se puede ejecutar de manera independiente tan sólo para incrustar el resultado en algún documento de Word.

Hay dos formas de insertar un objeto WordArt en un documento de Word: con el comando Insertar, Imagen, WordArt o usando el botón WordArt de la barra de herramientas Dibujo. Los pasos que hay que seguir son:

1. Selecciona el comando Insertar, Imagen, WordArt o haz clic en el botón WordArt de la barra de herramientas Dibujo. En ambos casos, aparece el cuadro de diálogo Galería de WordArt.
2. Haz clic en el estilo de texto que desees incluir y pulsa el botón Aceptar para abrir el cuadro de diálogo Modificar texto de WordArt (figura 14.20).
3. En este cuadro de diálogo, selecciona la fuente que desees usar, su tamaño y si quieres que aparezca en negrita o en cursiva. Al terminar, haz clic en Aceptar.
4. En ese momento, aparece en el documento el nuevo texto de WordArt y la barra de herramientas WordArt (figura 14.21).

Una vez creado el texto puedes modificarlo a tu gusto. Sólo tienes que seleccionarlo para que vuelva a aparecer en pantalla la barra de herramientas WordArt y utilizar sus opciones:

- El botón Insertar WordArt sirve para añadir un nuevo objeto WordArt independiente del que esté seleccionado.
- El botón Modificar texto abre el cuadro de diálogo Modificar texto de WordArt, que ya hemos visto (figura 14.20). Utiliza este

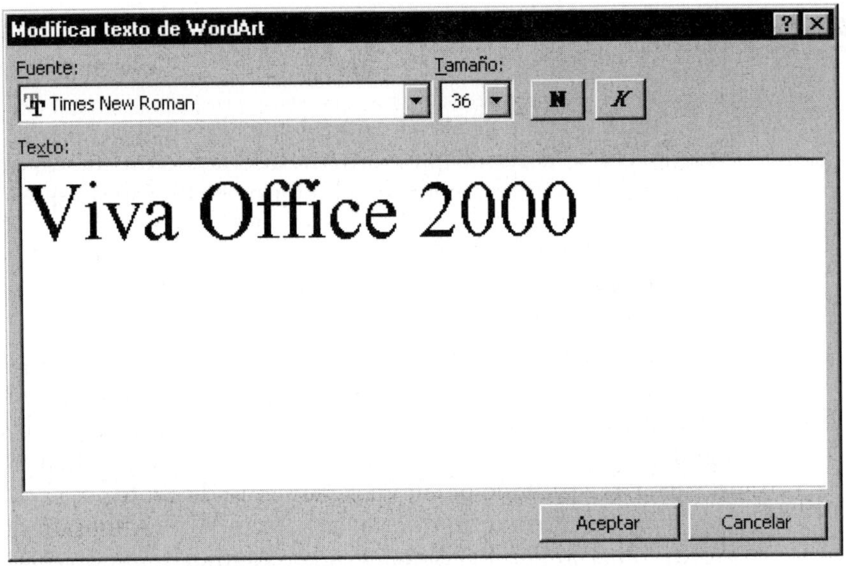

Figura 14.20. Cuadro de diálogo Modificar texto de WordArt

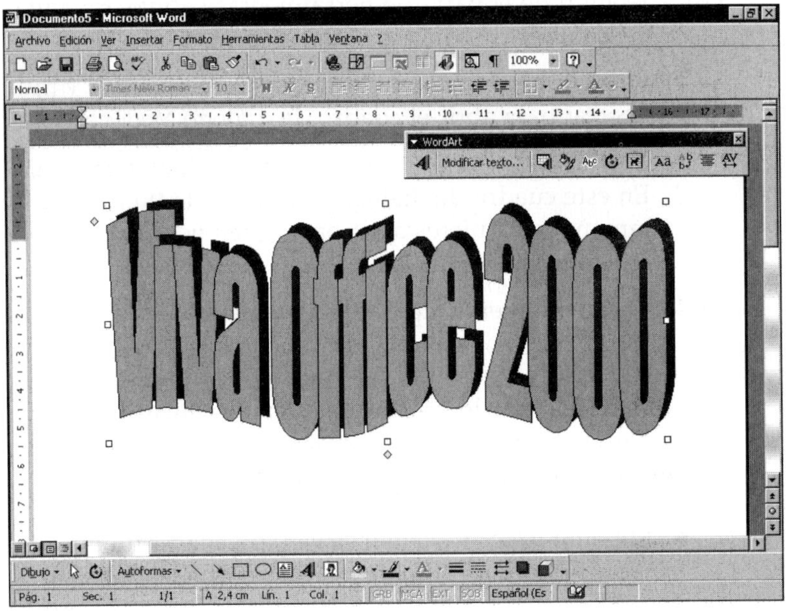

Figura 14.21. El texto incrustado y la barra de herramientas WordArt

cuadro para cambiar la fuente, el tamaño o asignarle al texto el formato negrita o cursiva.

- El botón Galería de WordArt permite cambiar el estilo de WordArt del objeto seleccionado.
- El botón Formato de WordArt abre el cuadro de diálogo del mismo nombre, similar al cuadro de diálogo Formato de autoforma que vimos anteriormente. Úsalo para modificar su color, su tamaño, su posición y todas aquellas opciones que muestran las distintas pestañas del cuadro.
- El botón Forma de WordArt abre una galería de distintas formas que pueden adoptar los objetos WordArt. Sólo tienes que elegir la forma deseada para aplicársela al objeto seleccionado.
- El botón Girar libremente funciona del mismo modo que su homónimo de la barra de herramientas Dibujo.
- El botón Mismo alto de letras de WordArt modifica la altura de las letras para que ocupen todas lo mismo (incluidas las mayúsculas y las minúsculas). El efecto logrado es muy atractivo, así que no dejes de probarlo.
- El botón Texto vertical de WordArt modifica el objeto, de manera que el texto se lea de manera vertical y no horizontal.
- Finalmente, los botones Alineación de WordArt y Espacio entre caracteres de WordArt permiten cambiar la alineación del texto y el espacio de separación entre los caracteres que forman el texto.

Nota

Una vez que has usado WordArt para insertar un objeto en Word, éste funciona exactamente igual que cualquiera de las autoformas que hemos visto anteriormente. Así, podrás agruparlo con otras formas y también podrás usar los selectores para cambiar su tamaño o alguno de sus ángulos o vértices.

Agregar texto a las formas

En el menú emergente de muchas de las formas creadas en Word, hay un comando llamado Agregar texto. Mediante este comando puedes añadir texto al interior de la forma para, por ejemplo, incluir un mensaje para el destinatario del documento.

Al seleccionar el comando Agregar texto, aparece un punto de inserción dentro de la forma. Sólo tienes que escribir el texto que desees y habrás añadido el texto a la forma.

Cuadros de texto

Los cuadros de texto se utilizan, normalmente, para incluir texto en las imágenes, ya que para incluir texto en las formas, es mejor emplear el comando Agregar texto del menú emergente de la forma.

Hecha esta aclaración, la manera de tratar un cuadro de texto es exactamente igual que la usada con el resto de formas de un dibujo. Así, se crea igual, se manipula igual, aunque en su interior se encuentre texto como elemento más importante.

Consejo

Utiliza todos los comandos de formato que desees con el texto incluido en un cuadro de texto o en cualquier otra forma. De este modo, usa los comandos de alineación, de color, de formato, etcétera.

En el cuadro de diálogo Formato de cuadro de texto, está activa la pestaña Cuadro de texto, que si bien aparece en todos los cuadros de diálogo Formato de las formas e imágenes, sólo tiene sentido con este tipo especial de objeto. Esta pestaña permite definir el margen interno del cuadro de texto. Dicho de otro modo, el espacio en blanco que habrá entre el texto y el borde del cuadro.

Microsoft Graph

La última opción del submenú Insertar, Imagen que nos queda por ver se llama Gráfico. Esta opción permite insertar en un documento de Word un objeto del tipo gráfico de hoja de cálculo.

Cuando lo seleccionas, observa que en la pantalla aparece un gráfico de barras con una pequeña hoja de cálculo encima (figura 14.22).

Utiliza esta hoja de cálculo para insertar los datos que desees representar mediante el gráfico de negocios y, al terminar, ciérrala. De esta forma, habrás insertado un objeto en el documento de Word.

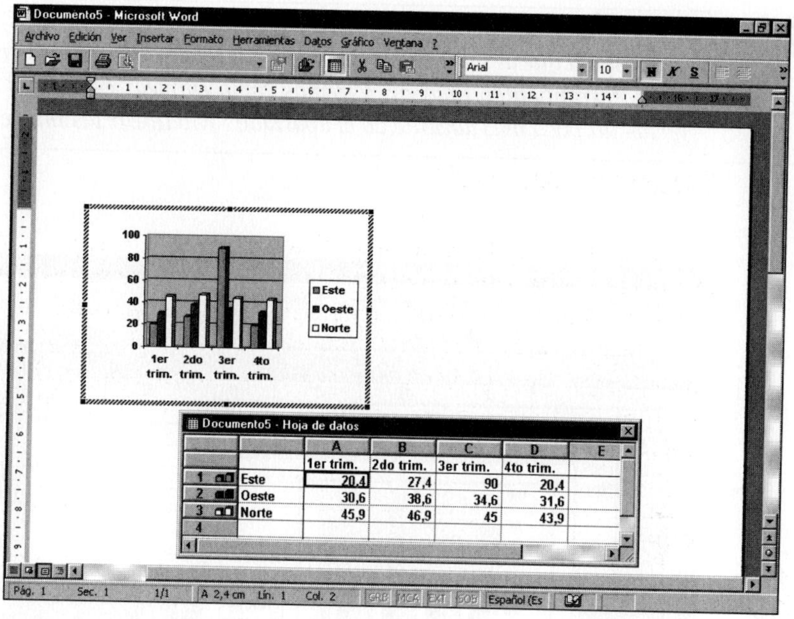

		A	B	C	D	E
		1er trim.	2do trim.	3er trim.	4to trim.	
1	Este	20,4	27,4	90	20,4	
2	Oeste	30,6	38,6	34,6	31,6	
3	Norte	45,9	46,9	45	43,9	
4						

Figura 14.22. Resultado de ejecutar la opción Gráficos

Como ocurre con el resto de objetos de Word, puedes modificarlo cuando quieras. Sólo has de seleccionarlo con el botón derecho del ratón y elegir la opción que desees del menú emergente.

Vamos a centrarnos en las dos primeras opciones del submenú Objeto gráfico de este menú emergente: Modificar y Abrir. Estas opciones permiten cambiar los valores del objeto gráfico. En concreto, Modificar abre la hoja de datos para que cambies los que desees. Además, activa un nuevo menú emergente, de manera que si haces clic con el botón derecho sobre alguno de los elementos del gráfico, podrás acceder a opciones para su configuración.

La opción Abrir, por su parte, abre el objeto en Microsoft Graph (figura 14.23). Esta aplicación, al igual que WordArt, solamente se puede usar para crear objetos en documentos de Word (o de otra aplicación, como Excel).

No podemos ver aquí todas las opciones de Microsoft Graph, ya que necesitaríamos un capítulo entero para ellas. Sin embargo, te recomendamos que curiosees un poco y pruebes las distintas opciones que presenta esta aplicación, sobre todo los botones de la barra de herramientas. Quizás encuentres algo interesante.

Nota

Observa que al seleccionar un objeto del tipo gráfico, Word muestra la barra de herramientas Imagen. Veremos cómo emplear esta barra de herramientas un poco más adeante en el apartado "Modificar las imágenes en Word".

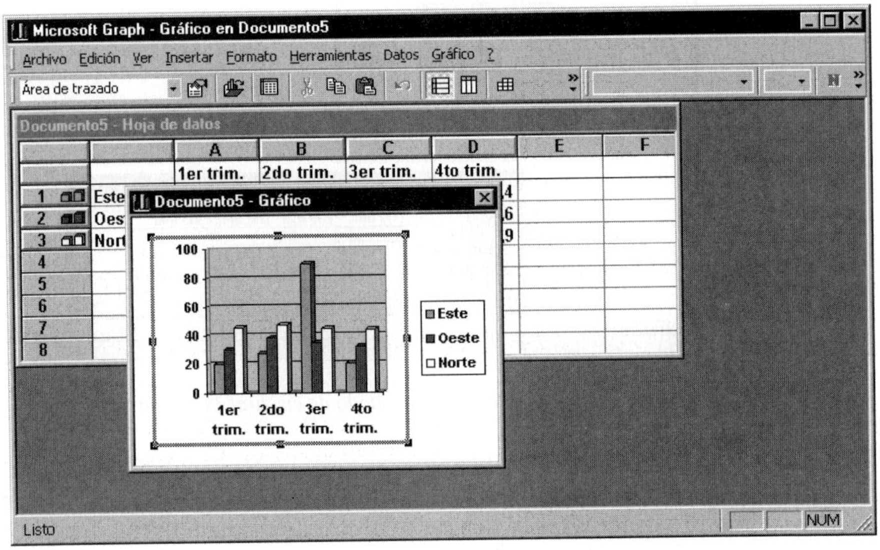

Figura 14.23. El objeto gráfico en Microsoft Graph

El comando Insertar, Objeto

En realidad, varios de los comandos del submenú Insertar, Imagen no son más que atajos a opciones del cuadro de diálogo Objeto. Por ejemplo, incluir un gráfico mediante la opción Gráfico del submenú Imagen tiene el mismo efecto que insertar un objeto del tipo Gráfico de Microsoft Graph 2000 mediante el cuadro de diálogo Objeto. Del mismo modo, el tipo Galería de imágenes de Microsoft da acceso a la galería de imágenes igual que el comando Insertar, Imagen, Imágenes prediseñadas.

No dudes en probar llevar a cabo una operación como tú creas que se debe hacer sin miedo a equivocarte, ya que siempre podrás deshacer lo hecho.

Para finalizar, deseamos darte un consejo más: siempre que puedas, utiliza el comando Insertar, Objeto, mejor que Insertar, Imagen. El motivo es que si insertas una imagen con el cuadro de diálogo Objeto, al intentar modificarla haciendo doble clic sobre ella, en lugar de aparecer las herramientas de dibujo de Word para realizar la modificación, se ejecutará una aplicación como Paint, mucho más potente.

Modificar las imágenes en Word

Muchos de los objetos que se insertan mediante los comandos Objeto e Imagen del menú Insertar tienen ciertas características especiales de imágenes, como el contraste o el brillo.

Cuando seleccionas uno de estos objetos, Word muestra automáticamente la barra de herramientas Imagen, con las siguientes posibilidades:

- El botón Insertar imagen sirve para añadir una nueva imagen al documento.
- El botón Control de imagen permite seleccionar el número de colores de la imagen (la puedes convertir a escala de grises o a blanco y negro). La opción Marca de agua es muy atractiva para usarse en documentos de texto en los que no se quiera que el gráfico "ahogue" al texto.
- Los botones Más contraste, Menos contraste, Más brillo y Menos brillo casi no merecen explicación.
- Como ya sabemos, los selectores de la imagen permiten cambiar el tamaño de la imagen, pero siempre viendo toda la imagen. Sin embargo, si haces clic en el botón Recortar, los selectores cambian su función y te permiten definir el área de la imagen que deseas que aparezca en el documento, eliminando la que dejes fuera.
- El botón Estilo de línea es idéntico a su homónimo de la barra de herramientas Dibujo, mientras que el botón Ajuste del texto contiene todas las opciones de la pestaña Diseño del cuadro de diálogo Formato de autoforma o Formato de imagen.
- El botón Formato de imagen es similar al resto de comandos Formato vistos en las autoformas y al resto de objetos: abre el

cuadro de diálogo Formato de autoforma o Formato de imagen. Utiliza sus pestañas como hemos visto en los apartados anteriores. Eso sí, la pestaña Imagen sólo estará disponible para imágenes y no para autoformas. Úsala para recortar la imagen o para modificar su brillo o contraste. No aporta nada nuevo a las posibilidades del resto de botones de esta barra de herramientas, a menos que desees usar valores exactos.

- El botón Definir color transparente funciona sólo con imágenes de mapa de bits y sirve para convertir algunos de colores de la imagen en transparentes. Esta herramienta se utiliza con mucha frecuencia en la creación de páginas Web.
- El botón Restablecer imagen devuelve a la imagen su contraste y brillo original. Además, elimina los recortes que hayas realizado con la herramienta Recorte.

Consejo

Al igual que a la hora de crearlo, te recomendamos que para modificar imágenes emplees una aplicación específica. Y si nos permites un consejo, desde nuestro punto de vista la mejor herramienta del mercado para estos propósitos es sin duda Adobe Photoshop.

Sonido y vídeo

En los apartados anteriores, nos hemos centrado en textos e imágenes. Sin embargo, los objetos también pueden ser sonidos o secuencias de vídeo. De hecho, si observas de nuevo la galería de imágenes, te darás cuenta de que además de las pestañas Prediseñada e Imagen, hay una pestaña dedicada al sonido y otra al vídeo.

15

Creación de páginas Web

¿Quién a estas alturas no conoce Internet? Probablemente si esta pregunta la hubiéramos hecho hace uno o dos años, a más de uno se le habría quedado la cara de susto. En estos momentos Internet forma parte de nuestras vidas y lo mejor de todo es que esto sólo es el principio.

Como no podía ser de otra forma, Microsoft ha enfocado la mayor parte de sus esfuerzos de actualización de Word en integrarlo todo lo posible en el nuevo medio, Internet.

En este capítulo veremos cómo transformar nuestros documentos en páginas Web o cómo utilizar Word para la creación de éstas. La presencia en Internet para cualquier empresa en estos momentos es indispensable. Word no es un editor de páginas Web pero te puede ayudar en este trabajo como veremos a lo largo de este capítulo.

Internet y las páginas Web

Internet no es más que una gran red informática cuya extensión abarca todo el mundo. También podemos resumir el concepto de Internet utilizando términos como información o comunicación. Internet es como tener la mayor biblioteca de consulta del mundo, al alcance de tu mano, y aún más, la posibilidad de contactar con personas con tus mismas inquietudes con un simple correo o cualquier programa de chat.

En estos momentos es imprescindible que cualquier empresa que se precie disponga de su sitio Web en Internet y al menos una dirección de correo electrónico para recibir mensajes. Por este motivo, Microsoft ha incluido en Word ciertas herramientas que te facilitarán tu trabajo en Internet.

Las páginas Web son el medio utilizado en Internet para acceder a la información. En realidad no son más que documentos con formato específico que pueden contener texto, imágenes, enlaces a otras páginas, animaciones, etcétera.

Un elemento fundamental dentro de una página Web son los hiperenlaces, que no son más que el medio para llegar a otras páginas Web. De este modo, con estos enlaces, es muy sencillo ir saltando de una página a otra. Esta operación de salto recibe el nombre de navegar por Internet.

Hasta hace relativamente poco tiempo, sólo los universitarios y científicos tenían acceso a las inmensas fuentes de información que proporciona Internet. Ahora todo el mundo conoce Internet y quien no se conecta es casi porque no quiere: acceso gratuito, millones de páginas de contenido, miles de servicios...

En la actualidad, el fenómeno Internet ya no es desconocido para nadie y aunque no se tenga acceso, o no se haya navegado nunca por el "cyberespacio" todos hemos oído hablar de él. En cualquier caso, el mundo de Internet es tan dinámico que todo lo que estamos escribiendo puede estar completamente obsoleto dentro de una semana.

Nota

En realidad, Web es la forma corta de World Wide Web (WWW), que se puede traducir como tela de araña mundial.

Word 2000, y en general el resto de aplicaciones de Office, han adoptado el HTML como lenguaje nativo para sus documentos. Esto quiere decir que con esta nueva versión resulta mucho más sencillo convertir cualquier documento de Office en un documento de Internet, es decir, en una página Web.

Nota

HTML es el lenguaje estándar en Internet para la creación de páginas Web. Este lenguaje se está renovando continuamente y actualmente se encuentra en su especificación 4.0. Además no dejan de surgir paralelamente lenguajes que amplían y mejoran sus características como el DHTML o el XML.

Intranet y Extranet

Estos términos están estrechamente relacionados con el de Internet. Significan poco más o menos lo mismo, pero con ciertas diferencias. Una Intranet es una red privada de ordenadores conectados entre sí, que utilizan la misma forma de trabajar de Internet. Este tipo de red la usan las empresas para compartir información de una forma rápida y sencilla.

La Intranet es privada, por lo que sólo pueden acceder a ella los miembros de la organización que la ha creado o personas autorizadas por la misma. También puede tener conexiones externas a Internet, de tal forma que los usuarios puedan estar comunicados con su Intranet y con Internet simultáneamente a través del correo electrónico, ftp, etc.

Algunas empresas con diferentes sucursales repartidas por una misma provincia, país o continente, sienten la necesidad de implantar una Red para conectar todas esas sucursales o delegaciones. La opción de implantar la red tradicional es totalmente inviable, así que optan por la Extranet.

Con Word 2000 podrás crear páginas Web para que otros miembros de tu equipo o empresa tengan acceso rápido a la información que contiene.

Por lo general y como hemos comentado, las Intranet son privadas. Se realizan grandes esfuerzos humanos y económicos para evitar que algún usuario del exterior pueda acceder y obtener, de forma ilegal, información vital de la empresa. Por este motivo los "Hackers" se interesan más e intentan acceder a la Intranet, por el simple hecho del reto que supone "reventar" las protecciones de seguridad. En realidad, no buscan esa información vital, sino sólo llegar hasta ella. En la mayoría de los casos, si un Hacker consigue entrar en una Intranet, avisa al administrador de la misma y le desvela los fallos de seguridad que tiene.

Nota

Un hacker es un experto en comunicaciones y, como no, en Internet, con unos increíbles conocimientos de programación, capaz de infiltrarse en las más protegidas redes de datos. Su afán no es el espionaje industrial o la destrucción de información importante, todo lo contrario. Su meta es la de entrar en el sistema que está "hackeando" por el mero hecho de ver si es capaz de hacerlo. Es como un reto personal. Una vez que lo han conseguido, en la mayoría de los casos, avisan al responsable del sistema que han "destripado" para que ponga remedio y le describen los fallos de seguridad.

Navegación desde Word

Word 2000 permite, además de crear páginas Web, navegar por Internet. Desde luego, no es la forma apropiada de ver en condiciones óptimas las páginas Web que existen en la Red. De hecho, cuando introducimos alguna dirección en la barra de herramientas Web, Word abre la página solicitada en el explorador instalado en tu sistema. Recomendamos utilizar herramientas específicas para la navegación en Internet, de las cuales nombraremos las dos más importantes:

- Netscape Navigator (http://home.netscape.com/es)
- Microsoft Internet Explorer (http://www.microsoft.com/spain)

Para utilizar Word como navegador hay que tener una conexión establecida con Internet a través del proveedor de acceso y después arrancar el programa y mostrar la barra de navegación. La utilización de esta barra de navegación es muy sencilla y sus funciones son equivalentes a la de cualquier navegador.

¿Cómo crear una página Web?

Existen distintas formas de crear páginas Web. Debido a la importancia y el auge de Internet, están apareciendo continuamente aplicaciones que ofrecen multitud de herramientas para la creación y el diseño de páginas Web.

Como en todas las facetas de la vida, dependiendo de lo que se desee, es más apropiado utilizar un método u otro. Los principales son tres:

- Usar un simple procesador de texto y escribir directamente en lenguaje HTML para crear las páginas Web e incluir en ellas todos los elementos que deseemos. Esta técnica suele implicar emplear otros lenguajes de programación que dotan a las páginas Web de una mayor potencia y un conocimiento profundo sobre el lenguaje HTML. Como puedes imaginar, este método está reservado a personas con gran dominio del lenguaje HTML.
- Usar entornos de desarrollo visuales, pensados expresamente para crear páginas Web, como Microsoft FrontPage, Macromedia Dreamweaver, HotMetal... Estas herramientas incluyen todos los medios para crear páginas Web profesionales, sin necesidad de conocer en profundidad el lenguaje HTML.
- Crear documentos con alguna aplicación ya conocida por nosotros, como Microsoft Word, que permita convertir dichos documentos a formato HTML y por lo tanto, a páginas Web.

La primera opción es la más laboriosa y al mismo tiempo la más compleja, ya que implica el conocimiento de un lenguaje de programación y de las técnicas de programación en sí. Es un método bastante arcaico y tiene mucho sentido utilizarlo, desaprovechando las facilidades que ofrecen las herramientas existentes en el mercado para este fin.

La segunda opción es, quizás, la más conveniente para las empresas dedicadas a la creación de páginas Web o para los particulares que deseen crear páginas Web de forma masiva. Sin embargo, si sólo deseas crear alguna página Web de vez en cuando, quizás no te merezca la pena el esfuerzo que implica aprender a usar una aplicación nueva. En este mundo de las aplicaciones para la creación de páginas Web, dispones desde aplicaciones eminentemente profesionales como Dreamweaver o Interdev, y otras con menos pretensiones pero igualmente útiles como FrontPage.

Nota

En la versión Premium de Office 2000 se incluye la última versión del editor de páginas Web, FrontPage.

La tercera opción consiste en crear un documento utilizando Word y, una vez que tenga la apariencia que deseamos, exportarlo con el formato

HTML. El resultado será un documento con la extensión .htm o .html y que podrás colocar directamente en un servidor de Internet. Además, como hemos comentado, en Office 2000 todas las aplicaciones han adoptado como formato nativo el HTML, por lo que la conversión es mucho más sencilla.

Consejo

En este capítulo, veremos un par de ejemplos de páginas Web creadas directamente con Word y exportadas a formato HTML. Sin embargo, si te atrae el tema del diseño de páginas Web, te aconsejamos que pruebes alguna herramienta dedicada exclusivamente a estos menesteres.

Conversión de documentos en páginas Web

Como ya hemos comentado varias veces, en esta nueva versión de Office todas las aplicaciones utilizan como formato nativo para sus documentos el leguaje HTML. Esto significa que la conversión respetará mucho más el formato del documento original, pero tampoco nos engañemos, el lenguaje HTML todavía tiene muchas limitaciones y nuestro documento nunca tendrá exactamente el mismo aspecto cuando lo convirtamos en página Web.

En cualquier caso, el procedimiento para convertir cualquier documento en una página Web es muy sencillo:

1. Selecciona el comando Guardar como página Web del menú Archivo. Normalmente este menú se encuentra oculto.
2. Escribe el nombre que quieras para la página Web en el cuadro de texto Nombre de archivo.
3. Finalmente, haz clic en el botón Guardar.

Nota

También puedes utilizar el comando Guardar como *y en la lista* Guardar como tipo *selecciona* Página Web (*.htm, *.html).

En la figura 15.1 puedes ver el documento original y en la figura 15.2 el aspecto de este mismo documento una vez convertido en página Web. A simple vista se aprecian algunos cambios, pero en líneas generales se ha respetado el formato inicial del archivo.

Aviso

Word muestra un cuadro de diálogo cuando no puede convertir en HTML alguno de los formatos del documento. En este caso puedes obtener más información, continuar o cancelar el proceso de conversión.

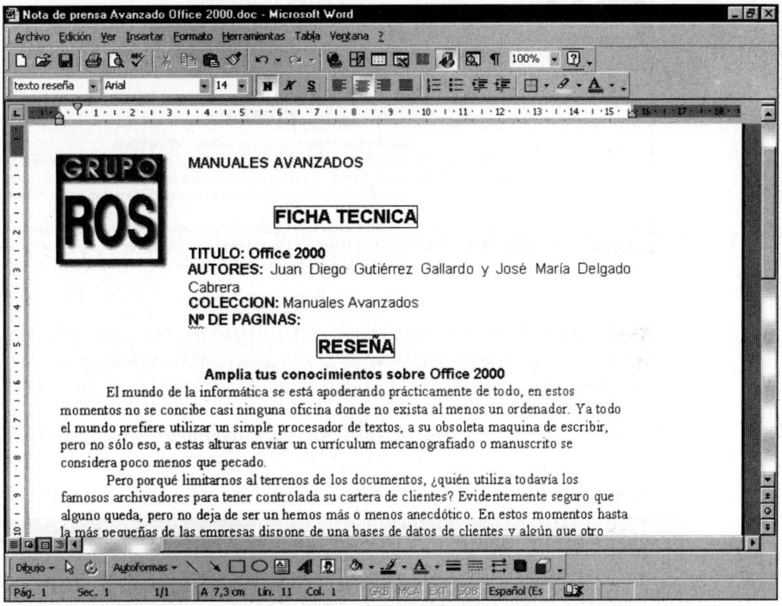

Figura 15.1. Documento original antes de la conversión

Crear una página Web en Word

En este primer apartado dedicado a la creación de páginas Web con Word, vamos a ver el método más sencillo. Estos serían los pasos que debes completar:

1. Haz clic en el botón Nuevo del menú Archivo, aparece el cuadro de diálogo Nuevo (figura 15.3).
2. En la pestaña General, haz doble clic sobre el icono Página Web y Word creará un nuevo documento con formato de página Web. Como es lógico, el nuevo documento aparece en la vista Diseño Web.

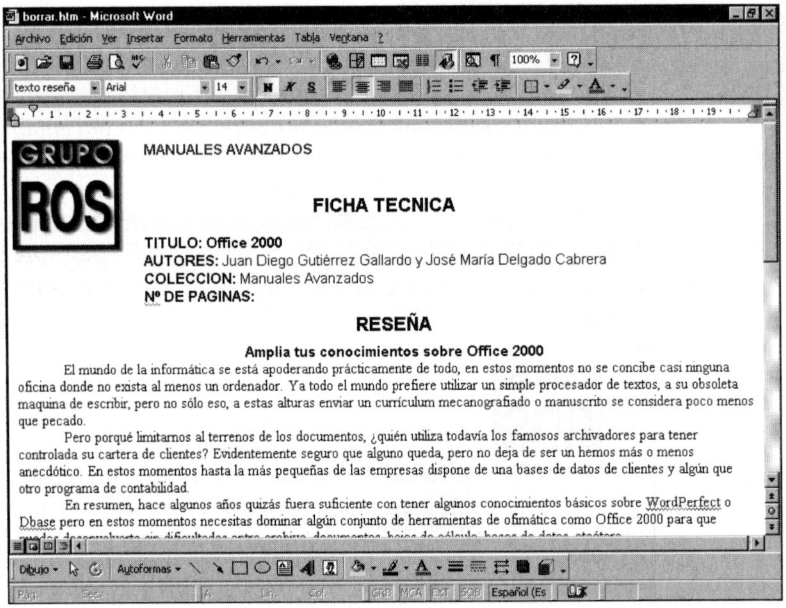

Figura 15.2. Resultado de la conversión del documento mostrado en la figura anterior

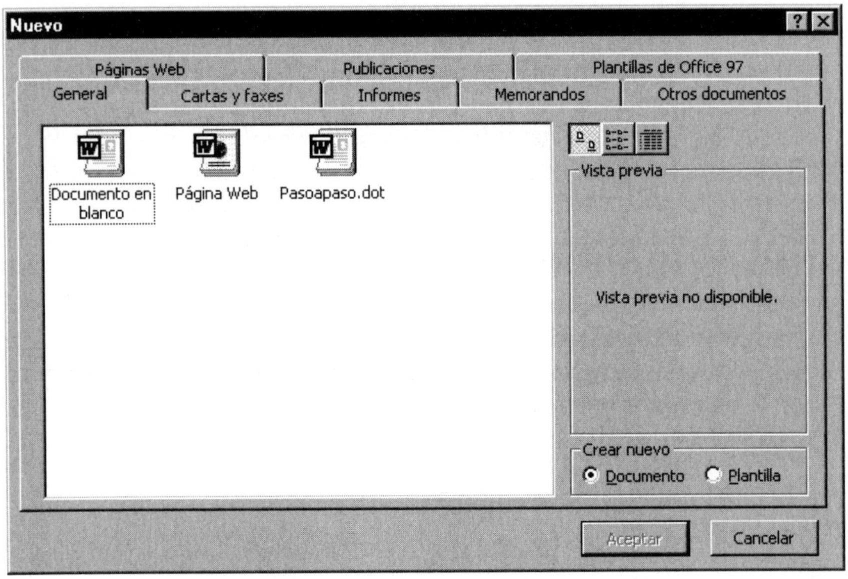

Figura 15.3. Cuadro de diálogo Nuevo

A partir de este momento puedes utilizar todos tus conocimientos sobre Word para crear y darle formato a la página Web. No olvides que en la vista Diseño Web puedes usar la nueva característica incluida en Word 2000 denominada *Hacer clic y escribir*. Con ella sólo es necesario hacer doble clic en el lugar del documento donde quieres incluir cualquier elemento, evitando tener que empezar obligatoriamente por el principio de la página.

Por las limitaciones propias de la creación de páginas Web no podrás utilizar algunas características de Word pero no te preocupes, porque no son demasiadas.

Truco

Después de crear una página Web utilizando el método descrito, ya no es necesario volver a repetir estos pasos para crear una nueva página. En la barra de herramientas Estándar el icono Nuevo documento en blanco, *se ha convertido en* Nueva página Web. *Por lo tanto, sólo tendrás que hacer clic sobre él para crear una nueva página Web.*

Guardar la página Web

Para guardar los cambios en el documento Web puedes utilizar el comando Guardar del mismo modo que se tratara de un archivo de Word, pero en este caso Word reconoce el formato del documento y le asigna automáticamente la extensión .htm (figura 15.4).

Observa que el cuadro de diálogo Guardar como muestra un nuevo botón denominado Cambiar nombre cuando lo utilizamos para guardar una página Web. El motivo de este nuevo botón es que todas las páginas Web, además del nombre de la página, tienen asociado un título que será el que muestre el navegador en su barra de título cuando visualice dicha página.

En la figura 15.5 puedes ver un ejemplo. Por lo tanto, haz clic en este botón y aparecerá un pequeño cuadro de diálogo en el que podrás escribir el título de la página.

Aviso

Si no escribes ningún nombre para la página, Word le asigna por defecto el nombre del archivo sin la extensión .htm.

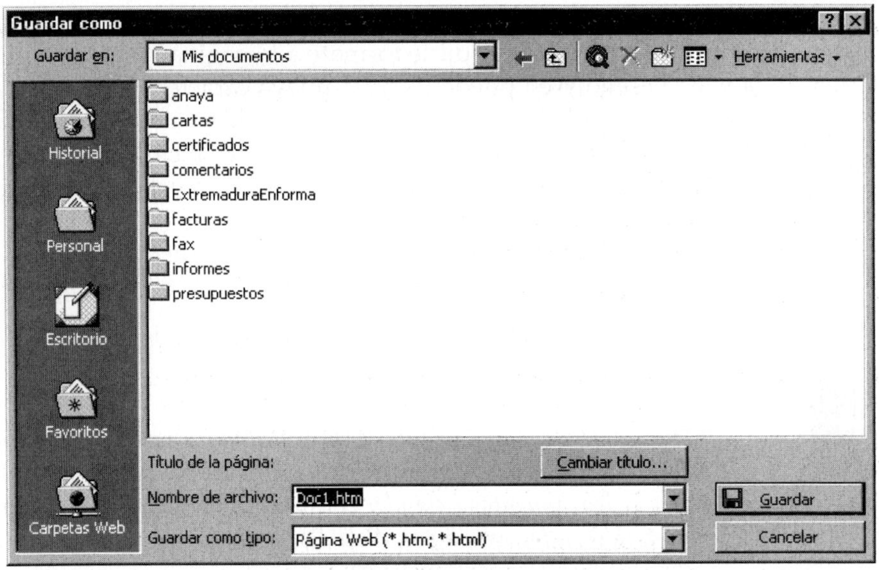

Figura 15.4. Word reconoce el formato Web del nuevo documento

Figura 15.5. Navegador con el nombre de la página en su barra de título

Asistente para páginas Web

Ya hemos visto cómo crear una página Web sencilla y cómo guardarla pero, como ya es habitual en las aplicaciones de Office existe un asistente que nos permite realizar todo el trabajo pesado con tan sólo seguir una serie de pasos y contestar a unas cuantas preguntas.

En realidad, el Asistente más que ofrecerte la posibilidad de crear una página Web lo que hace es crear un sitio Web. ¿Y qué es eso de un sitio Web?

No te asustes, un sitio Web no es más que un conjunto de páginas Web, porque lo normal no es crear una página sola, sino varias enlazadas mediante hipervínculos, para una mejor estructuración de sus contenidos.

Nota

De todo lo referente a los hipevínculos, hablaremos detalladamente en el siguiente apartado.

A continuación vamos a mostrar la forma de ejecutar el Asistente para páginas Web, describiendo el significado de cada uno de sus pasos:

1. Haz clic en el comando Nuevo del menú Archivo y en el cuadro de diálogo Nuevo, selecciona la pestaña Páginas Web (figura 15.6).
2. Haz doble clic sobre el icono Asistente para páginas Web y, tras unos segundos, aparecerá la primera ventana del Asistente donde nos muestra los pasos que vamos a seguir. Haz clic en el botón Siguiente para continuar.

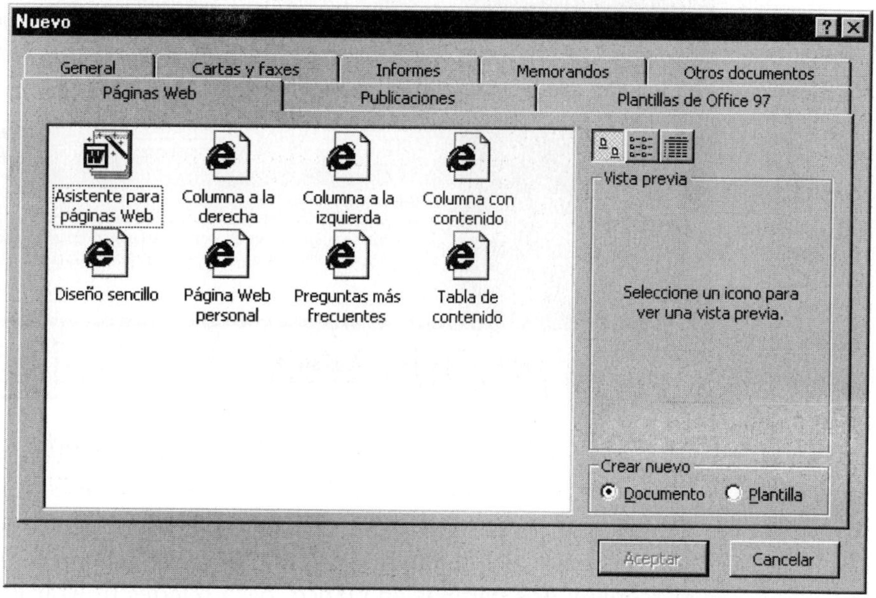

Figura 15.6. Pestaña Páginas Web *del cuadro de diálogo* Nuevo

3. En el segundo paso debes indicar el nombre que quieres asignarle al sitio Web y el lugar en el que guardar las páginas. Rellena esta información y haz clic en Siguiente. Observa como el texto que escribas en el título del Web se convierte automáticamente en el último nivel de la ubicación; puedes dejar esto así y cambiarlo a tu gusto.
4. Aunque hablaremos con más detalle de los marcos, te adelantamos que se utilizan para mejorar la navegación dentro de un sitio Web, dividiendo la página en un espacio para enlaces y otro para contenidos. En el tercer paso del Asistente (figura 15.7) deberás elegir entre situar los enlaces en la parte superior o izquierda de la pantalla. Si no quieres utilizar marcos, puedes seleccionar la última de las opciones. Haz clic en la opción que más te interese y después en el botón Siguiente.

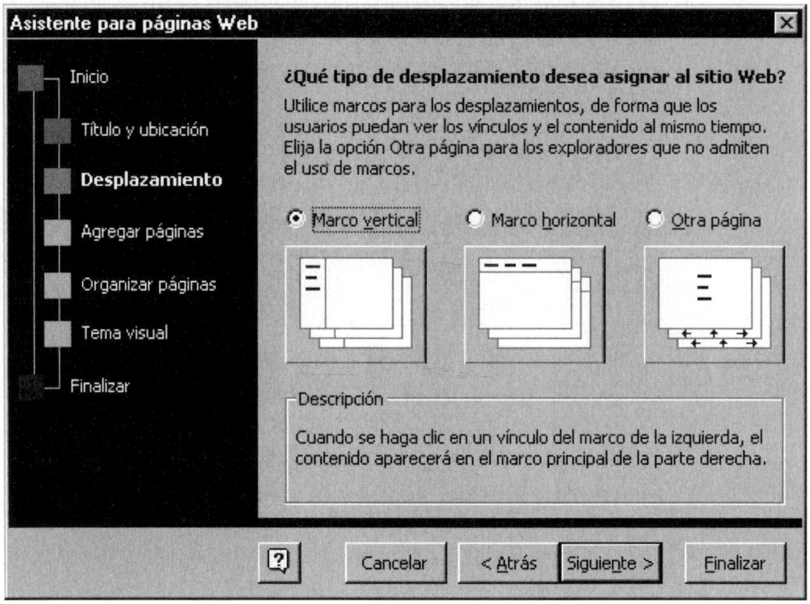

Figura 15.7. Tercer paso del Asistente para páginas Web

5. Como muestra la figura 15.8, el cuarto paso será donde confirmemos las páginas que tendrá el Web. Por defecto aparece una página personal y dos páginas en blanco, pero puedes utilizar los tres botones situados a la izquierda de la lista de páginas actuales del sitio

Web para incluir nuevas páginas. También dispones del botón Quitar página para eliminar cualquiera de las incluidas en el Web. Una vez terminada la composición haz clic en Siguiente.

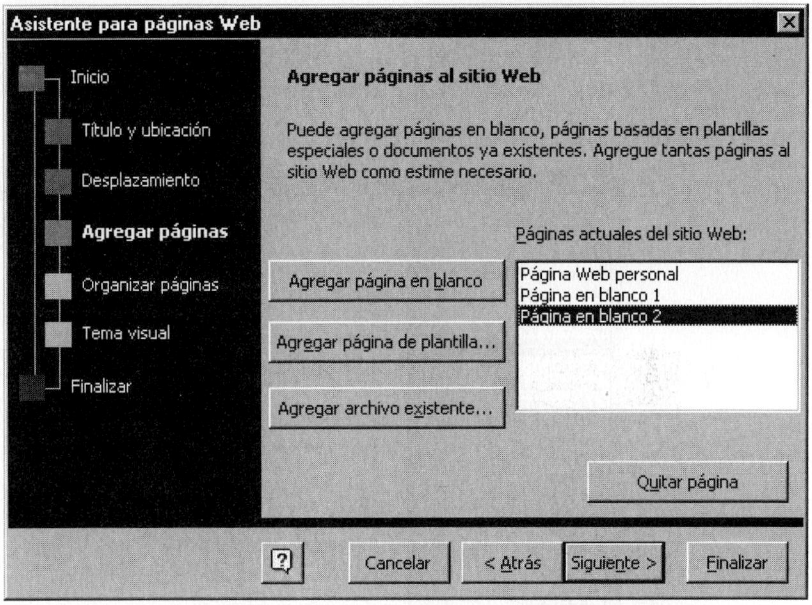

Figura 15.8. Cuarto paso del Asistente para páginas Web

6. En el quinto paso del Asistente seguimos dándole forma a nuestro sitio Web. Ahora toca el turno al orden de las páginas y a su nombre. Este nombre no corresponde al nombre del archivo sino al título de la página. Utiliza el botón Cambiar nombre para este fin, además de los botones Subir y Bajar si quieres modificar su orden. Haz clic en Siguiente.
7. Ahora toca el turno a los motivos de diseño y al aspecto del Web. Puedes optar por la segunda opción para agregar un fondo blanco a las páginas y nada más, o utilizar el botón Examinar temas para elegir alguno de los formatos de página prediseñados disponibles en Word.
8. Cuando seleccionas el botón Examinar temas, aparece el cuadro de diálogo Tema (figura 15.9) con todas las posibles combinaciones de

colores, fondos y motivos de diseño disponibles. No todos están instalados, por lo que tendrás que tener a mano el CD de instalación de Word si quieres comprobar el aspecto de los mismos. Las tres casillas de verificación de la parte inferior izquierda del cuadro de dialogo Tema te permiten activar o desactivar el uso de imágenes de fondo, gráficos animados y colores más vivos, respectivamente. Después de elegir el tema que desees, haz clic en Aceptar y después, en Siguiente para llegar al último paso del Asistente.

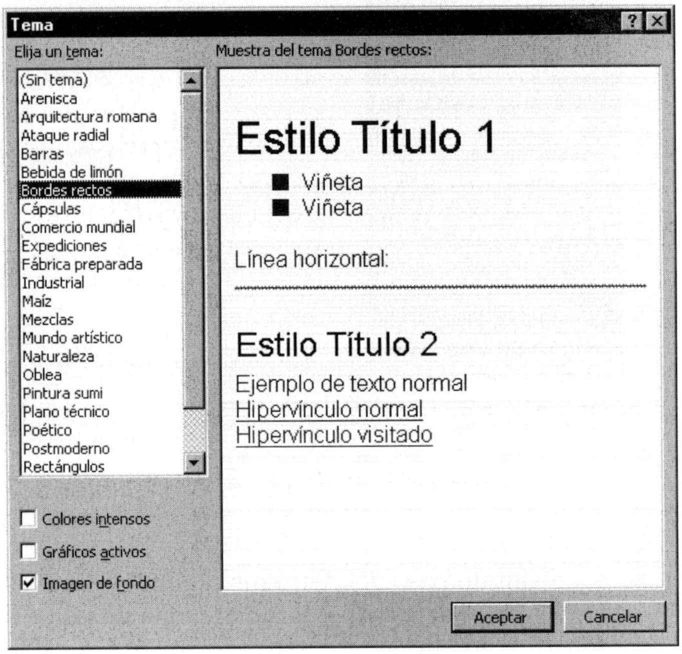

Figura 15.9. Cuadro de diálogo Tema

9. El último paso del Asistente no aporta nada más que un mensaje indicándonos que ya dispone de la información necesaria para crear el Web. Haz clic en el botón Finalizar para completar el proceso.

Transcurridos unos segundos aparecerá en tu pantalla la primera página Web en la vista Diseño Web para que puedas realizar sobre ella los cambios que desees.

Truco

Si conoces los entresijos del HTML y quieres hacer algún cambio sobre el mismo código de la página, puedes seleccionar el comando **Código fuente HTML** *del menú* **Ver**. *También sirve este truco para los curiosos que quieran ver qué hay detrás de una página Web; estamos seguros que alguno habrá :-)*

Hipervínculos

Los hipervínculos son uno de los pilares básicos sobre los que se sustenta la WWW, sirviendo como medio indispensable de navegación entre las páginas de un mismo sitio Web o de cualquier otro lugar de la Red.

También se denominan enlaces de hipertexto o hiperenlaces y tienen otra funcionalidad que es enlazar con otros recursos de Internet, no sólo a otras páginas Web. Estos otros recursos pueden ser: FTP o Protocolo de Transferencia de Ficheros para la transmisión de archivos, correo electrónico, vídeos, sonidos, etc. Aunque en este momento nos centraremos en los enlaces a otras páginas Web.

Lo normal es crear varias páginas Web, formando lo que ya conocemos como *sitio web*, enlazadas entre ellas mediante hipervínculos. Es como desarrollar un pequeño programa con diferentes secciones accesibles mediante opciones de menú. Si has seguido los pasos del Asistente habrás podido comprobar como en todas las páginas creadas existen enlaces al resto (figura 15.10).

La forma de reconocer los hipervínculos dentro de una página es sencilla y dadas sus peculiares características, normalmente:

- Aparecen subrayados y con un color distinto al del resto del texto.
- El cursor se transforma en una pequeña mano con el dedo índice extendido cuando pasamos encima de ellos.
- Actualmente, utilizando lenguajes más avanzados como el DHTML o Javascript se puede conseguir que cambien de color o de aspecto al situar el cursor encima de ellos.

Imágenes como hipervínculos

Otro de los elementos imprescindibles que hay dentro de una página Web, los gráficos, también pueden hacer las funciones de hipervínculo.

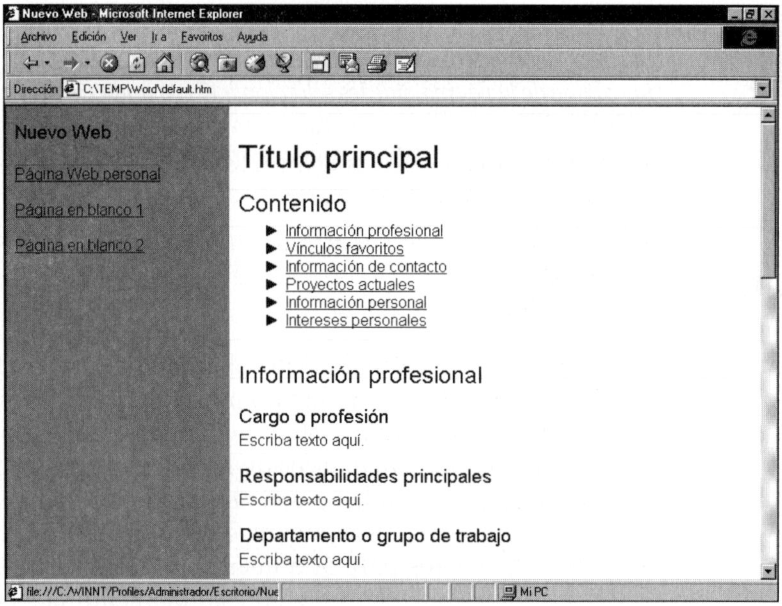

Figura 15.10. Hipervínculos en una página Web

Sólo es necesario indicarle el destino del enlace para que se comporte como tal, de modo que al hacer clic sobre la imagen lleguemos al lugar que apunta el hipervínculo. Esta práctica es muy utilizada por los diseñadores de páginas Web, ya que proporciona mucha más riqueza visual a la página.

Hipervínculos a otras páginas Web

Para crear un hipervínculo a otra página Web alojada en algún sitio de Internet o de nuestro propio sitio Web tendrás que hacer lo siguiente:

1. En primer lugar escribe, la palabra o palabras que hagan referencia a ese sitio Web. Por ejemplo: "Visite nuestro Web".
2. Después, selecciona el texto que acabamos de escribir y haz clic en el botón Insertar Hipervínculo de la barra de herramientas, o bien, selecciona el comando Hipervínculo del menú Insertar. En cualquiera de los dos casos, Word mostrará el cuadro de diálogo Insertar hipervínculo (figura 15.11).

3. Ahora, elige una dirección de la lista o utiliza los botones Archivo y Página Web para localizar el elemento de destino para el hiperenlace. Además los accesos del margen izquierdo del cuadro de diálogo nos permiten:
   - Incluir un enlace a cualquiera de las páginas que tengamos en nuestro historial y por lo tanto que hayas visitado.
   - Ir hasta otro punto dentro del mismo documento. A este tipo de enlaces se les denomina marcadores y los veremos en el siguiente apartado.
   - Crear un nuevo documento como destino para el hipervínculo que acabamos de crear.
   - Por último, podemos hacer que el hipervínculo sea una dirección de correo, de forma que al hacer clic sobre él se ejecute la aplicación de correo electrónico instalada.
4. Para finalizar, haz clic en Aceptar y el texto seleccionado tomará el aspecto de hipervínculo.

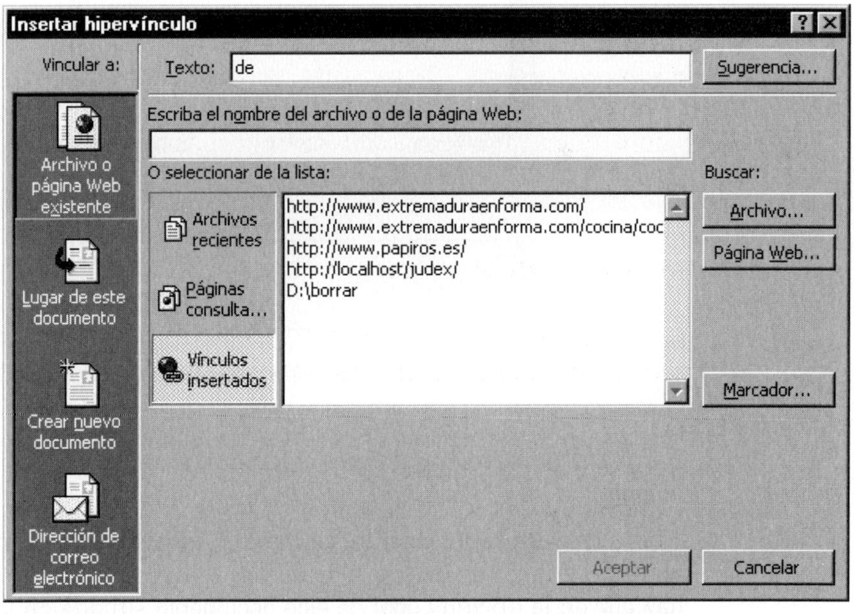

Figura 15.11. Cuadro de diálogo Insertar hipervínculo

Hipervínculos a la misma página Web

También podemos insertar un hiperenlace cuyo destino sea puntos dentro de la misma página. En este caso, el destino del hipervínculo se conoce como marcador.

Para que un hipervínculo apunte a un marcador, lo primero que tenemos que hacer es crear este marcador:

1. Sitúa el punto de inserción en el lugar donde quieres colocar el marcador.
2. Selecciona el comando Marcador del menú Insertar y aparecerá el cuadro de diálogo Marcador (figura 15.12).

Figura 15.12. Cuadro de diálogo Marcador

3. Escribe el nombre que quieres asignar al marcador y haz clic en Agregar.
4. Ahora crea un hipervínculo siguiendo los pasos del apartado anterior, y una vez dentro del cuadro de diálogo Insertar hipervínculo, haz clic en la opción Lugar de este documento situada en la lista Vincular a.

5. En la ventana selecciona un lugar dentro de este documento, y haz clic en el signo más situado junto a la etiqueta Marcadores. Después de hacer esto, aparecen todos los marcadores definidos dentro del documento actual (figura 15.13).
6. Haz clic sobre el nombre del marcador que quieres utilizar como destino para el hipervínculo y después, selecciona el botón Aceptar para concluir la operación.

Consejo

Los marcadores son unos elementos bastante útiles para estructurar el contenido de páginas con mucha información.

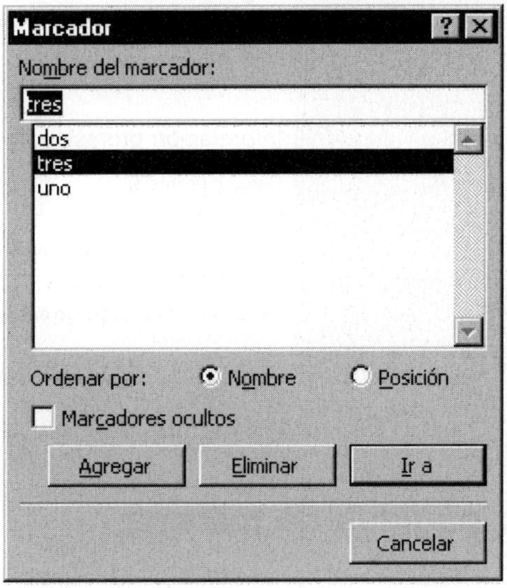

Figura 15.13. Marcadores definidos en el documento actual

Marcos

Ya hemos comentado algo sobre los marcos cuando explicamos el funcionamiento del Asistente para páginas Web. Como indicamos, los marcos son la mejor forma de estructurar los contenidos de un sitio Web. En cierto modo, podemos comparar los marcos con los índices de contenido de un libro, ya que en uno de los marcos podemos situar todos los temas tratados en el Web, de forma que al hacer clic sobre cualquiera de ellos aparezca en el otro marco su contenido; eso sí, siempre manteniendo visible la lista de contenidos. Para que entiendas mejor todo esto puedes ver una típica página de marcos en la figura 15.14.

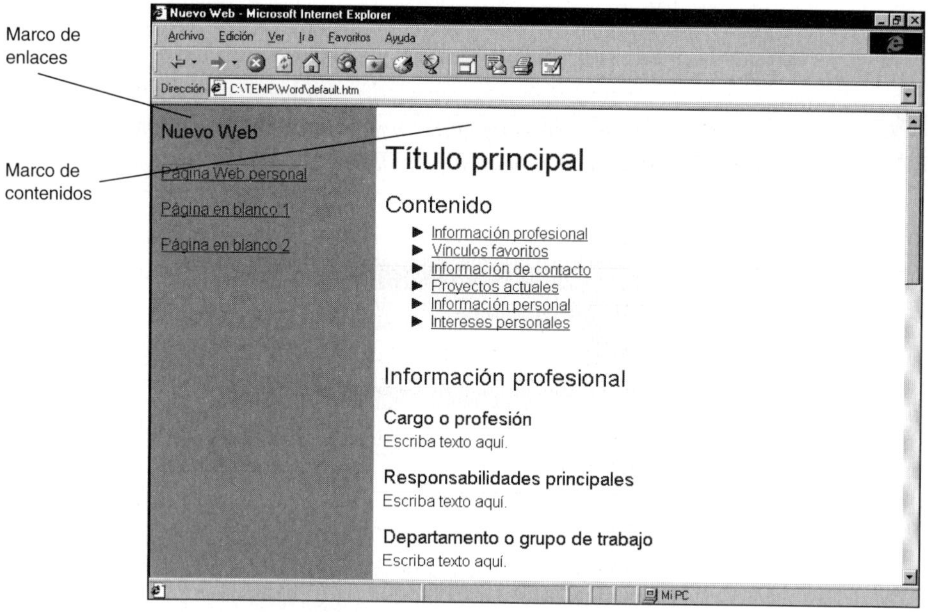

Figura 15.14. Página de marcos

Crear páginas de marcos

La mejor forma de crear páginas de marcos es utilizar el Asistente que ya vimos en el apartado anterior, pero si ya tienes creada tu página y necesitas añadir un marco, el proceso tampoco es demasiado complejo:

1. Abre la página donde quieres añadir el marco y sitúa el cursor sobre la opción Marcos del menú Formato. En ese instante aparece un nuevo submenú.
2. Selecciona la opción Nueva página de marcos y comprueba como aparece una nueva página Web en blanco y la barra de herramientas Marcos (figura 15.15).

Figura 15.15. Barra de herramientas Marcos

3. Ahora elige algunas de las opciones de la barra de herramientas Marcos, cuyo significado es el siguiente:
   - La primera opción utiliza los encabezados del documento para crear una tabla de contenido en el margen izquierdo del documento. Esta opción es recomendable cuando ya tenemos creada la página y hemos trabajado en su contenido.
   - Las cuatro opciones siguientes añaden un nuevo marco a la derecha, a la izquierda, arriba o abajo del documento, respectivamente.
   - El botón Eliminar marco hace desaparecer de la página el marco en el que se encuentre situado el punto de inserción.
   - La última de las opciones muestra el cuadro de diálogo Propiedades del marco (figura 15.16) con los ajustes del marco en el que se encuentre situado el punto de inserción. Desde aquí podrás modificar desde el aspecto y el color de los bordes del marco hasta asignarle el nombre que desees.

Una vez creado el marco, la estructura no tiene por qué ser definitiva, de forma que colocando el cursor encima de las divisiones y arrastrando podrás moverlas a tu gusto, para ajustar el espacio asignado a cada marco.

Consejo

Puedes crear la estructura de marcos que necesites y dividir tu página en tantas zonas como desees, pero no resulta conveniente utilizar demasiados marcos, sobre todo porque puede dificultar la navegación y crear conflictos con algunos navegadores.

Hipervínculos entre marcos

Ya conocemos la forma de incluir un hipervínculo en nuestras páginas Web para poder llegar hasta cualquier destino ya sea dentro de nuestro

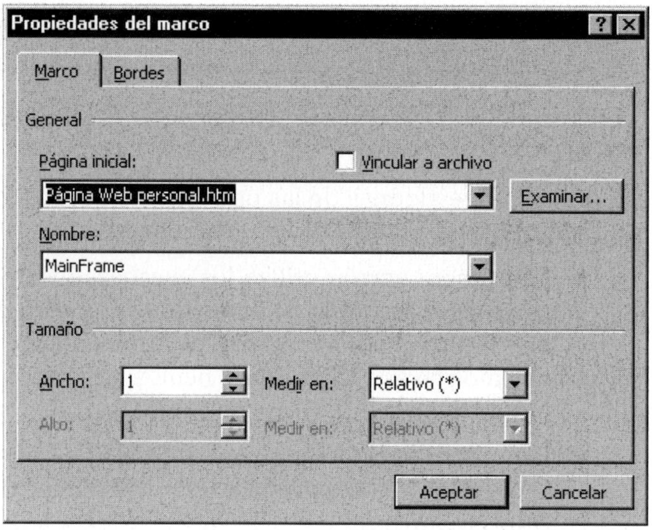

Figura 15.16. Cuadro de diálogo Propiedades del marco

propio equipo o fuera de él. Pero cuando trabajamos con marcos y queremos que el destino de un hipervínculo se muestre en otro marco, debemos indicarlo y la forma de hacerlo sería la siguiente:

1. Crea un hipervínculo y observa como en la parte inferior del cuadro de diálogo Insertar hipervínculo (figura 15.17) aparece una pequeña representación actual de la estructura de marcos de nuestra página.
2. Pues bien, después de elegir la página de destino para el hipervínculo, tan sólo es necesario hacer clic en el marco donde quieras mostrarla. Junto a la representación de los marcos de la página tienes una lista donde encontrarás de nuevo todos los marcos definidos en nuestro documento, y algunas opciones interesantes:

- Mismo marco: la página a la que apunta el hipervínculo aparece en el mismo marco donde se encuentra éste.
- Toda la página: desaparece la estructura de marcos y la nueva página ocupará todo el espacio disponible en la ventana del explorador.
- Nueva ventana: esta opción provoca que la página a la que ha hecho la llamada el enlace se ejecute en la nueva ventana del explorador.

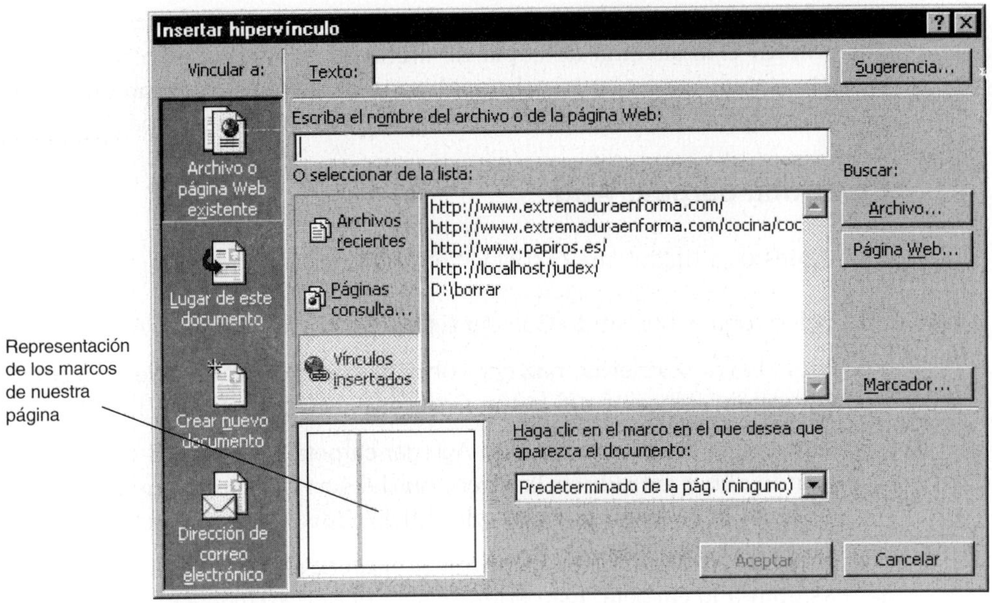

Figura 15.17. Aspecto del cuadro de diálogo Insertar hipevínculo *cuando utilizamos marcos*

Una vez creadas las páginas que compondrán nuestro sitio Web debemos dar el siguiente paso, que es copiarlas en un servidor de páginas Web, ya sea en Internet o en la red interna de nuestra empresa (Intranet). En cualquier caso, los medios son siempre los mismos: utilizar carpetas Web o copiarlas mediante el protocolo FTP (File Transfer Protocol).

Carpetas Web

Las carpetas Web son un nuevo sistema para la administración de sitios Web en la versión 2000 de Office. Se trata de crear una carpeta que se comporte igual que las carpetas habituales de Windows, salvo que su ubicación sea en un servidor remoto o en el servidor de nuestra intranet.

Nota

Para que lo entiendas mejor considera una carpeta Web como un acceso directo con el servidor, mediante el cual puedes acceder al lugar donde se encuentran alojadas las páginas de tu sitio Web.

El único gran problema de las carpetas Web es que el servidor tiene que admitir este sistema de copia de archivos, y para saberlo tienes que ponerte en contacto con tu administrador de sistema para preguntarle, ¿admite carpetas Web el servidor en el que quiero copiar mis páginas?

Crear una carpeta Web

Antes de utilizar una carpeta Web, será necesario crearla:

1. Selecciona el comando Guardar o Guardar como del menú Archivo.
2. En la barra izquierda, haz clic sobre la opción Carpetas Web y a continuación, selecciona el botón Crear nueva carpeta (figura 15.18).
3. Aparece el cuadro de diálogo Agregar carpeta Web (figura 15.19) donde debes introducir la dirección del servidor en la que estará ubicada la carpeta; por ejemplo: http://miservidor/prueba.
4. Haz clic en Siguiente y a continuación escribe el nombre que quieres asignar a la carpeta. Este nombre será el que aparezca en tu lista de carpetas Web. Haz clic en Finalizar para terminar el proceso.

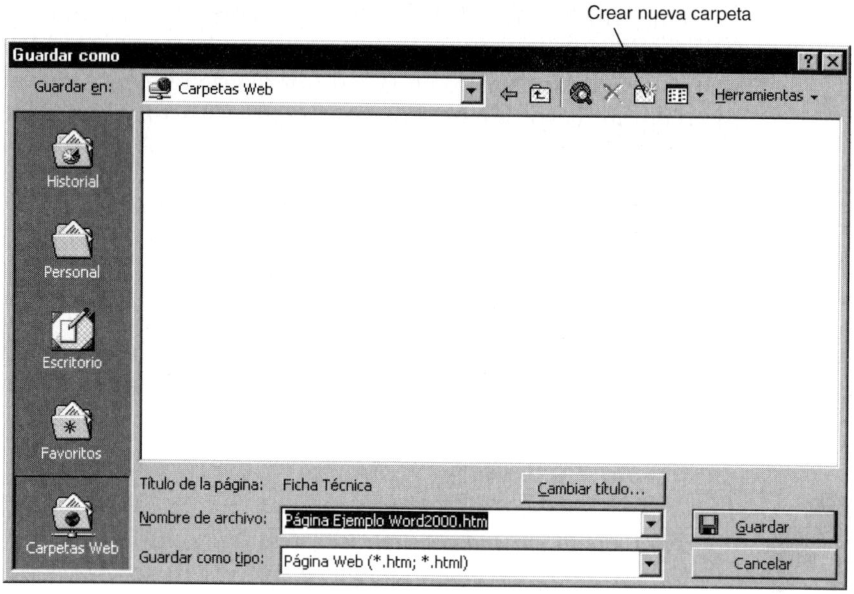

Figura 15.18. Nueva carpeta Web

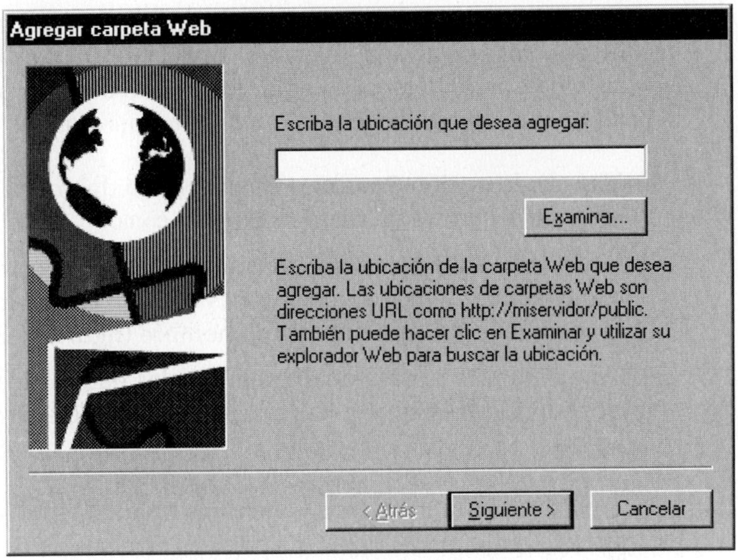

Figura 15.19. Cuadro de diálogo Agregar carpeta Web

Una vez creada la carpeta Web, para usarla sólo tendrás que seleccionarla cuando uses los comandos Guardar o Guardar como. También puedes abrir archivos situados en estas carpetas desde el cuadro de diálogo Abrir.

Ubicaciones FTP

Si nuestro servidor no dispone de soporte para carpetas Web, todavía nos queda otra posibilidad para publicar nuestras páginas. Se trata de utilizar FTP; este protocolo está especialmente diseñado para copiar archivos a través de Internet y es un sistema soportado por todos los servidores.

Pero antes de ponernos manos a la obra y contarte qué tienes que hacer para poder enviar la página Web por FTP, necesitas solicitar a tu proveedor de Internet la siguiente información:

- Pregunta a tu proveedor la dirección FTP donde tienes que copiar las páginas, por ejemplo: ftp.miservidor.es.
- Solicita el nombre de usuario y la contraseña con la que debes acceder a tu espacio en el servidor.
- Consulta el espacio disponible.

Una vez que tenemos toda la información necesaria de nuestro proveedor, debemos crear una nueva ubicación Web, que no es más que decirle al sistema dónde tiene que copiar los archivos y cuáles son los datos de la persona que intenta hacer esa operación:

1. Haz clic la opción Guardar o Guardar como del menú Archivo para mostrar el cuadro de diálogo Guardar como.
2. En la lista Guardar en selecciona la última de las opciones denominada Agregar o modificar ubicaciones FTP. En ese momento aparecerá el cuadro de diálogo del mismo nombre (figura 15.20).
3. Completa este cuadro de diálogo con los datos que te ha proporcionado tu proveedor y haz clic en el botón Agregar y, después, en Aceptar.

A partir de este momento ya tendrás una nueva ubicación Web en la lista y por lo tanto, para copiar tus páginas en ella sólo tienes que seleccionarla en la lista Guardar en del cuadro de diálogo Guardar como.

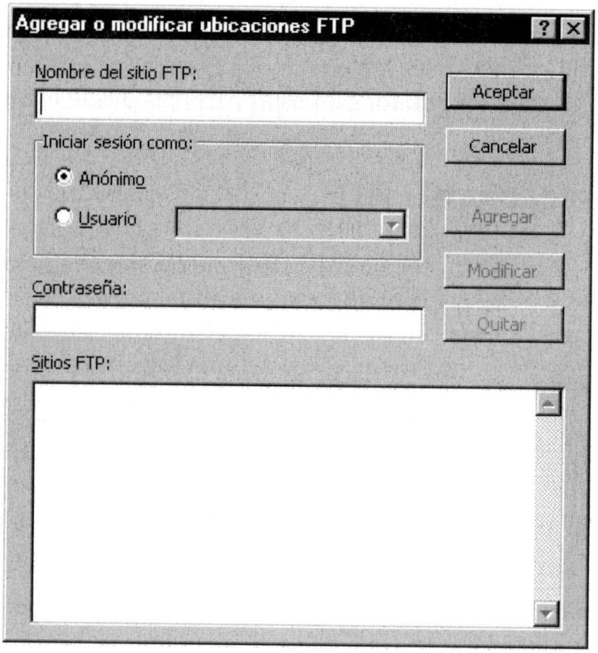

Figura 15.20. Cuadro de diálogo Agregar o modificar ubicaciones FTP

Aviso

Es imprescindible estar conectados a Internet en el momento de copiar los archivos.

Opciones Web de Word

Al igual que el resto de elementos y componentes de Word, todas las posibilidades relacionadas con Internet y la creación de páginas Web tiene su apartado de configuración.

Selecciona el comando Opciones dentro del menú Herramientas y, en la pestaña General, haz clic en el botón Opciones Web.

ActiveX y las páginas Web de formularios

ActiveX no es un lenguaje de programación como podría ser Java sino un conjunto de tecnologías que se emplean en la implementación de los llamados "controles". Estos controles se usan posteriormente para mejorar el aspecto de las páginas Web e insertarlos en ellas.

Nota

El uso de los controles ActiveX, como podrás imaginar, no sólo se limita a las páginas Web. ActiveX es una de las tecnologías en las que Microsoft está centrando gran parte de sus esfuerzos y ciertamente ofrece innumerables posibilidades en multitud de ámbitos de desarrollo.

Para aplicar ActiveX en el lenguaje HTML sería necesario saber programar en Visual Basic, Visual C++, Delphi, Borland C++ o en Java, y crear aplicaciones para que funcionen en Internet. Word facilita esta labor incluyendo una serie de controles ActiveX aplicables a los formularios, pero no te preocupes porque nuestros conocimientos no tienen que ir tan lejos.

Vamos a ver algunos ejemplos de controles ActiveX en concordancia con los formularios que podemos diseñar utilizando Word. La figura 15.21 muestra el formulario de solicitud de información.

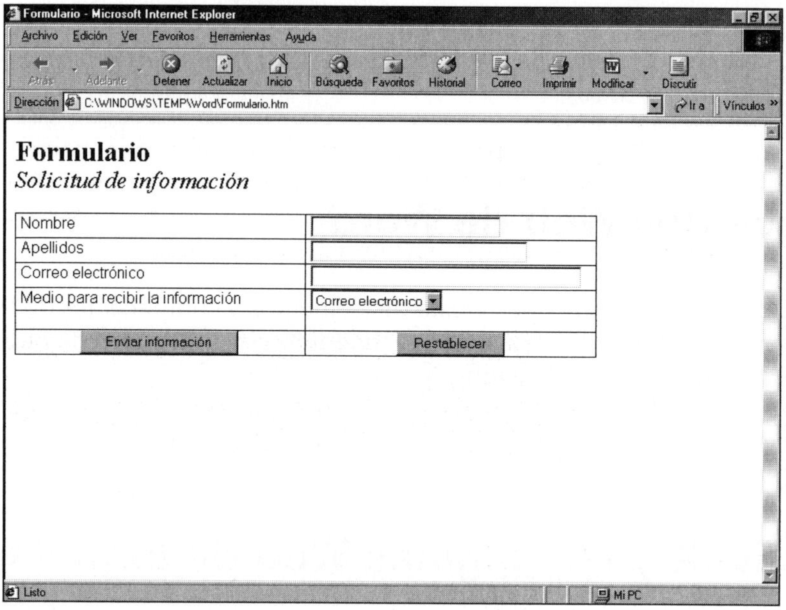

Figura 15.21. Formulario de solicitud de información creado con controles ActiveX

En primer lugar vamos a preparar una página Web en blanco a la que iremos añadiendo campos y controles para crear un formulario. Seleccionamos Archivo, Nuevo, elegimos la pestaña General y seleccionamos Página Web.

Como ejemplo crearemos un formulario que el interesado deberá rellenar para recibir cierta información adicional sobre algún tema que se muestre en el Web. Los datos que se le piden a la persona son: nombre, apellidos, dirección de correo electrónico y canal de envío de la información adicional que solicita. También añadiremos los correspondientes botones para enviar el formulario y para borrar los datos comenzando de nuevo.

Primero escribimos, a modo de título, por ejemplo, "Formulario", pulsamos Intro y escribimos "Solicitud de información". Después, damos formato al texto. Seleccionamos el texto "Formulario" y escogemos el tipo de letra Arial, y un tamaño más grande que el que le pondremos a "Solicitud de información". Si queremos poner en negrita el texto o cambiar su color, ya conoces la forma de hacerlo.

Para poner la tabla que vemos en la figura 15.21 seleccionamos Tabla, Insertar tabla y le damos los valores 4 x 2 (cuatro filas, dos columnas). En la columna de la izquierda, vamos a escribir los nombres de los campos que se van a solicitar como son: Nombre, Apellidos, Correo electrónico y Medio para recibir la información (por correo electrónico, por correo ordinario o por fax).

El siguiente paso será activar la barra de herramientas denominada Herramientas Web (figura 15.22). Recuerda que tan sólo debes hacer clic con el botón derecho sobre cualquier otra barra de herramientas y seleccionar en este caso, la opción Herramientas Web.

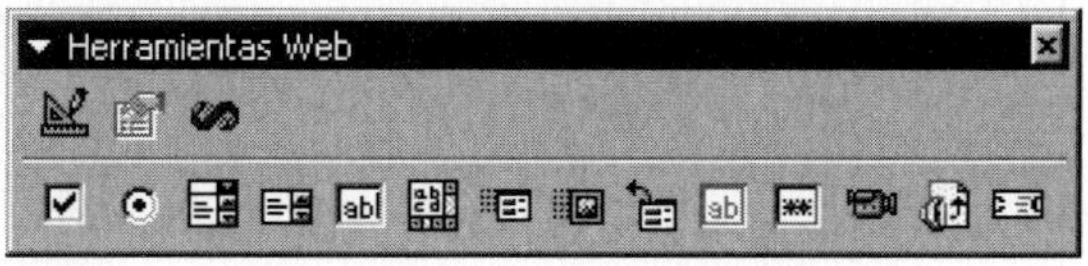

Figura 15.22. Herramientas Web

Un poco más adelante explicaremos el sentido de cada uno de los controles disponibles, ahora seguiremos con la creación del formulario.

Una vez creada la estructura del formulario y activada la barra de herramientas, disponemos de los elementos necesarios para insertar los controles en la página:

1. Coloca el cursor en la primera fila, columna derecha y haz clic sobre la herramienta Cuadro de texto de la barra Herramientas Web. En este momento, un rectángulo rodeará la tabla y Word nos indica el principio y el fin del formulario (figura 15.23).
2. Repite esta misma operación para los campos Apellidos y Correo electrónico.

Nota

Para modificar cualquiera de los controles, haz clic sobre él y utiliza los controladores de tamaño (cuadrados negros) que rodean el control.

Para completar la parte dedicada a la solicitud de información del formulario vamos a insertar el control Cuadro de lista desplegable:

1. Coloca el cursor en la celda de la parte inferior derecha, que es la única que nos queda libre.

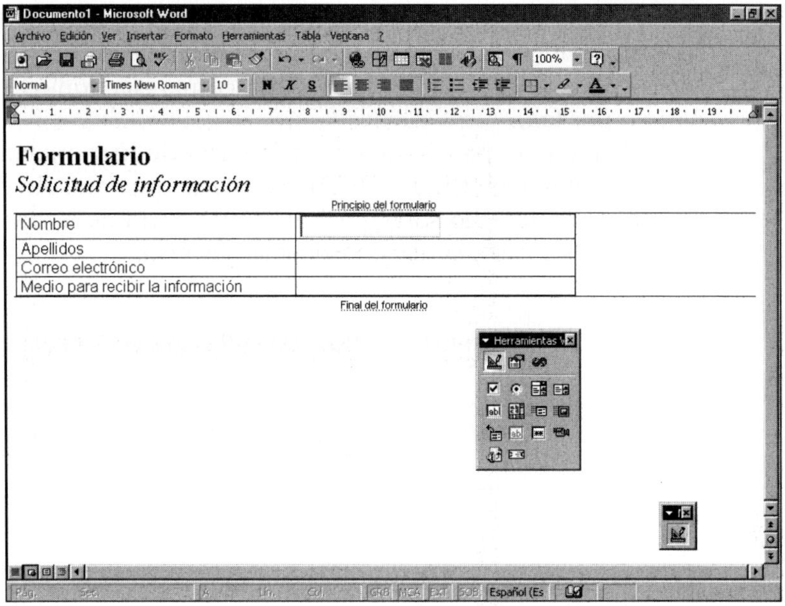

Figura 15.23. Límites del formulario

2. Pulsa la herramienta Cuadro de lista desplegable en la barra Herramientas Web. Una vez incluido el control, debes añadir los valores.
3. Para añadir o modificar los valores y parámetros de un control ActiveX, haz clic con el botón derecho sobre él y selecciona el comando Propiedades o bien utiliza el botón del mismo nombre situado en la parte superior de la barra de herramientas. Aparecerá entonces el cuadro de diálogo Propiedades (figura 15.24).

Pasemos a describir cada una de las propiedades y lo que debemos hacer con ellas.

- Name: es el nombre del control. Word le asigna un valor por defecto a esta propiedad pero es conveniente que la modifiques para darle un nombre más adecuado.
- DisplayValues: engloba los elementos que se mostrarán al desplegar la lista. Debemos escribirlos separados por un punto y coma y sin espacios. En nuestro caso, escribiremos: Por Correo electrónico;Por correo ordinario;Por Fax.

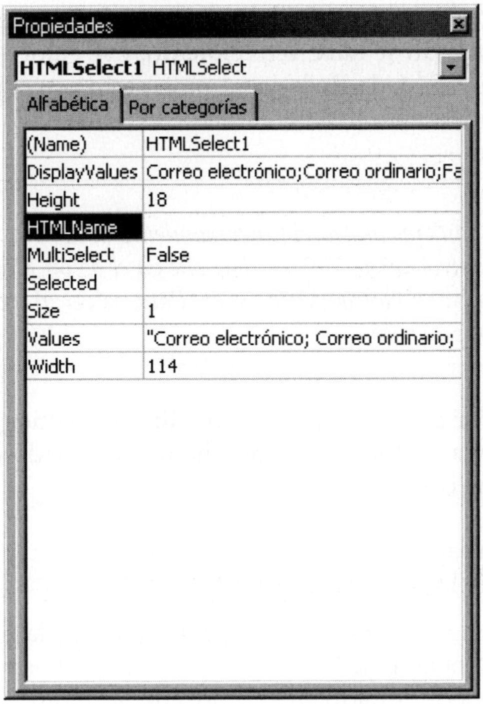

Figura 15.24. Cuadro de diálogo Propiedades

- Width: define el ancho del control en caracteres. Este valor viene determinado por el elemento de mayor tamaño de la lista, aunque también es posible modificar su valor.
- MultiSelect: indica si se puede seleccionar más de un elemento de la lista. Por defecto, el valor que tiene es FALSE, para que se pueda seleccionar un solo elemento que, de momento, es lo que nos interesa. Si lo ponemos en TRUE el cuadro de lista desplegable pasa a ser un cuadro de lista normal.
- Selected: su función es la de determinar si el primer elemento va a aparecer en el cuadro seleccionándolo de forma predeterminada. Es decir, consigue que el primer valor que hemos puesto en la propiedad DisplayValues sea el que aparezca seleccionado por defecto en primer lugar.
- Size: permite asignar el valor de tamaño de fuente o letra. Por defecto el valor es 1, que es válido en la mayoría de los casos.

- Values: es el valor que devolverá cada elemento de la lista cuando se halle seleccionado. Ese valor será enviado a través de la Red y será procesado por el programa correspondiente.

Aviso

Si quieres probar el funcionamiento de la lista desplegable o de cualquier otro control del formulario, haz clic en el botón Modo diseño *que encontrarás en la barra Herramientas Web. Para volver al modo Normal haz clic de nuevo en este botón.*

Por último nos queda añadir los botones Envío y Borrar, cuya función es, enviar el formulario que hemos rellenado o borrar el contenido de todos sus controles:

1. Añade dos nuevas filas a la tabla y sitúa el cursor en la última celda de la columna izquierda.
2. Haz clic en la herramienta Enviar de la barra y después, en el botón Centrar de la barra de herramientas Formato, de modo que el botón quede situado en el centro de la celda.
3. Ahora coloca el cursor en la última celda de la columna derecha y a continuación, haz clic sobre el control Restablecer. Utiliza también el botón Centrar de la barra de herramientas Formato.
4. Seguidamente tenemos que cambiar sus propiedades. Para ello, pulsamos sobre la herramienta Propiedades y en el parámetro Caption cambiamos el texto Enviar por Enviar información. Repetimos la operación con el control Restablecer, al que aplicaremos, en la propiedad Caption, el valor Borrar.

Después de estos pasos sólo nos queda guardar el documento y listo. El resultado de estos pasos lo puedes ver en la figura 15.25.

Hasta aquí el diseño del formulario, pero es evidente que necesitamos algún mecanismo para recuperar la información y procesarla.

Para adentrarte en este paso necesitas conocer los fundamentos de la programación en ASP o el uso de CGI. Estos conceptos se alejan de la temática del libro pero, al menos hemos querido ponerte en conocimiento de la siguiente necesidad que se te plantea una vez que has diseñado el formulario.

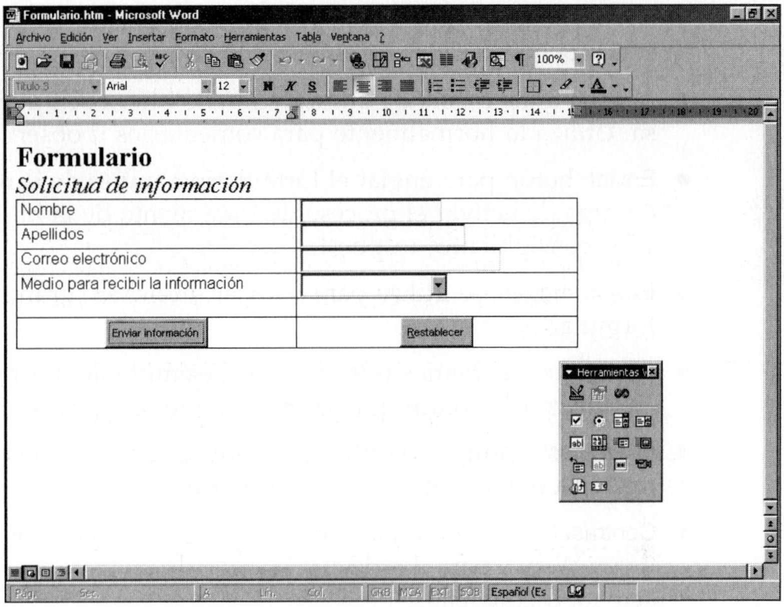

Figura 15.25. Formulario acabado

Controles ActiveX disponibles

Se necesitaría un libro entero para explicar el funcionamiento de estos controles, combinándolos con programación ASP y bases de datos en Internet. En este capítulo hemos intentado iniciarte en el diseño de formularios, que es más complicado que la simple creación de páginas Web.

A continuación, puedes ver una lista con los controles ActiveX que podemos utilizar en el diseño de formularios.

- Casilla de verificación: su misión es activar o desactivar opciones, funcionando de modo independiente.
- Botón de opción: similar a la casilla de verificación con la salvedad de que sólo podemos seleccionar uno de los elementos de ese grupo de opciones.
- Cuadro de lista desplegable: este control ya lo conoces por el formulario de ejemplo que acabamos de crear.
- Cuadro de lista: parecido al anterior pero sin que se despliegue, aparecen visibles todos los elementos de la lista.

- Cuadro de texto: casilla para recoger información a una pregunta concreta que se formula al usuario.
- Área de texto: casilla de introducción de información más extensa. Utilizada normalmente para comentarios u observaciones.
- Enviar: botón para enviar el formulario a través de la red. Se encarga de activar el proceso de tratamiento de la información y las consiguientes respuestas.
- Enviar Imagen: se utiliza para insertar un fichero gráfico en el formulario.
- Restablecer: lo hemos utilizado en el ejemplo del formulario para borrar los datos que ha introducido el usuario.
- Oculto: este campo se utiliza para enviar información oculta junto con la que ha introducido el usuario.
- Contraseña: utilizado para restringir el acceso a ciertas zonas de un Web, o para dar de alta la clave de un usuario en alguna actividad concreta.

16 Correo electrónico y faxes

En un mundo en el que cada vez se tiende más a la comunicación entre las personas mediante sistemas informáticos, Word no podía dejar a un margen temas tan interesantes como el envío de faxes o de mensajes de correo electrónico.

Empezaremos el capítulo viendo cómo enviar correos electrónicos desde Word, para analizar posteriormente las posibilidades que la aplicación Microsoft Outlook (parte de Microsoft Office) proporciona para facilitar la comunicación con otras personas.

Al final del capítulo, hablaremos también de las posibilidades de fax de Windows, con el fin de enviar documentos mediante este sistema empleando el módem del ordenador.

El correo electrónico y Word

En el capítulo 3 del libro se explicó brevemente en qué consiste el correo electrónico. En realidad, no es más que un método electrónico de comunicarse entre personas, con muchas ventajas frente al correo tradicional y el teléfono, como la de incluir documentos en el envío.

La idea de este apartado es ver cómo enviar un documento que tenemos en Word por medio del correo electrónico. Para hacerlo, vamos a utilizar un ejemplo: vamos a enviar este documento a nuestro editor para que vaya maquetándolo. Los pasos esenciales que hay que seguir para enviar un mensaje de correo electrónico son los siguientes:

1. Abrir en Word el documento que deseamos enviar.
2. Seleccionar el comando Enviar a, Destinatario de correo del menú Archivo.
3. Indicar la persona a la que va dirigido el archivo.
4. Enviar el archivo en sí.

Como nosotros tenemos en pantalla el documento Capi16.doc, que es el que queremos enviar, seleccionamos el comando Enviar a, Destinatario de correo del menú Archivo. Observa que aparecen en la parte superior del documento una serie de líneas para enviar el mensaje (figura 16.1).

Las 4 líneas que aparecen son:

- Para. Es el destinatario del correo electrónico. Suele ser su dirección de correo electrónico (como jose-maria@grupo-ros.es). Es la única línea obligatoria. En el apartado "Libreta de direcciones" se explica cómo utilizar una agenda para los mensajes de correo.
- CC. Si quieres enviar una copia del mensaje a otra persona, incluye aquí su dirección. Si son varios, sepáralos por medio de puntos y comas.
- CCO. Esta línea también sirve para enviar copias del mensaje, pero copias ocultas. Esto significa que el destinatario del mensaje no sabrá que se ha enviado esta copia a otra persona.
- Asunto. Esta línea no es obligatoria, pero sí muy conveniente. Escribe una pequeña descripción del motivo del mensaje.

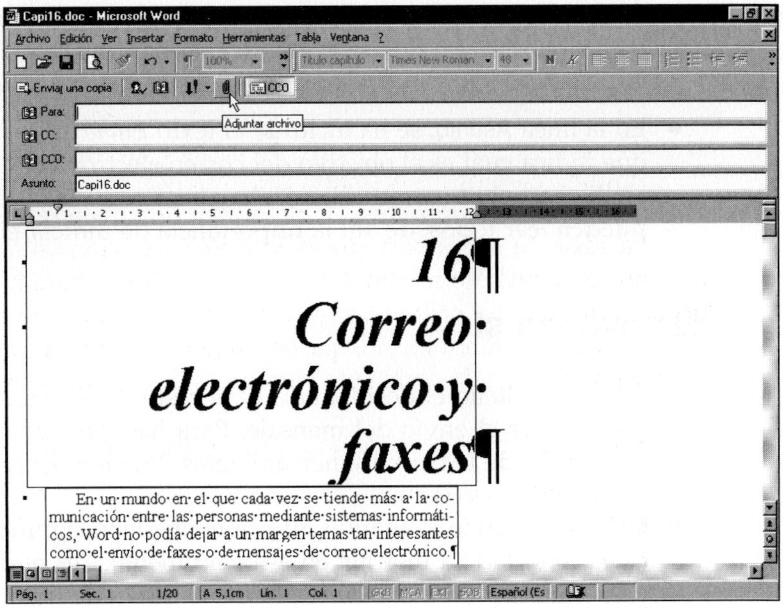

Figura 16.1. Word listo para enviar un mensaje de correo

Nota

Además, también aparece una nueva barra de botones para, por ejemplo, realizar el envío en sí o adjuntar un archivo al mensaje de correo.

En la figura 16.2 se han rellenado las cuatro líneas, que significan:

- El destinatario tiene la dirección de correo electrónico jose-maria@grupo-ros.es.
- Además, se envía una copia a otra persona con la dirección dtp@grupo-ros.es. José María tendrá constancia de este envío.

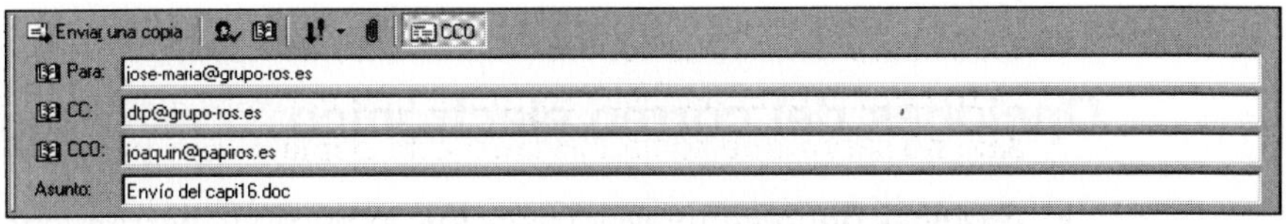

Figura 16.2. Ejemplo de cabecera de un mensaje

- Se envía una copia oculta a la dirección joaquin@papiros.es. Esto significa que ni José María ni el departamento DTP de Grupo ROS tendrán constancia del envío de esta copia.
- En la línea Asunto, se ha incluido el texto *Envío del capi16.doc*, que indica cuál es el objetivo del correo electrónico. Cuando se reciben muchos correos diarios, hay ocasiones en las que no se pueden leer todos, de ahí la importancia de indicar el asunto.

El envío en sí

Una vez relleno el destinatario (y el resto de líneas, si así se desea), hay que realizar el envío del mensaje. Para hacerlo, haz clic en el botón Enviar una copia de la barra de herramientas. Pueden ocurrir dos cosas:

- Que Word envíe el archivo directamente. Esto significa que estás conectado a Internet en estos momentos (es posible que dispongas de una conexión 24 horas a través de tu oficina o de la universidad).
- Que Word intente realizar el envío, pero al no estar conectado, abra un cuadro de diálogo comunicándote este problema.
- Que Word intente realizar el envío, pero al no estar conectado, abra un cuadro de diálogo para conectarse.

Aviso

En cualquier caso, si no puede conectarse, Word dejará el mensaje en la bandeja de salida del programa de correo electrónico que estés usando, de forma que la siguiente vez que te conectes a Internet lo envíe.

En este momento, desaparecen las líneas de envío de archivo de Word, lo cual indica que ya se ha enviado el archivo (o se ha situado en la bandeja de salida del programa de correo electrónico).

Opciones del correo electrónico

Además del botón Enviar una copia, la barra de herramientas que aparece al enviar un documento de Word como mensaje de correo electrónico contiene cinco botones más. Los dos primeros (Comprobar nombres y Libreta de direcciones los veremos en el apartado siguiente. Los otros tres botones son:

- Establecer prioridad. Este botón permite definir la prioridad del mensaje. No abuses de la prioridad alta, ya que si te acostumbras a enviar todos los mensajes con alta prioridad, tus destinatarios no te harán caso cuando realmente sea importante.
- Adjuntar archivo. Mediante este botón abres un cuadro de diálogo para seleccionar un documento que quieras enviar como datos adjuntos al mensaje. Por ejemplo, junto al texto de este capítulo, nosotros enviamos los archivos gráficos de las figuras del libro. Un modo de hacerlo consistiría en adjuntar dichos archivos gráficos mediante este botón.
- Alternar CCO. Este botón muestra y oculta la línea CCO. No ocupa mucho espacio, así que no la ocultes.

Libreta de direcciones

El tercer botón de la barra de herramientas se llama Libreta de direcciones. La libreta de direcciones es una agenda propia de las aplicaciones de correo electrónico que permite almacenar las direcciones de correo que se utilizan más frecuentemente.

El objetivo es olvidarse de las direcciones de correo electrónico (que suelen ser complicadas de recordar) y utilizar el nombre y apellidos de los destinatarios directamente.

La figura 16.3 muestra el cuadro de diálogo Libreta de direcciones que aparece al seleccionar el botón del mismo nombre. Si quieres añadir una nueva dirección a tu libreta de direcciones, haz clic en el botón Nuevo contacto y rellena las fichas del cuadro que aparece.

Consejo

Aunque la única ficha obligatoria es la ficha Nombre *(en la que se incluye la dirección de correo), te aconsejamos que consumas algo de tiempo en rellenar el resto de fichas, ya que te será muy útil para escribir cartas o enviar sobres.*

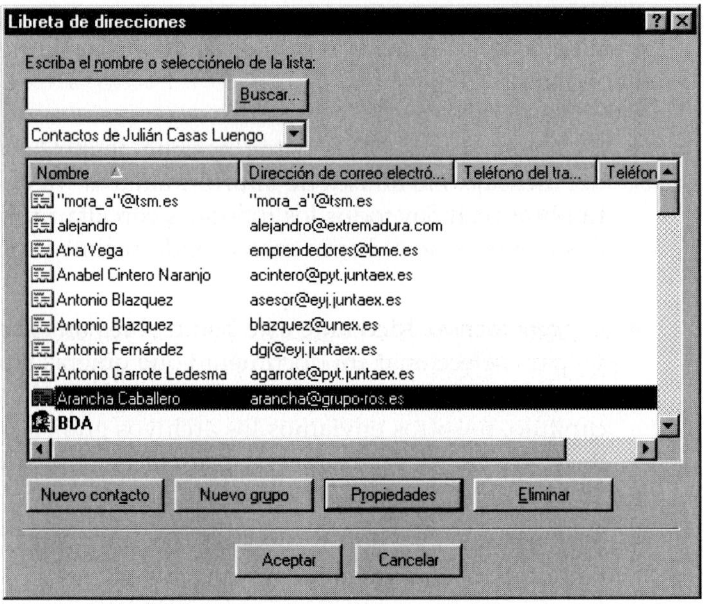

Figura 16.3. La libreta de direcciones

Una vez rellenada la libreta de direcciones, su verdadera utilidad consiste en seleccionar datos de esta libreta para enviar mensajes. Por ejemplo, en lugar de indicar las direcciones de correo en las filas Para, CC y CCO, haz clic en el símbolo de la libreta de direcciones que aparece a su izquierda y abrirás la libreta lista para que selecciones un nombre de dicha libreta. La figura 16.4 muestra el resultado de pulsar sobre el símbolo de la línea CC. Para seleccionar una dirección, haz clic en el nombre y utiliza los botones Para, CC y CCO según quieras que dicha dirección vaya a una o a otra línea de destinatarios. Al terminar, haz clic en Aceptar.

Observa que en las filas de destinatarios no aparecen ya direcciones de correo, sino nombres y apellidos, mucho más sencillos de recordar y más prácticos a la hora de conocer dichos destinatarios.

La libreta de direcciones en Word

Además de para enviar correos electrónicos, la libreta de direcciones también sirve para otras herramientas de Word. Por ejemplo, a la hora de enviar cartas personalizadas (como las vistas en el capítulo 12), es posible utilizar esta libreta de direcciones para seleccionar los destinatarios de dichas cartas.

Del mismo modo, se puede usar la libreta de direcciones para rellenar sobres y etiquetas. Siempre que tenga sentido utilizar direcciones y nombres, aparecerá un icono similar al botón Libreta de direcciones de la barra de herramientas del correo electrónico de Word. Haz clic en dicho botón para abrir la libreta de direcciones y seleccionar el dato que quieras usar.

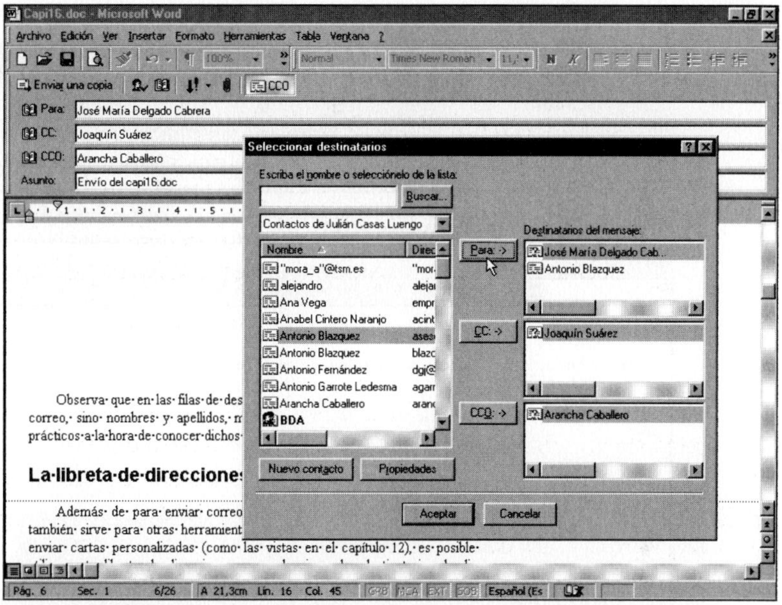

Figura 16.4. La libreta de direcciones para seleccionar un dato

Enviar un documento como archivo adjunto

Si abres el submenú Archivo, Enviar a, observarás que debajo del comando Destinatario de correo, hay otro comando llamado Destinatario de correo (como datos adjuntos).

Este comando se diferencia del anterior en que el documento que se envía no se envía en la zona del mensaje del correo electrónico, sino que se adjunta al mensaje como un archivo independiente.

Por ejemplo, cuando nuestro editor recoja el mensaje anterior, tendrá que seleccionar todo el mensaje y copiarlo en el programa de autoedición para maquetarlo. Sin embargo, si le adjuntamos el documento en un mensaje, va a disponer del propio archivo de Word *Capi16.doc*, sin tener que utilizar la técnica de copiar y pegar para utilizarlo.

Para adjuntar un documento, selecciona el comando Archivo, Enviar a, Destinatario de correo (como datos adjuntos). Observa en la figura 16.5 que el resultado es distinto al obtenido con el comando Destinatario de correo (figura 16.1).

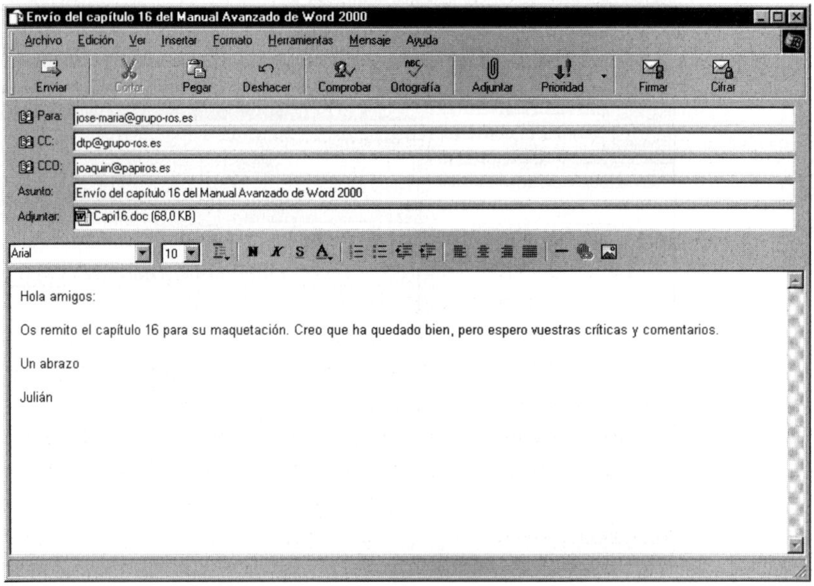

Figura 16.5. Enviar un documento como datos adjuntos

En este caso, se ha ejecutado el programa de correo electrónico que tengas definido en tu ordenador, con la única característica de que en la ventana de envío de mensajes, aparece el archivo Capi16.doc como dato adjunto.

Rellena las líneas del destinatario, de las copias y del asunto. La otra gran ventaja de este sistema es que permite enviar en el cuerpo del mensaje información adicional referente al documento que se adjunta o a lo que se desee. Cuando termines, haz clic en el botón Enviar (o el botón correspondiente de tu aplicación de correo electrónico).

Microsoft Outlook

Microsoft Outlook es un programa que nos permite administrar nuestra información personal o de empresa de una manera fácil y también forma parte del paquete Microsoft Office. Podremos realizar un seguimiento de nuestras actividades así como organizar mensajes, contactos, citas y trabajos o tareas. Ten en cuenta que si no dispones de ninguna herramienta de correo electrónico, Outlook puede ser la solución que buscas. En cualquier caso, aunque ya uses otra herramienta, como Outlook Express o NetScape, es conveniente que sepas las posibilidades de Outlook en otras áreas, como las tareas o agenda de actividades.

El escritorio de Outlook

En este apartado vamos a explicar las diferentes zonas que componen el escritorio de Oulook. En la figura 16.6 podrás ver un gráfico de la distribución de esas zonas.

La parte central muestra un resumen del calendario, de las tareas y de los mensajes de correo de Outlook. El calendario y las tareas tienen relación con la fecha actual, ya que el primero muestra las actividades apuntadas para el día de hoy, mientras que la zona de tareas indica la fecha de cada una y muestra en rojo aquéllas que están retrasadas. Desde esta ventana puedes saltar a cualquiera de los elementos que aparecen en ella simplemente haciendo clic sobre él. Por ejemplo, si pulsas sobre una cita del calendario, accederás a su ventana para poder modificarlo.

Barra de Outlook

La barra izquierda de Outlook muestra grupos o iconos de acceso directo a los módulos que componen Outlook. Veamos sus componentes:

- Outlook para hoy. Este icono muestra la ventana inicial de Outlook (figura 16.6).
- Bandeja de entrada. La utilizaremos para la recepción de mensajes o correo electrónico, ya sea desde otro equipo de la red local o desde cualquier otro sitio de Internet (figura 16.7). Podemos

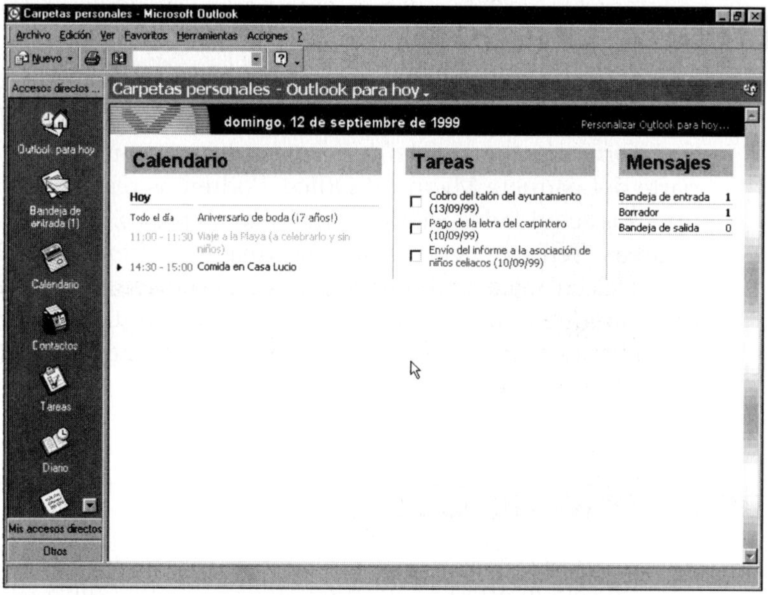

Figura 16.6. Las diferentes zonas de la pantalla de trabajo de Outlook

realizar una conexión con el servidor desde cualquier parte, por ejemplo, desde casa, desde el coche o desde la habitación del hotel donde estás pasando esas vacaciones que tenías pendientes de tomar desde hace tres años.

- Calendario. Cómodo como una agenda, potenciado por el explorador de fechas y el cuadro de tareas. La figura 16.8 muestra la ventana del calendario donde podemos ver una zona para las citas, otra para las fechas y la última para la creación de tareas.
- Contactos. Sirve para la gestión de los números de teléfono, direcciones postales y de correo electrónico, nombres, etc. Es como una agenda de teléfonos en la que se pueden anotar gran cantidad de datos referentes a una persona. Indicado para datos de clientes aunque también se le puede dar un uso personal. En la figura 16.9 aparece la ventana del módulo Contactos.
- Tareas. Esta base de datos va a gestionar las tareas diarias, semanales, mensuales, etc., que tengamos que realizar y que podremos anotar en este módulo. Después será accesible desde el calendario, para asignar las tareas a los días. Además

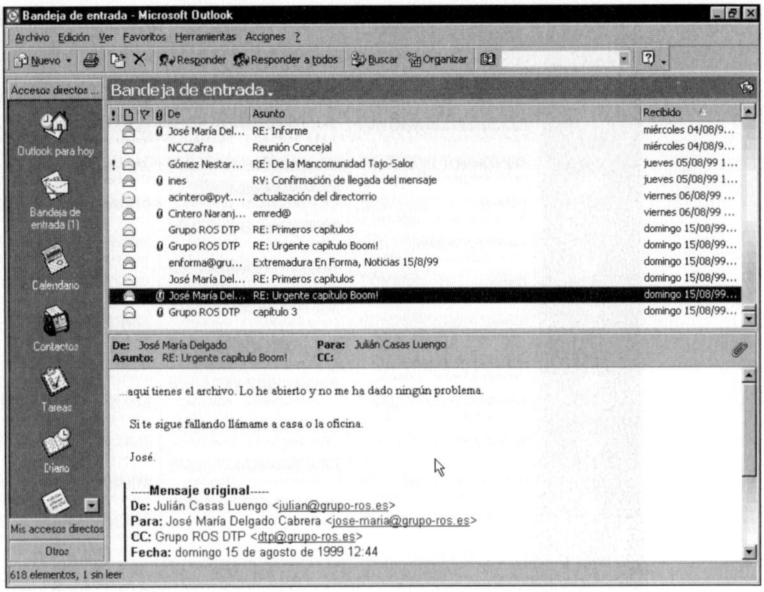

Figura 16.7. Bandeja de entrada de correo de Outlook

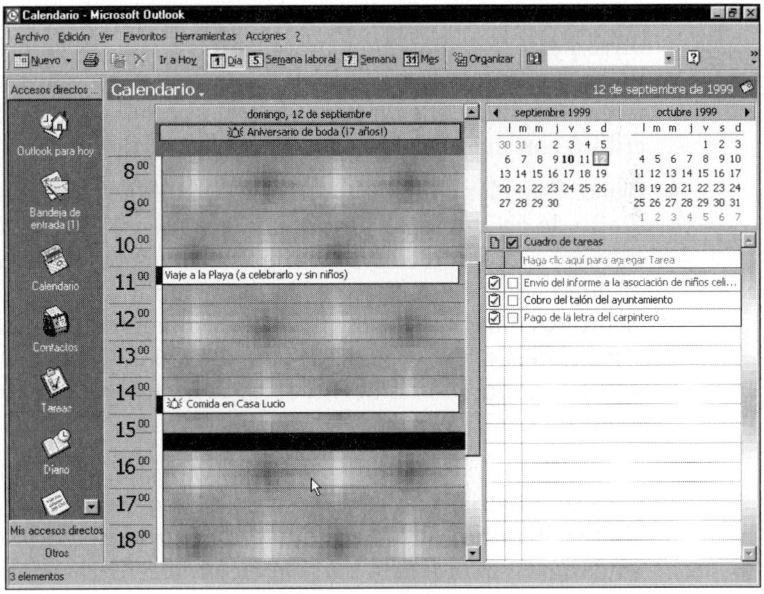

Figura 16.8. Pantalla del calendario

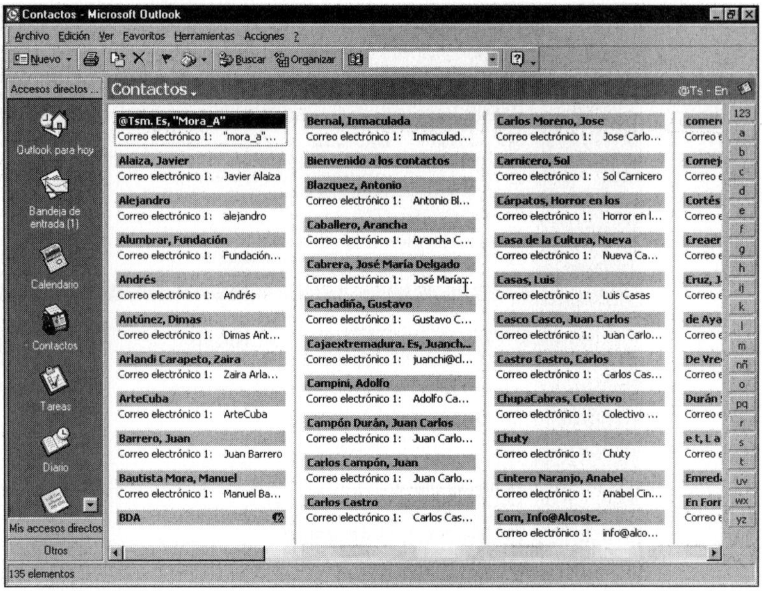

Figura 16.9. Pantalla de Contactos

podemos: ordenar las tareas por prioridad, asignar tareas a otras personas, mantener organizadas las listas de tareas complejas y controlar su progreso. La figura 16.10 muestra algunas tareas insertadas de ejemplo. En un apartado posterior se describirá con más detalle el funcionamiento de las Tareas.

- Diario. Este elemento de Outlook permite llevar un control diario de actividades como llamadas, mensajes de correo electrónico, cancelar o convocar reuniones y solicitar tareas. Una utilidad añadida al diario es la de registrar una actividad; por ejemplo, cuando escribimos un documento en Word, quedará registrara la fecha y hora a la que se creó o utilizó por última vez. La figura 16.11 muestra el registro de los últimos documentos de Word creados o utilizados.

- Las Notas. Curiosa utilidad. Es muy parecido a las notas de papel o "Post-it", con los que, muy a menudo, cubrimos todo el espacio de nuestra mesa, nuestro monitor y todo lo que tengamos a mano. Esta versión electrónica de las notas puede resultar bastante útil para anotar ideas, avisos o cualquier cosa que se nos ocurra y que normalmente escribiríamos en papel.

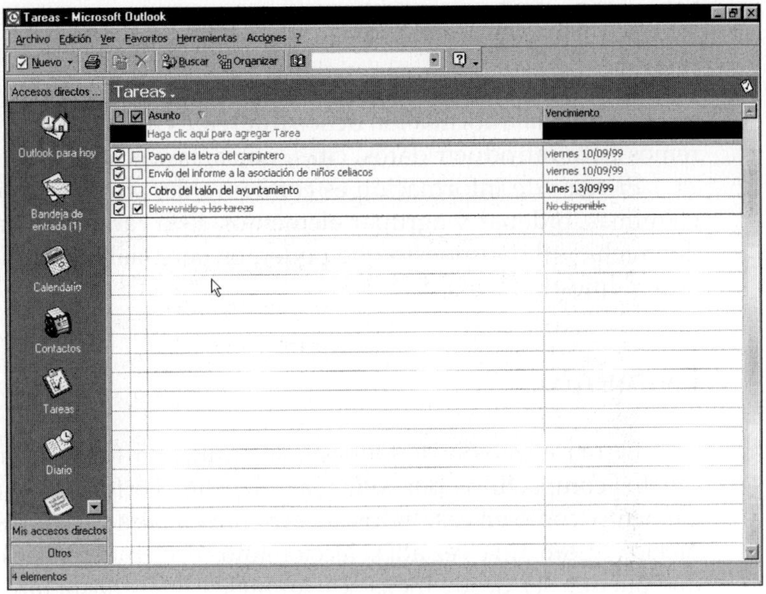

Figura 16.10. Las tareas de Outlook

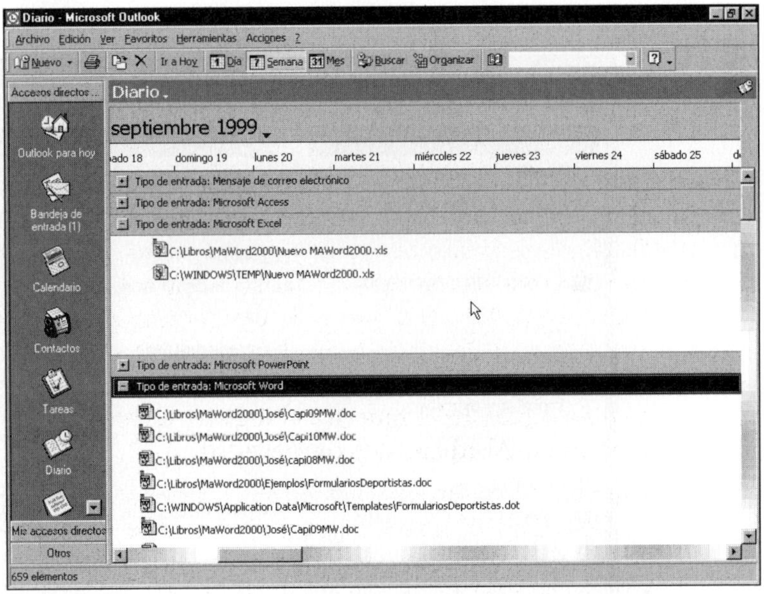

Figura 16.11. Los documentos de Word y Excel creados o utilizados quedan automáticamente registrados en el diario

Visor de información

Esta es la zona principal el la que vamos a trabajar. Aquí es donde aparece toda la información de los diferentes módulos de Outlook. La usaremos para introducir datos, citas, notas, tareas, etcétera.

El visor de información es configurable, por lo que podemos añadir columnas, ordenar y agrupar elementos. Esta característica nos puede ser de mucha utilidad puesto que podemos personalizar Outlook para adaptarlo a nuestra forma de trabajo.

Elementos

La organización de Outlook se realiza en torno a una serie de elementos compartidos por todas las carpetas. La forma de crear un nuevo elemento, como en casi todos los programas para Windows, es en el menú Archivo, Nuevo; una vez allí,seleccionamos el elemento que deseemos crear, que pueden ser desde mensajes, anuncios, citas, hasta tareas, documentos de Office, carpetas, etcétera. En la figura 16.12 puedes ver la lista de nuevos elementos que puedes crear.

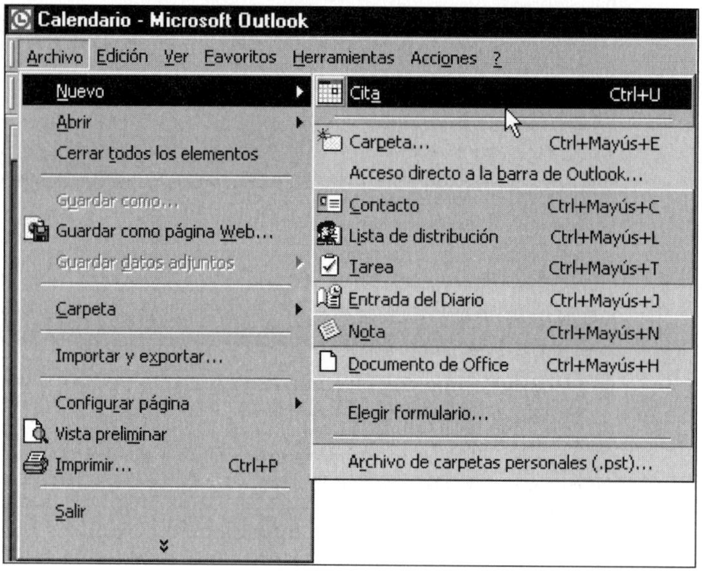

Figura 16.12. Elementos de Outlook

Nota

Cada uno de los elementos se guarda asociado a su aplicación correspondiente. Así como los mensajes de correo electrónico se guardarán en la bandeja de entrada, las notas, citas, etcétera, se almacenarán en las carpetas pertenecientes a cada elemento. La verdad es que todos los ficheros de cada una de las aplicaciones o módulos de Outlook se guardan en una misma carpeta. Por lo tanto, dejemos que el programa se encargue de todo ese trabajo.

Trabajar con Outlook

Vamos a describir a continuación los procedimientos más comunes en el trabajo diario con Outlook y los elementos imprescindibles para organizar bien nuestras actividades. Estos procedimientos son: envío y recepción de correo electrónico y documentos de Word, creación de tareas notas y citas, gestionar la base de datos de los contactos y el calendario.

Enviar mensajes y documentos por correo electrónico

Este componente de Outlook permite enviar mensajes de correo electrónico, leer los que nos manden a nosotros, enviar documentos de Word y más cosas. Lo que nos interesa ahora es el envío y recepción de correos y documentos.

Pulsa en la carpeta *Bandeja de entrada* para empezar a trabajar. Si tienes vacío el Visor de información, significa que todavía no has escrito ningún mensaje. Manos a la obra.

Lo primero que tenemos que hacer es crear un nuevo mensaje. Para ello, haz clic en el primer botón de la barra de herramientas (llamado, precisamente, Nuevo mensaje de correo). A continuación aparecerá la ventana de edición de nuevos mensajes de Word, que ya conocemos del principio del capítulo.

Rellena las líneas Para, CC, y Asunto. A continuación escribe el texto del mensaje. Puedes utilizar tipos de letra, tamaños, colores, atributos de texto, justificaciones, etcétera.

Aviso

Si el destinatario recibe el mensaje y lo lee con Outlook verá correctamente los atributos y modificaciones que hayas aplicado al mensaje. Sin embargo, hay muchos usuarios que no utilizan Outlook, y puede ser que los programas de correo electrónico que empleen no soporten este tipo de atributo, por lo que no verán correctamente el mensaje. Puede que aparezcan algunos códigos raros y cosas de ese tipo.

Cuando hayas terminado de escribir el mensaje pulsa en el botón Enviar. Automáticamente el correo que acabamos de escribir pasa a la bandeja de salida y allí se queda a la espera, hasta que lo enviemos.

Para enviar definitivamente el correo a la red, selecciona Herramientas, Enviar y recibir, en la bandeja de salida.

Utilizar las Notas

Este es uno de los apartados más fáciles de usar, si es que a alguno se le puede clasificar como dificultoso. La creación de notas en Outlook se hace de forma simple, seleccionando Archivo, Nuevo, Nota. Aparece entonces una nota tipo "Post-it" para que escribamos el texto.

Si la quieres almacenar, sólo tienes que pulsar en la parte superior izquierda de la nota y seleccionar Guardar como. Para ver todas las notas que tienes creadas basta con seleccionar en la barra de Outlook, la carpeta Notas.

Trabajar con Citas

El trabajo con citas también es muy sencillo. Imagina que has quedado el miércoles de la semana que viene con tus compañeros de trabajo para la reunión semanal de tu departamento. Vamos a ver la forma de introducir una cita para que te avise a tiempo para esa reunión.

Lo primero que tienes que hacer es crear la cita, pulsando en Archivo, Nuevo, Cita. Se abrirá el cuadro de diálogo para crear citas. En él vamos a rellenar todos los datos que creamos necesarios como por ejemplo: asunto de la reunión, ubicación, día y hora de comienzo y finalización, tiempo de antelación para que Outlook te avise de esa reunión, y el texto explicativo acerca del motivo de la reunión. La figura 16.13 muestra el cuadro de diálogo Citas.

Y como es natural, después tienes que pulsar sobre el botón Guardar y cerrar. Ahora puedes comprobar en la carpeta Calendario si la cita ha quedado registrada de forma correcta.

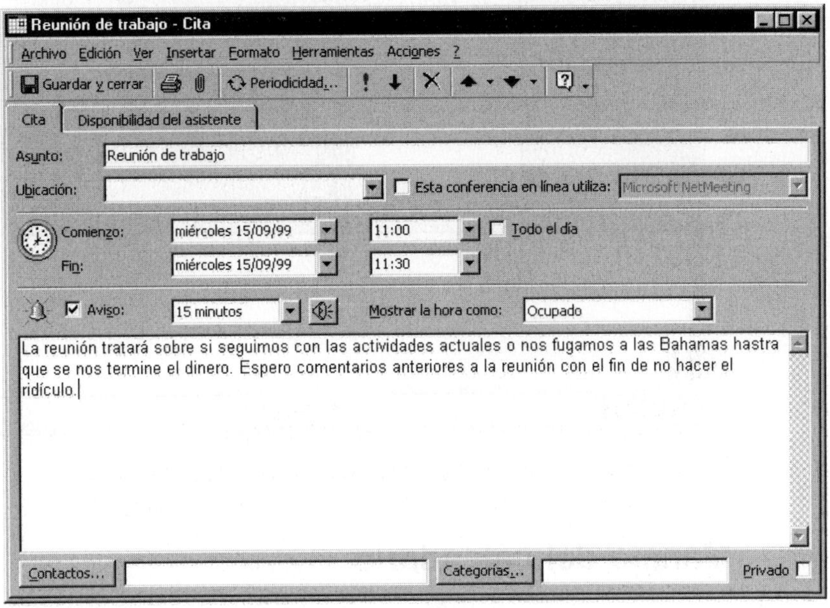

Figura 16.13. Cuadro de diálogo Citas

Trabajar con Contactos

Los Contactos de Outlook son, entre otras cosas, una potente agenda de direcciones y teléfonos. Con ella podrás tener apuntado los datos de las personas con las que tratas a diario, clientes, jefes de otros departamentos, proveedores, compañeros, etc.

La forma de crear un contacto es sumamente fácil. Selecciona Archivo, Nuevo, Contacto, en la barra de menús. Aparece el cuadro de diálogo de la figura 16.14, donde deberás rellenar los datos que se solicitan. Entre ellos están: nombre, organización, dirección del trabajo y/o de casa, puesto en la empresa, teléfono del trabajo, particular o móvil, fax, correo electrónico, página Web y descripción. Los datos que se pueden rellenar de cada persona son muy amplios y completos.

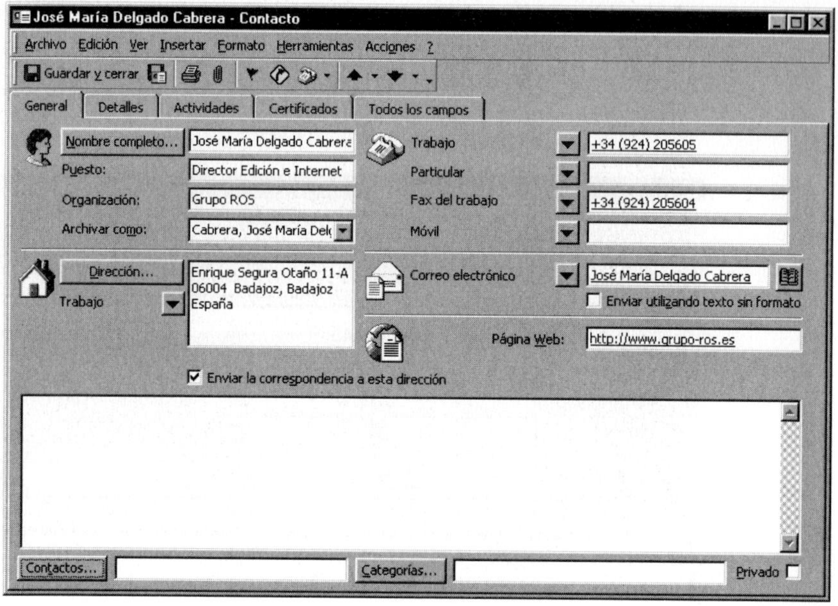

Figura 16.14. Cuadro de diálogo Contactos

Manejo del calendario

El trabajo en el calendario está estrechamente relacionado con las citas y las tareas. En la figura 16.8 ya vimos un ejemplo de su pantalla. La figura 16.15 muestra de nuevo esta pantalla, pero con un cuadro de diálogo abierto referente a la organización de una reunión. Esta pantalla está dividida en tres secciones: las citas diarias, un pequeño calendario visualizando dos meses consecutivos y las tareas.

Para añadir una nueva cita basta con hacer doble clic en la hora a la que quieras insertarla. En el apartado "Trabajar con Citas" se explica la forma de insertar citas. Esta que hemos visto ahora es otra de las posibilidades para hacerlo.

Tienes varias formas de mostrar la información del calendario, como se ve en los botones de la barra de herramientas: Día, Semana, Semana laboral y Mes.

Por otro lado, tenemos la zona del calendario, donde, con el simple hecho de pulsar sobre uno de los días que aparecen en él, cambiará la zona para insertar citas diarias. Imagina que quieres realizar una anotación o cita dentro de dos semanas, por ejemplo, un martes. Pues selecciona en el

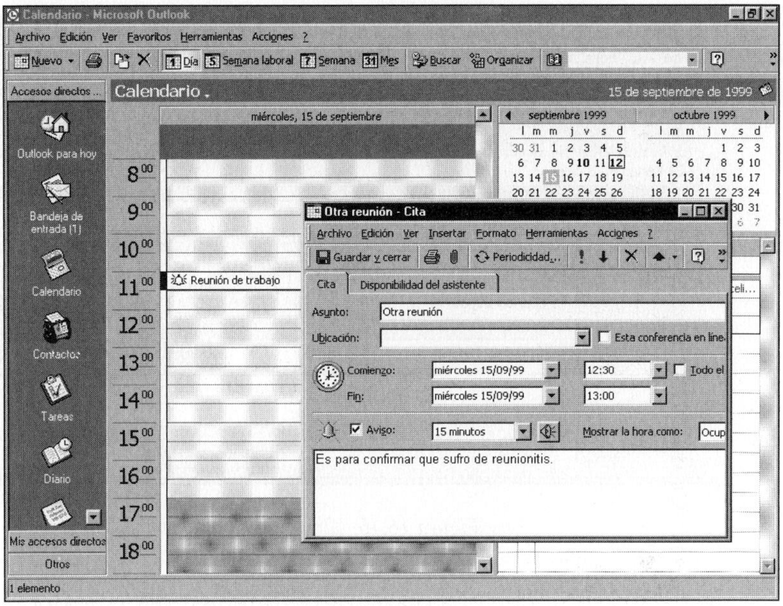

Figura 16.15. El calendario con una próxima reunión

calendario el día en el que quieres hacer esa anotación y automáticamente aparecerá la sección de citas diarias. A partir de ahí puedes hacer doble clic en la hora e insertar los datos de la cita.

Otra de las zonas de la pantalla, en la parte inferior derecha, hace referencia a las tareas. Éstas permiten organizar los proyectos personales o de empresa, distribuir el trabajo personal o el de otras personas conectadas a tu red. Un claro ejemplo de utilización de las tareas se produce cuando tienes que redactar unos informes durante esta semana para presentarlos el viernes a primera hora. La tarea que crearíamos tendría un texto identificativo por el cual, nada más ver el calendario, tendríamos presente dicha tarea.

Veamos a continuación las posibilidades de las tareas. Lo primero, por supuesto, es crearla. Para ello vamos a pulsar sobre Archivo, Nuevo, Tarea. La figura 16.16 muestra el cuadro de diálogo de una tarea.

En la casilla Asunto vamos a ponerle el nombre a la tarea. Después iremos añadiendo los datos requeridos como: vencimiento, que es la extensión en el tiempo que tendrá la tarea, incluyendo fecha de comienzo y de finalización. El estado nos permite ver la situación actual de la tarea. Nos brinda estas posibilidades: no comenzada, en curso, completada, a la

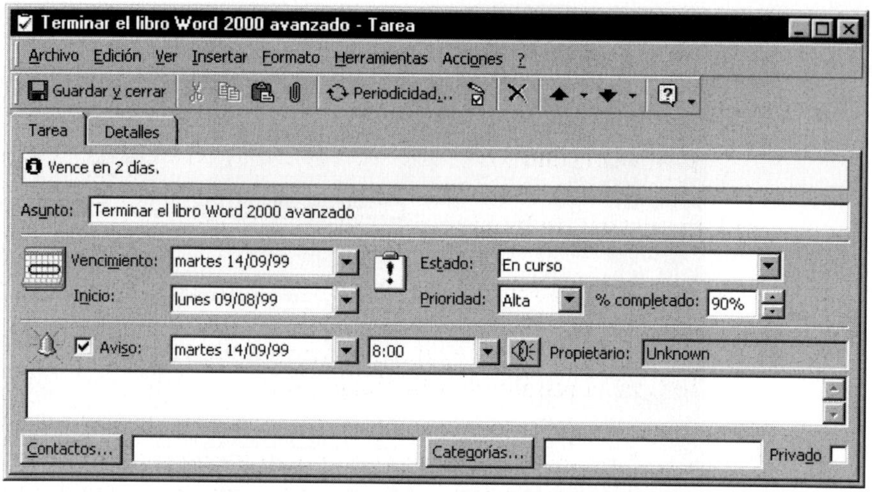

Figura 16.16. Creación de una nueva Tarea

espera de otra persona o aplazada. También podemos poner la prioridad y el porcentaje completado de la tarea. Y para finalizar, otro de los datos que tenemos que insertar en una pequeña descripción de la tarea, además de la categoría. Si quieres crear citas o tareas arrastrando mensajes de correo electrónico, haz lo siguiente:

1. En la bandeja de entrada, selecciona el correo y arrástralo hasta el icono del calendario o de las tareas, en la barra de Outlook.
2. Rellena o modifica los datos de la ventana que aparece, como la fecha/hora de comienzo y de finalización para la cita o tarea.
3. Haz clic en Guardar y cerrar.

Enviar faxes desde Windows

Veamos ahora la forma de enviar un documento por fax. Este componente de Windows nos facilita la labor de enviar faxes. Ya no tendremos que imprimir el documento y luego ir a la máquina de fax a enviarlo porque lo puedes hacer directamente desde tu ordenador. La única exigencia es disponer de un módem-fax instalado. Hace años, los módem se caracterizaban por su alto precio y por unas velocidades horriblemente lentas, pero hoy en día son muy asequibles y permiten velocidades muy aceptables.

Enviar un fax nuevo

Para enviar un documento por fax, lo primero es abrirlo. Si el documento no existe, créalo ahora y guárdalo con el nombre que desees.

Una vez hecho esto, selecciona el comando Archivo, Enviar a, Destinatario de fax. En ese momento, Word ejecuta el asistente para faxes, que te guiará a través de los siguientes pasos para crear el fax nuevo:

- El primer cuadro de diálogo muestra los pasos que seguirá el asistente: indicar el documento para enviar, indicar el software de fax, especificar los destinatarios, definir la cubierta del fax, indicar el remitente y finalizar.
- Tras hacer clic en Siguiente, el nuevo cuadro de diálogo (figura 12.17) permite indicar el documento que se quiere enviar y si ha de incluir o no una cubierta. El cuadro desplegable incluye todos los documentos de Word que estén abiertos en ese momento. Por norma, incluye una cabecera, ya que será la presentación de tu trabajo.
- En el tercer cuadro de diálogo, indica el software de fax que vas a emplear. Lo normal es que al instalar tu módem-fax, éste incluyera un software de faxes. Si no aparece aquí, será necesario que canceles el asistente para faxes y lo instales ahora. Una vez seleccionado el software de fax, pulsa Siguiente.
- El cuarto cuadro de diálogo permite indicar los destinatarios del fax. Para hacerlo, escribe el nombre y teléfono de todos los destinatarios que desees que reciban una copia del fax. También puedes usar la libreta de direcciones que ya conocemos haciendo clic en el botón del mismo nombre.
- El quinto cuadro de diálogo permite seleccionar el estilo de la cubierta: profesional, moderno o elegante. Según el destinatario del fax, selecciona uno u otro.
- El penúltimo cuadro de diálogo trata del remitente. Word rellena los datos de los que dispone en la ficha Información del usuario del cuadro de diálogo Opciones (lo vimos en el capítulo 2). Además, si has enviado algún sobre, carta, etiqueta o fax anterior, Word recuerda los datos del remite. Rellena o corrige los datos que desees y haz clic en Siguiente.
- El último cuadro de diálogo simplemente indica que se ha terminado de usar el asistente. Pulsa Finalizar para crear el fax.

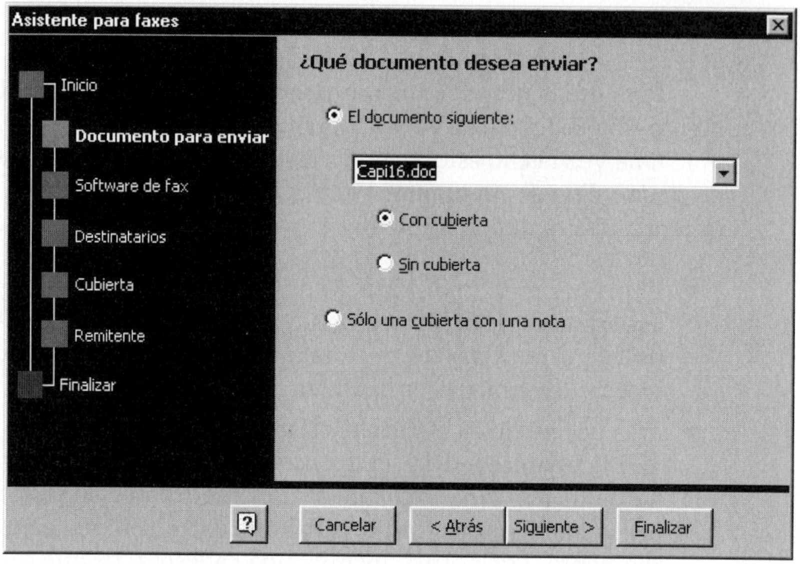

Figura 16.17. Segundo cuadro del Asistente para faxes

Al terminar el asistente, aparece en Word un nuevo documento de fax con la cubierta lista para rellenar los datos que se deseen. Lo normal es que, al menos, escribas un comentario en la cubierta indicando que adjuntas el documento. También puedes indicar si es urgente, si esperas respuesta, etcétera, mediante las casillas de verificación que están a ese efecto. Al terminar, pulsa el botón Enviar fax ahora de la barra de herramientas Asistente para faxes.

Truco

Si quieres enviar un documento ya existente sin cabecera ni nada, utiliza los pasos anteriores, pero al indicar que no lleva cabecera, verás que el asistente termina enseguida.

Queremos terminar el libro con una de las ideas principales del mismo: casi todo en Word está relacionado. Como ejemplo, este fax no es más que un documento lleno de campos. Si te sitúas encima de uno de ellos y pulsas Mayús+F9 verás su código. De hecho, este fax se puede considerar un formulario sin bloquear. Muestra la barra de herramientas Formulario y aprovecha sus botones para comprobar esto que decimos.

Apéndice A

Contenido del CD-ROM

GRAFICOS

- 3DMagic: crea tus propias figuras 3D con facilidad.
- ACDSee: visualizador gráfico.
- ListFont: muestra las fuentes de tu sistema.
- Morphman: programa para realizar morphing con imágenes.
- ThumbsP: visualizador gráfico.
- UleadGA: utilidad para crear Gifs animados.
- IconEdit Pro: utilidad para la creación de iconos.
- MicroAngelo98: editor de iconos que además permite gestionar y examinar iconos.
- psp503: uno de los editores gráficos más populares. Versión de evaluación.
- JAnimationTool: herramienta diseñada para la creación rápida de letreros.
- Visual Business Card (VBC): crea tus tarjetas de presentación e imprímelas.

INTERNET

- Eudora light: programa de correo electrónico.
- Calypso3: programa de correo electrónico. Soporta un número ilimitado de cuentas POP3 y múltiples usuarios.

- Pegasus301d: cliente de correo electrónico.
- Quick MeTaL: editor HTML.
- CGI Star Pro: editor CGI. Versión de evaluación.
- AOLPRESS: editor freeware de muy buenas prestaciones.
- Dreamweaver: editor de sitios Web, muy potente. Versión de evaluación.
- xMs Visual J++ 1.1: versión de evaluación de Microsoft Visual Java++.
- WSendmail 1.6: utilidad CGI para enviar mensajes desde tu página HTML.
- Hot Dog 2.1: editor HTML, muy difundido.
- Web Wizard v1.2: asistente para la creación de páginas web.
- Internet Explorer 5: versión 5 del navegador Microsoft Internet Explorer.
- Opera: navegador para Internet.
- Netscape Comunicator 4.6: versión 4.6 del navegador Netscape Comunicator. Incluye los programas de la suite Comunicator.
- Extractor 97: utilidad que detecta y extrae archivos binarios en la News.
- Free Agent: lector de Noticias.
- Gravity: lector de News, uno de los más utilizados.
- Oddysey: lector de Noticias, permite navegar sin una conexión permanente a Internet.
- CosteNet402: programa que controla el gasto de las llamadas. Además proporciona el gasto estimado que tendría la factura de teléfono.
- GeoBoy: utilidad que visualiza la ruta que recorres en tus conexiones a Internet.
- GetRight: utilidad que permite bajar archivos de Internet cómodamente, en varias conexiones.
- CuteFTP: el cliente de FTP más utilizado.
- ICQ: para estar en contacto con tus amigos en Internet.
- mIRC: utilidad para conversar a través de Internet.
- Submit Wolf: busca archivos en Internet.
- Teleport: permite descargar en tu ordenador un sitio Web.

JUEGOS

- WinSol Plus: juego de solitario para Windows.
- SLAMTILT: pinball.
- Quake II: segunda parte de los juegos más conocidos, en la red.
- Omni Casino: casino virtual en Internet.
- Nitemare: juego de acción.
- MacRaiders: juego tipo arcade.
- Dynamite Joe: juego de persecuciones. Versión de evaluación.
- Kali95: juego para Internet.
- Dinamic Gin: tres variantes del juego de cartas Gin Rummy.
- Roxie's Reading Fish: juego de cartas para niños. En inglés.

MULTIMEDIA

- Audio Grabber: programa que extrae canciones de CD y las convierte en archivos de formato MP3.
- Virtual DJ: editor de sonidos capaz de trabajar con archivos de cualquier formato.
- Cool Edit Pro: editor de sonidos.
- HyperCam: capturador de pantallas.
- Real Player 2: reproductor de vídeo y sonido por Internet.
- WinAmp 2.23: reproductor de archivos MP3.
- WMPlayer: reproductor de cualquier formato multimedia. Necesita tener instalado Explorer 4 o superior.
- SuperSonic43: herramientas para la edición de sonidos.
- WinDac149: reproductor de archivos MP3.

OFIMÁTICA

- 32BitFax: programa para enviar faxes desde el ordenador.
- Barcode: herramienta para crear tus códigos de barras.
- DbBrowsr: permite ver distintos formatos de bases de datos.
- Expense Pro: aplicación para crear hojas de cálculo e informes.
- Fax Launcher light: para enviar faxes desde el ordenador.

- Graphcat: utilidad que permite catalogar imágenes a través de MS Word.
- Karnak98: permite el reconocimiento de caracteres (OCR).
- MailMan: recibe correo electrónico, utilizando MS Word.
- Office Lock: protege tus documentos de Office.
- Tosser Delux Macro: colección de macros para MS Word.
- WBasic: para convertir formularios de Word a Visual Basic.
- WordSmith: colección de plantillas para MS Word.
- Cursores e iconos: colección de cursores e iconos.
- Protectores de pantalla: diversos protectores de pantalla para Windows.
- Temas de escritorio: cambia de aspecto tu escritorio con estos divertidos temas.
- EdPowerTools: utilidades que aumentan las características de Excel, y permiten texto en 3D, filtros y manipulación de textos.
- NetDrawPlus: programas para crear gráficos para la red.
- WordWare98: herramienta para controlar el desarrollo de proyectos a través de Word.

UTILIDADES

- TurboZip: compresor de archivos ZIP y SFX.
- Winzip: compresor de archivos ZIP.
- wzsebeta: compresor para Windows.
- MacAfee Virus Scan: actualización de MacAfee Virus Scan.
- Norton Anti-Virus: actualización de Norton Anti-Virus.
- Viru Save Web: antivirus que detecta posibles infecciones durante la navegación por Internet.
- Mejoras de Windows: conjunto de herramientas que mejoran el rendimiento de Windows.
- Sonidos: colección de diversos sonidos en varios formatos.

EJEMPLOS

Dentro de esta carpeta se encuentran algunos arhivos de ejemplo, utilizados a lo largo de los capítulos de libro.

Índice alfabético

A

B

C

D

E

F

G

H

O

P

R

S

T

U

V

W

Z